# CORRESPONDANCE

DE

# BÉRANGER

RECUEILLIE

PAR

## PAUL BOITEAU

TOME QUATRIÈME

PARIS

GARNIER FRÈRES, LIBRAIRES-ÉDITEURS

6, RUE DES SAINTS-PÈRES, ET PALAIS-ROYAL, 215

Droits de traduction et de reproduction réservés

# CORRESPONDANCE
## DE
# BÉRANGER

PARIS. — IMP. SIMON RAÇON ET COMP., RUE D'ERFURTH, 1.

# CORRESPONDANCE

DE

# BÉRANGER

I

A MONSIEUR GÉNIN

6 octobre 1846.

Mon cher Génin, vous allez me trouver bien importun. Je ne suis que trop obligeant; mais vous l'êtes encore plus que moi.

Voici pour la Commission la lettre d'une pauvre jeune femme, mère de trois enfants, mariée à un dessinateur de fabrique sans ouvrage, à Rouen, fille d'un vieil officier que j'ai beaucoup connu.

Sa première demande, appuyée par madame Valmore et Victor Hugo, n'a pas eu de succès. Appuyée par vous, si celle-ci était plus heureuse, elle adoucirait les maux de cette pauvre petite muse, qui est atteinte de pulmonie, et à qui les vers et son mal n'ont jamais ôté le courage de travailler pour son ménage, de coudre, de cuisiner, de laver, ce qui ne peut malheureusement lui compter que devant Dieu, et un peu devant vous à qui j'adresse sa prière.

## II

### A MADAME VALCHÈRE

Octobre 1848.

Votre lettre, arrivée à huit heures du soir, était, un quart d'heure après, dans les mains d'une personne qui me fait espérer une petite, très-petite part pour vous des 100,000 fr. Ne comptez que sur 125 francs.

Vous avez demandé trop tard ; et, dans votre lettre, pourquoi dire que vous avez 600 francs de rente? Au moins fallait-il ajouter que vous aviez un enfant et une tragédie à pourvoir. Pourquoi aussi n'avez-vous pas réclamé à la préfecture pour le bris de vos meubles?

Puissiez-vous avoir bientôt les 125 francs !

## III

### A MADEMOISELLE BÉGA[1]

19 octobre 1848.

Ma chère enfant, tes lettres sont charmantes : si tes occupations te permettent de continuer d'écrire ainsi, je ne serais pas surpris que tu te trouvasses un jour en possession d'un véritable talent épistolaire.

Le jugement que tu portes de l'ouvrage de M. Corbière

---

[1] Fille de madame Béga, chez qui Béranger avait longtemps demeuré à Passy.

me semble devoir être juste. Puisque M. le curé a donné ce livre pour toi, peut-être ferais-tu bien de lui écrire une lettre de remercîment. Il y sera d'autant plus sensible que c'est après avoir lu l'ouvrage que tu lui en témoignerais ta gratitude. Cela n'exigerait qu'une lettre fort courte.

Ce que t'a dit M. Demoyencourt me fait grand plaisir : tu avais trop négligé l'étude de l'histoire religieuse. Sur cette histoire repose une foule de questions qui intéressent notre temps, beaucoup plus que ne l'imaginent les esprits superficiels. D'ailleurs, pour enseigner même un peu, il faut savoir beaucoup. Tu peux en juger par ce que tu sais déjà : qui peut bien comprendre l'histoire de France sans savoir celle du reste de l'Europe? L'histoire de l'Europe, c'est celle du monde entier. Vois combien tu as encore à apprendre; mais ne te décourage pas; à ton âge, tout cela se classe facilement dans le cerveau. Il y a là place pour tant de choses! Aussi je n'aime pas à te voir effrayée des examens que tu vas avoir à subir. Avec des juges intelligents, tu n'as rien à redouter. Si tu en as de capricieux ou sans perspicacité, eh bien, ce sera à recommencer. N'en conçois ni chagrin ni humeur. Dis-toi bien, ma chère enfant, qu'il n'est presque pas d'hommes, si haut parvenus qu'ils soient, qui n'aient rencontré de ces déceptions au commencement de leur carrière. Ce sont ceux qui en ont rencontré le plus qui se sont le plus élevés.

Travaille donc sans t'inquiéter du succès : il arrivera en son temps, et tes parents et tes amis ne te manqueront pas pour te faire prendre patience.

Adieu, ma chère enfant, écris-moi quand tu en auras le temps, et crois à tout le plaisir que tes lettres me feront [1].

---

[1] Lettre communiquée par mademoiselle Béga, aujourd'hui madame Donnay.

## IV

A MONSIEUR TRÉLAT

24 octobre 1848.

Mon cher Trélat, je me suis adressé à votre ami, M. Thierry[1], pour obtenir l'entrée d'une aveugle ou à peu près, âgée de soixante-quatorze ans, à la Salpêtrière.

Voilà six mois de cela. Les papiers de la mère Colty ont été déposés au parvis Notre-Dame il y a cinq mois. Ledit docteur Thierry, qui m'avait promis monts et merveilles, n'a plus répondu à mes demandes. Si je ne respectais pas une si grande capacité, je vous dirais bien ce que j'en pense.

Pourtant il faut que je vous avoue que ma pauvre vieille habite Passy, et que ce titre d'habitante de banlieue est, dit-on, ce qui empêche son admission. Je concevrais qu'il y eût pour cela maille à partir entre la grande commune et la petite, qu'on pourrait obliger à payer des subventions aux habitants et hospices de Paris, mais je ne comprends pas qu'on repousse les nécessiteux qui sollicitent leur entrée. Qu'en dites-vous? Serait-il possible, avec votre appui, de faire entrer la mère Colty à la Salpêtrière?

Je regrette d'enlever un moment aux soins que vous donnez à votre malheureux douzième arrondissement[2].

J'ai une autre demande cependant à vous faire, mon cher ami.

Des gens qui habitent Lyon et voudraient faire partie des

---

[1] M. Alexandre Thierry-Valdajou, membre du conseil municipal de la Seine, inspecteur des hôpitaux en 1848, mort récemment.
[2] M. Trélat était alors maire du 12ᵉ arrondissement.

colons envoyés en Algérie peuvent-ils en recevoir l'autorisation à Lyon même, ou sont-ils obligés de la venir chercher à Paris?

Je vous demande pardon de l'embarras de me répondre que je vais vous donner ; mais il faut bien se dire quelques petits bonjours de loin, puisque vous devez désormais tout votre temps à vos pauvres administrés.

Catherine Davaille prétend que vous lui payiez ses mois ; je vous les rendrai, bien entendu, et à la première course que je ferai de votre côté je déposerai une petite somme chez vous.

## V

### A MADEMOISELLE PAULINE BÉGA

Passy, 26 octobre 1848.

Sais-tu pourquoi, chère enfant, tu ne peux pas écrire à M. le curé? C'est que tu te figures qu'il lui faut d'autres phrases qu'à moi, et que tu ne veux pas te contenter d'écrire comme tu parles.

Il ne s'agit pas de lui parler de son livre sous le rapport littéraire ou philosophique, il ne te faut que le remercier du présent qu'il t'a fait, du fruit que tu espères retirer de sa lecture, et de l'obligation que, sous ce rapport, tu vas lui avoir, et « Monsieur le curé, je suis votre servante. » Il n'est pas nécessaire d'en dire davantage. Ne voilà-t-il pas la mer à boire! Ce qui fait la supériorité presque générale que les femmes ont, en France, dans le style épistolaire, c'est le laisser aller de leur plume. Madame de Sévigné, dont peut-être tu n'as pas encore lu les lettres, a, dans la plupart, cette façon agile et naturelle d'écrire. Quelquefois pourtant on remarque qu'elle pense un peu à la grande société qui doit voir les lettres qui sont censées n'être que pour sa fille : cela ne lui ôte rien de son esprit, mais le prive de sa naïveté. Si un beau jour tu as de l'esprit, tu verras ce que tu dois en faire. En attendant, passe-t'en pour M. de Corbière et parle-lui comme tu parlerais à ton frère ou à moi.

Adieu, ma chère Pauline ; en voilà bien long pour un homme à qui il a toujours coûté d'écrire des lettres, qui ne les écrit pas facilement bien et qui pourtant a été contraint d'en écrire des volumes.

## VI

### A MONSIEUR JOHN P. LÉONARD

Passy, 12 novembre 1848.

Je crois vous l'avoir dit, monsieur ; mon ignorance des langues étrangères m'empêche de recevoir les illustrations des divers pays qui ont la bonté de penser à moi à leur passage à Paris. Mais vous me parlez d'un ami de la liberté proscrit : je serai heureux de lui serrer la main, s'il vous convient de me l'amener, un de ces matins, vers dix heures.

## VII

### A MONSIEUR ALFRED LÉDIER [1]

18 novembre 1848.

Je ne suis pas toujours libre de faire ce qui me plairait le plus ; aussi n'ai-je pu lire votre pièce aussitôt qu'elle m'est arrivée.

[1] En réponse à l'envoi d'une pièce intitulée le *Représentant malgré lui*.

Vous avez fait un portrait bien embelli, monsieur, et partant quelquefois peu ressemblant. Vous êtes jeune, sans doute, car on dirait que c'est l'enthousiasme, faculté des âmes neuves, qui vous a fait faillir. Ah! monsieur, que je suis loin d'être ce que vous me faites! Pauvre rimeur de mansarde, tout passionné que j'ai toujours été pour ma patrie, il n'y a jamais eu rien de bien grave dans mon existence et mes façons d'être. Aussi nul n'a été plus étonné que moi lorsque j'ai vu qu'on me traitait de grand citoyen. Chez nous les grands mots ne coûtent pas à prodiguer, et il me semble que vous y avez ajouté foi en me prenant au sérieux. Savez-vous, monsieur, que vous avez fait un homme bien grave d'un vieillard qui rit encore plus souvent qu'il ne gronde.

Je crains que cela n'ait jeté un peu de froid sur votre pièce, qui, permettez-moi de vous le dire, accuse quelque ignorance des nécessités dramatiques. Je ne devrais que vous louer, et je me surprends faisant le difficile avec mon peintre, qui pourtant ne manque ni d'esprit ni de talent. La faute en est au sujet que vous avez choisi. Votre sympathie pour les sentiments du vieux chansonnier vous a caché les inconvénients de ce sujet, et je crains d'avoir égaré un généreux esprit bien digne de traiter des compositions plus nobles, qui certes seraient pour lui des occasions de succès.

Je ne vous en dois que plus de reconnaissance, monsieur, et je crois vous en donner un témoignage en laissant parler la critique lorsqu'il y a pourtant dans votre œuvre matière à beaucoup d'éloges plus justement appliqués que ceux que vous me prodiguez.

Si votre indulgence vous fait me supposer des qualités que je n'ai point, il en est une que j'ai bien réellement dont vous ne parlez pas : c'est ma gratitude pour ceux qui me donnent des marques d'estime et d'intérêt.

## VIII

### A MADEMOISELLE BÉGA

6 décembre 1848.

Tu t'ennuies, pauvre fille ! J'en souffre pour toi, je t'assure ; mais, puisque tu te mets à travailler, l'ennui ne durera pas. Le travail, sous toutes les formes, est l'unique remède au mal que tu éprouves. On envie la richesse : si tu savais combien de gens riches s'ennuient ; et cela parce qu'il est rare que la richesse n'enfante pas l'oisiveté à la suite de la satiété qu'amènent bien vite des plaisirs trop faciles ! Travaille donc avec cœur, mon enfant ; instruis-toi ; ne t'effraye pas de ce qui te manque encore : tu as un long temps devant toi. Habitue-toi à te rendre compte de tout ; c'est le moyen de ne rien oublier. A ton âge je n'en savais guère plus que toi, et, même sous le rapport de la langue, je ne soupçonnais même pas qu'on eût à apprendre tout ce que tu sais. Mais je regardais, j'examinais, j'approfondissais les moindres choses, et surtout je tenais bonne note de toutes mes fautes. Ce dernier point est le plus important.

J'ai fini par me donner ainsi la seule instruction dont j'étais susceptible. Fais comme moi, ma chère Victoire, et bientôt ta mémoire deviendra l'instrument le plus actif de ton perfectionnement.

Je vais tâcher de te choisir les livres les plus propres à te former le goût. Après Racine, si parfait dans son style, je te donnerai Corneille, le grand Corneille, comme disaient ses contemporains : il est moins châtié, moins égal que son émule, mais il s'élève plus haut. Tu liras après Boileau, et surtout Molière, le génie dramatique le plus parfait, mais qui peint plutôt la société que les passions humaines, ce qui te plaira moins sans doute que les œuvres tragiques. A quarante ans tu le leur préféreras peut-être.

Que tout cela ne te fasse pas négliger tes études, mais te serve à prendre patience pour attendre les jours de sortie.

Adieu, ma chère enfant ; crois au vif intérêt que je prends à tout ce qui te regarde et au plaisir que j'ai de causer avec toi.

Voilà trois jours que cette lettre attend ta mère : je la lui envoie avec les deux derniers volumes de Racine. Il faut lire les Lettres qui terminent le recueil.

## IX

A MADAME BRISSOT-THIVARS

Passy, 9 décembre 1848.

Nous sommes bien effrayés des approches du vote de la présidence ; tout le monde s'en occupe ici, et j'ai été sur le point de déserter parce qu'on voulait me pousser dans cette émeute. J'ai été obligé de refuser la visite de Louis Bonaparte, qui n'en est pas moins venu, mais je n'y étais pas et j'ai dit à son cousin[1] que je rendrais la visite si Louis Bonaparte n'était pas nommé : ne faites pas mettre cela dans le journal de la préfecture[2]. Du côté de Cavaignac, pour qui je voterai, puisque Lamartine n'a pas de chances suffisantes, on aurait voulu aussi se servir de mon nom ; il n'est pas jusqu'aux socialistes qui m'ont offert de me porter à la

---

[1] M. Pierre Bonaparte.
[2] M. Brissot était devenu préfet du Finistère.

présidence. La plaisanterie était assez bonne et je n'ai pas pris la chose au sérieux ; mais tout cela m'a fait regretter de n'être pas seul. Certes alors je me serais mis à courir les champs.

J'ai eu la visite, il y a peu de jours, de M. de Kerenflech. J'étais sorti, et le lendemain j'ai été à son adresse ; mais, quoiqu'il fût à peine une heure, il était déjà à la Chambre. Je me suis figuré qu'il revenait à Paris après le conseil général ; en fait-il partie ? J'aimerais à causer avec lui, s'il vous a vue à Quimper dans l'exercice de vos fonctions.

## X

### A MONSIEUR MONTALANT-BOUGLEUX

Passy, 9 décembre 1848.

A la façon dont vous m'adressez vos questions, je juge que nul n'y peut mieux répondre que vous, et je ne voudrais pas lutter avec vous, monsieur, s'il fallait le faire en bons couplets, car cette chanson[1] est remplie de vers excellents et d'heureuses pensées. Elle décèle mieux qu'une habitude de ce petit genre ; elle est l'œuvre d'un homme qui pense, et qui pense en poëte.

Quand j'ai publié le *Déluge*, il y avait douze ans que cette chanson était faite, et je vous avoue, monsieur, que je ne croyais pas si prochain l'accomplissement d'une prédiction que m'inspirait le spectacle donné par tous les chefs de l'Europe.

Les prophètes de mon espèce ne sont pas obligés de justifier toutes leurs prophéties ; pourtant, monsieur, je pour-

---

[1] Une réponse à la chanson du *Déluge*.

rais vous répondre, quant *aux flots tranquilles*, que ce n'est pas lorsque les flots n'ont que commencé à monter que je leur ai promis le repos. Ni moi, ni vous, monsieur, quel que soit le nombre d'années que vous avez sans doute de moins que le vieux prophète, ne verrons cet avenir, auquel il m'est doux de croire pour me consoler des sottises que j'ai encore à voir en ce pauvre monde.

D'autres consolations se joignent à celles-là, lorsque arrivent jusqu'à moi des témoignages de bienveillance et de sympathie comme ceux que vous m'adressez, monsieur; et je vous prie de m'en croire très-reconnaissant.

## XI

### A MADAME BRISSOT-THIVARS

3 janvier 1849.

Le changement de ministère, qui fait tant crier ici, ne peut vous nuire, puisque M. Lacrosse y gagne un portefeuille. Ce changement n'en est pas moins un mal réel, par les mauvaises idées que font naître les causes qui ont amené la retraite de M. de Malleville. Il y a un commencement de désillusion chez beaucoup de bonapartistes.

Je suis, moi, fort ennuyé. Louis Bonaparte, malgré le refus fait à son cousin de le recevoir, m'est venu voir deux fois, sans me trouver, il est vrai. La première visite était trois semaines avant l'élection; je pouvais ne pas la compter; la seconde eut lieu deux jours avant sa proclamation. Celle-là, il faut la rendre, et cela me coûte extrêmement. Il m'en faudra rendre une aussi à madame Demidoff, qui m'est venue voir lorsque j'étais malade, et que je n'ai pas vue non plus. Jugez de mon ennui; vous n'en avez pas de plus gros dans votre préfecture. Ah! j'aurais dû vous aller demander un refuge depuis plus de deux mois : mais cette pauvre Judith serait restée seule, car Fanny est encore absente.

## XII

### A MADEMOISELLE PAULINE BÉGA

Passy, 17 janvier 1849.

Ma chère enfant, j'ai bien peu de temps pour t'écrire et te remercier de ta bonne lettre.

Il est vrai que ton thème habituel c'est l'ennui que tu éprouves loin du toit paternel; cet ennui, je me plais à croire que tu te l'exagères un peu. Viendra un jour où, comme le dit l'Écriture, tu quitteras sans trop de peine père, mère et amis, pour aller chercher le bonheur sous un autre toit. Il est vrai que les devoirs que tu auras alors à remplir seront d'autre nature que ceux qui te sont imposés aujourd'hui. Mais peut-être ne te sembleront-ils pas moins lourds. Ma pauvre fille, si tu savais combien de fois il arrive dans la vie de regretter l'âge que tu traverses! Même, que de fois on se fait un plaisir du souvenir des prétendues peines dont on gémit dans la jeunesse! Prends patience, et donne-toi de la science et un état; lis autant que tu le peux. Mettre des faits dans la mémoire, c'est se donner de l'expérience; c'est rivaliser avec le temps.

Je te donnerai bientôt un livre excellent de madame Carpentier sur la première éducation, où tu puiseras des notions très-variées et les meilleurs principes, présentés avec une grande tendresse de cœur. Je veux le lire tout entier avant de t'en faire présent ; malheureusement, j'ai si peu de temps devant moi que cette lecture en souffre.

## XIII

A MADAME VALCHÈRE

Passy, 25 janvier 1849.

Ma chère enfant, dites, je vous prie, à madame Valmore que, renseignements pris, il ne paraît pas que M*** veuille donner des gardiens et des conservateurs aux volumes qu'il fait entasser dans des espèces de magasins.

Je ne veux donc pas demander inutilement. D'ailleurs M. Valmore peut faire lui-même la demande, en s'appuyant de mon nom, s'il le croit nécessaire. Mais ce qui, selon moi, serait au moins aussi sûr, ce serait de recourir à madame Récamier qui, dit-on, a un grand pouvoir sur M. Falloux, ainsi que le prouve la place de bibliothécaire accordée à Ampère. Madame Valmore connaît et voit madame Récamier ; celle-ci peut donc la servir auprès du distributeur des bibliothèques. De ce côté, je veux dire du côté de M. de Falloux, ma recommandation serait non-seulement inutile, mais pourrait être nuisible.

Voilà, ma chère enfant, tout ce que je puis vous dire sur ce qui intéresse madame Valmore.

Il est dangereux d'être toujours seule, pauvre femme ! La tête se monte ; on fait des rêves qui n'ont pas le sens commun, dans lesquels on exagère tout, le bien comme le mal, et qui font rire quelquefois ceux à qui l'on en fait confidence.

C'est un peu l'effet que votre lettre a produit sur moi : je ne vous en suis pas moins obligé de tout ce qu'elle a d'aimable pour mes chansons. Mais pourquoi vous saigner pour avoir l'édition illustrée, quand je pouvais vous donner un exemplaire ordinaire? Il fallait me le demander. Je n'offre jamais mes œuvres.

## XIV

A MONSIEUR M***

27 janvier 1849.

Je vous remercie, mon cher monsieur, de m'avoir donné de vos nouvelles. Je craignais qu'au milieu des changements qui se succèdent avec une rapidité inquiétante pour notre pauvre patrie, vous n'eussiez eu à souffrir dans votre nouvelle carrière. Je me réjouis de voir qu'il n'en est rien.

Vous désirez vous changer de climat. Si c'est dans l'intérêt de la santé de madame***, je n'ai rien à objecter; sans cela je ne vous conseillerais pas d'aller dans l'Hérault, où il est, dit-on, bien difficile d'obtenir les bonnes grâces de messieurs du clergé, qui règnent là assez despotiquement. Aux pays chauds les bêtes venimeuses. Le centre de la France vous vaudrait mieux, il me semble. Au reste, il y a deux voix maintenant dans votre conseil de famille; il en doit sortir de sages délibérations. Calculez donc bien toutes vos démarches au profit du ménage, à qui je souhaite toutes sortes de prospérités.

Je vous remercie de l'attention que vous avez donnée à la jeune Antier, qui a bien besoin de se faire une position. Elle a un oncle ici qui est très-heureux du bien que vous dites de sa nièce.

J'ai fait part de vos compliments à Reynaud, qui n'a pas toujours d'aussi bons souvenirs du pouvoir qu'il a exercé momentanément. Lui, Carnot et Charton sont des hommes de cœur à qui il ne manquait qu'un peu d'expérience. J'espère qu'un jour ils pourront être plus utiles à notre pays, si léger dans les jugements qu'il porte des citoyens les plus dévoués.

## XV

### A MADEMOISELLE PAULINE BÉGA

31 janvier 1849.

J'ai promis ce matin à ta maman de t'écrire et je tiens ma parole.

Ta petite lettre m'a fait grand plaisir. J'aime à te voir prendre goût à la lecture. Ton amour pour Racine et particulièrement pour *Phèdre* prouve combien ton jugement se forme. *Phèdre* n'est pas la pièce la mieux combinée de ce grand poëte, mais aucun caractère n'est mieux étudié, mieux rendu que celui du principal personnage, le plus passionné de tous ceux que Racine a mis au théâtre.

Je ne me rappelle plus si l'exemplaire que tu as contient quelques commentaires. Je voudrais que tu lusses l'*Hippolyte* d'Euripide, d'où nous vient le sujet. Sénèque (qui n'est pas le philosophe latin) l'a traité aussi. Racine a beaucoup emprunté à ces deux anciens, dont il a triomphé comme peintre de passion.

*Britannicus* est supérieur à *Phèdre* comme combinaison dramatique, bien que l'intérêt y soit moins grand; mais l'idée, si bien accomplie, de rendre sensibles et supportables au théâtre les commencements d'un monstre pareil à Néron, est une des plus grandes preuves de génie données par Racine. Un esprit de second ordre n'eût pas manqué de nous montrer Néron repu de tous les crimes, au moment où il va en recevoir le prix. Il est toujours facile de produire de l'effet sur le vulgaire avec de semblables tableaux. Il faut mieux que cela aux esprits délicats, et faire prévoir toutes les atrocités de Néron sans en souiller la scène est une œuvre de grand maître.

Je crois que cette pièce ne réussirait plus aujourd'hui. C'est faire en deux mots la critique de notre époque. Mais je fais là le maître d'école et t'ennuie peut-être de ce qui t'a amusée.

Tu fais bien, ma chère enfant, de faire un retour sur toi-même lorsque tu as à te plaindre de tes *insurgées*. C'est une intention que l'on a rarement à ton âge, et il est des gens qui vieillissent sans jamais faire cette évolution sur eux-mêmes. Elle produit pourtant les plus heureux résultats. Tu me trouves bon : sache que, si je mérite cet éloge, je le dois à ce que de bonne heure aussi j'ai pris note de mes fautes pour m'en corriger d'abord, puis pour juger mes semblables avec indulgence. Continue donc à user de ce procédé que ton bon cœur t'a révélé, et tu croîtras en bonté comme en science.

## XVI

### A MONSIEUR JULES BORDET

Passy, 8 février 1849.

Je vous remercie, monsieur, des deux chansons que vous m'envoyez, et suis heureux de vous les avoir inspirées, bien que je ne mérite que faiblement les éloges que vous voulez bien me donner.

Il y a de la poésie chantante dans ces couplets, et le travail du vers en est remarquable.

Mais, si vos chansons m'ont fait plaisir, votre lettre m'a fait peine. Vous êtes malheureux, monsieur, et à une époque où il y a bien peu de remède à cette triste maladie que j'ai trop connue pour ne pas la plaindre de tout mon cœur. Je plains votre situation, croyez-moi ; mais je plains aussi ce que je crois remarquer en vous d'humeur misanthropique. Ne vous exagérez-vous pas un peu les torts de vos semblables ? Je connais mieux les hommes que vous, et je vous assure que, quel que soit l'égoïsme du monde actuel, il y a encore des bonnes âmes, encore des cœurs charitables, même parmi les plus riches. Vous me demandez, dans la seconde de vos chansons, comment j'ai fait pour gagner ma vie : hélas ! je dois vous l'avouer, je n'ai pas fait grand'chose de bon. J'ai eu du bonheur, parce que j'ai eu des amis. Je le méritais peu sans doute ; vous dire comment je me suis fait aimer, je ne le saurais. La seule qualité que je me connaisse, c'est de n'avoir jamais envié ni la fortune ni les succès des autres quand j'étais inconnu et pauvre. A quarante-deux ans je n'avais pas de feu dans mon taudis, même au plus fort de l'hiver. J'étais résigné, et il m'est arrivé quelques rayons de soleil.

Je vous dis tout cela, monsieur, parce que je ne sais de quelle autre manière vous être utile.

Veuillez croire au moins à tous les vœux que je fais pour l'amélioration de votre sort, en m'étonnant toutefois que vos compatriotes n'aient pas encore apprécié ce qu'il y a d'avenir dans votre esprit.

# XVII

### A MADEMOISELLE BÉGA

*14 février 1849.*

Bien commencé, ma chère enfant; donne carrière à tes pensées, et, au risque de quelques erreurs, fais-moi part de toutes tes réflexions sur les lectures que tu as le temps de faire. Sois sûre que je profiterai des occasions que tu me fourniras de diriger ton goût vers le bon et le beau, autant du moins que je le pourrai. C'est un travail que je puis faire aujourd'hui même.

Madame de Sévigné, dont malheureusement je ne puis te prêter les lettres, car elles manquent à ma misérable bibliothèque, madame de Sévigné disait, après avoir vu *Esther* à Saint-Cyr : « Racine a bien de l'esprit. » Le mot esprit pouvait s'appliquer ainsi alors. A présent, quand on parle d'un grand poëte, on dit génie.

C'est l'effet d'une langue qui marche et qui s'use en marchant. Les mots simples ne lui suffisent plus : elle enfle sa voix. Tu préfères Béranger à Lamartine, parce que tu connais l'un et non l'autre; mais juge de la différence. En parlant de Lamartine, on vante son *génie*, et de moi on ne ne doit vanter que l'*esprit*. Pourquoi ? Parce que les œuvres de l'un ont une élévation qui manque à l'autre.

Ne va pas me croire plus modeste que je ne le suis. Parmi ces écrivains qui prennent le ton élevé, beaucoup sont plus boursouflés que forts et grands; mais chez nous on aime l'emphase et il a fallu bien du temps pour que la Fontaine fût traité d'homme de génie. J'ai été plus heureux avec beaucoup moins de titres, et plusieurs critiques m'ont baptisé de ce nom. Mais ne t'y trompe pas; ma popularité a plus fait pour cela que mon mérite littéraire. Dans mon âme et conscience, Lamartine est bien au-dessus de moi et je suis bien loin de la Fontaine. Quant à Lamartine, il est encore un point sur lequel tu te trompes : tu parles de ses vers trop travaillés. Hélas! non; dis donc ses vers trop négligés. Il improvise tout et ne peut corriger; de là tant de vers qui font disparate avec des morceaux vraiment sublimes. C'est mon désespoir en lisant *Jocelyn*, qui, j'en suis sûr, ne t'a pas ennuyé autant que la *Chute d'un ange*, sujet fantastique où se trouvent d'admirables passages, mais dont l'ensemble ne rachète pas les fautes de détail comme dans l'autre poëme. Racine, qui te paraît si naturel, si coulant, travaillait ses vers. Ce travail-là, je m'y suis appliqué fort jeune et c'est peut-être le beau côté de mon petit talent.

Mais en voilà bien long sur ce thème et je ne compatis point au chagrin que tu as éprouvé dimanche passé et dont m'a parlé ta mère. Elle a préféré pour toi les jours gras à sa fête : c'est elle qui a fait le plus grand sacrifice. Je l'ai donc plainte avant de te plaindre. Je t'avouerai même que j'ai un peu ri de ton enfantillage de vingt et un ans, ce qui ne m'empêche pas d'être heureux quand j'apprends que tu t'es amusée.

Je suis toujours souffrant; ma pauvre vieille tête tombe en compote. J'ai gardé la chambre aujourd'hui et me suis emmédeciné, ce qui n'est qu'un commencement de régime.

Adieu, chère enfant, lis, lis, lis beaucoup et crois-moi tout à toi.

## XVIII

A MESDEMOISELLES A***

16 février 1849.

Mes chères demoiselles, j'ai bien tardé à répondre à votre aimable lettre. En vous remerciant des vœux que vous voulez bien m'adresser, j'aurais voulu répondre à l'affaire dont vous me parliez. Mais il ne m'a pas été facile d'obtenir quelque assurance à cet égard.

Vous m'avez communiqué ce projet trop tard. Je connaissais un peu Étienne Arago, et, bien que j'eusse peu de crédit auprès de lui, peut-être y eût-il eu moyen de vous servir. Le directeur actuel m'est complétement étranger et, par un hasard malheureux, je n'ai plus la moindre connaissance dans les bureaux de cette administration.

J'aurais pu vous répondre cela sur-le-champ, mais j'ai voulu savoir comment il serait possible aujourd'hui pour vous d'arriver à l'obtention d'un bureau.

Ce que je vois de plus clair, c'est qu'il faudrait adresser une demande au ministre, en vous appuyant du bon vouloir des autorités locales, et en donnant un état des services de M. votre père. Pour cela, il serait nécessaire de saisir l'occasion d'une vacance dans le département, puisque vous ne voulez pas trop vous éloigner de votre famille. Aussitôt la demande envoyée, vous m'en donneriez avis et, par un ami que j'ai aux finances, je tâcherais de la faire accueillir de M. Thayer.

Je ne dois pas vous laisser ignorer qu'il y a des bureaux dont le rapport est très-minime, et que ceux qui sont sur le passage de nuit des courriers sont très-fatigants.

J'aurais voulu pouvoir vous appuyer plus utilement,

mais il faut que vous sachiez que mon crédit est sans valeur ou à peu près. La vie retirée que je mène est peu propre à l'augmenter. Aussi ai-je bon nombre d'amis dans la peine que je n'en peux faire sortir, quelque démarche que je tente.

Je regrette bien, mes chères demoiselles, pour la première fois que vous vous adressez à moi, de n'avoir rien de plus satisfaisant à vous dire. Il m'eût été si doux de vous venir en aide. Enfin peut-être le pourrai-je, si vous suivez la marche que je viens de vous indiquer. Il serait bon, je crois, que ce fût M. A*** qui demandât pour l'une de vous.

Je vous suis obligé de votre bon souvenir et des marques que vous m'en donnez. Mais je voudrais bien savoir si, au milieu des travaux que vous vous imposez, la poésie ne vient pas jeter quelques heures de ces heureuses distractions qui m'ont procuré le plaisir de vous connaître. Dans votre prochaine lettre, n'oubliez pas de me mettre dans la confidence.

Adieu, mes chères demoiselles, écrivez-moi souvent, n'affranchissez plus, et croyez-moi tout à vous.

*P. S.* N'oubliez pas, si vous écrivez au ministre des finances, que ces messieurs ont le *port franc*. Peut-être feriez-vous bien de m'envoyer la lettre, pour que je l'apostille, vaille que vaille.

## IX

### A MONSIEUR BRISSOT

20 février 1849.

Je ne vous parle pas politique, parce que je ne sais que ce qu'en disent les journaux. On m'a assuré que Vivien avait été un peu désorienté de la préférence donnée à Boulay pour la vice-présidence. En effet, la direction du conseil d'État allait parfaitement à votre cousin, qui était l'homme de la chose. Quant à Boulay, il a été, dit-on, surpris et affligé d'être placé si haut.

## XX

### A MADEMOISELLE BÉGA

28 février 1849.

Ma chère enfant, mon mal me tient toujours et je souhaite bien qu'il n'en soit pas ainsi de toi. Aux vieillards, la maladie, mais la santé à la jeunesse. Est-ce qu'à ton âge on sait ce que c'est que de souffrir? A peine conçoit-on comment les autres souffrent. Aussi, malgré ta prétention si amicale, suis-je certain que rien ne t'avertira ou de la continuation de mon malaise ou de ma guérison, à moins que ta mère ne s'en mêle.

Les sapeurs-pompiers paraissent t'avoir vivement préoccupée. Est-ce qu'il y avait là quelque jeune officier de belle et honnête figure? Si cela est, je ne dis pas non. A vingt ans, il est très-permis de remarquer ce qui est bien et jeune.

Ce que tu me dis de la Fontaine, la moindre notice te l'expliquerait. Sa simplicité apparente, son oubli des usages, surtout son extrême distraction, contribuèrent, il n'y a pas de doute, à la célébrité dont il jouit de son vivant; mais aussi, en lui méritant le nom de bonhomme, elles n'aidèrent point à lui marquer son véritable rang parmi les grands hommes de cette brillante époque de notre littérature. Il en fut de même de Molière, mais par des causes différentes. Tous deux pourtant sont aujourd'hui regardés comme les deux poëtes les plus originaux et les plus parfaits de leur temps. Ils s'étaient bien jugés.

La Fontaine, en écrivant à son ami Maucroix, disait en parlant de Molière : « Je l'aime, c'est mon homme. » Molière, voyant Racine et Boileau turlupiner la Fontaine, perdu dans ses distractions, s'écriait : *Nos beaux esprits ont beau se trémousser, ils n'iront pas aussi loin que le bonhomme.* On aime à voir de pareils esprits s'apprécier aussi bien. Cela est très-rare.

La supériorité n'exclut ni la justice ni l'envie. Notre temps en fournirait bien des exemples dont j'ai souvent gémi, moi, qui ai toujours mis mon bonheur à admirer les grands talents contemporains.

Quant au mot de madame de la Sablière sur la Fontaine, il ne vaut pas celui de la garde-malade qu'il eut à son lit de mort. Les prêtres s'étaient très-occupés de la conversion du bonhomme, qui n'avait jamais ouvert un livre de piété. On l'accablait donc de sermons et d'instructions religieuses. « Ne le tourmentez pas tant, disait la garde, il est plus bête que méchant ; Dieu n'aura pas le courage de le damner. » Tu vois qu'on le jugeait à la mine.

Ce n'était pas ainsi que l'entendaient son amie madame de la Sablière, ni Fontenelle qui dit un jour : « M. de la Fontaine est si bête, qu'il croit que les anciens ont plus d'esprit que lui. »

Malgré tous les éloges qu'il reçut de son siècle, ainsi que Molière, ce n'est pourtant, comme je te l'ai dit, que par la postérité que tous deux furent mis à leur place. Ni l'un ni l'autre ne pensèrent à réclamer contre ce déni de justice, dont peut-être ils n'eurent pas même le sentiment. Cela n'empêche pas la Fontaine d'être l'homme de lettres le plus heureux qui, peut-être, ait jamais été, grâce à cette vie de grand enfant que lui créa son esprit distrait et rêveur.

L'autre jour Lamartine, qui l'a attaqué dans ses *Confidences* et à qui j'en faisais reproche, l'accusait d'égoïsme. Il oubliait que le bonhomme, pour défendre Fouquet son protecteur, avait bravé la colère de Louis XIV. Nous devons à cet acte de courage la fameuse élégie aux *Nymphes de Vaux*. Relis-la, ma chère enfant ; elle fait doublement honneur à notre grande littérature, et ma lettre t'aura été bonne à quelque chose.

Plus tu liras la Fontaine, plus tu l'admireras. Napoléon avait raison de dire qu'il ne convient guère à l'enfance : elle n'y trouve qu'une fiction qui peut l'amuser ; mais à l'âge mûr seul appartient d'extraire d'un pareil os toute la moelle qu'il contient.

Adieu, ma chère enfant, grand merci de ton bon souvenir, de ta bonne et spirituelle lettre. Écris-m'en souvent comme cela et sois sûre du plaisir que j'aurai toujours à te répondre.

## XXI

### A MONSIEUR PASCAL[1]

28 février 1849.

Je connaissais, monsieur, le passage de la préface du *Don Quichotte* de M. Viardot. Mais il y a aussi dans cette préface un passage que vous avez probablement lu et qui parle de la perte faite des deux portraits qu'on avait de Cervantes : l'un des deux était de Pacheco, maître et beau-

---

[1] Qui venait de graver le portrait de Cervantes.

père de Velasquez. M. Viardot a beaucoup écrit sur les peintures des différentes écoles; il connaît presque toutes les galeries de l'Europe, et particulièrement celles d'Espagne ; il est étonnant qu'il n'ait pas eu connaissance du portrait de Lausanne. S'il est en effet de Velasquez, nul doute que ce grand peintre, arrivé à la maturité de son talent, se soit inspiré de quelque ancien portrait, même de celui qu'avait peint son maître Pacheco, qui était, lui aussi, homme de grande réputation, et qu'il ait voulu laisser à la postérité une preuve de son admiration pour Cervantes. Il se pourrait d'ailleurs qu'il l'eût vu dans sa jeunesse, bien qu'on assure que Velasquez avait plus de vingt ans quand il vint à Madrid.

Cette donnée expliquerait le nom de Velasquez mis au portrait de Lausanne.

Si j'insiste sur ce point, c'est qu'il y aurait peut-être quelque inconvénient pour votre œuvre, monsieur, qu'on vînt contester le nom du peintre, à l'apparition de votre belle planche. Il n'en faut quelquefois pas plus pour ôter tout mérite à un chef-d'œuvre, aux yeux du public, qui, vous le savez, est loin d'être aussi connaisseur que ses flatteurs veulent le lui persuader.

Pardonnez-moi donc mes observations, et recevez, je vous prie, monsieur, l'assurance de ma considération toute cordiale.

## XXII

### A MONSIEUR PASCAL

2 mars 1849.

Je ne puis résister, monsieur, au plaisir que je viens d'avoir en entendant faire par un véritable connaisseur l'éloge le plus complet de votre belle gravure de Cervantes. C'est un vieil amateur de gravures qui, bien mieux que moi, se rend compte du mérite d'une œuvre comme la vôtre ; aussi m'en a-t-il détaillé toutes les beautés d'une façon si sûre, qu'il me semble impossible que votre nouvelle planche n'obtienne pas un grand succès.

Quant à l'original, il pense qu'il est de Velasquez, puisque vous avez des attestations à cet égard, et qu'il est vraisemblable que le portrait de Pacheco a inspiré celui de Lausanne.

Au reste, ce vieil amateur croit que vous dépréciez trop Pacheco, qui, dans son temps, a eu une très-grande réputation comme peintre de portraits. Il croit même qu'il en est resté de lui qui vont de pair, dans les musées, avec ceux de son gendre. D'ailleurs, a ajouté ce bon juge, c'est le graveur qui fait ici le mérite de l'œuvre, et cent fois on a vu un savant burin donner l'immortalité à des œuvres secondaires.

Je suis tout à fait de cet avis, monsieur, c'est pourquoi j'ai cru pouvoir vous faire mes observations, qui vous mettront en garde contre de maladroits critiques.

Je suis heureux qu'un véritable connaisseur m'ait fourni l'occasion de vous adresser de nouveaux remercîments, et de vous assurer, monsieur, du vif intérêt que m'inspire votre beau talent.

## XXIII

### A MADEMOISELLE PAULINE BÉGA

15 mars 1849.

Ta lettre est charmante, chère Victoire[1], et bien aimable pour moi. Aussi, malgré le peu de temps dont je dispose

---

[1] Mademoiselle Béga s'appelait Victoire, lorsqu'elle était enfant.

depuis quelques jours, je veux te répondre quelques mots, me confiant dans ton amitié pour excuser la brièveté de ma réponse.

Oui, Molière mérite que Boileau ait parlé aussi bien de lui. Je ne crois pourtant pas qu'il ait réellement dit le mot qu'on lui prête[1]. N'oublions pas qu'il eut le tort qu'on n'a cessé de lui reprocher, Voltaire particulièrement, de dire, dans l'*Art poétique :*

> C'est par là que Molière, illustrant ses écrits,
> Peut-être de son art eût remporté le prix.

Comment n'a-t-il pas reconnu que Molière était placé bien haut au-dessus des comiques de tous les temps? Un seul peut-être pourrait être rapproché de lui, mais encore moins par l'art que par l'usage qu'il en fait, c'est Aristophane, que nous n'estimons pas assez.

Quant au style, celui de Molière est de la plus rare perfection dans le genre comique, qui fait pardonner les incorrections, faciles d'ailleurs à faire disparaître, et admet les trivialités parce que ce genre doit offrir la peinture de tous les caractères et de toutes les positions sociales. Le dictionnaire de la Muse comique est à peu près celui de toute la langue. Il n'en est pas ainsi de la tragédie, qui, toujours parlant sur un ton soutenu, n'a pas à employer les expressions triviales qui te choquent dans la comédie. Si tu lisais Shakespeare, tu retrouverais même dans les tragédies de ce grand poëte le mélange, permis en Angleterre, des différents tons et la langue vulgaire mêlée à l'élévation

---

[1] Que Molière était l'écrivain qui jetait le plus d'éclat sur son siècle (réponse à une question de Louis XIV). Le roi aurait ajouté : « Je le pensais; mais je suis bien aise que vous me le disiez. » Ce qui est tout à fait certain, c'est que Louis XIV fit un jour manger Molière, seul à seul, à sa table, et qu'il ne fit cet honneur à nul autre.

poétique. Ne sais-tu pas l'anglais? Pourquoi ne le lirais-tu pas?

Je n'ajoute plus qu'un mot sur la place que tient Molière chez nous. Les Anglais, les Allemands, le regardent comme le poëte le plus original et le plus parfait de notre langue. Aux Anglais, aux Allemands, ajoute si tu veux ton ami Béranger et tant d'autres qui valent mieux que moi.

Ce que tu dis de la bienfaisance de Molière n'est pas non plus très-juste. J'ai vu des gens maltraités par la fortune très-disposés à secourir leurs semblables. La fortune leur arrivait-elle, ils cessaient d'être bienfaisants; j'ai vu, au contraire, des riches bienfaisants tomber dans l'adversité sans perdre le besoin de venir encore au secours des infortunés. La facilité qu'il y a de bien faire n'est donc pas la mesure du mérite qu'il y a à faire le bien. Ne soyons donc pas de ceux qui accusent de vanité les aumônes de tel ou tel. Si tous ceux qui ont de la vanité venaient au secours de ceux qui souffrent, bientôt disparaîtraient toutes les souffrances que la misère engendre. Tenons donc compte des bienfaits, même quand la vanité les conseille. Il y a tant de gens qui font la sourde oreille en pareil cas.

Au reste, je suis là, bien loin de Molière, qui, certes, n'était pas un vaniteux. Son cœur était resté tendre et pur, au milieu des prospérités. Relis le *Misanthrope*, et tu seras convaincue de la grandeur et de la bonté de son âme.

Je ne voulais t'écrire que quelques mots et voici trois longues pages; tu me fais bavarder.

En me relisant, je vois que je ne te dirais pas assez sur la justesse du mot prêté à Boileau, si je n'ajoutais qu'il exprime l'opinion générale de notre littérature depuis plus de cinquante ans. Tu la verras dans la Harpe comme dans nos romantiques. Les femmes seules ont fait quelques objections, mais fort timides. Ne t'étonne donc pas des doutes qui se sont élevés dans ton esprit : c'est l'effet de la robe.

## XXIV

### A MONSIEUR GILHARD

24 mars 1849.

Voilà bien longtemps, mon cher Gilhard, que je vous dois une réponse, mais j'ai toujours attendu pour la faire que notre ami Antier fût réintégré dans son emploi. Je ne vous dissimule pas que j'ai été jusqu'à désespérer d'en arriver là. Enfin, il y a trois jours, Antier est rentré à son bureau.

Un de vos compatriotes, notre préfet [1], que j'ai vu et à qui j'ai écrit, s'est montré fort bien dans cette affaire. Aussi viens-je de lui en témoigner ma reconnaissance. Espérons que de pareils accidents ne se renouvelleront plus. Antier a eu bien besoin d'avoir de bons amis, jusque dans les montagnes d'Auvergne, pour traverser un temps si long de crise. Le voilà avec un chef qui est mon ami aussi, et qui n'est pas moins le sien. J'ai fait tout ce qu'il m'a été possible pour faire apprécier l'habileté, la capacité de cet excellent Blaize. Comme neveu de Lamennais, il a été en butte à des préventions injustes. Si ce que j'ai dit a eu de l'influence, je m'en applaudis dans l'intérêt des malheureux emprunteurs. Malheureusement Blaize est si désintéressé et tient si peu aux places, qu'il a fallu le pousser par les épaules pour le faire entrer au Mont-de-Piété. Les hommes comme celui-là sont rares aujourd'hui.

Quant au Président, je reste endetté envers lui de deux

---

[1] M. Berger, qui était de la ville de Thiers, en Auvergne.

visites que je n'ai pas eu le temps de lui rendre avant la proclamation de sa présidence. Je lui ai fait dire qu'il ne prît pas cela pour un manque d'égards ou pour une marque d'hostilité, mais qu'il ne l'attribuât qu'à l'impossibilité pour moi de subir le cérémonial de ses réceptions présidentielles, ce à quoi j'ajoute toujours que les ours et les singes du Jardin des plantes ne rendent pas les visites qu'on leur fait.

## XXV

### A MONSIEUR JOTTRAND [1]

Passy, 27 mars 1849.

Je vous suis extrêmement obligé de la lettre trop flatteuse que vous m'adressez dans l'intérêt de l'avenir de mes œuvres. Malheureusement cet avenir me paraît beaucoup plus douteux qu'il ne semble à votre bienveillance. N'allez pas croire qu'il y ait excès de modestie dans mes doutes à cet égard. Non, monsieur; je crois valoir quelque chose; mais ce que je pense de mes chansons, malgré leur grand et long succès, je le pense d'œuvres contemporaines bien supérieures à mes refrains. Nous traversons une époque de transition qui est bien loin d'être à son terme, et, quand le monde nouveau sortira du chaos où nous sommes, les peuples, regardant en arrière, ne s'occuperont de tirer du gouffre que les débris du passé qui leur pourront être utiles. Certes, ils ne penseront alors ni à moi ni à beaucoup d'autres plus justement fameux, qui, j'en suis sûr,

---

[1] M. Jottrand, avocat à Bruxelles, avait proposé à Béranger de faire une clef de ses chansons pour qu'aucune d'elles ne présentât d'endroits obscurs à la postérité.

s'ils pensent comme moi, n'en prennent pas aussi gaiement leur parti.

Je n'ai pas toujours raisonné ainsi, monsieur, et, sentant le besoin d'éclairer, pour cette postérité que je supposais devoir être plus curieuse, quelques passages de mes allusions politiques, j'ai fait, il y a vingt ans déjà, des notes à mes deux premiers volumes; notes très-courtes, et qu'on trouvera à ma mort. Le courage m'a manqué pour les autres volumes. J'ai fait plus pourtant : c'est ma notice biographique; mais l'envie de la brûler me prend souvent, toute simple qu'elle est, car je n'y ai renfermé que ma vie de chansonnier. Elle n'existerait sans doute déjà plus, si je ne l'avais promise à mon éditeur, qui est presque un fils pour moi. Si elle triomphe du désir que j'ai souvent de la faire disparaître, il la publiera avec les quatre-vingts ou quatre-vingt-dix chansons de ma vieillesse qui sont déjà sa propriété, mais dont il ne pourra disposer qu'après ma mort, qu'il est loin de désirer.

Je vous devais tous ces détails, monsieur, d'après l'intérêt que vous avez la bonté de prendre à ma réputation, intérêt dans lequel doit entrer pour beaucoup l'amour de la chanson, ainsi que me le prouvent les jolis et spirituels couplets qui terminent votre lettre. Ils ne peuvent qu'ajouter un grand prix aux marques de sympathie que vous me prodiguez et dont je vous prie de recevoir mes remercîments bien sincères.

## XXVI

#### A MADEMOISELLE PAULINE BÉGA

29 mars 1849.

Chère enfant, je suis tellement accablé de lettres, que je ne puis répondre à la tienne, qui pourtant m'a fait grand plaisir. Le goût que tu prends à Molière me fait espérer beaucoup de la justesse de ton esprit.

L'*Étourdi* est une imitation des canevas italiens, mais avec toute la supériorité du maître qui leur faisait l'honneur d'un pareil emprunt. Quant aux *Précieuses*, c'est la première tentative de la véritable comédie de mœurs. C'est à cette pièce qu'un vieillard, dont on eût dû nous transmettre le nom [1], s'écria : « Courage, Molière ! voilà la bonne comédie ! » Tu vois que tu te rencontres avec ce vieillard de bon sens : aussi je suis persuadé maintenant que les chefs-d'œuvre du maître ne pourront qu'augmenter ton admiration.

## XXVII

#### A MONSIEUR PIERRE DELAUNE

Passy, 22 avril 1849.

Je vous remercie, monsieur, de ce que vous me dites de flatteur. En effet, j'ai souvent été prophète ; mais croyez que c'est un triste avantage, ne fût-on pas traité comme Cassandre. Voir venir de loin l'orage, l'annoncer sans être cru, et

---

[1] Les anecdotes disent seulement : « Un vieillard du parterre. »

en recevoir sa part avec tous les incrédules, c'est en souffrir plus longtemps et plus qu'eux. Heureux encore si on ne vous accuse pas de l'avoir provoqué!

Aujourd'hui, monsieur, mes lunettes se sont furieusement embrouillées, et je ne vois pas plus loin que le bout de mon nez, qui n'est pas long; je m'en console en pensant que les avis que j'ai prodigués n'ont été utiles à personne. Ne faites donc pas trop de cas de ma prescience, et contentons-nous de faire ensemble des vœux pour notre chère patrie.

## XXVIII

### A MONSIEUR ***

Passy, 24 avril 1849.

Je commence, monsieur, par vous remercier de vos bonnes intentions et de vos flatteuses paroles, en vous avouant toutefois que je n'en comprends pas bien le but. Je n'ai jamais voulu me mêler de mes biographies; et si c'est une biographie en vers que vous avez la bonté de faire, je prétends l'ignorer jusqu'au jour où vous m'en enverrez un exemplaire.

Vous me demandez si j'ai changé de drapeau : la demande est peut-être étrange, adressée à un homme de mon âge et, j'ose dire, de mon caractère, auteur du *Vieux Drapeau*. Permettez-moi donc de ne pas y répondre. Quant au reste, monsieur, puisque vous me placez d'avance aux Champs-Élysées, je vous engage à user largement des libertés qu'on a le droit de prendre avec les morts. Je le suis en effet pour la politique, d'où je me suis complétement retiré depuis près d'un an. Je vous réponds ce peu de mots, monsieur, parce que demain je suis pris par une cérémonie qui ne me laissera pas un instant. Je regrette de ne pouvoir saisir cette occasion pour faire votre connaissance [1].

## XXIX

### A MADEMOISELLE PAULINE BÉGA

10 mai 1849.

Tu fais très-bien, chère enfant, de meubler ta mémoire ; l'exercer de bonne heure, c'est l'étendre et lui donner une force qui triomphera des effets de l'âge. Elle ne peut pas tenir lieu de la pensée ; mais elle vient puissamment en aide au bon sens. Ainsi enrichis ta mémoire de tout ce que tu trouveras de bon, et tâche surtout d'y faire régner l'ordre. Sans cela, on l'a dit, ce n'est qu'une bibliothèque mal rangée. Apprendre par cœur des vers est un utile exercice à lui faire faire à ton âge, parce qu'on les retient plus facilement, et que cela forme l'oreille. Tu choisis du Boileau ; c'est bien. J'aimerais mieux toutefois du Corneille et du Racine. Quant à la Fontaine, je pense que tu en sais déjà beaucoup.

Je comprends que Boileau ne soit pas ton poëte favori : ce n'est pas, crois-moi, parce qu'il a fait une satire assez faible contre les femmes ; car les femmes aiment fort Jean-Jacques Rousseau, qui les a traitées parfois assez sévèrement. C'est plutôt parce que l'amour n'a tenu aucune place dans sa vie, ce dont on ne s'aperçoit que trop dans ses œuvres. Au reste, le genre qu'il a traité n'exige pas absolument les qualités qui lui manquent sous ce rapport. Lis

---

[1] Lettre communiquée par M. Delherm de Novital.

donc et apprends ses meilleures satires et épîtres, l'*Art poétique* et le *Lutrin*, poëme vraiment supérieur, malgré certains inconvénients que je te signalerai plus tard.

Ce que tu me dis de la *Chute d'un ange* ne me surprend pas. Il me semble pourtant que dans la dernière vision il se trouve une mort au désert où il y a de grandes et touchantes beautés. Quand tu pourras lire certain roman de l'abbé Prévost, tu verras, avec des personnages bien différents, une scène à peu près semblable qui te touchera sans doute davantage, mais qui doit cet avantage à la simplicité de la narration du prosateur, opposée à la pompe de la poésie épique de Lamartine.

En voilà bien long sur les vers ; je ne voudrais pourtant pas, chère enfant, que les vers seuls occupassent ta pensée. Lis-tu de l'histoire ? C'est là une excellente étude à faire. C'est un résumé d'expressions qui peut hâter la maturité de l'esprit ; mais peut-être te crois-tu déjà l'esprit très-mûr. Les enfants sont si précoces aujourd'hui ! Toutefois l'histoire est chose des plus utiles à apprendre. Je crois te l'avoir souvent répété. Nous autres vieillards, nous aimons les redites. Pardonne-moi-les donc.

Il me semble que je ne t'ai pas du tout promis d'aller te voir à ta pension ; cela te dérangerait de tes devoirs de maîtresse. Et puis, tu sais que je n'aime guère les visages nouveaux, et il y en aurait sans doute beaucoup de nouveaux pour moi dans ta pension. Je serais comme un vieux hibou au milieu de toute cette volière qui caquetterait au plus dru à la vue du survenant. Il me suffit, en passant devant ta porte, de te souhaiter courage et patience.

## XXX

### A MONSIEUR DE VALOIS

Passy, 27 mai 1849.

Vos lettres m'auraient toutes fait grand plaisir si je n'y avais remarqué de ces phrases misanthropiques dont les poëtes et les jeunes gens ont fait tant d'abus. Dans ce monde, mon cher enfant, l'homme qui s'occupe plus des autres que de lui-même certes n'évite pas les peines qui nous assaillent sans cesse, mais finit toujours par en triompher à force de courage et de résignation, vertus qui ont plus de parenté qu'on le pense.

Chateaubriand me disait souvent : « Je me suis toujours ennuyé. » Toujours je lui répondais : « C'est que vous ne vous êtes pas occupé des autres. » Sa femme, esprit fort singulier, s'écriait : « Vous avez bien raison ! vous avez bien raison ! » Les *Mémoires d'Outre-Tombe* sont la preuve qu'en effet ce grand homme de lettres ne se préoccupait guère que de lui. Les Renés qu'il se reproche d'avoir fait naître devraient corriger de l'imitation. Dieu ne nous a pas mis ici-bas pour nous, mais pour les autres. Remplissons le mieux que nous le pouvons cette mission, et même ici-bas nous trouverons notre récompense dans une satisfaction intérieure que rien n'égale.

## XXXI

A MADEMOISELLE PAULINE BÉGA

Passy, 1er juin 1849.

Chère enfant, je t'ai promis de répondre à la lettre que tu m'as écrite il y a dix jours, bien que tu sois venue me voir depuis. Tu sais combien je partage le chagrin que te cause la maladie de ta mère, qui, pourtant, n'a plus rien de sérieux, mais qui exige encore un repos presque complet. J'ai été visiter cette bonne mère aujourd'hui, et je l'ai trouvée très-ennuyée de sa faiblesse et de l'impossibilité de courir un peu, au moins dans Passy.

Quant à ce que tu me disais de Chateaubriand et de la dédicace des volumes que je t'ai donnés (et il fallait que ce fût toi pour que je te fisse don de ces deux bouquins délabrés que j'ai lus et relus tant de fois à ton âge), la dédicace de ces volumes, dis-je, t'a suffisamment prouvé que l'auteur d'*Atala* a loué Napoléon. Celui-ci l'attacha à l'ambassade de Rome, et, quelque temps après, le nomma chargé d'affaires auprès du canton de Vaud. La mort du duc d'Enghien mit fin à leur bon accord. Toutefois, lors de sa nomination à l'Académie, à quelque temps de la naissance du roi de Rome, Chateaubriand jeta encore quelques fleurs aux pieds du vainqueur de l'Europe, contre lequel il se tourna avec fureur à la Restauration. Depuis il n'a cessé de mêler les éloges du géant, comme il l'appelle, à des reproches souvent mérités par le despote. Mais on voit, surtout dans les *Mémoires d'Outre-Tombe*, que Chateaubriand en veut surtout à l'Empereur de n'avoir pas deviné en lui l'étoffe de l'homme d'État, car il s'est toujours cru un éminent politique. Il laisse percer la même rancune envers les princes de la branche aînée, qui, en effet, ne l'ont jamais employé qu'à leur corps défendant. J'ai souvent ri avec lui, lorsqu'il prétendait que Napoléon me devait toute sa popularité, en lui prouvant qu'au rebours c'était moi qui devais à son nom une partie de la mienne. Il n'en répète pas moins ce reproche dans ses *Mémoires d'Outre-Tombe*[1], dont la publication, commencée depuis sept mois, reste suspendue par je ne sais quelle influence.

[1] M. de Loménie a dit de la publication des *Mémoires d'Outre-Tombe* :
« Il est arrivé à Chateaubriand ce qui arrive à presque tous les hommes qui ont imposé longtemps l'admiration à leur siècle : l'époque qui suit leur mort est celle où ils sont jugés le plus sévèrement. On dirait que nous éprouvons le besoin de nous dédommager d'une longue adulation par une rigueur excessive. C'est ainsi qu'on a vu des écrivains qui avaient épuisé pour Chateaubriand vivant toutes les formules de l'enthousiasme et du respect changer brusquement d'attitude, et, sans s'inquiéter du contraste, toiser Chateaubriand mort avec une familiarité aussi rude qu'inattendue. A la vérité, l'homme qui avait le plus soigné sa gloire et l'à-propos de ses œuvres se voyait obligé de laisser publier son livre de prédilection, ses Mémoires, à une mauvaise heure, sous un mauvais jour et dans les conditions les plus contraires à un succès. Ces Mémoires, pleins de génie, blessaient à la fois tous les partis et toutes les influences du moment. Travaillées avec amour par un grand artiste, ces pages, destinées à un public calme et en état de goûter une œuvre d'art, voyaient le jour au milieu d'une crise sociale qui ébranlait toutes les existences. De là un double résultat également fâcheux pour les *Mémoires d'Outre-Tombe*. D'un côté, le déchaînement de tous ceux que Chateaubriand blessait dans leurs affections politiques, dans leurs sentiments de famille ou dans leurs prétentions personnelles, soit par des jugements hostiles, soit par un silence qui semblait injurieux à la vanité de plusieurs ; et, d'un autre côté, chez la masse des lecteurs, trop de préoccupations étrangères pour ne pas accepter avec une facilité indifférente les récriminations intéressées et les arrêts sévères des critiques. »
Il n'y a rien de vraiment comparable, au fond, entre la fortune subie, depuis le jour de sa mort, par la renommée de Béranger et la fortune du nom de Chateaubriand ; mais il est certain qu'une même injustice et une même ingratitude a essayé de combattre ces deux grandes gloires. Pour l'une et pour l'autre, le temps et les circonstances ont été un champ d'épreuves. Mais, si le nom de Béranger ne peut être déraciné du cœur de la nation, celui de Chateaubriand résistera aussi jusque dans le plus lointain avenir. Il n'est pas d'écrivain en prose dont la France ait plus lieu de garder mémoire. Et ce n'est pas seulement des prosateurs qui sont nés de lui, notre littérature moderne lui devra aussi ses poëtes.

Te voilà suffisamment édifiée sur la question que tu m'avais adressée.

Je t'avais dit une partie de tout cela lorsque tu es venue me voir, mais tu étais préoccupée d'autre chose et tu dois ne plus t'en souvenir ; à présent que ta mère va mieux et que tes inquiétudes doivent avoir cessé, tu seras en état de juger le procès qui s'est élevé parmi tes compagnes. Tu vois que j'ai fait consciencieusement l'office d'avocat général.

## XXXII

### A MADAME FRANK

Passy, 5 juin 1849.

Je suis heureux, ma chère dame, de ce que vous m'apprenez relativement à mademoiselle Pauline Dupont[1], dont j'ai en effet appelé l'attention sur votre position, si différente de ce que vous et M. Frank mériteriez qu'elle fût.

Mademoiselle Dupont est aussi distinguée par les qualités de l'intelligence que par les sentiments humains dont tant de gens font parade et que si peu possèdent. Si elle possédait autant de fortune qu'elle a de générosité de cœur, que de malheureux verraient la fin de leurs maux!

Ce qu'elle ne fera pas pour vous, j'en suis sûr, c'est qu'elle ne le pourra pas faire.

Je compte la remercier bientôt des rapports qu'elle a établis entre elle et vous, car ce n'est pas à Rougeperriers, mais à Passy que j'ai reçu votre lettre.

Mon vénérable ami Dupont étant rentré dans sa retraite, pour se reposer des dernières fatigues de sa noble et longue

[1] Fille de Dupont (de l'Eure).

carrière, je conçois que vous ayez pensé que je pouvais l'avoir accompagné, ainsi qu'il le désirait. Mais le choléra faisait déjà grand nombre de victimes à Paris et à Passy, et il ne m'était pas possible de m'en éloigner dans un pareil moment.

J'ai d'autant mieux fait, que le mal augmente chaque jour. Dès que je le pourrai, j'irai à Rougeperriers, non pour consoler Dupont du tort que viennent de se faire aux yeux de la France les habitants de l'Eure[1], car Dupont, s'il s'en afflige pour eux, s'en félicite pour lui. Mais j'irai pour jouir encore de l'amitié que ce grand et vertueux citoyen me témoigne depuis si longtemps.

En attendant cette époque, je veux écrire à sa digne fille pour la remercier de l'usage qu'elle a fait des renseignements que je lui avais transmis sur une famille intéressante à qui je regrette de n'avoir pu être plus utile.

## XXXIII

### A MONSIEUR JOSEPH BERNARD

Passy, 11 juin 1849.

Passy est fort maltraité par le choléra. On ne chante plus aux enterrements pour ne pas effrayer ceux qui sont venus se réfugier dans l'air salubre de notre montagne. Judith et moi ne nous en inquiétons que pour les autres. Quant à Fanny, que je crois avoir eu un peu peur, elle est partie pour la Picardie, où elle a trouvé la suette installée au chevet de ses parents. Je ne sais si ce mal-là vaut beaucoup mieux que le choléra.

[1] Dupont (de l'Eure) n'avait pas été nommé représentant du peuple à l'Assemblée législative, après avoir représenté son département pendant un demi-siècle dans les diverses assemblées antérieures.

Vous ne nous dites mot de la Celle. A-t-il été mettre sa carte dans votre village? J'espère que non, et bientôt sans doute vos estomacs seront débarrés. Donnez-nous-en des nouvelles ainsi que de celles des dames Belloc et Montgolfier. Elles ont dû être bien surprises et bien affligées de la mort si rapide de M. et madame ***. Entre nous, convenons qu'il y a des gens bien heureux. Sans doute : ils s'aimaient et sont emportés en quelques heures. Bugeaud a eu la même bonne fortune : il sera regretté, bien qu'il fût un brise-raison; du moins était-il honnête homme ; chose rare parmi les politiques.

Devinez quelle visite j'ai reçue hier, après un dîner où, en dépit des prescriptions, nous avions sablé quelque peu de champagne? La visite de monseigneur l'archevêque de Paris, de son frère, d'un des acolytes et du curé de Passy. Il est impossible d'être plus aimable qu'il l'a été avec la brebis égarée, qui a été fort caressée, fort louangée, mais qui, toute contrariée qu'elle était au fond, s'est montrée fort reconnaissante et a fait assez de frais d'esprit pour que monseigneur et sa compagnie aient ri de tout leur cœur, et bien souvent, des saillies philosophiques de la pauvre petite bête.

Nous nous sommes quittés les meilleurs amis du monde: encore une visite à rendre !

Mon ami, tout cela sent la mort; n'en voulons pas aux corbeaux de faire leur métier, mais disons-nous que, si j'avais trente ans de moins, les médecins de l'âme ne seraient pas venus me tâter le pouls. Ils m'ont trouvé en bonne santé, et je dois dire qu'ils n'en ont pas paru fâchés. Je leur en sais gré.

Il y a vingt ans, j'étais en prison, et les évêques et les curés n'avaient pas assez d'anathèmes à lancer contre le malheureux chansonnier. Qui a changé, de ce monde ou de moi ?

## XXXIV

### A MADAME CAROLINE VALCHÈRE

J'ai vu M. Sibour, que vous avez été voir à Saint-Germain, et qui m'a dit grand bien de vous. Ce n'est pas un homme fort, mais c'est, je crois, un fort honnête homme. Ne voulait-il pas, le mauvais plaisant, m'obliger à supprimer de mes œuvres les chansons grivoises, qu'il qualifie de poésies érotiques ? Je lui ai répondu, en l'appelant monseigneur gros comme le bras, qu'un père ne brûlait pas vifs ses enfants, fussent-ils borgnes ou bancroches.

## XXXV

### A MONSIEUR ANTOINE CLESSE

12 juin 1849.

Vous faites œuvre d'homme de cœur et de bon citoyen, mon cher monsieur Clesse ; mais je doute que vous puissiez atteindre le but que vous vous proposez.

Votre chanson de l'*Ivrogne* est d'un bon caractère : les deux autres sont moins sûres du succès. Mais, en général, la classe ouvrière choisit ses chansons, et elle semble se défier de celles qu'on lui destine. Ses choix sont rarement bons, sans doute ; souvent même ils sont mauvais. Mais on n'y peut rien. Elle ne s'inquiète pas du nom de l'auteur. Si un nom est en faveur auprès d'elle, c'est à ce nom qu'elle rattache tous les chants qui lui plaisent.

En général, les chansons sont des lettres auxquelles il ne

faut que rarement mettre une adresse. On les jette par la fenêtre, et les ramasse qui veut. Beaucoup restent dans le ruisseau, et quelquefois des meilleures. D'autres ont une fortune à laquelle l'auteur était loin de s'attendre. Cela fait compensation.

Je crains donc, mon cher Clesse, que vous vous imposiez une rude tâche sans résultat utile.

Poncy, de Toulon, véritable poëte, qui a eu le bon sens de rester maçon, a voulu se mettre à une œuvre à peu près pareille à la vôtre[1]. J'ai tâché de l'en détourner. Il avait commencé; mais je ne vois pas qu'il ait donné suite à son projet, qui l'arrachait à l'inspiration pour le renfermer dans le cercle étroit d'un plan tracé d'avance. Le chansonnier, comme le poëte, doit attendre que les sujets lui arrivent. Rarement il doit courir après.

Vous ferez d'autant mieux de suivre cette règle, mon cher Clesse, que votre cœur et votre raison vous dicteront au jour le jour ce que vous avez de mieux à faire pour utiliser vos refrains.

Avec mes remercîments, recevez, mon cher Clesse, l'assurance de toute ma sympathie.

## XXXVI

### A MADAME MALLARD

14 juin 1849.

Chère dame, je me hâte de vous répondre pour vous remercier d'abord de votre aimable souvenir et vous assurer que je ne suis pas mort.

Le choléra frappe violemment autour de nous; mais

---

[1] La chanson de chaque métier.

nous autres vieux, qui n'avons rien de mieux à faire qu'à mourir, nous ne nous effrayons pas. Pourtant, je dois l'avouer, dimanche j'ai eu peur un moment. Nous venions de dîner assez bien ; je crois même me souvenir qu'un peu de champagne nous avait égayés, ainsi que deux ou trois amis, lorsque descendent de voiture, à notre porte, quatre prêtres : à cette vue, je me suis demandé si je ne venais pas de mourir du choléra, et si ces messieurs ne venaient pas me chercher pour me conduire à l'église, au milieu des *Dies iræ* et des *De profundis*. Je fus bientôt rassuré : c'étaient monseigneur l'archevêque de Paris et plusieurs acolytes qui me faisaient l'honneur de me rendre visite. J'étais loin de m'y attendre. Le prélat fut si aimable et si gai, que je conserve de la reconnaissance de sa démarche, ainsi que celles qu'il a faites auprès de notre ami Dupont ; ce dont j'ai eu bien soin de lui parler.

Actuellement que notre maison est bénie par la présence d'un saint, vous ne devez plus craindre pour moi.

Je n'en suis pourtant pas à pouvoir fixer mon voyage à Rougeperriers. Notre petite Picarde nous a quittés pour aller auprès de ses parents, attaqués d'un mal qui vaut presque le choléra : la suette miliaire. Quand reviendra-t-elle ? Il est impossible de le savoir, et je ne puis laisser Judith seule.

Je suis, d'ailleurs, toujours accablé des affaires des autres, comme vous le savez. Par surcroît, j'ai eu des noces où l'on m'a réclamé comme témoin [1]. Aujourd'hui même, je vais aider à marier la fille de Perrotin à la mairie ; lundi, ce sera à l'église. Tout cela est fort ennuyeux, pour les témoins surtout.

---

[1] A Nanterre, où venait de se marier la petite-fille de M. Quenescourt.

J'ai à vous remercier de l'exactitude que vous avez mise à écrire à mademoiselle Pauline [1]. Une lettre de mes pauvres gens d'Elbeuf vient de m'apprendre qu'elle a bien voulu s'occuper d'eux avec une délicatesse qui me touche, et les a remplis de reconnaissance.

Je vais lui écrire pour le lui témoigner. La dernière lettre de Dupont était pleine du bonheur que le repos procure après un long temps de fatigue. Ses concitoyens de l'Eure se sont déshonorés aux yeux des gens qui même n'ont pas les opinions de Dupont. Oh! les maudits Normands! Je ne dis rien des Normandes. Je m'en garderais bien.

Je vous apprends que nous sommes en état de siége, et que beaucoup de journaux sont suspendus.

Heureux ceux qui sont dans un petit coin bien éloigné des villes, du bruit et des sottises de tout ce monde politique [2]!

## XXXVII

### A MADEMOISELLE PAULINE BÉGA

Passy, 21 juin 1849.

Je voudrais bien entendre le caquetage politique de tes compagnes. Les couleurs sont variées, à ce qu'il paraît. Mais toi, ma chère enfant, tu ne me dis pas quelle est la tienne. Il est vrai que tu as l'air de penser que les femmes n'ont pas d'opinion à avoir, puisqu'on ne leur donne aucune part dans les affaires. Regretterais-tu, par hasard, cette privation des droits politiques imposée à votre sexe?

---

[1] Mademoiselle Pauline Dupont (de l'Eure).
[2] Le 13 juin 1849, une partie des représentants de la gauche de l'Assemblée législative avaient essayé de mettre Paris en insurrection.

De nos jours, plusieurs femmes ont courageusement proclamé des prétentions à une réhabilitation complète sur ce point important. Allons, du courage! formule aussi tes idées, semonce nos législateurs, entêtés de la suprématie de l'intelligence de l'homme, bien que ces messieurs soient loin d'en fournir des preuves nombreuses.

L'antiquité a cru que notre Gaule avait été longtemps gouvernée par les femmes. Les druides, dit-on, les dépouillèrent du pouvoir. On cite un fait qui ferait croire qu'au passage d'Annibal dans les Gaules les femmes y rendaient encore la justice et pesaient dans la décision des affaires publiques. Aujourd'hui que tant de vieilles nationalités sortent du tombeau, voudrais-tu relever, en vraie Gauloise, le sceptre féminin? Vite, écris une brochure sur ce grand sujet. Tu auras beau jeu, car messieurs les hommes ne prouvent guère, quelle que soit la couleur de leur drapeau, qu'ils soient bien capables de réglementer l'État. Je te crois de force à en remontrer à beaucoup, même de ceux qui font le plus de bruit. Fais-nous donc vite une solide et piquante brochure, dont je retiens le premier exemplaire.

Plaisanterie à part, je crois, ma chère, qu'une femme qui a reçu quelque éducation doit porter de temps à autre son attention sur les affaires du temps. Donner des enfants à la patrie n'est que la moitié du rôle que la femme a à remplir. Elle doit lui donner des hommes; et, sans exagérer cela comme le faisait le vieux monde grec et romain, c'est la femme qui surtout doit diriger l'éducation du premier âge. Il est donc nécessaire qu'elle se fasse, autant que possible, des idées justes des intérêts de la nation dont Dieu l'a appelée à faire partie. Si j'osais, j'ajouterais que chez nous, où si souvent les hommes prennent leurs inspirations auprès de votre sexe, il peut être doublement utile que vous ayez assez de lumières pour diriger celui qui vous laisse tenir la bride et le fouet. Qu'en dis-tu?

J'ai été voir ta mère hier. Elle était au lit, qu'il lui faut garder encore deux jours. La pauvre femme se désole. Je pense, toutefois, que ce n'est qu'un retard dans sa guérison, qui n'offre aucun danger. Ne suis-je pas bien complaisant? Je t'ai vue hier, et je t'écris aujourd'hui, parce que tu l'as souhaité; j'ai pourtant peu de temps à moi, car je veux aller rendre aujourd'hui à l'archevêque la visite qu'il a bien voulu me faire. J'ai déjà rendu celle du curé de Passy[1], et j'en suis enchanté. C'est, selon moi, un homme très-distingué, et qui me semble plein d'une véritable bonté.

Adieu, chère Pauline. Ton vieil ami.

## XXXVIII

A MADAME COLET

Juillet 1849.

Où on est l'odieuse affaire qu'on vous intente? M. et madame Lenormant, au mépris de la volonté de leur parente veulent-ils toujours faire casser la donation? veulent-ils essayer de livrer à l'infamie la femme de talent à qui cette excellente madame Récamier portait un intérêt si affectueux, qu'elle me pria plusieurs fois de vous engager de prendre un logement auprès d'elle, en attendant que, comme elle, vous pussiez prendre, à ses côtés, un petit appartement à l'Abbaye-aux-Bois, où elle avait désiré que

---

[1] M. l'abbé Jousselin, curé de la paroisse Sainte-Élisabeth, sur le territoire de laquelle mourut Béranger.

vous fissiez entrer votre fille? En vous rapprochant d'elle, disparaissait la nécessité des visites qu'elle vous a si souvent faites autrefois, et dont j'ai vu la dernière peu de temps après la mort de Chateaubriand.

En revenant sur le passé, j'ai recueilli mes souvenirs sur l'acte en question. Vous m'aviez fait confidence de cette donation et de la notice que madame Récamier avait désiré que vous fissiez pour mettre en tête de la publication des lettres de Constant, notice pour laquelle elle vous avait fourni des renseignements que vous ne pouviez tenir que d'elle seule.

Vous savez que je ne me suis lié avec madame Récamier qu'auprès du lit de mort de notre illustre ami Chateaubriand. Benjamin Constant, avec qui nous avions été également liés, était souvent le sujet de nos conversations. Un jour, elle me demanda si vous m'aviez communiqué la notice et les lettres. Je répondis que je ne connaissais des lettres que les fragments cités par M. de Loménie. Quant à la notice, je l'avais lue assez légèrement. Elle me dit : « Quand le moment de publier viendra, j'espère que vous serez consulté par madame Colet, à qui j'ai donné ces lettres. »

Cette conversation fut plusieurs fois reprise, toujours dans le même sens, et j'étais peut-être la seule personne avec qui elle eût voulu l'avoir; car, dans l'idée de publier les lettres de Constant perçait, avec de la gratitude pour le souvenir de cet homme éminent, le désir de le laver du reproche d'insensibilité que Sainte-Beuve avait cru devoir lui adresser dans un article sur madame de Charrière. Je lui avais rapporté les éloges que Constant n'a cessé de me faire d'elle. Je devais donc, plus qu'un autre, lui paraître un conseiller convenable pour le travail qu'elle vous a fait faire, et qu'elle se fit relire plusieurs fois. Ajoutons qu'autour de madame Récamier il y avait, sauf Chateaubriand, peu de personnes, je crois, bien disposées envers la mémoire de l'auteur d'*Adolphe.*

La confiance qu'à cet égard elle voulait bien mettre en moi ne diminuait en rien celle qu'elle avait en vous, dont, ainsi que moi, elle estimait le caractère fier et indépendant, le cœur dévoué, désintéressé et généreux jusqu'à l'imprudence. Aussi, quelle a été ma surprise en vous voyant accusée de captation, de fraude, de ruse, etc., vous dont l'énergie un peu trop méridionale a pu quelquefois vous exposer à des reproches si différents! C'est ce que madame Récamier me disait un jour devant madame Lenormant, qui se joignait à tous les éloges que nous vous donnions.

Comment cette dame n'a-t-elle pas senti qu'elle devait respecter la volonté de sa bienfaitrice? S'il y a scandale dans la publication, c'est le procès qui vous est intenté qui en sera cause. Dira-t-on que madame Récamier, vivante, s'opposerait à la publication des lettres de Benjamin Constant? Mais elle en a livré plusieurs à M. de Loménie; mais, dans les *Mémoires d'Outre-Tombe,* on verra un livre tout entier consacré à l'histoire de madame Récamier, et cette histoire, presque complète, elle eût pu la lire dans peu de mois, si elle n'eût pas été chercher le choléra loin de son séjour favori.

A la longueur de ma lettre, écrite à la hâte, vous jugerez combien me préoccupe cette affaire. Pauvres femmes de lettres, trop souvent votre sexe vous dénigre, et le nôtre vous écrase [1].

Sans mes maux de tête, qui continuent, j'aurais été

---

[1] Madame Colet perdit le procès que lui intentèrent M. et madame Lenormant, pour avoir publié, dans la *Presse,* les lettres dont il est ici question.

causer avec vous; en soutenant votre courage, en modérant votre juste indignation, j'aurais cru remplir encore les intentions de la digne amie de Chateaubriand. Moi, j'ai le respect des morts, et je sais tout le bien qu'elle vous souhaitait.

Recevez, chère muse, mes témoignages d'amitié bien dévouée.

## XXXIX

### A MADEMOISELLE PAULINE BÉGA

4 juillet 1849.

Tu m'écris comme quelqu'un qui n'a rien à me dire, car tu te mets à louer ma préface [1], et tu sais que l'éloge ne me va guère. Je te dirai plus : s'il y a quelque mérite dans ce petit morceau de prose, il ne peut te frapper. A ton âge, on aime les grands mots, les recherches, l'emphase; et, soit nature d'esprit, soit goût, j'ai toujours cherché le simple et le vrai, caractère particulier de notre langue, ainsi que le prouvent Racine, la Fontaine, Voltaire et Bossuet lui-même. Un jour, peut-être, sentiras-tu la vérité de ce que je te dis. Alors tu seras plus difficile pour Chateaubriand, qui n'est pas sans reproche, jugé à ce point de vue de la langue. Il le sentit quand il vit les excès du romantisme, qu'il avait fini par prendre à guignon, jusqu'à nier quelquefois les grands talents qu'il a produits. Je me faisais un jeu d'appeler les romantiques ses enfants et ses petits-enfants : « Je les renie, s'écriait-il; ils ont fait un 93 de la langue, et encore n'y a-t-il pas un Danton parmi eux! »

[1] La préface de 1833

Disons, pour expliquer cet anathème contre nos jeunes révolutionnaires, que beaucoup d'entre eux furent ingrats envers celui qui leur avait tracé la route. Un d'eux, il y a quinze ans, mit sa gloire à néant, ne lui laissant que le mérite d'avoir fait *René*, ouvrage que, dans ses Mémoires, Chateaubriand regrette tant d'avoir écrit. Je ne crois pas ce regret plus sincère que le jugement porté par le jeune romantique.

Tu sens, chère enfant, que je ne dis pas cela pour diminuer le plaisir que tu éprouves à la lecture du *Génie du Christianisme*.

La philosophie du dix-huitième siècle, poussant trop loin son œuvre, comme il arrive à tous les réformateurs, avait fini par bannir le sentiment religieux de notre littérature. A Chateaubriand la gloire de l'y avoir fait rentrer. C'est là un titre que nul ne pourra lui disputer, et qui assure l'immortalité de son nom, quand elle ne serait pas basée sur un mérite littéraire du premier ordre, que ne peuvent éclipser des fautes de goût et des écarts de raison.

Je suis touché de ce que tu me dis de tes sentiments pour moi; mais, ma chère enfant, tu exagères de beaucoup le peu que je fais pour toi. Si tu mesures ta gratitude à ce que je voudrais pouvoir faire, tu as raison. Travaille avec courage, tâche de te créer une existence honorable, et tu m'auras bien payé des vœux que je fais pour ton avenir.

## XL

### A MADEMOISELLE PAULINE BÉGA

Passy, 20 juillet 1849.

Voilà, chère Pauline, la narration d'un bonheur que je n'aurais pas soupçonné pour toi; tu es si près des temps que tu sembles regretter, que j'aurais plutôt cru ton imagination en course après l'avenir que disposée à regarder déjà en arrière. Je me réjouis pour toi de voir combien tes sentiments ont conservé de leur naïveté primitive. Il restera quelque chose de tout cela à ta vieillesse, dont tous les trésors ne seront guère que des souvenirs. Puisses-tu, jusque dans un âge avancé, conserver des amis du temps où tu es! Rien de si doux que ces liaisons d'enfance et de jeunesse qui survivent à tant d'autres attachements qui semblent devoir les effacer et auxquels elles survivent pour nous en adoucir la perte.

Ta mère t'a dit que j'avais reçu les numéros du *Magasin pittoresque* qui nous manquaient; c'est une bonne fortune pour toi. Si cet ouvrage est fait pour les élèves, les maîtresses peuvent trouver à s'y instruire. Moi, qui ai tant lu, je trouve toujours quelque chose de nouveau à apprendre dans ces numéros, que je viens de lire depuis le premier jusqu'au dernier.

## XLI

### A MONSIEUR PAVIOT

24 juillet 1849.

Parmi toutes les missives flatteuses qu'il m'est arrivé de recevoir, il en est bien peu qui m'aient autant touché que la vôtre; il y a là beaucoup mieux que des louanges, monsieur, et je viens vous témoigner la reconnaissance que m'inspire un pareil témoignage de sympathie[1].

---

[1] M. Paviot félicitait Béranger d'avoir su éviter « la glu des rois » et celle des révolutions. Quand était venu le moment des élections, il avait fait vœu, si Béranger résistait au choix des électeurs, de décerner toutes sortes d'honneurs domestiques à ses œuvres.

Ne croyez pourtant pas que mon éloignement des affaires publiques soit aussi désintéressé qu'il vous le paraît. Je n'aurais pas fait autant d'efforts pour rester à l'écart, si je n'avais eu la conviction bien profonde et bien sincère que ma place n'était pas plus dans une assemblée que dans un ministère. Avec une conviction opposée, je n'aurais pas hésité, monsieur, à sacrifier même ma popularité au service de notre patrie bien-aimée. C'est ce que j'ai dit aux électeurs et à la Chambre.

Voyez, monsieur, ce qui serait advenu si j'avais eu une moins juste mesure de mes forces. Ma popularité serait au vent ; on mettrait en doute mes intentions ; l'ingratitude y trouverait son compte et je n'aurais pas à vous remercier de votre aimable et excellente lettre. Ah ! monsieur, défendons ceux qui ont fait ce que je n'ai pas osé faire, et, s'ils ont une gloire littéraire, n'hésitons pas à placer leurs œuvres aux rayons les plus élevés de notre bibliothèque, dussions-nous pour cela faire redescendre les *Chansons illustrées*.

## XLII

### A MONSIEUR PAUL BOITEAU

10 août 1849.

Vous avez bien fait, monsieur, de mettre votre nom dans le corps de la lettre que vous me faites l'honneur de m'écrire, car votre signature ne me l'eût certes pas fait deviner, et, après avoir lu votre prose et vos vers, je n'aurais pu vous remercier du plaisir qu'ils m'ont procuré.

Vos couplets sont très-piquants et très-faciles ; l'esprit y abonde, et vous me semblez capable, monsieur, de faire un jour bonne guerre aux lâches, aux sots et aux corrompus, sous quelque masque qu'ils se présentent.

Conservez vos honorables sentiments, inculquez-les en bons vers à ceux qui vous entourent et ne désespérez pas de l'avenir.

A la fin du siècle, monsieur, vous aurez sans doute à peu près l'âge que j'ai aujourd'hui. J'espère que vous aurez alors un spectacle moins affligeant que celui qui me fait détourner les yeux ; mais, fût-il plus triste encore, monsieur, n'en répétez pas moins les paroles d'espérance que je n'ai cessé de redire depuis trente-cinq ans : quand Dieu aura besoin de la France, il la réveillera.

Et si mon nom vous revient en mémoire alors, apprenez-le à vos enfants. Il est possible qu'ils vous répondent : En fait de chansonnier nous avons beaucoup mieux, et que ce soit de vous qu'ils entendent parler.

Je le souhaite, je vous assure, et vous prie, monsieur, d'agréer l'expression de mes sentiments distingués[1].

---

[1] J'étais en rhétorique au lycée Charlemagne, et j'avais osé, sans le connaître, envoyer à Béranger une chanson dont le refrain était :

> Quoi qu'en aient fait messieurs les politiques,
> Il ne faut pas désespérer de Dieu.

Béranger me répondit sur-le-champ, et certes je ne m'attendais pas à tant d'honneur. Je me rappellerai toujours quel saisissement j'éprouvai en lisant son écriture et en voyant son nom au bas de la page. J'étais toute chétive personne, et ne confiais guère mes rêves d'avenir qu'aux champs et aux bois. La résolution me vint dès lors de faire ce que je pourrais pour m'élever aux travaux de la vie littéraire. Je n'osai pourtant qu'au bout d'une année renvoyer de mes vers à l'homme célèbre qui m'encourageait. Je lui annonçais en même temps que j'allais entrer à l'École normale. « Je suis à présent voisin de cette école, me répondit-il, venez me voir. » J'y allai tout tremblant, et j'y fus si vite à mon aise, que je me pris à pleurer de joie dans la petite chambre du poëte. Quelle reconnaissance lui dois-je pour la bienveillance qu'il me témoigna dès ce jour et pour les conseils de toute espèce qu'il n'a cessé de me donner, avec tant de libéralité, de simplicité et de grâce ! Au bout de l'année, il m'invitait à m'asseoir à sa table. Quand je quittai l'école en 1852, sans ressource aucune, et ne sachant vraiment si j'aurais le moyen de gagner ma vie, Béranger

## XLIII

A MONSIEUR GILHARD

1ᵉʳ septembre 1849.

J'ai promis à Dupont d'aller passer huit jours avec lui, dans les premières semaines de ce mois. Il y a pour moi plaisir et devoir à faire cette petite course, qui me coûte beaucoup, car, plus que jamais, j'ai besoin de rester dans mon coin. Je me suis toujours gêné avec les autres, même chez moi ; mais là, du moins, je connais les portes de derrière pour échapper à la contrainte, et puis sont survenues les petites habitudes dont se compose la vie des vieillards. Enfin, j'espère encore pouvoir m'acquitter de la parole

---

m'offrit, et de quelle manière ! de regarder sa maison comme la mienne et son pain comme le mien. J'ai été assez heureux pour n'avoir pas à recourir à lui, mais je sais, moi aussi, par cette expérience, quel était son cœur et combien sa charité était inépuisable.

De 1852 à 1857 il n'est guère de quinzaine où je n'aie vu Béranger. Je pouvais donc rendre témoignage personnellement dans la grande cause instruite en sa faveur devant la postérité. Je le puis bien mieux encore, à présent qu'il m'a été donné, grâce à la désignation de son exécuteur testamentaire, de publier ses œuvres posthumes et de recueillir toutes ses lettres, celles qui sont ici imprimées, celles qui ne le sont pas, et, à propos de ces lettres, tant de souvenirs !

J'aurais voulu ne placer dans ce recueil aucune des lettres que je possède pour ma part ; mais on m'a dit que je devais indiquer la trace des relations personnelles que j'ai eues avec Béranger pendant quelques années. J'ai donc inséré à cette place la lettre qu'il écrivait au petit lycéen, et plus loin j'en ai mis trois ou quatre, non sans hésiter longtemps, parce que j'y suis traité avec une excessive bienveillance. Mais c'est mon titre pour ma mission, et je n'ai pas à m'excuser si j'en suis fier.

O Béranger, qu'il m'eût enorgueilli, celui qui m'aurait dit qu'après dix années j'aurais cette charge à remplir, alors que j'allais lire et relire votre première lettre, avec de tels tressaillements de cœur, sous les derniers ombrages, sur la dernière herbe verte du coteau de Romainville ! Je vois le sentier, la haie déjà dépouillée par l'automne ; il me semble que ma joie est fraîche encore.

donnée, mais ce voyage de Rougeperriers sera mon dernier, sauf accident.

Vous êtes bien heureux, mon cher Gilhard, dans le repos que vous vous êtes fait et que je vous envie. Oh ! que j'échangerais bien aujourd'hui tout le vain bruit qu'a fait mon nom pour une retraite paisible comme la vôtre ! Je ne cesse d'être l'homme d'affaires de tout le monde ; les pauvres de toute sorte s'attaquent à ma maigre bourse, que j'ouvre, dit-on, trop facilement, et je n'ose me déplacer parce que nous vivons dans un temps où l'on ne sait trop où transporter sa tente. La terre tremble partout, et partout le ciel est orageux ; il est sage d'avoir des voisins qui vous affectionnent.

J'ai fait part de vos compliments à Antier, qui est très-occupé avec notre ami Blaize, qu'on laisse au Mont-de-Piété.

Judith vous fait ses amitiés ainsi que Fanny, qui est revenue avec nous après une assez longue absence. Passy (Antoine) m'a en effet parlé de votre rencontre et se félicite de vous avoir trouvé dans vos montagnes, d'où il est revenu enchanté. Il ne vit guère qu'à la campagne ; à peine arrivé d'Auvergne, il est reparti pour la Normandie, laissant son frère[1] se débattre contre toutes nos médiocrités intrigantes et contre tous les obstacles financiers de notre malheureuse époque, si pauvre en écus et en hommes.

[1] M. Hippolyte Passy, ministre des finances.

## XLIV

A MONSIEUR VOGUET

Rougeperriers, 15 septembre 1849.

Voilà deux mois, mon cher Voguet, que je veux vous remercier de votre bonne et aimable lettre, et que le temps me manque pour le faire. Tout le monde a ses maux et ses contrariétés ; mais puis-je me plaindre de la part qui m'est faite, en pensant à vous, qui vivez sous le poids de tant de souffrances et de douloureuses afflictions? Qu'est-ce que l'ennui que me cause mon temps mis au pillage par le premier venu, ou les préoccupations qui m'assiégent en pensant à ceux que j'essaye en vain de tirer de peine, auprès des épreuves que vous avez à subir ? Je viens d'être un peu malade ; mon début dans ma soixante-dixième année n'a pas été de bon augure ; mais, en vérité, est-ce qu'à l'âge avancé où me voilà, je puis tenir compte de quelques douleurs, lorsque votre force d'âme sait vous mettre au-dessus de tout ce que vous avez à souffrir ? Ah ! cher philosophe, Dieu vous a donné en exemple, non aux Sybarites, mais à ceux qui osent prendre le nom de philosophes et qui, en prose ou en vers, se targuent trop souvent d'un courage dont vous seul offrez la preuve chaque jour. Dans le christianisme, quel saint a subi pareil martyre avec plus de résignation ? Et ce cœur, qui a tant de vertu contre le supplice où vous vivez, a encore assez de force pour prodiguer l'amour à vos semblables. Je vous admire et me sens bien petit auprès de vous. Ne me remerciez donc pas de l'intérêt si sincère que je vous porte et que je voudrais vous témoigner plus utilement. Je ne regrette jamais plus d'avoir peu de crédit que lorsque je pense à vous et à votre position. Croyez que, si jamais une occasion se présentait pour moi de vous assurer un sort plus supportable, j'en serais plus heureux que vous-même[1].

Je conçois que l'égoïsme vous révolte, et vous avez bien raison de dire que, si le Christ revenait sur terre, il serait crucifié de nouveau par les charlatans qui en font l'enseigne de leur boutique de foire. Ah! mon pauvre ami, quel beau livre que l'Évangile! C'est le plus magnifique poëme qu'il soit possible à l'homme de lire. Aussi est-il le plus simple de tous les poëmes. Lisez-le souvent; ce livre-là a été fait pour vous. Il vous fera pardonner même à ceux qui depuis dix-huit cents ans en ont fait un si détestable usage.

Je veux vous annoncer une nouvelle qui vous réjouira : Lapointe[2] s'est enfin remis à son état. Il a reconnu, sans rancune pour les lettres, qu'il fallait mieux gagner son pain en faisant des souliers que d'user les siens à courir après des succès littéraires qui ne pourraient arracher à la misère ni lui ni ceux qu'il a devoir de nourrir. Son bon cœur lui a donné le rare courage de s'arrêter à temps. Que le ciel l'en récompense[3] !

---

[1] Béranger parvint à obtenir un bureau de tabac pour le père de M. Voguet.
[2] M. Savinien Lapointe, qui était cordonnier.
[3] M. Voguet a reçu environ vingt lettres de Béranger, et nous les a toutes remises. Il n'est pas de consolations qu'il n'ait dues, dans sa vie de souffrances et de tristesse, à la sympathique parole de Béranger. Suétone a dit d'Auguste : « *Pumillos, atque distortos, et omnes generis ejusdem, ut ludibria naturæ malique ominis abhorrebat.* » Béranger n'avait pas l'âme ouverte à ce mépris des maux qui accablent quelques hommes. Quand, un jour, il eut occasion de voir M. Voguet, et que ses yeux furent frappés du spectacle de sa misère physique, il ne détourna point son regard, il alla à lui et l'embrassa avec une profonde émotion.

## XLV

A MONSIEUR ALEXIS MUSTON[1].

20 septembre 1849.

Depuis quatre mois que j'ai reçu votre bonne lettre, vous pensez sans doute, cher monsieur, que j'ai renoncé à vous remercier de cette marque de votre souvenir; vous vous trompez. Mais il faut que vous sachiez que, si j'ai refusé de me mêler aux affaires publiques, je n'en suis pas moins resté le chargé d'affaires de beaucoup de gens, qui n'ont pas d'autre appui que celui que je leur prête, et que le malheur des temps a singulièrement augmenté ma clientèle.

J'ai donc peu de loisirs et de liberté; ma correspondance m'arrache à mes plus douces occupations, car je suis assez scrupuleux pour laisser toujours en arrière les lettres auxquelles il me serait le plus agréable de répondre. Cela vous explique pourquoi la vôtre a tant attendu. Vous me supposez un peu villageois : pour vous répondre, il m'a fallu le devenir tout à fait, pendant une quinzaine que je suis venu passer en Normandie, chez mon vénérable ami, Dupont (de l'Eure), à qui la réaction a fait un repos qui tourne au profit de sa santé et à la honte de son département. Les de Broglie et les Vatimesnil ont fait courir le bruit qu'il avait amassé d'immenses trésors pendant la présidence du gouvernement provisoire; et il s'est trouvé des Normands capables de le croire, au moins pendant quelques jours. C'est tout ce qu'on leur demandait. Voilà de ces faits dont il faut

---

[1] Pasteur protestant auquel est adressée la lettre CLI du tome II.

prendre note, et qui font que je ne m'étonne pas qu'avec votre amour du peuple et votre loyauté on fasse de vous un *rouge;* craignez même d'être appelé *communiste;* tous les moyens sont bons pour perdre dans l'esprit des populations les hommes les plus dignes de la diriger dans le seul intérêt de la patrie.

Vous êtes jeune, cher monsieur, et la renaissance de la République a dû vous donner bien des illusions. Il n'en a pas été de même pour moi, qui ai une longue connaissance des hommes. Tout vieux républicain que je suis, j'ai, dès le premier jour, prévu presque toutes les fautes qui ont été commises, tous les obstacles qu'allait rencontrer le gouvernement nouveau. Je savais surtout que les hommes manqueraient au parti qui s'emparait du pouvoir. Depuis 1815, les capacités ont été en s'amoindrissant et la corruption n'a cessé de croître. Ce qu'il y a d'heureux, c'est qu'aucun parti n'a de supériorité réelle à montrer à la France; on peut dire, du moins jusqu'à présent, que les fautes sont égales de tous les côtés. Ne désespérons donc pas de l'avenir si nous finissons par mettre à profit le temps que la Providence nous laisse. Je n'ai jamais plus compté sur elle que depuis que j'ai vu à l'œuvre tant d'hommes dont nous avions mesuré le mérite à la longueur de leurs discours. Oh! que le bavardage nous est funeste! Nous dépensons notre temps en paroles. Quel parfait symbole du Gaulois que cet Hercule qui tenait les hommes enchaînés à sa langue! A juger par ce qui se passe, la chaîne n'était pas d'or.

Combien je vous porte envie, vous qui vivez loin de tout ce bruit, de toutes ces intrigues, de toutes ces lâchetés! car les journaux ne vous disent pas tout : et vous le diraient-ils que vous n'auriez à gémir qu'au moment où l'événement s'accomplit, tandis que, plus instruits de tout ce qui se prépare, nous avons souvent à gémir longtemps à l'avance, et n'en gémissons pas moins que vous quand le mal est arrivé ; ajoutez qu'il nous faut souvent subir le commerce des artisans de nos calamités.

Heureux ceux qui, comme vous, cher monsieur, ont assez de bien à faire autour d'eux pour se consoler du présent ! Vous vous consolez en consolant : car c'est là sans doute une grande partie de votre mission, et celle qui doit être certainement le mieux appropriée à votre noble et généreuse nature. Il me semble qu'à juger du troupeau par le pasteur il doit être doux d'en faire partie. Puissiez-vous y trouver, en des cœurs qui sachent vous apprécier, le prix de votre dévouement : et, si vous formez d'autres vœux, puissent-ils recevoir leur accomplissement ; je suis sûr que ce ne sont pas des vœux d'égoïsme.

## XLVI

### A MONSIEUR ALLER

Passy, 6 novembre 1849.

J'ai été voir ce matin M. Pellot, que nous avons besoin de ménager, car je veux lui faire honneur de votre remise en place[1].

Il m'a expliqué deux des trois nominations d'inspecteur qui l'ont empêché de vous faire nommer, sans compter qu'il a dû croire à votre destination de Port-Louis. Il faut

---

[1] Cette lettre est l'une des trente-trois lettres écrites à M. Aller, dont nous avons parlé dans une note du tome III. Elle fait voir à merveille quelle était alors encore, à soixante-dix ans sonnés, et après tant de fatigues de tous genres, l'activité du dévouement de Béranger pour ceux qu'il avait une fois adoptés pour clients.

à ce sujet que je vous dise que je pense qu'on préfère vous mettre dans un établissement nouveau à vous envoyer dans aucun des anciens établissements, où vous retrouveriez sans doute les mêmes abus que ceux que vous avez combattus; vous devez en comprendre la raison.

M. Pellot, en me montrant le dessein de vous faire nommer, faute de mieux, sans assignation de poste, inspecteur avec indemnité, m'a dit qu'on pensait à vous pour la direction de la nouvelle prison politique qu'on allait ériger. Cela m'a paru trop beau; mais, comme il m'apprit que M. Passy était à Paris et qu'il y avait eu hier commission des prisons sous la présidence du ministre, je me rendis chez Passy, qu'heureusement je rencontrai; là, je vérifiai l'exactitude de ce que m'avait dit M. Pellot, ce qu'il tenait, lui, de M. Desmasures, resté secrétaire général du ministère.

On discutait de la convenance de Clairvaux pour la détention politique. Passy fit observer que, le scorbut régnant dans cette prison, Clairvaux ne pouvait convenir. Le ministre de la guerre, ayant mis trois citadelles à la disposition de l'administration, il proposa Blaye, qui parut convenir. Pour directeur, quelqu'un ayant parlé de M. Bonnet, M. Passy fit des objections et vous proposa comme étant l'homme le plus capable, le plus intègre, le plus ferme. M. Desmasures ayant dit que vous n'étiez pas inspecteur en ce moment, M. Passy répondit que vous aviez subi les conséquences d'une erreur, mais qu'elle était réparée, puisque vous étiez porté pour l'inspection de Port-Louis. M. Desmasures en convint et dit qu'il n'avait que du bien à penser de vous. Passy ajouta que lui et moi étions vos garants. M. Desmasures ne parut pas éloigné du choix indiqué.

Vous assurer que la direction vous sera donnée, je n'ose

le faire; mais vous voyez dans cette narration la confirmation de tout ce que M. Pellot m'a dit depuis quelque temps; et vous sentez que cette conversation, tenue devant le ministre et tous les membres d'une commission d'élite, établit vos titres d'une façon trop honorable et trop authentique pour que vous n'en conceviez pas de raisonnables espérances. Cessez donc de vous ronger le cerveau et comptez sur nos efforts réunis pour vous faire rendre justice. Vous vous figurez qu'on termine les affaires en un jour. Vous avez pourtant assez d'expérience pour savoir le contraire. Réfléchissez surtout que ce n'est pas au milieu de tant de mouvements politiques qu'on peut donner une attention suivie aux intérêts secondaires. Ni trop ni trop peu d'espoir, c'est aujourd'hui la devise des gens raisonnables. J'espère, moi, que ma lettre calmera un peu vos impatiences. C'est pourquoi je me suis hâté de vous donner tous ces détails, au milieu des affaires dont je suis surchargé; car plus je vieillis, moins on ménage mes forces, chacun pensant que j'ai un grand crédit, lorsqu'en effet j'en ai si peu, ainsi que vous le pouvez voir, vous pour qui je serais heureux de l'employer.

## XLVII

### A MADEMOISELLE PAULINE BÉGA

*14 novembre 1849.*

Quand j'ai beaucoup de lettres à écrire, je commence toujours par celles qui me sont le moins agréables; cela t'explique, chère enfant, pourquoi je m'acquitte si tard de la promesse que je t'ai faite.

Tu me disais dans la lettre que j'ai reçue ici à mon retour que lorsque tu étais auprès de moi tu te sentais interdite. C'est un vilain compliment à faire à un vieillard qui éprouve tant de sympathie pour tout ce qui est jeune et qui a su si souvent faire oublier aux jeunes gens leur âge et le sien.

Est-ce que par hasard la réputation t'imposerait un respect ridicule? Si cela est, chère enfant, déshabitue-toi de cette sotte façon de voir. Le moyen en est bien simple : compare les écrivains célèbres de notre époque à ceux du grand siècle qui finit à Voltaire, Rousseau et Buffon. Combien peu de ceux qui ont un grand nom aujourd'hui se placeront dans la postérité à la suite des grands hommes qui composent notre belle époque littéraire! C'est un honneur sur lequel je dois moins compter que personne, malgré tout ce qu'on a pu dire et écrire.

Et d'ailleurs, de tous ces auteurs plus ou moins connus aujourd'hui, en est-il beaucoup, quand on les voit de près, qui répondent à l'idée qu'en donnent leurs œuvres? Pourquoi donc alors se faire illusion sur des hommes si peu dignes des dons que la nature leur a faits? Pauvres soleils de trois sous, qui doivent de briller à quelques grains de poudre, et dont l'enveloppe, un moment après, est foulée aux pieds des passants!

Ne te laisse donc plus, chère enfant, séduire et tromper par ce vain prestige.

Tu vivras assez pour voir s'éteindre ma réputation ; risen, dès aujourd'hui; j'y gagnerai quelque chose, puisque tu seras plus disposée à me faire le confident de tes peines et de tes plaisirs, et que, moins timide, tu oseras donner cours avec moi à tes réflexions, à tes pensées. Ce que j'ai d'expérience te sera d'autant plus utile, et je serai d'autant plus heureux de ton amitié. Je reconnais, au reste, que dans tes lettres tu es plus hardie avec moi. Ne m'as-tu pas écrit dernièrement l'effet qu'avait produit sur toi la vue d'un jeune officier? J'aime cette marque de franchise. Oh! que n'ai-je de quoi te doter richement; j'irais trouver le beau hussard et je suis sûr qu'un jour il me remercierait de lui avoir donné une si aimable compagne. Hélas! l'argent nous manque, et sans l'argent toutes les autres convenances sont comptées pour rien dans notre siècle. Travaille donc, pauvre fille; et tâche de parvenir à te passer des autres. En attendant tu vas avoir un beau chapeau de feutre que j'aurais voulu payer : ta mère ne l'a pas voulu.

## XLVIII

### A MONSIEUR BRETONNEAU

Passy, 27 novembre 1849.

Un de mes amis, qui a passé à Tours dernièrement, aurait bien voulu vous y rencontrer : c'est Alexandre Martin, ancien envoyé en Hanovre, qui voulait obtenir de ces fameux pruniers nains dont vous êtes, dit-on, l'inventeur. C'est sage à vous d'inventer des choses à la taille de l'époque. Martin, qui est du temps passé, eût été bien heureux de faire votre connaissance. Il habite les bords de la mer près d'Avranches, et a pris goût au jardinage. Vos pruniers l'eussent ravi.

Nous nous portons bien ici, tout en vieillissant d'une manière assez sensible. Je deviens frileux et j'en ressens l'inconvénient aujourd'hui même. Ce matin nous marquions près de cinq degrés Réaumur. Vos arbres sont-ils bien empaillés? J'espère qu'autour de vous tout le monde se porte bien. Judith et moi nous vous chargeons de nos bonnes amitiés pour madame Leclerc et pour madame Florentin. Ne nous oubliez pas auprès des autres membres de la famille et de tous nos amis communs.

Il y a longtemps que nous n'avons eu des nouvelles de mademoiselle Swanzy. Sa mère l'est-elle venue retrouver? Je n'ai pas encore revu Mérimée depuis son retour. Je veux le gronder de vous avoir fait faire la course de Paris, en vous inquiétant de ma santé. Il ne vous connaît pas aussi bien que moi. Il n'avait sans doute pas deviné que pour si peu vous alliez faire cent vingt lieues. Il vit dans un monde où les amitiés ne se dérangent guère que d'un fauteuil à l'autre.

## XLIX

### A MONSIEUR BRETONNEAU

Passy, 9 décembre 1849.

Cher ami, je reçois enfin une troisième lettre de M. B***, qui nous rassure. Il y aura demain huit jours qu'il nous donna la nouvelle du danger que vous couriez. Je ne vous dirai pas quelle fut notre douleur. Il suffit de vous avouer que Judith et moi avons tout d'abord pensé, sans nous le dire, que cette première lettre n'était qu'une préparation à la nouvelle plus désolante encore d'un événement déjà arrivé. Nous restâmes deux grands jours dans cette funeste idée. M. B*** pourtant nous apprit que vous alliez mieux et que M. Récamier vous avait quitté. Mademoiselle Swanzy, de son côté, nous confirma cet heureux changement. Il ne nous reste plus que la crainte des rechutes. Ce matin, une troisième lettre de M. B*** nous apprend que vous avez pu faire une petite promenade sur le Mail. Il n'y a donc plus de crainte à avoir. Je viens vous dire quelle joie c'est pour nous. La pauvre Judith avait bien besoin de cette assurance. Quant à moi, si ce n'eût été l'idée que j'arriverais trop tard, dès le lundi je serais parti pour Tours. Je n'ai même pas voulu aller chez M. Trousseau, pensant que, s'il n'était pas près de vous, je le trouverais pleurant son maître.

La dernière lettre de B*** me donne des détails sur votre maladie; ils s'accordent avec ce que me disait hier Mérimée, venu à la maison pour avoir de vos nouvelles. Il vous a trouvé un jour où vous veniez d'avoir un accès semblable qui, lui dites-vous, aurait pu être mortel. Il paraît que depuis longtemps vous êtes exposé à des retours. Si ce n'est pour vous, au moins pour vos amis, mettez-vous plus en garde contre une semblable maladie.

Il ne faut pas fatiguer les convalescents. Je finis donc ma lettre ici; et pour Judith et pour moi, je vous embrasse de tout cœur.

L

A MADAME BRISSOT-THIVARS

12 décembre 1849.

Est-ce vrai, mes chers amis? C'est dans le *National* que je lis votre mise à la retraite; un moment avant, Bernard et moi nous nous félicitions que vous fussiez à l'abri du coup qui a frappé M. T***.

Qu'allez-vous faire?

Nous sommes bien affligés et nous vous prions de nous

faire savoir, aussitôt que vous le pourrez, le parti que vous vous proposez de prendre dans cette triste circonstance[1].

A vous de cœur, BÉRANGER.

*P. S.* Nous nous portons bien; mais nous ne sommes qu'émotions. Nous avons tremblé pendant six jours pour Bretonneau, qui a été à la mort. Il est sauvé!

## LI

#### A MADEMOISELLE BÉGA

Passy, 24 janvier 1850.

Ta mère a fait dernièrement une bonne action qui lui sera comptée là-haut. Elle a découvert une malheureuse mère qui, privée de linge, de feu, de chandelle, a passé toute une nuit auprès de l'enfant qu'elle venait de voir expirer, dernier de sept qu'elle a perdus en peu d'années, et cela, après avoir vu le choléra lui enlever, il y a six mois, un mari, compagnon de misère. Combien il y a de gens dans les classes pauvres sur qui s'accumulent d'effroyables calamités! Rarement leurs cris de douleur vont jusqu'au riche qui peut-être ne demanderait pas mieux que de se montrer secourable! Les intermédiaires manquent. Ta mère en a servi à la malheureuse veuve. Grâce à ses démarches, une petite somme a été recueillie avec quelques vêtements et un peu de linge. L'enfant a eu un linceul et a été enterré aux frais de la commune.

Tu vois que sans être riche on peut faire beaucoup de bien. Ceux qui ont donné leur argent ont fait bien moins que madame Béga, qui a pourtant aussi voulu y mettre son

---

[1] La nouvelle donnée par les journaux n'était pas exacte.

denier. Si tu avais été là, sans doute aussi tu aurais ouvert ta bourse. Tu as le cœur généreux : on dit même que tu es assez portée à la dépense.

Prends-y garde! J'ai dit quelque part que, lorsqu'on n'est pas égoïste, il faut être économe, car c'est le seul moyen de venir au secours des autres. Sois donc économe, chère enfant, pour n'avoir pas à regretter de folles dépenses quand tu rencontreras une misère à soulager. Mais je te fais là une leçon dont tu te passerais peut-être bien. Tu es trop pauvre pour qu'on te parle d'économie.

Si tu ne peux pas donner, tu peux prêter, et je te rappelle que tu m'as promis le second volume de madame de Sévigné, que j'en suis réduit à t'emprunter, tant ma bibliothèque est bien montée. Un autre que moi rougirait de n'avoir pas ce livre un peu trop vanté, je crois, bien que je l'aie lu souvent. Il me manque bien d'autres ouvrages, vraiment!

## LII

### A MONSIEUR GILLIARD

27 janvier 1850.

Je vous connais : vous ne voudriez pas donner votre repos pour tous les embarras d'une réputation dont je n'ai que les charges sans en avoir les profits. Vous auriez raison, mon cher ami; à l'âge que vous avez, on a trop d'expérience pour faire pareille folie. Parlez-moi de ceux qui se font un privilége de leur réputation pour arriver à tout. On les appelle des vaniteux; non, ils ne sont que conséquents. C'est d'un sot d'avoir fait du bruit sans l'aimer; d'avoir marché dans le chemin des honneurs pour les repousser; de s'être vendu au public sans en tirer une fortune. Mieux valait rester obscur et paisible dans son coin. Voilà près de vingt ans que je me dis cela. Aussi l'envie de rire me prend quand on me félicite du bonheur accordé à ma vieillesse. Ce que j'ai de bonheur, je ne le dois qu'à mon caractère et à ma santé qui, malgré quelques atteintes, n'est pas aussi mauvaise que celle de beaucoup de gens de mon âge.

Je ne vous parlerai pas de la politique. Je la regarde faire, n'y comprends pas grand'chose, et il me semble vivre dans un temps de brouillard, où l'on ne voit pas à deux pas devant soi, avec la crainte de se jeter ou dans un fossé ou sous les roues d'une voiture; du reste, préparé à tout et plus effrayé pour les autres que pour moi.

Parlez-moi d'un heureux garçon comme Antier : son humeur toujours jeune éloigne de lui toute préoccupation sérieuse et ne lui a jamais permis de penser que le lendemain pût différer du jour, à moins que le jour ne fût mauvais. Il m'a chargé de ses amitiés pour vous. Judith vous remercie des vœux que vous faites pour elle. Sa santé est excellente. Seulement elle engraisse trop. Fanny vous remercie également. Je crains que l'état de vieille fille ne convienne pas à sa santé. Mais où sont les jeunes gens qui épousent sans dot? Pas plus sans doute en Auvergne qu'à Paris.

Savez-vous que votre pays fait bien ses affaires. Tous les porteurs d'eau vont devenir grands seigneurs. Riom a surtout la chance. Deux ministres, tudieu! On m'a assuré qu'il y en a un qui ne prend pas la chose au sérieux; c'est M. de Parrieu : il n'en va pas moins mal pour cela.

## LIII

#### A MONSIEUR LEFRANÇOIS

Passy, 7 février 1850.

Je vous attendais pour vous remercier de vos offres qui, vous le croyez bien, ne m'ont pas surpris, et que j'accepterais de grand cœur, s'il y avait nécessité. Mais je ne manque pas d'argent; je dirai que j'en ai trop, car les dividendes d'une liquidation m'apportent de petites sommes dont je ne sais que faire. Mais la diminution de mes revenus exige une réforme; j'ai commencé par rompre une réunion qui avait lieu deux fois par mois, et je voudrais quitter notre maison, pour donner une idée juste de ma situation et dépister les quémandeurs qui me harcellent et à qui je ne sais pas résister.

Si la liquidation dont je parle devait se terminer heureusement, j'aurais peu d'inquiétude pour l'avenir. Mais aujourd'hui, rien de certain, et je ne voudrais pas mourir sans assurer le sort de Judith, qui, quoique plus âgée que moi, vivra, je crois, plus longtemps. Vous irez à cent cinq ans, lui dis-je chaque jour en riant. Il y a peut-être du vrai dans la prédiction. Il est donc de nécessité d'assurer les frais d'un si long voyage. Mais voyez qu'en nous resserrant, en donnant moins, je pourrai atteindre le but que je me propose. Gardez donc vos bonnes intentions pour le cas où, en mourant, je laisserais Judith dans l'embarras et où Perrotin ne serait pas là pour pourvoir à ses besoins.

J'ai vu souvent madame N***.

Je ne sais pas si elle pense à retourner bientôt chez elle. J'irai sans doute demain, ou après voir toute cette nichée, qui me paraît fort intéressante, mais où les occupations me paraissent manquer. Voilà tout jeunes gens qui n'ont rien à faire que fumer. Mon cher Auguste, j'en suis venu à prendre la pipe en haine, depuis que j'ai vu les fumeurs s'emparer du pouvoir.

Dieu! quelle ineptie! Il faut être juste pourtant. Thiers, Molé, Montalembert ne fument pas et valent encore moins.

## LIV

### A MONSIEUR JOSEPH RICCIARDI

10 février 1850.

Il n'y a que cinq jours, monsieur, que j'ai reçu votre lettre et le volume que vous avez bien voulu me faire remettre. J'ai lu votre ouvrage[1] avec autant d'intérêt que d'empressement. Il vous appartenait de nous donner la narration de tant d'événements, où vous avez eu votre part d'honneur et de danger, dont l'Italie vous tiendra sans doute compte un jour. Heureusement vous l'avez pu faire dans notre langue, car nous autres Français rarement nous savons suffisamment ce qui se passe en dehors de nos frontières, même chez les peuples qui ont le plus notre sympathie. Cela ne nous empêche pas d'en raisonner comme si nous étions sur les lieux. Aussi nous trompons-nous et peut-on souvent nous tromper. Pour cela même, monsieur, me permettrai-je de vous dire que j'aurais désiré que votre histoire fût beaucoup plus complète sur beaucoup de points, et nous fournît par conséquent plus de moyens de rectifier les erreurs que, chez nous, on a dû commettre dans les

---

[1] L'*Histoire de la Révolution d'Italie* (in-12, 1850), écrite pour combattre à la fois la politique pontificale et celle de Mazzini.

jugements portés sur les événements qui ont eu lieu dans la Péninsule italique. Tel qu'il est, monsieur, votre volume, écrit en fort bon style, rapide, clair, précis, mérite d'être répandu en France. Aussi je voudrais, ainsi que vous me le demandez, pouvoir aider à lui gagner les voix du journalisme. Mais rappelez-vous, monsieur, que toute ma vie j'ai vécu loin des journaux et de ceux qui les font. Mes rapports au *National* se réduisaient à l'amitié que j'ai pour Thomas, qui n'y est plus qu'un membre inutile et presque toujours absent du conseil de ce journal. Je vais cependant lui écrire à ce sujet pour lui recommander votre ouvrage de la manière la plus pressante. Quant à Lamennais, il a quitté la *Réforme*. Si vous ne lui avez pas écrit, je l'engagerai à faire de son côté ce qu'il pourra. Nous ne nous voyons que rarement, car tous deux sommes d'une assez mauvaise santé, et habitons désormais loin l'un de l'autre. Je vis en ermite, monsieur, ne voyant que quelques vieux amis. J'ai donc peu de moyens de vous rendre le service que vous attendez de moi. Mais soyez sûr que je saisirai toutes les occasions de parler et de faire parler de votre histoire. Je n'ai pas besoin de vous dire que je suis naturellement poussé par l'intérêt de la cause italienne et par celui que vous devez vous-même inspirer aux patriotes de tous les pays, ne vous connût-on pas personnellement, ainsi que j'en ai l'avantage.

## LV

### A MONSIEUR ÉMILE CHARPENTIER

21 février 1850.

Mon cher enfant, il n'est point de métier qu'il ne faille apprendre. Quoique le métier des vers soit le plus inutile de tous, il n'est pas le plus aisé. Vous ne l'avez pas appris ; de là les fautes de mesure et de rimes que j'ai remarquées dans les strophes flatteuses que vous m'envoyez et dont je suis très-vivement touché, malgré ces fautes, peut-être même par rapport à ces fautes.

Vous m'avez prié de vous faire des observations ; les voilà faites. Vous les indiquer une à une n'est pas nécessaire. J'aime mieux vous recommander de lire que d'écrire. Défiez-vous du plaisir qu'on trouve à rimer. Il a tourné bien des têtes et a nui à des études plus utiles.

Malgré mes remarques, que vous trouverez sans doute bien sévères, croyez, mon cher enfant, que c'est de tout cœur que je vous remercie de votre envoi.

## LVI

### A MADEMOISELLE BÉGA

Passy, 27 février 1850.

Chère enfant, j'aime à te voir triompher des ennuis de ta position avec courage et gaieté. Tu as fait danser tes élèves ; tu t'es toi-même amusée de leur plaisir ; et la mélancolie, grande maladie de ton âge, a fait place au contentement de toi-même. Agis toujours ainsi. Fais souvent usage de ce qu'il y a d'enjouement dans ton caractère pour éloigner les dégoûts, l'abattement, le chagrin même ; apprends ainsi à faire emploi de ta volonté, faculté immense que ne cultivent ni l'instruction ni l'éducation chez nous.

Tu en as la disposition et tu me le prouves bien par la confidence que tu me fais et dont je me réjouis, tout en me demandant néanmoins comment il te sera possible d'exécuter un pareil projet sans quitter la pension. Tu me diras au reste quels sont tes moyens de parvenir à ton but, et, si j'y puis quelque chose, tu sais que tu peux compter sur moi.

Mon Dieu, ma pauvre Pauline, que je voudrais te voir un établissement quelconque, car je suis sûr que cette voie, une fois ouverte, te conduirait au mariage, ce à quoi fillette pense toujours et ce à quoi les parents ne peuvent trop penser. Malheureusement, dans ce monde d'argent, beauté, jeunesse, esprit, instruction ne suffisent pas; il faut des écus! En as-tu beaucoup économisé? As-tu même un livret de caisse d'épargne? Ah! si on n'eût pas voulu faire de toi une *demoiselle*, il n'en serait sans doute pas ainsi. Les papas et mamans croient faire pour le mieux quand ils mettent un habit de drap fin ou une belle robe sur le dos de leurs enfants, qui, un jour, payent souvent bien cher ces futiles avantages. J'espère qu'il n'en sera pas ainsi pour toi, et que ton courage et ton intelligence t'aideront à te maintenir où l'éducation t'a placée. Tu as de bonnes pensées et un noble cœur; il ne te faut plus qu'un peu de patience.

Nous causerons de ton projet la première fois que tu viendras. Adieu, chère fille.

## LVII

### A MADAME BRISSOT-THIVARS

28 février 1850.

Brissot me dit dans sa dernière lettre qu'il pense à faire un voyage dans la capitale. Eh! bon Dieu! que viendra-t-il faire ici? vous le savez sans doute; moi, je ne m'en rends pas compte. Il faut que ce soit pour quelque chose de grave; sans cela je ne pense pas qu'il voulût venir faire parade de sa personne dans les ministères et à l'Élysée, au risque d'y être en butte à des difficultés sans nombre, sans compter ses propres maladresses. Pourquoi viendrait-il occuper de lui tout un monde d'affamés, qui le dévoreront des yeux et finiront par demander sa place et le traiteront de rouge, en lui reprochant d'être un reste de la queue du Gouvernement provisoire. Avant de venir, qu'il consulte au moins son ami Carlier[1].

Celui-ci aurait bien besoin aussi de conseils[2], tout homme d'esprit qu'il est. Je crains qu'il ne soit la dupe du jeu qu'il joue pour les autres. Au fond, bien que je n'aime pas la police brutale, j'en serais fâché, car je ne le crois pas plus mauvais qu'un autre. J'en ai même des preuves : il a rendu deux personnes à la liberté sur ma recommandation ; et, dernièrement, il a fait du malheureux Raynal un commis à 1,200 francs, au greffe de la Force : je lui en suis vraiment reconnaissant.

## LVIII

### A MONSIEUR RENAUDOT

Passy, 28 février 1850.

Mon cher monsieur, j'ai reçu et lu vos chansons avec autant de plaisir que celles de vous qui les ont précédées dans mon ermitage. Je ne conçois pas que vous ayez tiré d'aussi graves conséquences d'une observation que je vous fis à propos du malheur arrivé à votre compagne ; cela voulait dire uniquement que je ne connaissais personne en

---

[1] Alors préfet de police.
[2] Le 4 février, la police avait fait abattre en plusieurs endroits les arbres de liberté, et cette opération politique avait été conduite de manière à blesser au cœur une grande partie de la population parisienne.

France aussi déterminé à tout chanter, puisque vos malheurs mêmes n'échappaient pas à la cadence de vos refrains. J'en parlais par envie, je vous assure. J'ai sur vos dernières chansons une remarque que je crois déjà vous avoir faite. J'aime la rime exacte, riche même, et peut-être ai-je contribué à en faire reprendre le goût en France ; mais je ne veux pas que la rime ait un air de recherche ; c'est, selon moi, ce qui arrive quelquefois dans vos chansons. Cela produit à plus d'un vers l'effet du bout-rimé. La rime avant la pensée ! Il y a de cela dans le *Nain*. Le mot de *fœtus* n'est d'ailleurs pas heureux pour le refrain[1]. Celui du *Franc-Pineau* aurait pu être plus piquant. Le *Coucher du soleil* est celui des trois que je préfère.

## LIX

A MADAME BRISSOT-THIVARS

Mars 1850.

Ne m'avez-vous pas envoyé le mandement de votre évêque[2] ? Je l'ai lu et je crois ne vous en avoir pas accusé réception.

C'est une œuvre de véritable prêtre chrétien, à la hauteur de son ministère et de son époque. D'après ce que j'ai entendu dire de ce prélat, il écrit lui-même ses mandements : j'en ai trouvé la preuve dans celui-ci. Cette fermeté

---

[1] M. Renaudot, en nous transmettant copie des quatorze lettres que Béranger lui a écrites, a joint à celle-ci une note qu'il nous paraît bon de transcrire : « Cette chanson intitulée le *Nain de la littérature*, dont parle Béranger, est la seule que je n'aie point corrigée après en avoir reçu son avis, parce que, l'ayant envoyée en même temps à M. de Lamartine, cette chanson me valut un éloge excessivement flatteur de la part de l'illustre auteur de *Jocelyn*. »
M. Renaudot nous aide ainsi, sans le vouloir, à faire l'éloge de Béranger.

[2] M. Graveran, représentant du peuple à l'Assemblée constituante et évêque de Quimper.

et cette simplicité de style, si supérieure aux recherches académiques ou aux froides imitations des anciens orateurs de la chaire, révèlent les sentiments propres d'un chef d'Église. Il imprime fortement sa pensée où tremblerait la main d'un secrétaire de sacristie. Voilà au moins l'effet que la lecture m'a produit.

Je n'ai pas revu notre bon archevêque depuis la visite qu'il m'a bien voulu faire et que je lui ai rendue, sans le trouver, dans l'ancienne habitation de Chateaubriand. C'est aussi un excellent homme, à ce que tout le monde assure, mais qui, dit-on, n'écrit pas lui-même ses mandements. Il ne sera pas damné pour cela, pourvu qu'il les lise.

Je vous dirai que M. Carlier a cherché à me rendre un grand service. Il avait placé mon Hippolyte Raynal au greffe de la Force, commis à 1,200 francs. Ce que je craignais est arrivé : Raynal le bohémien ne s'est pas plus discipliné là qu'il ne l'a pu partout ailleurs. Le préfet m'a fait donner les renseignements qui établissent que c'est de sa faute si on n'a pu le garder plus de six semaines dans ce port où il avait trouvé son salut.

Vous ne sauriez croire combien je suis resté reconnaissant de la bonne volonté du préfet ; aussi regretté-je beaucoup de voir combien il s'expose à s'user vite, au train dont il mène les choses ; à en juger, abstraction faite de mes principes, qui ne sont pas ceux des fauteurs de réaction, je crois que votre ami eût pu montrer plus de calme et autant de fermeté. Il ne faut pas que le pouvoir soit provocant. Ceux qui prennent cette couleur sont sacrifiés un jour ou l'autre, même quand leurs idées triomphent.

Tous ceux de vos amis qui sont les nôtres se portent bien et vous font leurs compliments.

## LX

A MONSIEUR MARTIN (DE STRASBOURG)

20 mars 1850.

Mon cher ami, je serai chez vous samedi de deux heures à trois, si cela vous convient, et nous irons rendre visite à l'illustre défenseur de la république de Venise.

Mais qu'il soit bien entendu entre nous que cette visite ne peut avoir lieu qu'à la condition qu'elle convient à M. Manin. Il doit être accablé de curieux avec qui je ne veux pas être confondu ; aussi, malgré tout le plaisir que j'aurais à le saluer, n'aurais-je jamais songé à lui en demander la permission, si vous ne m'aviez parlé de l'amener à Passy. Je ne suis pas un personnage, surtout pour un étranger, et M. Manin en est un pour toute l'Europe. Ne me poussez donc pas auprès de lui sans sa permission.

Si vous laissez ma lettre sans réponse, c'est que ma condition, mon jour et mon heure vous conviendront également.

Alors à samedi, et tout à vous.

## LXI

A MONSIEUR J. LODIEU

26 mars 1850.

Pardonnez-moi, monsieur, le retard involontaire que j'ai mis à vous accuser réception de votre livre et de la lettre trop flatteuse qui l'accompagnait : des embarras auxquels un vieil ermite devrait échapper m'ont jusqu'à ce jour privé du plaisir de vous adresser mes remercîments. Je suis trop vieux, monsieur, pour n'avoir pas appris à respecter toutes les religions quand elles sont professées sincèrement, et il est impossible de méconnaître ce qu'il y a de loyauté et de courage dans votre éloge de Robespierre, où j'ai trouvé des pages remarquablement écrites et des pensées auxquelles tous les hommes de cœur applaudiront. Si vous aviez écrit une histoire, monsieur, il y aurait sans doute lieu à relever des inexactitudes dans quelques-unes de vos narrations et souvent même des omissions importantes ; mais les critiques seraient déplacées quand il s'agit d'un panégyrique. J'ai vécu beaucoup plus près que vous des temps dont vous avez eu à parler. J'ai connu même des amis de votre compatriote ; et, loin de placer, comme Buchez, Robespierre à côté de Jésus-Christ, voici l'opinion que je me suis formée, avec le temps, du chef de la Montagne : Robespierre a pu être l'idole d'un parti, il n'était pas né pour en être le chef. Avoir accepté ce rôle au-dessus de ses forces et contraire à sa nature est, selon moi, son plus grand crime. Je veux bien croire ses intentions restées pures ; je m'incline devant l'idéal qu'il poursuivait ; mais néanmoins je l'accuse, ainsi que ses amis, d'avoir fait reculer la liberté et d'avoir créé d'immenses obstacles à l'établissement de la république en France. En incriminant sans cesse ceux qui agirent sous ses ordres, votre livre, monsieur, fait foi de ce que j'avance ici. Ne vous étonnez donc pas si à des accusations qu'il faut bien que ses défenseurs acceptent se mêlent les calomnies qui ne manquent jamais d'atteindre ceux qu'une ambition quelconque fait chefs de parti. Quand mon ami, M. de Lamartine, commença d'écrire ses *Girondins*, je lui dis : Robespierre est le plus remarquable personnage de cette époque, mais le plus difficile à étudier, pour être juste avec lui, par le mélange des qualités et des défauts, par la disparité des intentions et des actes. Cet examen que je recommandais de faire, je l'ai fait pour moi; et, malgré les réticences que m'impose ici votre franche conviction, je dois donc vous avouer, monsieur, que je n'ai jamais pu pardonner à Robespierre sa sanglante politique, d'abord parce que je suis homme, et qu'en second lieu j'ai toujours été républicain, républicain comme l'est un jeune homme; puis, dans l'âge mûr, par la pensée que la France périrait si un jour, après tant d'orages, la république ne lui ouvrait le port dont elle a tant besoin. Veuillez donc me pardonner si, tout en rendant pleine justice à vos patriotiques intentions, je prends la liberté de blâmer le moment choisi pour votre publication. Vous avez examiné cette question, mais l'avez résolue autrement que moi, et j'en suis fâché en voyant combien de maladroites et ridicules imitations sont venues raviver ce grand procès qui ne sera jamais jugé définitivement, parce que, selon moi, l'humanité n'a pas intérêt à ce qu'il le soit. La Convention a fait des choses admirables, nous en profitons; mais il nous sera pardonné d'être ingrats, car on pouvait nous les faire acheter moins chèrement. Encore une fois, monsieur, pardonnez à un vieillard ses vieilles idées, et croyez qu'il n'en apprécie pas moins le mérite de votre œuvre et les sentiments généreux qui vous l'ont inspirée.

## LXII

### A MONSIEUR JOTTRAND

12 avril 1850.

Je vous suis très-obligé, monsieur, des trois brochures dont vous avez bien voulu me faire l'envoi. Je les ai lues avec autant de plaisir que de fruit. Il en est une dont le sujet est des plus élevés et d'un intérêt bien pressant. Vous l'avez traité avec une grande supériorité d'esprit, et je ne m'étonne pas que le jury de Lausanne ait couronné cet ouvrage. Il y a, au reste, de l'avantage à traiter ces grandes questions pour de petits États, car elles s'y enchevêtrent avec moins d'intérêts politiques, et il en ressort des conséquences plus claires, plus simples, plus saisissables, qui prouvent de quelle utilité serait l'application des principes à des positions plus élevées et plus étendues, quoi qu'en disent nos prétendus hommes politiques.

Je suis un peu prévenu contre les avocats (pardonnez-moi-le, vous qui avez dû examiner consciencieusement ce qu'ils sont et ce qu'ils font en France). Ce que vous dites des vôtres ne peut être à ma portée. Mais cette brochure m'a prouvé, monsieur, combien vous avez étudié cette partie de votre histoire et même de la nôtre, et m'a appris bien des choses que j'ignorais. Tout vieux que me voilà, j'aime encore à apprendre. Quant à l'*à-propos sur les gens de lettres belges*, je suis complétement de votre avis et en ai toujours été : il ne faudrait pas qu'il y eût *des gens de lettres*. Mais peut-être n'en a-t-il pas toujours été ainsi, au moins pour la France, dans l'intérêt de la langue. C'est une grande pensée qui a poussé Richelieu à fonder l'Académie française pour donner de l'unité au langage. Il est fâcheux que ce corps se soit éloigné du but de son institution. Plus que jamais on doit le déplorer, aujourd'hui que cette langue a besoin de *mainteneurs* contre l'invasion des tribunes, des barreaux et des journaux, déluge qui peut la submerger. Vous voyez, monsieur, que si je ne veux pas être académicien, ce n'est pas par dédain pour l'Académie. Malheureusement je ne pourrais lui être utile, privé comme je l'ai été de l'instruction nécessaire pour concourir aux travaux que je voudrais lui voir s'imposer. Or rien de plus ridicule, selon moi, qu'un homme qui veut régenter et qui est incapable d'exécuter. Voilà un des grands motifs du refus que je fais depuis vingt ans d'aspirer au fauteuil. Ajoutez que j'ai un projet de dictionnaire différent de celui que l'Académie fait et refait sans cesse et sans presque l'améliorer.

Pour vous dire quelques mots de la *littérature belge*, je ne vous cacherai pas, monsieur, que je vous crois dans une voie qui n'est pas la bonne. Il ne peut pas y avoir en français de littérature belge proprement dite. Mais je crois qu'il vous serait très-possible, à vous, littérateurs belges, de vous créer une existence à part des littérateurs de France. J'en avais déjà écrit quelque chose à un des auteurs qui travaillent, je crois, à la grande *Revue* de Bruxelles que l'on a la bonté de m'envoyer.

Il faudrait établir chez vous une véritable *Revue* et non un *Magasin*. Dans ce journal, vous vous établiriez juges de tout ce qu'on fait en France de littéraire ou d'antilittéraire. A l'abri des influences de coteries parisiennes, vous soutiendriez les droits de la langue et du style, avec la critique des compositions et de la marche de la littérature en général. Ce serait, selon moi, une œuvre doublement utile. La Belgique, se posant juge de nos travaux en dehors de toutes les considérations personnelles, se ferait une belle place dans notre littérature et sortirait de la route d'imitation à laquelle elle se laisse trop aller; et vous nous éclaireriez sur les faux pas que nous faisons et qui peuvent nous conduire à l'abîme.

Vous voyez, monsieur, que je donne un beau rôle à vos compatriotes, sans me dissimuler combien il est difficile à remplir. Plus qu'un autre, vous seriez capable de présider le tribunal que je voudrais vous voir fonder.

## LXIII

### A MADAME B***

27 avril 1850.

Chère dame amie, je ne vous crois pas, parce que j'ai de vos nouvelles par vos amis Legouvé.

Vous habituez-vous à l'exil auquel vous vous êtes condamnés l'un et l'autre? Quand on s'est fait des connaissances à Saint-Germain, il est facile de s'en faire au berceau des V***. Il n'est certes pas le seul être honnête et bon dans cette ville si renommée jadis. Si j'étais à votre place, moi qui suis un ours, comme on dit à Passy, je ne verrais personne, mais les femmes ont un besoin de vivre autrement que nous autres hommes.

Croiriez-vous que M***, retiré au bord de la mer Normande, ne voit aucun des habitants de sa chère contrée! Il vient de passer trois mois ici après deux ans d'absence, et il m'avouait qu'il en avait assez de Paris.

Il s'est vivement informé de tout ce qui vous concerne et eût bien désiré vous retrouver à ce voyage, qu'il m'a paru regarder comme le dernier pour lui. Pourtant sa santé est meilleure, et la vie paisible qu'il mène le peut conduire loin encore, malgré ses soixante-sept ans; il est vrai malheureusement que sa surdité est augmentée, ce présent de l'âge!

Moi, je vais tâcher de creuser mon trou encore plus profondément; les pertes que j'ai éprouvées et que j'éprouve me forçant à quitter mon gîte actuel, je vais chercher quelque endroit plus écarté, à moins que je ne rentre à Paris, où le portier saura dire aux visiteurs que je suis sorti ; je balance entre ces deux partis, que je ne pourrai mettre à exécution que vers l'automne.

Quand je parle de pertes, n'allez pas croire que j'ai pu faire des spéculations ; non, je me suis seulement amusé à prêcher qu'en des temps comme ceux-ci on ne devait pas payer ses dettes ; j'ai été pris au mot ; de là ma déconvenue qui me dérange un peu, mais ne m'afflige pas le moins du monde. Si je n'avais que moi à penser, j'en rirais même ; ne me plaignez donc pas.

Je vous dirai que j'ai écrit à votre berger des Pyrénées. Je lui envoie un exemplaire de ma belle édition illustrée : l'envoi a été fait à Bayonne ou à Pau par mon libraire, avec lettre et avis à Gaston Lacaze, et je suis encore à savoir si lettre et livre lui sont parvenus. Nous avons mis sur les adresses : *Vallée d'Ossau.* Vous m'avez dit que cette indication était suffisante, vu la célébrité dudit berger. Il en est peut-être de lui comme de moi, à qui beaucoup de lettres dont l'adresse est mal indiquée me sont rapportées avec ces mots : *Inconnu, inconnu,* ce qui est assez mortifiant pour mon amour-propre de poëte.

Mais au moins ces lettres arrivent ; je voudrais qu'il en fût de même de mes chansons.

## LXIV

### A MESDEMOISELLES ***

30 mai 1850.

Ne comptez pas sur un bureau de tabac, à moins que les autorités locales, appuyées par des représentants en crédit, ne s'en mêlent. Alors encore faudra-t-il de l'appui ici, et je m'y emploierai, mais sans vous donner pourtant beaucoup d'espérance, tant est grand le nombre des demandes et les prétextes légaux que MM. les directeurs ont toujours à leur service. J'en sais quelque chose.

Parlons des postes : il y a longtemps que j'aurais pu vous fournir de tristes renseignements à cet égard.

Figurez-vous que j'ai une cousine, dont je ne sais pas même le nom, qui m'a fait apostiller, il y a deux ans, deux ou trois pétitions pour obtenir un bureau de poste auquel elle n'avait aucun droit. J'apostillai en toute sûreté de conscience, certain que ma signature ne ferait rien à l'affaire. Point du tout ; il y a un an la cousine obtient un bureau à vingt lieues de Paris. Une lettre administrative me l'annonce ; six mois après, une seconde lettre m'annonce le rapprochement de la cousine, qui a préféré être près de la capitale.

D'après cette seconde lettre, signée Thayer, je me crois en crédit auprès de M. le directeur général : je me hâte de lui écrire pour le remercier du bien qu'il veut à la cousine, et profite de la circonstance pour lui exposer les droits de M. votre père et l'intérêt que je vous porte ; je lui dis que j'ai en main une demande apostillée des gros bonnets du département, mais que je n'ai pas voulu qu'elle allât s'enfouir dans les paniers aux ordures administratives ; que, s'il veut prendre M. *** sous sa protection, je la lui enverrai, et qu'il aura des droits à ma reconnaissance, etc., etc. Voilà plus de quatre mois de cela, mes chères enfants, et M. le directeur n'a pas daigné me répondre.

Mais la cousine ! me direz-vous. Voici l'affaire : elle est assez gentille ; elle aura trouvé quelque chef de bureau ou de division qui se sera chargé de sa demande et aura donné de la valeur à mon nom, ce qui m'a valu la politesse administrative des deux lettres que M. Thayer a signées sans les lire.

Voilà, chères enfants, comment les choses se faisaient sous Louis-Philippe et se font encore sous la République. Jugez, d'après cette longue histoire, de mon crédit, dont je ris toutes les fois qu'on m'en félicite.

## LXV

#### A MADAME VALCHÈRE

Ma chère enfant, l'archevêque et votre serviteur ne pourront pas grand'chose pour vous, s'il s'agit d'une inspection de salles d'asile. Il y a pour former à ces emplois une école normale tenue par mademoiselle Carpentier, que je connais beaucoup, et dont les cours sont suivis par un certain nombre de personnes d'âges différents : une dame de mes amies, qui a quarante-cinq ans, y apprend son catéchisme dans ce moment pour se rendre digne de devenir institutrice. Madame Marie Carpentier est un ange de bonté et d'intelligence ; mais je crains bien que les lieutenants et sous-lieutenants de monseigneur Sibour ne s'arrangent ni d'un esprit aussi élevé ni de vertus aussi sincères.

Quant à vous, je ne sais trop si cette carrière est bien celle que vous deviez tenter.

M. de Melun peut vous être utile ; mais songez bien que tous ces dévots-là, même ceux qui sont sincères et tolérants, et il y en a, ne peuvent sortir du cercle qui leur est tracé, cercle dans lequel je doute que vous puissiez entrer et rester. Tentez toutefois, et, si vous avez besoin de moi, croyez que je vous irai en aide avec plaisir. Mais, quand je tremble que mademoiselle Carpentier, dont la vie est si pieuse, dont les talents sont incontestés, ne soit en butte à tout ce monde de robes noires, que voulez-vous que j'en pense pour vous, malgré ce que vous me dites de l'archevêque ! Ce n'est pas la première fois, au reste, qu'on me rapporte de petites preuves de sa bienveillance à mon égard. Je ne sais ce qui me l'a méritée ; mais j'en suis heureux, parce qu'on m'a assuré qu'il était un parfait honnête homme.

## LXVI

### A MONSIEUR PERROTIN

4 juin 1850.

Mon cher Perrotin, je vous envoie la *Revue* et mes remercîments pour Planche[1], dont l'article m'a fait une vive impression. Je crains de ne le lui avoir pas dit aussi bien que je le voudrais : vous qui connaissez le cas que je fais de son jugement, de son goût et de sa science littéraire, ajoutez ce qui pourrait manquer à ma lettre.

Il est une chose qu'il n'est pas nécessaire de dire : c'est que je regrette que cet article ait paru dans le numéro qui mitraille Hugo sur toutes les faces. Mon éloge a l'air de servir de bourre au fusil de Buloz. J'en suis d'autant plus fâché que, bien que Hugo ait toujours été assez mal pour moi, je n'ai pas cessé d'admirer son talent supérieur tout en critiquant les parties faibles. J'ai horreur du manque d'équité.

S'il vous convient pourtant de remercier Buloz en mon nom, faites-le. Il est de fait que je n'ai jamais eu à me plaindre de lui, et que je ne lui ai jamais été bon à rien.

[1] L'article de Gustave Planche sur Béranger est du 1ᵉʳ juin 1850.

## LXVII

A MONSIEUR EUGÈNE NOEL

Passy, 20 juin 1850.

Voilà un bon petit volume[1], excellent commentaire, excellente préface de Rabelais. Selon moi, il n'y manque rien qu'une chose : c'est d'être placé en tête d'une nouvelle édition, revue et corrigée, de *Maître François*; faute de cela, il n'aura pas la fortune qu'il mérite, du moins je le crains. Voilà, mon cher Noël, ce que je pense de votre ouvrage. Dumesnil[2] vous dira combien je suis sincère. Je me reproche même de l'avoir été trop avec votre digne ami. Sa femme, qui avait la bonté de l'accompagner, a dû avoir envie de m'arracher les yeux; et comme vous pourriez avoir la même envie, je ne vous dirai pas les critiques que j'ai faites de son opuscule : il ne fait pas bon de maltraiter Oreste devant Pylade. Pourtant, dans ce que je lui ai osé dire, il y a bien quelque chose à vous adresser : pourquoi, par exemple, faire des livres sur des livres et sur les œuvres d'autrui? Vous et Dumesnil avez mieux que cela en vous. Et puis, quoi vous presse d'imprimer? Ne vaudrait-il pas mieux attendre qu'en vous se fût fait l'accord des sentiments et des idées? Faute d'avoir attendu ce moment, que de gens se sont condamnés à des palinodies dont ils n'auraient pas à gémir s'ils avaient eu quelques années de patience! Aviez-vous fait de ces ouvrages qui poussent un auteur dans la rue? Non; ce sont des impres-

---

[1] *Légendes françaises.* — Rabelais. (V. *Souvenirs de Béranger*, par M. Eugène Noël).
[2] Alexis Dumesnil, gendre de M. Michelet, auteur de l'*Art italien.*

sions plutôt que des idées que vous donnez au public. N'at-il pas le droit de passer sans vous lire ? Qui êtes-vous ? Il l'ignore. Oh ! qu'un Chateaubriand, qu'un Lamartine, qu'un Michelet lui rendent compte de leurs impressions, il courra chez le libraire, car il tient à savoir comment de pareils hommes ont vu, senti, jugé en telle circonstance, ou à propos de telle chose et de tel individu.

Tout cela, mon cher Noël, je vous l'ai déjà dit. J'ai soixante-dix ans et commence à rabâcher. Toutefois, ne dédaignez pas trop ces observations; elles sont de vieille date chez moi. D'ailleurs elles ne m'empêchent pas de rendre justice à votre début. Je n'ose vous dire même tout le plaisir que m'a fait votre petit volume, de peur de nuire à la morale de mon sermon. Il est vrai aussi que j'aime et admire Rabelais, bien que je sois obligé d'avouer que Voltaire, qui avait un génie moins original, après l'avoir maltraité et dépouillé, lui a enlevé la première place parmi les réformateurs que la France devait accepter, elle qui n'a jamais eu de goût pour les esprits trop austères : notre bon sens veut pouvoir rire. Molière le savait bien aussi.... Mais qu'ai-je besoin de vous parler de celui-ci ? Attendons ce que vous allez nous apprendre sur cet autre réformateur : voici d'ailleurs assez de bavardage.

Je n'ai jamais lu Ambroise Paré que, par parenthèse, le joyeux docteur de Montpellier eût bien dû guérir de son absurde crédulité. Mais pourquoi dites-vous qu'il fit le premier l'opération de la taille ? Je croyais que cette opération avait été pratiquée en France, sous Louis XI, sur un archer, condamné à mort, qui dut sa grâce et la vie à cet heureux essai.

## LVIII

### A MADAME BLANCHECOTTE [1]

27 juin 1850.

Pardonnez-moi-le, madame, mais aux premières lignes de votre aimable lettre, je me suis douté qu'il s'agissait d'un autre que du vieux chansonnier. Mais j'ai été touché que vous ayez eu l'idée de me distinguer parmi les nombreux admirateurs et surtout parmi les amis du grand poëte dont vous regrettez l'absence. Malheureusement pour moi, entre l'amant d'Elvire et celui de Lisette, il y a tout un monde, ce que je confesse à ma honte ordinairement, mais avec plus de regret aujourd'hui, que vous semblez, madame, vouloir recourir à mes conseils à défaut de ceux de l'auteur de *Jocelyn*. Je suis indigne d'un tel honneur; toutefois je me mets à votre disposition pour le peu de temps que durera son absence et pour le peu que je sais. Mais s'il ne s'agit que de devenir un appui pour votre jeune muse, je crains aussi, madame, que vous n'ayez pas fait un heureux choix, quoique je serais bien fier de pouvoir vous tendre la main.

Dans ce moment, le sort me rapproche de Lamartine, mais toujours avec cette extrême différence qu'il doit y

---

[1] Madame Blanchecotte n'avait pas encore fait connaître au public son talent si délicat et si distingué. Née dans les derniers rangs de la foule, faisant son rude métier d'ouvrière, elle s'instruisait déjà en silence, et non-seulement dans l'art des vers, mais dans l'art de lire et de penser en diverses langues. Elle avait trouvé des encouragements auprès de M. de Lamartine. Le patronage de Béranger lui fut acquis dès qu'elle y recourut, et il ne lui a plus fait défaut un seul jour. Béranger fut son maître, son conseil, son guide, son protecteur le plus sûr et le plus dévoué.

Madame Blanchecotte a environ cent cinquante lettres de Béranger ; mais la plupart de ces lettres ne sont que des billets qui n'offrent pas d'intérêt pour tout le monde.

avoir dans nos destinées. La mauvaise fortune le fait cingler vers Smyrne, berceau d'Homère, et moi, pauvre vieux chansonnier des rues, je suis forcé aussi par la fortune barbare de quitter ma modeste retraite de Passy, pour aller, près de la barrière d'Enfer, reprendre gîte dans la mansarde d'une pension bourgeoise. Je vis loin du monde et il ne me reste plus de crédit. A quoi, madame, pourrai-je vous être utile? Pourtant, soyez sûre, que si, de façon ou d'autre, il se présentait une circonstance où je fusse assez heureux pour vous servir, je la saisirais avec empressement. Vous n'auriez qu'à m'écrire à la pension bourgeoise, rue d'Enfer, vis-à-vis l'hospice Marie-Thérèse, ancienne habitation de mon vieil ami Chateaubriand, souvenir qui peut-être à vos yeux servira à couvrir ce qu'il y a de prosaïque dans les détails que je suis contraint de vous donner.

Agréez, madame, l'assurance de la sincérité de mes offres, et l'hommage de mes sentiments les plus respectueux.

## LXIX

### A MONSIEUR PRUNAY[1]

19 juillet 1850.

Pardonnez-moi, monsieur, si, faute d'avoir votre adresse, j'ai tardé à vous remercier de vos charmants et spirituels couplets.

Il était difficile de chanter avec plus de grâce l'escapade d'un vieillard, qui, ne sachant trop où le conduisaient ses

---

[1] Alors étudiant en médecine et qui avait fait une chanson sur la visite que Béranger venait de faire, un soir, à la *Closerie des Lilas*.

amis, se trouve tout à coup transporté au milieu d'une foule joyeuse de jeunes étudiants.

J'ai dû à cette circonstance fortuite une grande surprise et une bien douce satisfaction; nouveau dans le quartier, séparé par plus d'un demi-siècle d'âge des habitués de la *Closerie des Lilas*, j'étais loin de penser, je vous l'assure, monsieur, que là m'attendait un de ces rayons de bonheur qui descendent si rarement sur une tête chauve. Je n'en garderai qu'un souvenir plus reconnaissant pendant le peu de jours qui me sont encore réservés. Dites-le bien, je vous prie, à tous ceux qui ont procuré ce moment de fête au vieux chansonnier contemporain de leurs grands-pères; et moi, monsieur, à ceux de mes amis qui n'ont pas été témoins de ma vive émotion, je montrerai votre très-jolie chanson. Elle leur expliquera, d'une manière bien flatteuse pour moi, quels sentiments ma présence a éveillés au cœur d'une jeunesse à qui je n'osais demander que la permission de ressaisir l'image d'un passé si loin de moi aujourd'hui, qu'il commence à s'effacer de ma mémoire affaiblie.

## LXX

### A MONSIEUR ALEXIS WILHEM[1]

3 août 1850.

Puisque vous me donnez du *monsieur* tout sec, je vais vous rendre du *monsieur*.

Monsieur donc,

Perrotin ne m'a remis qu'hier votre brochure. Je viens

---

[1] M. Alexis Wilhem est le fils de Wilhem. Il venait de publier une brochure intitulée *Projet d'impôt unique, universel, sur la circulation de la fortune publique*. En 1851, il publia un livre, le *Paraclet*, pour combattre les doctrines politiques du clergé et particulièrement des jésuites.

de la lire et suis étonné de voir que vous vous soyez préoccupé d'une matière à laquelle je vous croyais complétement étranger et à laquelle je le suis beaucoup. Toutefois vous exposez votre idée avec tant de clarté et dans un si bon style, que je n'ai pas eu de peine à saisir l'ensemble de votre système financier et des moyens d'exécution dont vous l'appuyez. Moi aussi j'ai rêvé l'impôt unique : j'avoue que le vôtre me paraît préférable à celui que j'avais inventé à la suite de Vauban qui, le premier chez nous, paraît en avoir senti la nécessité.

Je vous donne donc mon adhésion pleine et entière, sauf les objections que peut rencontrer cette idée comme vous la présentez de la part de ceux qui s'entendent mieux que moi à juger du mécanisme financier, gens qui pourraient aussi découvrir des vices que cette innovation contient peut-être. Il me semble d'abord que le travail y devient le grand multiplicateur, sans y trouver une assurance de rémunération suffisante et proportionnelle; mais je n'ose insister sur ce point, tant je suis ignorant en économie politique. Je ne parle ici que des économistes sans préjugés, sincères et amis du peuple, ayant par conséquent fait des études qui me manquent pour savoir si le rendement d'un pareil impôt serait aussi fort que vous le calculez et serait aussi équitable qu'il me semble au premier aperçu.

Il me reste à vous complimenter sur l'emploi que vous faites de votre temps, sur le but que vous donnez à vos études, qui ont dû être longues, et sur le bon esprit qui vous a inspiré ce travail sérieux.

Avec une telle capacité d'intelligence, est-il possible que la même tête se laisse aller à des lubies qui n'ont pas de nom ?

Avec la force d'esprit de Pascal auriez-vous aussi son côté

faible? Ma foi, on ne saurait payer trop cher de certains dons, sans doute; mais au moins ne devrait-on pas les acheter au détriment de ses amis, que, par une fatale manie, on tient éloignés de soi ou dont on s'éloigne, quelle que soit la peine qu'ils en éprouvent.

Actuellement que je t'ai dit ma façon de penser, je reprends avec toi le ton qui convient à un vieil ami de ton père, et que ton *monsieur* en tête de ta lettre m'a fait quitter.

Je te préviens que nous avons quitté Passy et que maintenant notre adresse est rue d'Enfer, 113, près la barrière.

Si tu viens nous voir, comme je l'espère, demande mademoiselle Frère, qui te fait ses amitiés.

## LXXI

#### A MONSIEUR VILLIAUMÉ

.. .. 8 août 1850.

Mon cher Villiaumé, j'achève la lecture de votre quatrième volume[1] et m'empresse de vous remercier de tout le plaisir et de tout le fruit que j'ai retirés de cette lecture, depuis le premier volume jusqu'à la fin. C'est le livre d'un honnête homme, consciencieux dans son travail, courageux dans ses jugements. Je ne les adopte pas tous, au moins dans la forme trop absolue que, selon moi, vous leur donnez souvent; mais ils vous sont toujours dictés par les principes les plus respectables, par l'amour de la vérité, de la liberté et de la patrie.

Félicitez-vous donc de votre œuvre, surtout en pensant qu'il vous sera utile, très-utile même, du moins je l'es-

---

[1] De l'*Histoire de la Révolution française*.

père; ce que j'en ai entendu dire m'en est déjà la preuve.

Cela ne m'empêchera pas de vous faire quelques reproches littéraires. Votre style a de la fermeté, de la clarté, mais des incorrections vous ont échappé. A la seconde édition il faut les faire disparaître.

Il est aussi des passages qui manquent de développement : dans le procès de Louis XVI, la conduite des girondins n'est pas suffisamment expliquée. Je vous demanderai aussi les preuves du royalisme de Charlotte Corday : jamais le parti royaliste ne l'a réclamée; vous savez que j'ai été lié avec des hommes de ce parti.

J'ai une observation particulière à vous faire. Vous mettez André Dumont à côté de Lebon; vous avez tort. Ce Dumont, à cette époque, sauva le département de la Somme, que j'habitais alors, des guillotinades de son voisin d'Arras. J'en sais quelque chose. Je ne vous cite cette erreur que pour vous prouver que vous avez pu en commettre d'autres. Votre probité vous impose l'obligation de faire de nouvelles recherches. Défiez-vous aussi un peu plus des intermédiaires entre vous et les témoins oculaires ou auriculaires, que vous invoquez avec trop de confiance.

Vous dites, par exemple, que lors de l'exécution du roi, Paris était presque en joie. J'ai toujours entendu dire le contraire, et je le crois, quels que fussent les sentiments qui pouvaient régner dans la multitude. Ce fut un acte trop extraordinaire pour ne pas supposer que la masse des habitants de Paris n'aient pas senti tout ce qu'il y avait de grave dans le présent comme dans l'avenir. J'ai vu écrire, j'ai entendu dire qu'au 20 mars 1815, toute la capitale était en joie aussi; c'est faux, j'y étais. Paris était en émotion générale, mais, dans la foule, on voyait à travers les vivat percer un sentiment d'inquiétude.

Ce qui me paraît manquer, dans le jugement que vous portez et sur les hommes et sur les faits, c'est le sentiment du mal qu'a produit en France cette époque de la terreur, qui, aujourd'hui encore, fait trembler une partie de la France devant ce fantôme qu'évoquent sans cesse les ennemis de la liberté et de la République. Ne vous étonnez pas si, en dépit des services rendus par la Convention, des juges plus sévères que vous envers ses héros ne consentent pas à relever leurs statues tombées dans le sang.

Votre livre contribuera, je le pense, à diminuer cette épouvante; il leur fera mieux tenir compte de leurs intentions, de leur courage, mais il y aura encore longtemps des hommes qui, comme moi, presque témoin oculaire, diront : Ils nous font payer bien cher les services qu'ils nous ont rendus; c'est mon opinion, bien ancienne, qu'ils pouvaient sauver la France à meilleur marché.

Pardonnez-moi toutes ces réflexions, mon cher Villiaumé, et croyez qu'elles ne diminuent en rien l'estime que je fais de votre livre, que, certes, je relirai encore plus d'une fois, et que je souhaite que tout le monde lise, en rendant à l'auteur la justice qu'il mérite.


## LXXII

### A MONSIEUR DELATOUCHE

*25 août 1850.*

Ce matin, de deux à trois heures, j'ai frappé, sonné, refrappé, resonné, et personne ne m'a répondu chez vous, mon cher Delatouche. Je m'en suis d'abord affligé, puis je me suis dit : Tant mieux! cela prouve qu'il a repris ses jambes, et qu'il est allé se promener dans les belles campagnes que je viens de traverser avec tant de plaisir[1]. Vous avez dû trouver ma carte dans la boîte de vos journaux.

J'ai fait une connaissance presque à votre porte. « D'où venez-vous ? Où allez-vous ? Quel est votre âge ? Dites-moi votre nom ? » Ce sont là à peu près les paroles que m'a adressées, sans me connaître, un homme de mon âge, que j'ai reconnu au premier coup d'œil, bien que je ne l'eusse jamais vu, et que vous reconnaissez sans doute aussi à ses façons à la fois militaires et aimables. Aux premiers mots que je lui ai dits de vous, il s'est écrié : « N'êtes-vous pas un tel ? — Oui, c'est moi. » Alors les poignées de main et l'invitation d'aller prendre quelque chose dans sa maison, dont il m'a fait un grand éloge. Puis il m'a parlé politique. Il est pour la grande propriété, ce que j'aurais deviné, s'il m'eût laissé le temps de deviner quelque chose. « Enfin, lui ai-je dit, monsieur de Girardin[2], il faut que je vous quitte pour voir mon ami, à qui j'ai obligation d'avoir fait votre connaissance, dont je vais le remercier. »

Ce remercîment, mon cher Delatouche, je vous l'envoie à mon retour.

J'allais vous remercier aussi de l'invitation que vous m'avez adressée par une personne dont on n'a pu me dire le nom. Je vous ai déjà dit, je pense, que le mal que la voiture me fait après le repas me prive du plaisir de dîner en ville, et à la campagne encore plus. J'ai grand regret à vous refuser ; mais, à mon âge, il ne faut pas faire d'infraction à son régime. Vous comprendrez cela, et me pardonnerez de n'accepter pas l'agréable rendez-vous que vous vouliez bien me donner. J'irai bientôt m'assurer que vous ne m'en

[1] Aulnay, Plessis-Piquet, Fontenay-aux-Roses.
[2] Le comte Alexandre de Girardin, mort en 1855.

gardez pas rancune, et je souhaite bien que cette fois votre porte me soit ouverte.

Rappelez-moi, je vous prie, au bon souvenir de votre excellente garde-malade[1].

## LXXIII

#### A MADAME B***

2 octobre 1850.

Je vous remercie, madame et amie, de m'avoir donné de vos nouvelles ; je me demandais ce que vous étiez tous devenus.

Le temps que vous avez passé à P... ne vous aura pas réconciliée avec votre exil. M. et madame de *** vous auront rendue à vos anciennes habitudes de conversation. Rien n'est plus contraire aux exilés que ces rencontres de la patrie absente qui, par quelques instants de satisfaction, augmentent le regret de ce dont on ne peut plus jouir. Car ne vous figurez pas qu'un changement de lieu vous suffirait ; à trente lieues de Paris, vous seriez encore mal.

Quoi ! madame de ***, malade et vieillie à ce point, et cela dans un pays où l'on envoie les malingres et les goutteux ! Est-ce le voisinage des montagnes qui a produit ce triste effet sur cette bonne et saine nature ? Oh ! non ; c'est un autre voisinage. Pauvres femmes ! que les parents sont cruels de laisser leurs filles épouser des vieux ! En vain vous me vantez la force, la lucidité du mari, même la mémoire, ce don fatal dont nous nous servons pour ennuyer nos amis ; il a près de quatre-vingts ans, et moi, qui viens

---

[1] Mademoiselle Pauline Flaugergues.

d'accomplir mes soixante-dix ans, j'ai chanté, à mon anniversaire, des couplets dont le refrain est :

> Ah ! que les vieux sont ennuyeux !

J'en sais quelque chose.

Pourtant, ma santé se soutient, je marche encore assez bien, sans frayeur du froid et de la pluie. Toutefois, malgré ma mémoire, je sens qu'au dehors et au dedans les années laissent trace profonde de leur passage. Mais qu'y faire ? Un peu de philosophie, voilà le seul calmant ; j'y ai recours ; faites comme moi, en attendant qu'une bonne vague ramène votre esquif à Paris. Pour cela, comptez sur mes prières. Vous ai-je dit que des pertes d'argent me forçaient à quitter Passy ? Nous sommes en pension bourgeoise, rue d'Enfer, 113, auprès de la barrière.

Ma pauvre vieille amie ne se fait pas aussi bien que moi à ce changement. Toutefois, nous sommes mieux que nous ne devions nous y attendre ; mais tout le monde ne peut, comme moi, changer ses habitudes du jour au lendemain. C'est tout ce qui me reste de la jeunesse ; dans un temps comme le nôtre, c'est beaucoup.

Je n'ai pas entendu parler de Legouvé.

Je m'étonne que vous ayez besoin de *** pour en avoir des nouvelles ; vous avez là une grande amitié que vous n'avez pu prendre sur les routes.

En attendant le bonheur de vous revoir, croyez-moi, comme toujours, chère dame et amie, votre tout dévoué de cœur.

J'ai reçu des remercîments de votre berger pyrénéen.

## LXXIV

#### A MONSIEUR GILHARD

Paris, 6 novembre 1850.

A propos des gens de l'Auvergne, votre M. Rouher vient de publier une liste des condamnations depuis 1814, où il s'est plu à répéter mon nom huit ou dix fois, bien que je n'aie eu l'honneur d'être condamné que deux fois, ce qui suffit bien pour me priver de l'électorat. On prétend que cette publication m'a en vue particulièrement. Je ne le crois pas, quoique je sache que l'Élysée m'en veut de ne m'être pas attelé à son char. *** a commencé la petite guerre qu'on veut, dit-on, me faire. Il serait possible que ce fussent là des propos de flatteur. Toutefois j'ai eu bien envie de tirer vengeance de votre compatriote le garde des sceaux, qui a fait de sa publication une œuvre ordinaire, où se trouve un mot que le *Moniteur* a dû rougir de donner à lire à ses abonnés. L'intérêt de mon libraire, qui en est à craindre des saisies, m'a seul arrêté. Connaissez-vous ce monsieur que le *Charivari* appelle *Chonchon*[1], je ne sais pourquoi?

## LXXV

#### A MADAME BLANCHECOTTE

Paris, 6 décembre 1850.

Comment, ma chère enfant, avez-vous pu ajouter foi à

---

[1] M. Rouher est gendre de M. Conchon, ancien maire de Clermont-Ferrand. Il avait joint à son nom celui de son beau-père.

Béranger, on le voit, a été vivement blessé lorsque son nom fut affiché sur les murs de Paris, comme celui de l'un des corrupteurs de la nation, et cela, en 1850, sous le gouvernement d'une république. Vengeur de 1815, artisan de 1830, prophète de 1848, il ne pouvait s'attendre à ce que sa gloire fût châtiée ainsi.

la nouvelle qui a couru, dont on m'a rebattu les oreilles hier à mon arrivée de la campagne !

C'est sans doute la courte indisposition que j'éprouvais la dernière fois que vous m'êtes venue voir qui a donné lieu à cette sotte nouvelle. Ah! mon enfant, quelle triste destinée que celle qui vous met de pair avec les bêtes du Jardin des Plantes !

Criez, dans un coin de Paris, que l'ours Martin est dangereusement malade, tous les enfants, toutes les bonnes, tous les Jean-Jean vont courir pour assister à ses derniers moments.

Croyez bien que je ne vous mets pas sur cette liste de gobe-mouches, et que je suis touché de vos témoignages d'intérêt. Je les mérite pour celui que je vous porte et que m'inspire tout ce qu'il y a d'excellent en vous. Car ne croyez pas que je n'étudie que votre belle et noble intelligence, avec laquelle il me semble que votre cœur rivalise avec avantage. Ce qui me charme surtout, c'est de voir que vous avez un mari qui vous apprécie et qui se préoccupe de votre bonheur. Il serait bien heureux lui-même, s'il entendait le bien que vous m'en dites pour me le faire estimer comme il le mérite.

A mardi donc, et croyez-moi, chère enfant, votre vieux maître tout dévoué.

Désormais, vous me demanderez au premier, à droite, ou vous monterez au deuxième, la porte auprès de l'escalier. Je suis descendu d'un étage.

## LXXVI

#### A MADAME BLANCHECOTTE

25 décembre 1850.

Ma chère enfant, j'ai eu bien regret à apprendre que vous étiez souffrante. Comment! vous avez une fièvre réglée, et on ne la coupe pas. Sans doute votre bon docteur a ses raisons pour cela. Soignez-vous bien : il faut beaucoup de prudence dans votre position, et peut-être feriez-vous bien de vous éviter le travail des vers, qui semble vous causer de trop vives impressions.

Hier, j'avais convoqué mon jeune poëte de l'École normale[1], pour que nous pussions parler ensemble de poésie, comme nous l'avons fait il y a quinze jours; cet entretien avait paru vous faire plaisir, et j'aurais voulu le renouveler. Causer ainsi est peut-être ce qui peut le mieux vous enseigner ce que vous pouvez avoir encore besoin d'apprendre, si tant est que votre heureux naturel ne soit pas préférable à tout autre enseignement.

Recevez tous mes vœux pour l'année qui accourt, et croyez-moi votre tout dévoué.

## LXXVII

#### A MONSIEUR J. J. DEHIN[2]

16 janvier 1851.

Donnez-moi des nouvelles de votre santé, si la fièvre vous en laisse le temps.

---

[1] M. Paul Boiteau.

[2] Maître chaudronnier et chansonnier à Liége, qui avait envoyé à Béranger un billet de banque, en apprenant qu'il avait dû quitter son toit de Passy et se mettre dans une pension bourgeoise. Béranger a souvent écrit à M. Dehin, et il lui a montré dans toutes ses lettres une amitié que des traits semblables à celui dont il est ici question suffisaient à faire naître.

Mon cher Dehin, votre lettre et votre envoi m'ont vivement touché; les larmes m'en sont venues aux yeux. Vous, père d'une si nombreuse famille, vous vous privez pour moi d'une somme qui doit être nécessaire à son entretien, et cela avec l'expression d'un cœur simple et généreux, qui ne se doute pas combien il y a peu, même parmi les riches, de gens capables d'une pareille action. Que Dieu vous en récompense; mais peut-être moi-même vais-je dès aujourd'hui vous en donner le prix, en calmant la peine que ma lettre vous avait causée. Oui, mon cher Dehin, j'ai donné lieu à erreur de votre part; sans doute j'ai quitté Passy par suite de pertes faites depuis quelque temps; mais ce qui me reste est bien suffisant pour moi et pour quelques autres encore, car j'ai toujours fait la part, dans ma petite fortune, de plusieurs braves gens moins bien partagés que je le suis. Rassurez-vous donc sur ma position, que je n'ai jamais souhaitée plus brillante, et en recevant mes témoignages de gratitude, permettez-moi de vous renvoyer le bon de 100 francs que vous m'avez adressé d'une façon si cordiale.

Je vous le renvoie, mais croyez qu'il restera une dette pour moi, et que je serais heureux de la pouvoir acquitter un jour.

Soyez sûr aussi que si, par suite d'événements malheureux, j'avais un jour besoin d'un asile, je tournerais les yeux vers votre paisible chaumière, habitée par tant de vertus.

Avec l'expression de mes sentiments les plus dévoués, recevez, mon cher Dehin, le serrement de main d'un sincère ami.

Tout à vous. BÉRANGER.

P. S. J'ai votre portrait sous les yeux, et j'allais oublier de vous en remercier. Je me plais à le croire ressemblant, et j'aime à voir l'ouvrier poëte se présenter ainsi au public.

## LXXVIII

### A MONSIEUR ÉDOUARD TURQUETY[1]

16 janvier 1851.

Je suis très-touché, mon cher monsieur, de votre bon souvenir. Votre lettre eût pourtant été mieux reçue encore si elle m'eût annoncé l'accomplissement du projet que vous sembliez avoir formé de venir vous établir à Paris ou dans ses environs. Est-ce que vous avez renoncé à cette idée? Vous m'en parlez si vaguement que j'en ai la crainte. Ce que vous me dites des dispositions de votre âme me fait pourtant penser qu'un changement de lieu vous serait favorable. Si je ne me trompe, vous avez des amis ici, et sans doute encore quelques connaissances parmi nos littérateurs. Quant à moi, dont vous faites un trop magnifique éloge, si je ne vous consolais pas, j'essayerais du moins de vous faire chercher les consolations où elles doivent se trouver pour vous, pour vous, chrétien, qui avez le bonheur d'une croyance ferme et déterminée, ce que je vous envie et ce qui m'arrivera peut-être un jour si les beaux vers que vous m'adressez se font entendre là-haut. Savez-vous que j'aurais mauvaise idée des anges et des séraphins si un pareil chant ne les touchait pas et s'ils ne criaient pas *miséricorde* en ma faveur. Au reste, mon cher poëte, nous ne sommes

---

[1] M. Turquety, l'auteur de *Primavera* et de divers autres recueils bien connus des amateurs de poésie, était alors en Bretagne et venait de perdre son père quand Béranger lui écrivit cette lettre.

peut-être pas aussi éloignés l'un de l'autre sous le rapport de la foi que vous semblez le croire. Vous eussiez été bien surpris si, vous ici, vous aviez assisté, il y a quelque temps, à une conversation entre Lamartine et moi au sujet de l'Évangile. Je ne veux pas vous rapporter nos deux opinions et vous laisse à deviner de quel côté vous vous seriez rangé.

Je vous ai parlé, je crois, de la visite dont m'a honoré l'archevêque de Paris (M. Sibour) avec plusieurs membres de son clergé : ne croyez pas qu'il m'ait traité comme un homme à convertir : il parut ne voir en moi qu'un pauvre petit philosophe évangélique à sa manière; aussi fut-il d'une amabilité charmante et plein de gaieté. S'il eût été de la Chambre, il n'eût pas voté, j'en suis sûr, pour qu'on me rayât de la liste des électeurs, comme l'ont fait tant de voltairiens mes anciens amis.

Je vous dis tout cela pour vous prouver sur combien de points nous pouvons nous entendre, et pour me donner le droit aussi de vous renvoyer dans vos tristesses vers ces pensées religieuses où, avec plus de foi que moi, vous devriez puiser plus de force et de consolation. N'avez-vous pas aussi les vers qui préoccupent si doucement une âme comme la vôtre? C'est un don du ciel, et je vois avec plaisir que vous n'y avez pas renoncé. Hélas ! ma verve est complétement tarie. C'était mon dernier plaisir, et j'espérais qu'il me serait fidèle jusqu'au dernier jour. Et mon pays si tristement ballotté par tant de petits hommes et de petites passions ! N'est-ce pas là une grande douleur? Malgré tout, je conserve encore assez de résignation pour me trouver un fonds de gaieté pour les autres.

Voilà encore des paroles à votre adresse. Ne vous laissez pas abattre, vous qui êtes bien loin de la vieillesse et qui pouvez chercher des distractions dans le travail. L'amitié ne peut non plus manquer à un caractère aussi honorable que le vôtre. Elle a été pour moi la source de grandes jouissances. J'ai encore quelques amis avec qui je date de cinquante ans. Dieu me les conserve!

Pardonnez-moi ce long bavardage qui, au fond, n'a que vous pour objet, bien que j'y parle presque toujours de moi. Nous autres vieux, nous n'avons jamais de meilleures citations à faire.

J'ai reçu d'un M. Frédéric Paulmier une lettre par laquelle il me demande une chanson pour une société littéraire dont il ne me donne ni le nom ni la constitution. Il paraît que vous êtes en rapport avec cette société rennaise. Ces messieurs, dont je voudrais de tout cœur stimuler le zèle, ignorent que j'ai vendu à mon libraire toutes mes chansons faites et à faire, et qu'il m'est d'autant moins possible de rien faire imprimer en dehors des éditions de Perrotin, que la contrefaçon ne manquerait pas de s'emparer des chansons que je livrerais au public par une autre voie. Je suis donc dans l'impossibilité de satisfaire à la demande de M. Paulmier. Auriez-vous la bonté de vous charger de mes excuses auprès de ces jeunes littérateurs et de leur exprimer mes regrets. Fâché de la peine que cela pourra vous donner.

Recevez l'assurance de ma bien sincère affection.

## LXXIX

### A MONSIEUR GILHARD

21 janvier 1851.

Vous avez lu les derniers journaux; vous pouvez donc juger de l'état de la politique. Je ne sais, quant à moi, ce qu'il va sortir de cette espèce de coalition nouvelle, où chacun a planté son drapeau sur la tribune pour marcher ensemble et de front contre l'Élysée.

Il me semble qu'il doit être facile de dissiper ces bataillons victorieux dans une mêlée, et qui d'ailleurs seraient fort embarrassés d'une victoire complète. L'assailli semble prendre de l'audace. La chute si prompte et si facile de Changarnier va l'enivrer peut-être. Il est vrai que les munitions lui manquent. Attendons; nous verrons bien.

Tout le monde écoute et regarde comme au théâtre. Il est certain que le public de Paris se comporte en cela comme au spectacle. Seulement on se dit : « Nous sommes aux boulevards. » Dupin a été le niais de ce mélodrame. Quelle prétention aussi de vouloir se transformer en César!

Ne serait-il pas temps enfin que ces vieillards quittassent les coulisses et la scène? On vieillit si vite chez nous, et cependant personne ne consent à être vieux.

## LXXX

### A MONSIEUR AUGUSTE DESPORTES

16 février 1851.

A deux arts à la fois, quoi! votre esprit s'exerce?
Votre Muse a su plaire avec Molière et Perse;
De plus vous dessinez; et voilà mon portrait
Qui veut qu'en votre honneur ma verve se rallume.
Mais, hélas! des bons vers j'ai perdu le secret :
Pour vanter vos crayons, prêtez-moi votre plume [1].

---

[1] Vers écrits sur un portrait de Béranger, dessiné par M. Desportes, d'après celui de Sandoz, gravé par Pannier.

## LXXXI

#### A MISTRESS GORE[1]

Paris, 20 février 1851.

Madame et bien bonne amie, en voyant combien je tardais à répondre à votre séduisante invitation, peut-être, malgré vos prévisions, avez-vous pensé que je faisais mes malles et prenais mon passe-port. Erreur! Voici la cause du retard que j'ai mis à vous remercier de la lettre charmante que vous avez bien voulu m'adresser. Un de mes amis projetait de se rendre à Londres, avant l'Exposition, et m'avait prié de le charger de ma réponse, afin d'avoir l'honneur de vous voir. Il faut vous dire, chère dame, qu'il a sur moi l'avantage d'être versé dans la littérature anglaise. Il a un autre avantage que je lui envie bien plus : cet ami est jeune. Or une volonté féminine est intervenue, et il ne quittera pas Paris, et il n'aura pas, ce qu'il désirait tant, le bonheur de vous entretenir un moment. Me voilà donc réduit à la poste pour vous dire qu'à plus de soixante-dix ans il y aurait folie de ma part à voyager, lorsque, jusqu'à ce jour, je ne me suis jamais donné ce plaisir, si plai-

---

[1] Mistress Gore est l'un des littérateurs les plus distingués de l'Angleterre. Elle a beaucoup écrit et a réussi au théâtre et dans la musique, après s'être fait une renommée de romancière. Née en 1799, Catherine Grace Francis épousa, en 1822, le capitaine Gore ; elle a épousé en secondes noces, en 1853, lord Édouard Thyrone. Son premier roman à succès est celui de *Mothers and Daughters* (Mères et Filles). On a remarqué depuis la plupart de ses études de *High life* (romans aristocratiques), *Greville* (1841), *The modern Chivalry* (1844), les *Castles in Air* (Châteaux en Espagne), publiés en 1847, *Mammon* (1855) et les types anglais (*Sketches of English character*), qui ont paru en 1856 avec des dessins de Cruikshank. Elle travaille en ce moment à des Mémoires (*Memoirs of the present century*). L'imagination de mistress Gore est féconde, et elle écrit avec naturel et avec grâce.

sir il y a. Oui, il y a le plaisir d'arriver quand on sait qu'au bout de la route se trouveront des mains amies qu'on serait si heureux de presser. Tout ce que vous me dites, excellente dame, me fait bien regretter de ne pouvoir aller passer quelques jours auprès de vous, dans le sein de votre famille, surtout si ces jours pouvaient se passer à votre campagne ; car vous devinez bien que je ne serais pas affriandé par tout le beau monde dont vous me promettez la visite. Les années ne m'ont pas changé. Le métier de bête curieuse ne me va pas, et d'ailleurs je craindrais trop d'avoir à souffrir de la concurrence dans un moment où des choses et des hommes bien autrement curieux que moi vont abonder dans votre immense capitale. Si je voulais la voir, ce ne serait pas certes à l'époque d'un tel concours que je braverais, pour m'y rendre, les inconvénients du mal de mer qui, grâce à mes migraines, m'inspire une profonde horreur. Londres va disparaître sous la masse des échantillons de tout le globe; vous aurez là toutes les parties du monde, en toute sorte de costumes, et peut-être même sans costumes. Quel beau kaléidoscope cela va faire! Vous voyez que j'apprécie tout ce que je perds en ne me rendant pas à une invitation formulée avec tant d'esprit et de grâce et dans laquelle vous n'avez oublié aucune de ces attentions charmantes dont votre sexe a seul le secret. Mais que je vous dise ce qui m'a touché surtout dans votre lettre : c'est que j'ai cru y respirer un parfum de bonheur. Oui, n'est-ce pas, vous êtes heureuse? Autant vous méritez de l'être, autant je m'en réjouis.

Je suis heureux aussi; comme cela est possible à mon âge, et quoique ma très-petite fortune ait eu à subir de sensibles échecs. Ils m'ont forcé de quitter une maisonnette que j'habitais à Passy. Me voici casé, par économie, dans une pension bourgeoise, rue d'Enfer, auprès de la barrière. Homme de résignation, j'ai d'autant moins souffert de ce changement que je n'ai perdu que bien peu des habitudes que la pauvreté, ma vieille institutrice, m'a fait contracter de bonne heure.

Si je ne chante plus ou presque plus, je ris encore avec mes vieux amis. Si le présent vient m'affliger, je regarde plus loin et plus haut. Ma santé est restée assez bonne et je marche encore d'un bon pas.

J'ai pour distractions quelques services à rendre. Bien que je ne sois pas plus en faveur sous le gouvernement actuel que sous les précédents, par ma faute sans doute, il me reste encore quelque crédit, et j'en use, autant que je le puis, en faveur de tous ceux qui ont une longue habitude de me charger de leurs affaires, clients que devrait dégoûter la manière dont j'ai fait les miennes. Voilà mes seules relations avec le monde dont j'ai dû repousser les avances pour rester indépendant. Ajoutez-y les embarras de ma réputation qui semble être pour moi ce qu'est pour un vieux noble ruiné le poids de ses titres, et vous vous ferez facilement une idée de ma vie, où quelques inconvénients sont compensés par un peu de philosophie et par les rêves du coin du feu.

Je devais ces détails aux marques d'amitié que vous me donnez depuis longtemps, et que votre dernière lettre a renouvelées d'une façon si charmante.

Pardonnez-moi de n'y pas répondre aussi bien que je désirerais le pouvoir et de manquer ainsi l'occasion de faire connaissance avec vos chers enfants. Surtout croyez-moi toujours, excellente dame et amie, votre tout dévoué de cœur[1].

[1] Lettre communiquée par mistress Gore.

## LXXXII

#### A MONSIEUR CARLIER,
###### PRÉFET DE POLICE.

19 mars 1851.

Mon cher monsieur Carlier, ne voilà-t-il pas un nouveau malheur qui tombe sur ma protégée de Saint-Lazare, la pauvre femme Nicaud, pour qui vous m'avez écrit une lettre qui m'a rempli de reconnaissance.

Pour rester à Paris, il faut qu'elle paye 54 francs par trimestre à l'administration, d'après les arrangements pris avec les entrepreneurs du travail des prisonniers. Or comment cette malheureuse femme, chargée d'une vieille mère, et dont le mari, la fille et le gendre sont à Belle-Isle[1], peut-elle, en dix-huit mois, gagner 324 francs pour jouir de la faveur que vous lui accordiez?

Je sais, monsieur le préfet, que cela ne vous concerne pas; aussi, tout malade que je suis de la grippe, ai-je été aujourd'hui pour voir à ce sujet mon ami Tonnet, chef de la division des communes, et par conséquent des prisons; mais il était dans je ne sais quel conseil avec son ministre, et je n'ai pu le voir. Comme il se pourrait que la fièvre me retînt chez moi demain, je prends le parti, de peur d'accident, de vous soumettre la position de la femme Nicaud, afin que, si vous pouvez quelque chose de plus en sa faveur, soit directement, soit indirectement, vous prolongiez au moins le séjour à Paris de la prisonnière, pour me donner le temps d'agir pour elle ou pour me faciliter de trouver l'argent qui peut la tirer d'affaire, la somme étant trop

[1] Lieu de déportation des condamnés de juin.

forte pour qu'un pauvre diable comme moi s'engage seul à la payer à l'administration.

Vous avez eu la bonté de me dire que vous me défiiez de vous fatiguer de mes instances; vous voyez, mon cher monsieur, que je vous prends au mot, en vous priant toutefois de me le pardonner, et de me croire, monsieur le préfet, votre bien dévoué et reconnaissant serviteur[1].

## LXXXIII

### A MONSIEUR VILLIAUMÉ

23 mars 1851.

Mon cher Villiaumé[2], la première chose que j'aie faite après avoir reçu votre lettre, c'est de la perdre dans mes paperasses, ce qui m'a empêché de vous répondre aussitôt que je l'aurais dû.

Duquesne est un excellent homme, au dire de tous ceux qui le connaissent, mais c'est une pauvre tête, ce qui ne fait rien aux droits qu'il peut avoir dans l'héritage de ce fou d'Hubert[3], dont le testament est un amas d'excentricités, riche pâture pour les renards du palais.

Hubert, le plus avare des notaires retirés, a eu tant de peine à donner, même après sa mort, que je crains qu'il n'ait médité des nullités pour tous les legs que sa vanité lui inspirait.

[1] Lettre communiquée par madame Carlier.
[2] Auteur d'une histoire de la *Révolution française*, dont il a été question précédemment.
[3] Notaire à la Villette, qui avait laissé des sommes considérables à partager entre des ouvriers à qui leurs opinions politiques auraient causé de la peine. Hubert était, en effet, tel que le peint Béranger, c'est-à-dire extrêmement avare. Cependant quelques personnes qui l'ont bien connu citent de lui des traits qui lui font honneur. Son testament a soulevé de fort grandes difficultés et a été annulé en grande partie. L'histoire de ces débats judiciaires forme un curieux épisode de l'histoire générale de ces deux dernières années.

Je crois l'administration des hospices disposée à appuyer les légataires particuliers contre les héritiers naturels, dans l'espoir de rendre caducs les legs faits aux premiers, ceux-ci n'ayant point titre qui les rende aptes à recueillir, et l'administration pouvant alors se présenter en leur lieu et place. Cela ne doit pas empêcher de défendre les pauvres gens qui devraient bénéficier du testament. Toutefois examinez bien les questions et ne vous arrêtez pas à ce que je viens de vous dire, car vous savez mon ignorance en cette matière et en beaucoup d'autres.

## LXXXIV

### A MADAME BLANCHECOTTE

Paris, 27 mars 1851.

En effet, ma chère enfant, je voulais vous aller voir mardi, mais la pluie m'a arrêté en route.

Je n'ai pas manqué un seul jour de rentrer trempé jusqu'aux os, ce qui ne m'a pas empêché de voir la fin de ma grippe. Malgré ce mauvais temps, ennemi des promenades, je suis heureux de vous savoir auprès de l'excellent ami que vous avez à Versailles. D'après ce que j'ai vu, celui-là vaut mieux pour vous que tous les gens de lettres et poëtes de ce monde.

J'ai vu Lamartine, il y a deux jours ; il a un rhumatisme : c'est son mal habituel. Oh! non, il en a un plus habituel et plus grand encore, c'est le besoin qu'il s'est fait d'un travail incessant, auquel je ne conçois pas que le pauvre homme suffise à son âge! car il a soixante ans[1], quoi

---

[1] M. de Lamartine est né à Mâcon le 21 octobre 1790.

qu'il dise. Qu'il vaut mieux avoir toujours vécu de peu, comme j'ai été réduit à le faire, que de tomber de si haut sur la chaise de paille de l'écrivain public, où cependant il produit encore de bien belles choses, même des choses plus naturelles peut-être que celles qui ont fondé sa gloire !

Ce que j'admire en lui aujourd'hui, c'est le courage ; il en faut moins, selon moi, pour résister à la foule aveugle et furieuse que pour faire le métier qu'il fait.

Vous et votre mari vous travaillez aussi beaucoup ; mais vous êtes jeunes, vous avez l'avenir pour vous. Il vous appartient de compter sur lui. En effet, qui sait s'il ne vous apportera pas ressource ? Les vœux de vos amis y contribueront peut-être. Laissez donc de côté les inquiétudes et fiez-vous à la Providence. Surtout soignez bien votre santé et profitez des quelques jours de repos qui vous sont donnés : je vous les envie, passés à Versailles, mon séjour de prédilection, et où je voudrais mourir, si je n'écoutais que moi. Mais qui ferait ici les affaires de tant de pauvres gens qui se sont habitués à me regarder comme leur solliciteur ?

## LXXXV

### A MONSIEUR DECRUSY

5 mai 1851.

Mon cher Decrusy[1], pour compléter les renseignements que je vous ai donnés sur la pauvre prisonnière de Saint-

---

[1] M. Decrusy était devenu chef de la direction de la comptabilité et des pensions au ministère de la justice. Ce très-court billet n'est recueilli que parce qu'il se rattache à l'une des mille affaires que Béranger prenait tant à cœur en tout temps et surtout lorsque, après les événements de juin 1848 et de décembre 1851, il y eut en France tant de misères à consoler et souvent aussi

Lazare, je vous envoie copie de sa demande au ministre, et vous réitère la prière de l'appuyer dans les bureaux.

## LXXXVI

### A MESDEMOISELLES ***

1ᵉʳ juillet 1851.

Je crains, mes chères enfants, que les journaux ne vous portent de mauvaises nouvelles de ma santé : ce ne sont pas des messagers bien exacts. Fiez-vous plutôt à moi qu'à eux.

Je viens d'éprouver une grande secousse, que je voyais arriver depuis plus de quatre mois. Le danger a passé vite, et me voilà occupé à ravitailler une vieille place qui ne vaut guère la peine que je prends. En effet, il me paraît assez sot de restaurer une masure qui compte soixante et onze ans de services, et que vont abandonner grand train mémoire, esprit, intelligence et le reste.

J'ai peu souffert pendant la maladie : c'est beaucoup. Il en est sans doute de la douleur comme de la pauvreté, dont je n'ai jamais complétement perdu les habitudes. On les sent d'autant moins qu'on les a beaucoup ressenties. Je suis heureux de penser que vous avez eu votre grande part de tout cela. Vous êtes aussi cuirassées contre ces inévitables ennemis. Vous en devez voir plus clair à arranger votre pauvre sort. Déjà aussi la Providence vous vient en aide. Ce que vous me dites de monsieur votre père me fait grand

tant d'erreurs à faire réparer. Les personnes qui avaient joué un rôle et qui avaient ou de l'aisance pour se consoler de leurs disgrâces, ou des relations étendues pour préparer leur retour à une vie calme, lui semblaient bien moins à plaindre et moins dignes de son intérêt que les pauvres gens sans amis et sans fortune.

plaisir. Il a compris que d'avoir deux compagnes comme vous et un jardin, c'étaient des éléments de bonheur. Un jardin! mais c'est du luxe. Je voudrais bien en avoir un et que vous en soignassiez les fleurs. Il me semble que je me rétablirais plus vite.

Nous avions l'apparence d'un jardin où nous sommes, mais dans huit jours il nous faut déménager encore. Nos hôtes se trouvent à l'étroit rue d'Enfer, et se transportent, près de l'Arc de Triomphe, à *Beaujon, rue Chateaubriand, n° 5*, et ils nous emportent avec eux. Le quartier est le plus beau de Paris, mais j'y serai plus importuné qu'où nous sommes. Pourquoi, direz-vous peut-être, suivez-vous vos hôtes? C'est que ce sont les meilleures gens du monde ; que nous ne trouverons jamais pension bourgeoise où l'on ait autant de soin de nous, et que Judith se trouve on ne peut mieux de la vie que nous y menons. De résigné que j'étais, je deviens fataliste, et me soumets sans murmure aux décisions du hasard. Ma raison abdique : tous les vieux pouvoirs devraient l'imiter.

Ma résignation ne va pas pourtant jusqu'à m'empêcher de regretter que notre nouvelle habitation manque de jardin et, pour y être à ma guise, il me va falloir monter cent dix marches. Mes jambes aujourd'hui me laisseraient à moitié chemin. Espérons que dans une quinzaine elles seront revenues ce qu'elles étaient il y a un mois.

En vrai malade, je vous parle longuement de moi. Pardonnez-moi-le, chères enfants. Je veux pourtant vous féliciter d'avoir conservé une amie à Paris. Vraiment je voudrais connaître cette brave demoiselle. Ce n'est sans doute pas une de ces belles dames qui vont faire parader leur sensibilité dans le monde. Conservez cette amie-là.

Adieu, mes chères enfants. Ne cessez point de m'écrire,

et, quand les vers voudront accompagner votre prose, soyez sûres qu'ils seront bien reçus, quoique la rime soit un métier que j'ai tout à fait oublié.

## LXXXVII

### A MADAME BLANCHECOTTE

29 juillet 1851.

Chère enfant, je ne trouve rien à redire à votre affiche, mais ce n'est pas moi qu'il faut consulter pour ces sortes de choses. Adressez-vous au maître qui vous prête un local ; il doit connaître les exigences de l'annonce et du prospectus.

Je suis heureux que le chocolat vous semble bon. Je ne sais rien acheter, et je craignais d'avoir eu la main malheureuse. N'oubliez pas que je m'établis votre fournisseur, et prévenez-moi quand votre provision touchera à sa fin.

Vous voilà donc retournant au catéchisme avec les petites filles ; vous vous croyez bien au-dessus d'elles, tout en enviant leur enfance insoucieuse. Savez-vous que, malgré toute votre intelligence, vous seriez peut-être fort embarrassée d'expliquer tout ce qu'il y a de philosophie et de métaphysique religieuse dans ce petit livre qu'on met dans la main des petits enfants?

Fontenelle disait : « J'ai eu une intelligence si précoce qu'à sept ans je commençais à ne plus rien comprendre au catéchisme. » Si j'avais su lire de bonne heure, il eût pu m'arriver quelque chose comme cela, car je suis le plus antimétaphysicien que je connaisse. Nous autres poëtes, nous ne nous éclairons que par le sentiment.

## LXXXVIII

A MADAME PAULINE ROLAND[1]

19 août 1851.

J'ai une bien triste nouvelle à vous donner. Les papiers de madame Nicaud sont arrivés à la chancellerie, mais avec un rapport tel, que le garde des sceaux, fût-il bien intentionné, ne pourrait penser à faire obtenir la grâce que je regrette bien maintenant qu'on ait sollicitée.

Le parquet, en reconnaissant la probité privée des personnes, parle d'associations de femmes, et conclut qu'il y aurait de graves inconvénients à montrer de l'indulgence pour la demanderesse, vu ses relations. Voilà au moins ce qu'on a pu me dire d'après une simple lecture, et ce qui ne me laisse aucune espérance. Il est bien fâcheux que nous n'ayons eu aucun aboutissant auprès de messieurs du parquet, qui ait pu recommander la pauvre prisonnière. Croyez, chère dame, que je suis bien affligé de la tournure qu'a prise cette affaire. Souhaitons que cela n'aille pas influencer le préfet[2], qui nous a seul été favorable jusqu'à présent[3].

---

[1] Quelques lettres, qu'on trouvera plus loin, disent quelle personne a été madame Roland, l'une des plus regrettables victimes de nos agitations politiques et des rigueurs qu'elles ont causées.

[2] Le préfet de police, M. Carlier.

[3] Lettre communiquée par Mᵉ Moulin.

## LXXXIX

#### A MONSIEUR PAUL BOITEAU

20 août 1851.

Vous me donnez un bien beau bouquet, mon cher Boiteau, et les fleurs qui le composent sont aussi variées que poétiques. Leur parfum pourrait me porter à la tête, si de bonne heure je ne m'étais mis en garde contre les flatteries filiales de la jeunesse.

Je ne veux vous quereller que sur le nombre d'années que vous paraissez me souhaiter. Je me trouve déjà trop vieux ; que serait-ce s'il me fallait dépasser les quatre-vingt-quatre ans de Voltaire? Nous ne sommes pas d'un temps où il soit bon de trop vieillir. Je souhaite bien qu'on n'en dise pas de même de celui que vous avez à parcourir. Travaillez pour y marquer la trace de vos pas.

Je serais bien trompé si vous n'étiez pas un jour utile à votre pays, si vous ne faisiez pas honneur à votre époque.

Vous êtes encore soumis au combat des aspirations et des idées. Le jour se fera dans votre jeune cervelle, et vous ne le devrez qu'à vous-même. Ne me remerciez donc pas tant de l'accueil que je vous fais : j'y suis plus intéressé que vous. Vous saurez un jour combien il est doux pour un vieillard de voir en compensation de ses pertes d'intelligence le développement de jeunes esprits qui promettent à notre chère patrie le complément de gloire qu'elle est en droit d'attendre pour tous les sacrifices qu'elle a faits aux intérêts de l'humanité. Car, vous ne l'oublierez pas, tel a été, tel est encore le rôle de cette France tant calomniée. Soyez une de ses consolations.

Adieu, mon cher Boiteau; grand merci de votre belle chanson, et croyez-moi tout à vous de cœur.

## XC

### A MADAME BLANCHECOTTE

*3 septembre 1851.*

Chère enfant, ne me venez pas voir avant que j'aie été savoir de vos nouvelles, car me voilà menacé d'une foule de visites qui vous ennuieraient à rencontrer. Il y en a une seule que je voudrais rapprocher de la vôtre : c'est celle du jeune poëte [1] avec qui vous vous êtes déjà trouvée. Mais je ne suis pas sûr du jour et de l'heure où le pauvre garçon sera libre.

Priez donc le ciel de me délivrer de tous les ennuyeux qui disposent de mon temps, comme s'il m'en restait encore beaucoup à vivre.

## XCI

### A MONSIEUR BARANDEGUY-DUPONT

*7 septembre 1851.*

Elle est charmante, monsieur, la chanson que vous avez bien voulu m'adresser. Je l'avais déjà reçue avec le numéro de l'*Ariel*, mais je n'avais su comment en remercier l'auteur. Je suis heureux que vous m'en fournissiez l'occasion et le moyen.

---

[1] M. Paul Boiteau qui, alors élève de l'École normale, n'était pas maître de son temps.

Ne vous attendez pas à autant d'éloges pour votre poëme. Ne rougissez-vous pas, monsieur, de dépenser tant d'esprit et de talent pour un pareil sujet? Savez-vous qu'il y a dans ce poëme, en traits piquants, en vers heureusement tournés, de quoi faire la fortune d'un sujet mieux choisi? Plus d'un satirique doit vous porter envie. Mais, encore un coup, pourquoi n'avoir pas appliqué ces preuves d'un rare talent à une matière mieux choisie ou à une composition plus méditée[1]?

Je n'en ai pas moins lu cette œuvre avec un véritable plaisir, et, malgré les gronderies que je me permets, avec une grande espérance d'avenir pour votre muse.


XCII

A MONSIEUR DEHIN

7 septembre 1851.

Je regrette bien, mon cher Dehin, que vous n'ayez pu accomplir votre projet de voyage. Voilà le beau temps passé, et sans doute aussi je vais m'absenter pour quelque temps, quoique cela me coûte, par la même raison qui vous empêche de venir visiter Paris. Mais vous avez une consolation d'avoir manqué cette partie de plaisir; le souvenir de la bonne action que vous avez faite doit être plus doux à un cœur comme le vôtre que celui que vous eût laissé le spectacle de notre capitale, quelque plaisir que vous y eussiez

---

[1] Ce petit poëme a été depuis refondu et publié pour quelques amis sous le titre : *Une épopée.*
M. Barandeguy-Dupont a publié, à diverses reprises, des poésies auxquelles la critique n'a fait nulle attention, et qui méritaient cependant qu'elle les distinguât. Ses écrits les plus récents sont les meilleurs.

pu prendre. D'ailleurs, l'année prochaine, votre nouvelle position vous permettra peut-être ce qui ne vous a pas été possible cette année.

J'ai reçu votre traduction des fables; remerciez-en de ma part M. Bailleux. A propos! il m'est arrivé de Liége un gros paquet de vers wallons d'un M. Hassert, surnommé dans son portrait le *Béranger liégeois*.

Je ne puis malheureusement pas plus lire ses vers que les vôtres et ne sais que trop lui répondre. Il désire que je signe en tête de la souscription pour l'impression de ses chansons, qui vont paraître. Je ne demande pas mieux que de souscrire, mais encore serais-je bien aise de connaître un peu l'esprit des œuvres à publier. Je pense que vous pouvez me mettre au courant de cette affaire, et vous autorise, s'il vous convient, d'intervenir dans cette souscription, d'y faire mettre mon nom, sauf à vous envoyer la somme pour laquelle vous m'aurez fait inscrire. Je vois que Liége ne peut manquer de chansonniers : vous êtes toujours de vieux Gaulois.

Adieu, mon cher Dehin, répondez-moi et n'affranchissez plus vos lettres, parce que cela me forcerait d'affranchir les miennes, ce qui est un embarras dans notre grande ville où l'on n'a pas toujours les bureaux sous la main.

## XCIII

#### A MONSIEUR ALLER

10 novembre 1851.

Mon cher Aller, on est occupé ici de tout autre chose que des prisons[1], ce qui fait que le grand travail dont je vous ai

[1] Le ministère avait été changé et le Président de la république avait engagé l'Assemblée à rétablir, sans restrictions, le suffrage universel.

parlé n'avance pas; c'est ce que m'a encore dit M. Tonnet, qui garde toujours de vous bon souvenir et voudrait vous tirer de votre situation actuelle.

Toutefois il ne pense pas comme vous sur ce que doit penser votre directeur : il croit, lui, que ce fonctionnaire a intérêt à vous garder près de lui.

Quant à l'obtention d'une direction pour vous, quels que soient vos droits, il me semble que ce serait bien difficile en ce moment; mais ne désespérons pas.

M. Pellot m'a parlé de vous, il y a quelque temps, avec beaucoup d'intérêt. J'ai montré à M. Tonnet le certificat que je vous envoie. « Il n'a pas besoin de cela, » m'a-t-il été répondu. « Son dossier vaut mieux. »

J'ai fait connaître les judicieuses observations que la loi électorale vous a inspirées. M. Tonnet et moi ne savons comment il faudrait s'y prendre pour faire disparaître de cette loi l'inconvénient majeur que vous signalez avec tant de raison. Il y a là certes un éternel obstacle à la réhabilitation de tous les individus repris de justice. Et ce qu'il y a de singulier, c'est que je me trouve dans ce cas, ce qui ne me touche guère, mais par une rétroactivité de peine qui est l'outrage le plus inconcevable à tout sentiment de justice.

Relativement à la mention sur les actes mortuaires, M. Tonnet m'a dit que, suivant ce que vous avez fait où vous l'avez pu, il est ordonné désormais de ne plus faire les actes de l'ancienne façon; aussi l'ai-je surpris quand je lui ai cité celui du duc de Praslin, où M. Pasquier avait exigé qu'on inscrivît : *Mort dans la prison de la Chambre des pairs.* On avait cru ne devoir mettre que le nom de la rue Vaugirard et le numéro de la maison. Dans cette occasion, M. Pasquier fut approuvé, et, selon moi, devait l'être. Le cas était tout particulier. Il n'en est pas ainsi de ceux pour lesquels vous avez demandé la réforme de l'ancienne formule.

En entrant dans tous ces détails avec M. Tonnet, j'étais charmé de lui donner de vous une idée encore plus avantageuse que celle qu'il avait déjà.

Je n'ai pourtant pas cru devoir lui lire vos vers, que je vous remercie de m'avoir envoyés. Tout moraux et bons qu'ils sont, vous savez qu'on n'aime pas les rimeurs dans l'administration.

## XCIV

### A MONSIEUR DEHIN

12 novembre 1851.

Laissez en paix ce pauvre ivrogne, mon cher Dehin; je ne voudrais pas qu'à cause de moi il lui arrivât le moindre mal. Quel crime y a-t-il à ce qu'on lui donne ou qu'il prenne mon nom pour enseigne? N'en remerciez pas moins de ma part M. Guillaume pour les expressions flatteuses dont il a bien voulu se servir en parlant de moi dans son certificat, que je vous renvoie, ainsi que vous le désirez; encore un coup pourtant, ne vous servez pas de cette pièce contre le malheureux H***.

J'avais oublié de vous dire que ce pauvre diable avait pris toutes les précautions pour que le ballot de ses chansons, ainsi que son portrait et sa lettre, ne me coûtassent aucun frais de port. Jugez du nombre de verres de genièvre dont il a dû se priver pour économiser ma bourse, et, en faveur d'un pareil sacrifice, pardonnez-lui toutes ses fautes.

Il vous restera à me pardonner la peine que cela vous a donnée.

Adieu, mon cher Dehin; tout à vous de cœur.

Votre tabac me semble de bonne qualité; mais ne vous faites pas une affaire avec les douaniers; attendons le libre échange.

*P. S.* A l'instant de porter ma lettre à la poste, je la rouvre, parce que je reçois la vôtre et celle de M. Sotiau. Croyez, mon cher Dehin, que, malgré le plaisir que me fait la part que M. Sotiau veut bien prendre à cette affaire, je n'avais pas besoin qu'on m'assurât de votre impartialité pour accepter sans réserve tout ce que vous pouviez me dire de H***; vous n'êtes pas de ces gens desquels on ait l'idée de douter en matière de délicatesse. Je vous remercie, ainsi que M. Sotiau, de l'intérêt que vous voulez bien apporter à ce qui me concerne et à ce qui touche à l'honneur de mon nom dans cette circonstance. Mais je vous prie tous les deux de ne pas troubler dans son petit commerce le confrère H***, qui me rappelle un mot de mon ami Chateaubriand : « J'aime les ivrognes, disait-il un jour; le gour-
« mand s'attable seul; l'ivrogne cherche toujours quel-
« qu'un avec qui boire et trinquer! » En parlant ainsi, l'auteur des *Martyrs* ne parlait pas des buveurs qui mettent à la besace leurs femmes et leurs enfants.

## XCV

### A MADAME CLAIRE BRUNNE

14 décembre 1851.

Madame, les événements dont nous venons d'être témoins [1] vous feront excuser le temps que j'ai mis à vous

---

[1] Le 2 décembre et jours suivants.

remercier de votre envoi et de la lettre toute flatteuse qui l'accompagnait. J'ai reçu l'un et l'autre le 2 décembre. Depuis, nous avons vu faire de l'histoire. J'ai dû attendre un peu de calme pour lire votre roman, madame, roman où toutefois j'ai bien trouvé aussi quelques excellentes pages d'histoire, qui figureraient avec avantage dans l'œuvre de ceux qui, aujourd'hui, se donnent la mission de nous retracer notre passé, et manquent souvent de ce qu'il y a d'impartial et d'élevé dans votre esprit.

Vous avez également, madame, le talent des portraits, et quelquefois il m'a semblé reconnaître les originaux dont votre plume exercée a peint les caractères dans vos *Trois Époques*.

Des scènes très-dramatiques, un style rapide, brillant et toujours précis, ont dû assurer, madame, un grand succès à ce livre que je vous remercie bien sincèrement de m'avoir fait connaître, et pour lequel j'aurais été vous porter mes témoignages de gratitude, si depuis que l'âge m'a fait fermer ma porte je n'avais dû aussi renoncer à aller frapper à celle des autres, quel que fût le regret que cela me cause parfois.

Ce regret n'a jamais été plus grand qu'aujourd'hui, madame, où je me vois dans l'impossibilité de répondre à l'aimable invitation que vous voulez bien me faire et où il y avait tant à gagner pour moi.

Veuillez pardonner à un vieil ermite, las du monde, qui n'est plus bon que pour la solitude, d'où il vous adresse ses respectueux hommages.

## XCVI

### A MONSIEUR A. GODART

16 décembre 1851.

Je regrette que votre jeune malade [1] ne vous ait pas évité la peine de m'écrire pour satisfaire à votre goût pour les autographes. Elle a, je crois, assez de mon écriture pour satisfaire plusieurs amateurs. Elle m'eût rendu service à moi-même; car, je ne vous le dissimule pas, monsieur, il me semble qu'un homme de quelque bon sens joue le rôle d'un fat s'il paraît croire qu'on attache de la valeur au papier noirci de son encre. Attendons que les saints soient canonisés pour courir après leurs reliques : il faut, après la mort, au moins cent ans pour cela. Les saints du jour, parmi lesquels je tiens le dernier rang, sont trop sujets à caution, pour que l'avocat du diable, c'est-à-dire la critique, ne renverse pas tantôt l'un, tantôt l'autre. Et malgré toutes les choses flatteuses que vous avez la bonté de m'adresser, monsieur, il se peut qu'un jour l'envie vous prenne de jeter cette lettre au feu. Il y aurait donc deux lettres écrites inutilement, par la faute de notre jeune et intéressante muse. En tout cas, ne l'en punissez point en la privant du secours de vos soins, dont elle a tant besoin. Ah! que ne suis-je un saint capable de miracles; je vous aiderais à la tirer de la position pénible dont elle mérite d'autant plus de sortir qu'elle la supporte avec un admirable courage. Malheureusement les saints de mon espèce ne sont bons

---

[1] Madame Blanchecotte.

qu'à faire des autographes, en assez mauvaise écriture, comme vous le voyez.

Recevez, monsieur, avec tous mes remercîments pour ce que votre lettre contient d'aimable pour moi, l'assurance de mes sentiments les plus distingués.


## XCVII

### A MONSIEUR DEHIN

17 décembre 1851.

Mon cher Dehin, je n'ai couru aucun danger[1], bien qu'un peu de curiosité m'ait fait aller où je pouvais avoir des nouvelles. On a exagéré tout cela, ce qui n'empêche pas qu'il n'y ait beaucoup trop de victimes. Je regrette que votre voyage soit remis : qui sait où nous serons dans six mois? Je désirerais bien pouvoir voyager à cette époque, et plus tôt peut-être, pour voir encore une fois de vieux amis qui ne peuvent plus se déranger. Ma santé n'est pas mauvaise pour un homme de mon âge; seulement un rhumatisme m'est venu prendre au bras droit, moi qui ai toujours été exempt de ce mal. Ce qui me console, c'est qu'il ne pourra pas me tenir longtemps. Qui m'eût dit, quand j'étais jeune et malingre, que je devais voir ma soixante-douzième année! Je me serais bien passé de faire si longue route.

Grand merci de l'abri que vous m'offrez de nouveau.

---

[1] Le 2 décembre.

## XCVIII

#### A MONSIEUR GILHARD

10 janvier 1852.

Plus je vais, plus le besoin de repos se fait sentir, et pourtant j'en ai moins que jamais. Je passe les trois quarts de mon temps à faire les commissions des autres, et je vois mes petites ressources s'épuiser, car je ne vis plus que sur un mince capital, qui chaque jour s'épuise, sans que ceux qui me doivent se hâtent de venir à mon aide. Heureusement que c'est ma moindre préoccupation. Et puis, au 1$^{er}$ janvier, on m'a fait tant de souhaits, que, s'ils s'accomplissent, je ne puis manquer d'être millionnaire avant la fin de 1852.

Je vous remercie des vôtres, mon cher Gilhard, et vous avez sans doute compté d'avance sur tous ceux que je vous envoie en échange. Soyez heureux, portez-vous bien, et venez nous voir, puisque votre bourse vous le permet; enfin, vous nous trouverez sous un nouveau régime, dont le peuple de Paris paraît s'arranger assez jusqu'à présent. Nous refaisons l'Empire petit à petit. Serons-nous assez sages pour ne pas pousser l'imitation trop loin? Je ne sais, car je vis loin de tous les hommes du pouvoir, et ne me préoccupe guère que des gens qui ont eu à souffrir de cette révolution, quoique plusieurs aient mérité le mal qui leur en est advenu. Que de sottises, bon Dieu!

Je n'ai pas remarqué que votre canton ait eu à gémir des levées de boucliers du socialisme. Pauvre socialisme! que de bonnes choses en principe tes prétendus partisans ont compromises pour un long temps! Je ne m'afflige pas autant que certains que je vois bien décontenancés : il est vrai que plusieurs pensaient plus à leurs intérêts qu'aux intérêts de la France. C'est le mal, le grand mal actuel. Préservons-nous-en ; nous y verrons plus clair.

## XCIX

### A MONSIEUR CARLIER

10 janvier, au soir, 1852.

Mon cher monsieur, je viens vous demander conseil en faveur d'un pauvre poëte, transporté au Havre, et qui bientôt, sans doute, transporté à Brest, sera embarqué pour Cayenne, si on ne se hâte d'aller à son secours.

C'est pour le fabuliste Lachambaudie, dont les œuvres ont obtenu dernièrement l'assentiment du *Journal des Débats*, et qui ont été couronnées deux fois par l'Académie. C'est l'homme le plus incapable d'aller dans une barricade, à moins que ce ne soit pour y vendre les volumes de ses fables, que la pauvreté l'oblige à colporter lui-même, pour nourrir lui et ses deux pauvres enfants, orphelins de mère. Sûr de son innocence, il n'a pas voulu que je recourusse à temps au général Bertrand, qui, à ma recommandation, l'a tiré, il y a trois ans, du même abîme. Cette fois, les juges militaires, juges très-éclairés sans doute, sans aucun fait nouveau à sa charge, l'ont expédié aux fossoyers de Cayenne, où sa faible santé ne lui permettra pas un long séjour.

Y a-t-il, cher monsieur, un moyen pour le sauver de l'embarquement? Y pouvez-vous quelque chose? Si vous n'y pouvez rien, à qui faut-il s'adresser pour tenter de le secourir? Quand je suis arrivé, cette fois, auprès du général

Bertrand, il était trop tard, parce que, je le répète, Lachambaudie avait trop compté sur son innocence. Comme si l'on pouvait compter là-dessus aujourd'hui !

Son crime est d'avoir été écrivain populaire. La peur doit prendre à tous ceux qui ont obtenu cette dénomination. Tout juste que cela est sans doute, vous, mon cher monsieur, qui êtes homme d'intelligence, je ne crains pas de vous recommander un poëte de mérite, affligé depuis quinze ans d'un rhumatisme, et que des militaires ont jugé un homme redoutable.

Je vous en supplie, venez à mon aide pour le sauver du funeste voyage qu'on veut lui faire entreprendre, et qui, certainement, sera sans retour pour lui. Pardonnez à cette lettre que le sentiment qui m'anime ne m'a pas permis de faire plus courte.

## C

### A MADAME BLANCHECOTTE

20 janvier 1852.

Après huit ou dix lettres, je viens enfin d'apprendre, par le ministre de la guerre[1], qu'il y a eu révision de la condamnation Lachambaudie. Il ne sera pas transporté, mais expulsé de France. Comment vivra-t-il à l'étranger? En vérité, je crois qu'il eût mieux valu pour lui être nourri aux frais de l'État à Cayenne.

Vous voyez que mon crédit n'est pas bien grand. Si j'avais eu quelque ami puissant à l'Élysée, j'aurais sans doute obtenu mieux.

Un de mes amis m'est encore venu hier dire adieu en partant pour l'exil. On ne voit plus que cela.

[1] Le maréchal Leroy de Saint-Arnaud.

## CI

### A MONSIEUR MORIN[1]

8 février 1852.

Je vous remercie, monsieur, des très-spirituelles et très-piquantes fables que vous avez bien voulu me communiquer. Elles m'ont fait trop de plaisir pour qu'en ma qualité de vieux rimeur je ne me hasarde pas à vous reprocher un peu trop de laisser aller de style. Une plus grande attention donnée au travail des vers ajouterait à tout ce qu'elles ont de mérite.

Je ne puis répondre, monsieur, à ce que contient votre lettre. Ce sont là des questions graves qui exigeraient bien des pages de réfutation, quoique nous soyons d'accord sur le fond de la discussion. Je me contenterai de vous demander pourquoi, si j'ai eu tant d'influence sur la popularité conservée au nom de l'Empereur, j'en ai eu si peu en prêchant la République, comme je n'ai cessé de le faire depuis plus de quarante ans, et comme je le ferais encore si, à soixante-douze ans, il m'était possible de retrouver ma verve de trente ans.

Convenez-en, monsieur, vous qui méconnaissez trop les services réels rendus à la France par Napoléon, tous les partis ont fait des fautes; mais celles dont nous devons le plus gémir, ce sont les fautes énormes commises par les républicains. Je les avais prévues; aussi aurais-je voulu que la République nous vînt un peu plus tard. La Providence en a décidé autrement. Toutefois je mourrai avec l'assurance qu'un jour ou l'autre mes vœux seront exaucés[2].

[1] Avocat, ancien commissaire de la République dans le département d'Eure-et-Loir.
[2] Cette lettre a été imprimée dans la *Revue de Paris* du 1ᵉʳ septembre 1857.

## CII

A MONSIEUR BOULAY (DE LA MEURTHE)

14 février 1852.

Le pauvre Meunier (Arsène), arrêté le 2 décembre, à cinq heures du matin, remis en liberté le 30, a été réarrêté le 29 janvier, sans aucun nouveau fait à sa charge, ainsi que je m'en suis assuré à la police, lorsque j'ai été le voir au dépôt. Son dossier et son interrogatoire ne laissent craindre aucun fâcheux résultat.

Il paraît qu'il n'a que moi à qui s'adresser, bien que je le connaisse peu. Aussi m'écrit-il aujourd'hui que la commission vient de le faire transférer du fort de Bicêtre à celui d'Ivry, ce qui annonce une condamnation. Croiriez-vous, mon cher monsieur, que c'est sur son journal d'éducation, et sur l'activité qu'il a particulièrement déployée à cette époque, que semble se fonder la suspicion dont il est l'objet. Prenez garde à vous, qui avez fait bien plus que lui dans cette patriotique affaire, ainsi qu'il l'a publié dans un certain numéro où j'ai lu alors un article sur vous, qui m'a fait d'autant plus de plaisir qu'il ne contenait que de justes éloges.

Meunier a encore une chance : c'est à la commission de révision. Ne pourriez-vous, mon cher monsieur et ami, servir ce malheureux, que la déportation en Algérie menace, en lui accordant l'appui de votre nom, qui ne peut être que tout-puissant? Un mot de vous au ministre de la guerre sauverait sans doute le pauvre instituteur. J'ai fait l'épreuve depuis deux mois que je ne puis être utile à personne. On m'avait accordé une commutation pour Lachambaudie ; et ce fabuliste, d'une santé déplorable, est encore en rade de Brest, à bord du *Duguesclin*[1], ce qui me fait craindre qu'on ne soit revenu sur la décision à demi favorable qu'on m'avait fait connaître.

C'est le peu de crédit que j'ai sous ce gouvernement qui m'engage à vous supplier de vous employer promptement en faveur de Meunier, qui, si vous pouvez en parler au ministre de la guerre, évitera sans doute la déportation en Afrique.

Je présume trop bien de votre humanité pour vous faire mes excuses de cette démarche; mais je vous prie de me croire comme toujours, monsieur et ami, votre tout dévoué.

## CIII

### A MESDEMOISELLES ***

19 février 1852.

Je suis bien en retard avec vous, mes chères amies ; mais, depuis le 2 décembre, j'ai eu peu de temps à moi. Il m'a fallu m'occuper de bon nombre de ceux qui ont été emprisonnés ou proscrits. J'en connais beaucoup; quelques-uns sont même de mes amis. Voilà donc deux mois et demi que je cours les ministères, que j'écris, etc., etc., et tout cela malheureusement sans beaucoup de succès. Quand on ne s'est pas rangé sous le drapeau du vainqueur, on n'a que peu de crédit à mettre au service des vaincus. Enfin, j'ai fait et fais encore tout ce qui m'est possible pour les malheureux qui s'adressent à moi.

[1] Ce vaisseau de ligne s'est perdu, il y a peu de temps, dans le voisinage du port de Brest.

Telle est mon excuse pour le silence que j'ai gardé. Je pourrais ajouter, à tant d'embarras et de peine, les préoccupations patriotiques ; j'aime mieux me taire sur ce dernier point, en vous laissant décider ce qu'il faut penser des Cincinnatus modernes, vous qui avez chanté si bien le dictateur romain.

Puisque me voilà sur vos poésies, je vous remercie du dernier morceau que vous m'avez communiqué. Je n'y trouve à reprendre que quelques consonnances ou assonances vicieuses, comme dans les deux premiers vers; les fausses rimes de l'hémistiche et de la fin des vers *fils*, *fuis*, *jadis*, *d'ennuis*, ou *plus souvent*, *d'un savant*, etc.

Il me semble aussi que le dernier vers de ce morceau serait mieux placé ainsi :

> Que tu pusses un jour,
> Dédaignant les honneurs, la fortune, la gloire,
> De cet homme de bien rappeler la mémoire.

De cette dernière observation faites ce que vous voudrez. Mais, pour les fautes contre l'euphonie, je dois d'autant plus insister que généralement je ne vous trouve pas l'oreille assez difficile.

Cette moralité de l'ambition mérite que vous la débarrassiez de ces petites taches.

Si toutes les affaires ne vont pas bien, il est heureux du moins que les vôtres soient en bonne voie. Je vous en félicite, mes chères enfants; c'est une consolation pour moi.

Votre frère m'a apporté un numéro de son journal (je ne me rappelle pas bien le titre); je n'y étais pas : il avait promis de revenir. Je l'attends encore. Je regrette de ne pouvoir vous donner de ses nouvelles. Le temps n'est pas bon pour ceux qui vivent de la presse périodique.

## CIV

A MONSIEUR LOUIS VIARDOT

27 mars 1852.

Mon cher monsieur Viardot, vous avez toujours eu tant de bonté pour moi, que je prends la liberté de réclamer votre obligeance pour un jeune paysagiste de mes amis, qui a bien besoin de l'appui d'un homme aussi compétent que vous.

Chintreuil, qui vous remettra cette lettre, a l'audace de tenter une révolution dans l'art. Peintre aux tons fins et vrais, il a déjà un commencement de réputation, et les marchands de tableaux vont frapper à sa porte. Mais vous savez, mon cher monsieur, ce que c'est que les marchands de tableaux. A peine le pauvre Chintreuil reçoit-il quelques pièces de cinq francs pour une toile qu'ils revendent un prix qui ferait vivre l'auteur à son aise pendant six semaines, car Chintreuil, qui ne pense qu'à son art, s'est fait une manière d'être où les jours où il vit de peu de chose sont des jours de fête, à travers tous les jours où il vit de rien.

Prenez donc pitié de cet excellent homme, mon cher monsieur Viardot, et tâchez de lui procurer le placement de quelques-uns de ses ouvrages. Il y a tant de personnes auprès desquelles vous jouissez d'une juste autorité, que, si vous lui accordez votre appui, je pourrai espérer le voir enfin à l'abri du besoin, obstacle douloureux que ne rencontrent que trop les véritables talents. Ce sera une bonne action de plus que vous aurez faite, et dont Chintreuil et moi nous vous serons reconnaissants.

## CV

#### A MADAME BLANCHECOTTE

Je vous remercie, ma chère enfant, de m'avoir donné de vos nouvelles. La vue de votre enfant nous a payés de toutes les peines du voyage. Il n'en faut pas plus à une mère pour effacer bien des peines. Ce qui me désespère et ce à quoi votre bel Alphonse ne peut rien, c'est l'éternel embarras d'argent où vous ne cessez d'être. Il me semble étrange que vous vous soyez mise en route sans ce premier des véhicules. Je regrette d'autant plus de ne pouvoir vous envoyer ce qui vous manque. Malheureusement, je viens d'apprendre encore une nouvelle perte, qui va me mettre à sec pour longtemps. Bon Dieu! que de gens à plaindre! Je viens de voir deux pauvres femmes, qui sortent de prison, et qui, forcées de quitter Paris par la police, n'avaient pas de quoi faire le voyage qui leur était ordonné. Tous les jours, j'ai de pareils spectacles, de pires même, et vous concevez que ce sont pour moi autant d'occasions d'épuiser mes modiques ressources : ce qui vous explique la gêne dont je me plains. Mais, comme disent mes *Gueux*, le diable n'est pas toujours à la porte des pauvres gens. Je vous vois en bonne disposition pour le chasser de la vôtre. Vous avez du courage et une intelligence applicable à bien des choses, quoi que je vous aie dit l'autre jour. Il ne vous faut que vouloir pour sortir de l'ornière où vous piétinez depuis trop longtemps. Donnez de l'élan à votre esprit. Cessez enfin d'être une petite fille, et je suis sûr que la Providence vous viendra en aide.

On me force à garder la chambre. Par bonheur, j'ai un

travail à faire auquel je me suis mis. Car, moi, il faut aussi que je travaille, malgré mes soixante-douze ans, ou, pour mieux dire, parce que j'ai soixante-douze ans et qu'il me faut corriger et mettre au net le peu que je laisserai après moi.

Si vous voulez que je vous réponde au sujet de la loi sur l'instruction, indiquez-moi la partie de cette loi qu'il vous importe de connaître. J'ai ri de la manière dont vous me posiez la question. Vous pourriez peut-être vous faire la réponse, si vous trouviez, où vous êtes, un journal qui contînt cette loi.

## CVI

### A MONSIEUR PAUL BOITEAU

Mon cher Boiteau, vos vers sont très-jolis, très-spirituels, et cependant ce n'est peut-être pas là une chanson, au moins comme moi je l'entendrais.

N'allez pas croire que l'absence d'un refrain me fasse dire cela. Non; on peut faire de bonnes et belles chansons sans refrain. Ce qui me fait penser ainsi de vos couplets, c'est un je ne sais quoi qui chante dans les vers de chanson, une certaine vivacité de tournure, un enchaînement de paroles que je ne trouve pas dans vos couplets, qui n'en sont pas moins d'un bon faiseur.

Mais, dites-moi, pourquoi voulez-vous devenir chansonnier? Il me semble que vous aspirez à mieux que cela, et je crois en effet, si vous ne vous effrayez pas du travail, car (à moins d'être Lamartine) il faut travailler le vers et bien étudier la langue, je crois en effet que vous êtes destiné à faire mieux que des chansons.

Je ne vous encouragerai donc pas dans votre nouvelle fantaisie, dussiez-vous m'accuser de vouloir écarter les rivalités dangereuses. Tout à vous de cœur.

## CVII

### A MADAME BLANCHECOTTE

27 avril 1852.

Pauvre mère, je vous vois dans de grands embarras et je vous plains fort, quelque dédommagement que votre tendresse y doive trouver.

Lamartine a été très-souffrant; l'état de ses affaires est pour beaucoup dans ses souffrances. Il y a bien à le plaindre quand on voit l'abîme où il me semble s'enfoncer chaque jour davantage. Malgré sa gêne, bien plus pénible que les nôtres, je l'ai vu donner encore 200 francs pour de pauvres orphelins dont il a pris la charge, et cela sans y mettre la moindre vanité; car c'est bien par hasard que j'ai été le témoin de cet acte de bienfaisance, au moment où il parlait de vendre des objets qui lui sont chers pour suffire aux dépenses d'annonces pour son journal[1], qui ne me paraît pas aller aussi bien qu'il l'espérait.

Vous êtes son commis voyageur : il lui en faudrait beaucoup comme vous.

Depuis que j'ai reçu votre lettre, je ne l'ai pas rencontré. Je ferai votre commission si je le revois. Je vous dirai qu'il vous appelle : « Mademoiselle. »

Nous allions parler de vous, dernièrement, lorsque des importuns nous ont interrompus. Nous reprendrons l'entretien.

[1] Le *Civilisateur*.

Je n'ai pas encore eu le temps d'aller m'abonner rue de Richelieu. J'irai demain sans doute. Je suis curieux de voir la *Jeanne d'Arc*. Je vais mieux.

## CVIII

#### A MADAME CAROLINE VALCHÈRE

6 mai 1852.

Pauvre femme ! toujours malade, et de plus la misère que vous ne sembliez pas avoir à redouter ; croyez que je prends bien part à vos infortunes.

Malheureusement je n'y puis rien, moi qui commence à m'apercevoir que notre pension bourgeoise est un peu trop chère pour nous, et, d'ailleurs, votre fierté ne peut faire de vous une emprunteuse. Si du moins je pouvais vous aider à vous faire ouvrir la porte d'un théâtre, des *Français* ou de l'*Odéon;* mais, vous ne le savez que trop, je suis sans relations avec les coulisses et avec ceux qui y règnent.

Le rôle de Médée, toujours manqué jusqu'ici, me semblait devoir convenir parfaitement à mademoiselle Rachel. Comme elle m'a paru avoir un sens aussi droit que son talent est admirable, je croyais que le rôle, ainsi que vous l'avez envisagé, pourrait la séduire, et que, quels que soient les défauts de votre tragédie, elle pourrait vous indiquer les moyens de les faire disparaître, et surtout vous tracer un dénoûment tout à fait à sa convenance : pour cela, il eût fallu qu'elle eût un moment à vous donner. Une personne plus hardie, plus remuante que vous, serait peut-être parvenue à séduire cette femme de génie, qui au reste doit être bien obsédée de demandes pareilles à la vôtre. Je ne le comprends que trop.

Il vous eût aussi fallu un protecteur puissant, et vous n'en avez pas su trouver. Vous me parlez d'un monsieur que j'avais cherché à intéresser à votre ouvrage : il a perdu la position qui eût rendu sa recommandation utile; mais vous ne m'aviez pas dit que vous connaissiez quelqu'un qui était en rapport avec M. de Castellane, le seul des hommes haut placés par la naissance et la fortune qui se soit montré constamment ami des lettres et du théâtre, et qui ait fait des sacrifices en leur faveur. Que ne cherchez-vous de ce côté une recommandation que je ne puis vous trouver ailleurs? peut-être un pareil protecteur vous mettrait-il en rapport avec les personnes dont vous avez besoin, et peut-être aussi, par ses conseils éclairés, M. de Castellane pourrait-il améliorer votre pièce.

## CIX

### A MONSIEUR GÉNIN

9 mai 1852.

Je suis à la Celle-Saint-Cloud, où je resterai encore cinq jours. Les journaux m'apprennent l'événement qui vous concerne, je vous écris un mot à la hâte.

Je souhaite que vous ne soyez pas aussi affligé que moi de votre mise à la retraite. Je n'oublierai jamais tous les services que vous m'avez mis à même de rendre. Si ma reconnaissance pouvait être une compensation au mauvais traitement que vous éprouvez, soyez sûr qu'elle ne vous manquera jamais. Mais, bon Dieu, que vont devenir les malheureux qui s'adressaient à vous et les établissements où votre probité portait l'ordre et l'économie?

Aussitôt mon retour, j'irai vous dire tout ce que je ne puis ajouter ici. Tout à vous de cœur.

## CX

### A MONSIEUR VOGUET

13 mai 1852.

Votre brave cousin m'est venu voir et m'a apporté votre lettre et vos compositions. Nous n'avons causé de vous qu'un moment, car M. Chartier a tellement peur de gêner, qu'on ne peut obtenir de lui qu'il prenne un siége, quelque instance qu'on lui fasse. Je suis heureux pour vous d'apprendre que cet excellent homme pense à aller vivre dans votre pays. Ce vous sera un grand adoucissement qu'un pareil voisinage.

Bernard [1] a reçu vos deux lettres et peut-être vous a-t-il déjà répondu. Je suis dans ce moment à la campagne, chez ses parents; mais à peine y peut-il passer quelques heures, tant il a son temps pris. Vous pouvez être sûr que, s'il y avait urgence de vous écrire, il ne manquerait pas de le faire. C'est un homme chez qui le cœur rivalisera avec la science.

J'aurais voulu pouvoir m'occuper du malheureux déporté dont vous me parlez ; mais, à force d'avoir vainement sollicité pour d'autres, je me suis mis dans l'esprit que je leur avais plutôt nui que rendu service. Cela m'a fait rompre avec les personnes qui peuvent quelque chose dans ces sortes d'affaires. Toutefois je tâcherai de trouver un protecteur à votre ami; mais c'est auprès du général Canrobert [2], à son passage à Nancy, qu'il eût fallu agir.

---

[1] M. Charles Bernard, aujourd'hui médecin de l'hospice des Enfants assistés.
[2] Diverses personnes furent chargées, peu après le 2 décembre, de missions qui embrassaient à la fois plusieurs départements. Le général Canrobert fut alors chargé des pouvoirs les plus étendus.

On assure d'ailleurs qu'il y aura encore des commutations de peine.

Lapointe connaît la pièce de vers que vous m'envoyez. Je crois même qu'il y a répondu. Vous demandez à Bernard de vous donner son adresse. Lapointe habite maintenant à Passy, rue des Réservoirs. Il paraît s'être remis aux souliers, ce que je n'ai cessé de lui prêcher. C'est un excellent homme, mais peu disciplinable, sans cela j'aurais peut-être pu lui trouver un emploi; cependant j'aimerais mieux pour lui qu'il restât ouvrier.

J'ai lu avec plaisir votre prose : vous êtes bien inspiré par la contemplation des beautés champêtres. Si les souvenirs d'une heureuse enfance vous donnent de vifs regrets, l'espérance d'un avenir céleste doit surtout se développer en vous, au milieu des merveilles de la création. Vous êtes bien à plaindre sans doute, mon cher Voguet; mais songez à tous ceux que les infirmités de l'âme tourmentent bien plus cruellement que vous n'êtes tourmenté par les infirmités du corps. Soyez sûr que beaucoup voudraient pouvoir échanger leurs souffrances contre les vôtres. Ces malheureux-là n'osent penser à Dieu; et vous, c'est dans cette pensée que s'endorment vos douleurs.

Croyez-moi, mon cher Voguet, parmi les heureux du monde, il y a des gens bien plus malheureux que vous. Ce qui ne m'empêche pas de vous plaindre de tout mon cœur et de sentir pour vous le besoin d'une résignation que vous ne pouvez puiser qu'en vous-même, en tournant les yeux vers le ciel, au milieu de vos belles campagnes.

## CXI

#### A MADAME BLANCHECOTTE

Juin 1852.

Où avez-vous pris, ma chère enfant, que je connaissais le général Saint-Arnaud ? Je ne le connais pas plus que vous ne le connaissez. Il m'a répondu pour Lachambaudie, voilà tout. Ce qu'il y a de plus extraordinaire, c'est que je ne connais personne dans ses bureaux, ce qui vaudrait peut-être mieux pour l'affaire qui vous occupe. Si je fais rencontre de quelque chef de cette administration, je me mettrai à votre disposition. En attendant, conseillez à madame V*** de demander l'audience qu'elle désire. Une femme peut toujours beaucoup sur ces messieurs, et vous m'avez dit que madame V*** était fort aimable : elle sera donc écoutée avec patience. Quant à ma recommandation, elle lui pourrait être nuisible; qu'elle ne regrette donc pas l'impossibilité où je suis de la lui pouvoir offrir.

Je vous renvoie la lettre du cabinet.

J'ai vu Lamartine hier et aujourd'hui. Je l'ai trouvé se levant ce matin. Je n'en suis pas sorti moins triste d'avec lui.

## CXII

#### A MONSIEUR ACHILLE VAULABELLE

8 juin 1852.

Mon cher monsieur Vaulabelle, j'avais demandé votre adresse à notre éditeur, avec l'intention de vous aller porter mes remercîments pour tout ce que vous avez écrit de flatteur à mon sujet dans l'excellent volume que vous venez de faire paraître [1]. Perrotin m'apprend que vous serez absent un mois. Je ne veux pas tarder jusque-là à vous offrir mes témoignages de gratitude. Jamais, il ne me semble, jugement plus élogieux n'a été porté sur moi et sur mes chansons.

Quelle que soit ma reconnaissance pour ce qui me regarde, je crois encore vous en devoir plus pour ce que vous dites de Manuel aux chapitres I, II et VII, et pour la peinture que vous faites de lui, dans les derniers moments de la lutte qu'il eut à soutenir.

Il ne me reste plus qu'à souhaiter la réimpresion de votre intéressant et patriotique ouvrage. La juste popularité qu'il s'est déjà acquise me répond de l'accomplissement de ce souhait. Alors, je n'en puis douter, vous mettrez d'accord votre opinion sur le Manuel de 1815 avec celle que vous émettez sur le Manuel de 1823, en reconnaissant combien étaient erronés les renseignements qui ont trompé votre admirable bon sens, au commencement de votre histoire.

En attendant votre retour, recevez, mon cher monsieur Vaulabelle, l'assurance de ma considération toute dévouée [2].

## CXIII

### A MADAME BLANCHECOTTE

12 juin 1852.

Merci de votre bonne lettre, ma chère enfant. Je n'ai pas été vous voir, parce que j'ai été enfluxionné depuis quinze

---

[1] De l'*Histoire des Deux Restaurations*.
[2] Lettre communiquée par M. de Vaulabelle.

jours et qu'on m'a imposé l'obligation de rester au logis le plus possible. Samedi pourtant j'ai été chez Lamartine d'assez bonne heure : il était déjà sorti. Ce jour-là, j'avais l'intention d'aller vous voir, mais la force m'a manqué. J'observe que je ne marche plus aussi gaillardement que l'année passée : aussi je compte mes pas. Ajoutez que j'ai toujours, comme je vous l'ai dit, des provinciaux qui me volent du temps. Il ne m'est pas toujours facile de sortir avant deux heures. Hier, j'ai fait une course forcée, et hier soir, seul dans ma chambre, j'ai failli me trouver mal. Pendant une demi-heure, j'ai dû rester sur mon fauteuil, faute de pouvoir gagner mon lit. Aujourd'hui, je vais bien et ma fluxion se dissipe. A votre retour de Saint-Mandé, où vous ne resterez que peu de temps, je pense, écrivez-moi et j'irai vous donner de mes nouvelles, qui, je l'espère, seront meilleures. De plus, je vous porterai du chocolat, dont je crains que vous manquiez.

Qu'est devenu ce projet d'impression de vous? Vous ne m'en dites mot. Aurais-je deviné? Ne prenez pas trop l'habitude des paroles en l'air. Je crois en remarquer parfois dans vos lettres. Prenez-y garde ; je m'y connais.

*P. S.* Quel temps affreux ! et quels tristes spectacles ! Il y a peu de jours, j'ai fait mes adieux à Michelet et à sa femme, partant pour aller se réfugier dans un coin de la Bretagne, où ils se figurent pouvoir vivre plus économiquement qu'à Paris. J'ai vu aussi le logis de la famille Hugo, dévasté par la proscription ; et ce qui est plus triste, c'est, au milieu de ces misères, l'absence de toutes les prétendues grandes amitiés dont on faisait tant de bruit dans le monde. O faiseurs de grandes phrases ! tâchez de n'en faire jamais.

## CXIV

### A MONSIEUR PAUL BOITEAU

23 juin 1852.

Je vois, mon cher Boiteau, que vous faites feu des quatre pieds et que les étincelles jaillissent de toute part autour de vous. Si vous m'en donnez le temps, soyez sûr que je vous dirai mon avis bien sincèrement. Mais n'espérez pas que, de tant d'œuvres diverses, je puisse tirer une conclusion pour la route que vous devez choisir. Au reste, ce n'est sans doute pas ce que vous me demandez, car c'est une question que le temps seul peut décider. Ce que j'entrevois, dès à présent, c'est que le *Cosmos*[1] sera abandonné. Il ira avec le *Clovis* que j'ai tant rêvé dans ma jeunesse, par une inspiration patriotique qui, du moins, a survécu dans mes chansons, pauvre débris de tant d'autres rêves ambitieux. A l'âge que vous avez, je m'attachais plus aux grands sentiments qu'aux grandes idées. Malheureusement je n'étais pas né avec l'instrument qu'il eût fallu pour en venir à l'exécution.

Vous qui êtes si bien partagé par la nature et l'éducation, dès à présent, préoccupez-vous du style, approfondissez la langue, voyez ce qu'elle peut donner encore de nouveau et

---

[1] Un poëme, à la façon de Lucrèce, et inspiré par l'admirable tableau que M. de Humboldt commençait alors à tracer et qu'il a si heureusement achevé avant de mourir. Béranger s'était lui-même laissé séduire à tout ce que je lui disais de ce genre de poésie et mettait souvent la conversation sur le sujet du *Cosmos*. Il n'avait encore paru que deux volumes et demi de l'œuvre de M. de Humboldt. Je lui en faisais l'analyse, et il s'y plaisait extrêmement. Mais c'était l'exécution d'un tel poëme qui lui paraissait bien difficile.

J'étais tout jeune, je ne pensais guère qu'aux vers et avais tout mon temps pour y rêver.

je ne doute pas que vous ne puissiez un jour enrayer l'art à la descente où il est lancé. C'est une conviction que ne feront que confirmer, j'en suis sûr, les nouveaux essais que vous voulez me soumettre.

Ce que je désirerais, c'est que vous ne vous en rapportassiez pas à moi seul. Songez que j'ai été en nourrice vingt ans chez le dix-huitième siècle et que ces vingt ans doivent dominer encore sur le reste. Entourez-vous de jeunes hommes ayant le même amour des lettres que vous, et de leurs observations et de leurs encouragements vous tirerez plus d'avantage que des conseils de ma froide expérience.

En attendant vos vers, je suis tout à vous de cœur.

## CXV

### A MONSIEUR PERROTIN

25 juin 1852.

Voici, mon cher Perrotin, la dernière copie de mes chansons[1] corrigées aussi bien que je le puis faire.

Elles forment sept cahiers, par ordre de date ; il vaudrait mieux, peut-être, qu'elles fussent distribuées de manière que la variété de ton fît disparaître la monotonie, comme je l'ai fait dans mes publications ; mais j'ai craint que cela n'ôtât les traces de l'ordre chronologique, au moins dans le manuscrit, ce qui ne vous empêchera pas d'en faire une distribution différente lorsque vous les livrerez à l'impression.

Ce que je ne cesse de vous recommander, c'est le choix d'un prote qui sache la mesure des vers et mette la plus

---

[1] Les *Chansons posthumes*.

grande attention à faire disparaître les fautes de copie, car je ne suis jamais sûr de n'en pas faire.

Recourez à mon ami Joseph Bernard, qui, par les conseils qu'il m'a donnés, peut mieux que qui que ce soit revoir les épreuves ; seulement, comme on ne peut savoir sous quel gouvernement on sera placé lors de l'impression, pour ne pas nuire à Bernard, ne parlez pas de sa coopération[1].

Cette copie que je vous remets contient, tant en chansons qu'en couplets détachés, que j'y ai joints parce qu'ils peuvent être utiles pour la pagination :

```
1er cahier, 21 chansons.
2e    —    12    —
3e    —    16    —
4e    —    10 chansons et 2 couplets.
5e    —    10 chansons.
6e    —     6    —
7e         20 chansons et la musique de la Nourrice, ancien air breton.
          ___
          95 chansons.
```

Je garde la préface, parce que j'y puis faire des changements.

Faites de tout cela ce que vous voudrez ; gardez ou déposez chez le notaire. La copie qu'il a est la plus défectueuse.

Moi, je garde celle que vous m'avez remise, parce que, l'ayant corrigée, je veux, si j'en ai le temps, faire encore une copie. Il est prudent d'en avoir deux : après quoi je brûlerai toutes les autres copies ou brouillons. Si je n'a-

---

[1] M. Bernard n'a pas été consulté au moment de l'impression des œuvres posthumes, parce que Béranger avait, depuis ce temps, recommandé de ne choisir absolument, pour les consulter, que ceux de ses amis qui ne seraient pas dans les places.

vais pu le faire, vous les réclamerez à ma mort et les brûlerez.

Après ce testament littéraire, je n'ai qu'à souhaiter que vous tiriez bon parti du peu que je vous laisse.

## CXVI

### A MADAME BLANCHECOTTE

13 juillet 1852.

Vous êtes toujours ma chère enfant, mais, par une chaleur pareille, je suis sans force pour les longues courses et même pour les courtes lettres. Le médecin me défend d'ailleurs de sortir dans le jour, dans la crainte de me voir atteint encore une fois de cette terrible *fièvre des moissonneurs*, dont je viens d'éprouver quelques symptômes et qui, il y a cinq ans, me causa un si grand malaise. Seul peut-être à Paris je connais cette fièvre champêtre.

Si je vous ai appelée « une écriveuse », ne vous fâchez pas; c'est presque de l'envie de ma part, car je ne puis écrire autant que je voudrais et le devrais. Je vais lire ce que vous m'envoyez. Je vous en dirai mon avis avant de partir pour la Normandie, voyage que je travaille à retarder, car il ne me semble pas possible de se mettre en route sous un ciel aussi brûlant. J'irai vous dire adieu, quoi qu'il arrive.

Vous ne me donnez pas de nouvelles de Lamartine!

La famille Hugo part après-demain pour l'exil. Je crains bien que ce malheur n'en amène d'autres pour ces pauvres gens, qui, naguère encore, se voyaient si haut placés: il me semble que, dans ces derniers temps, j'ai vu peu de monde autour d'eux.

## CXVII

#### A MONSIEUR DEHIN

15 juillet 1852.

Mon cher Dehin, j'aurais répondu plus tôt à votre lettre, sans l'accablement que m'ont causé les chaleurs que nous venons d'avoir. Nous respirons enfin, et j'en profite pour vous dire combien j'ai regret de toutes les tribulations auxquelles vous avez été en butte pendant si longtemps.

Je ne blâme pas le père de famille qui cherche à améliorer le sort des siens : en étendant des entreprises que la conscience ne peut désavouer, vous avez fait tout ce qu'un autre eût fait à votre place ; votre loyauté seule vous a exposé à des pertes : c'est un malheur commun aux hommes de votre caractère. Enfin vous avez obtenu justice, et la paix est rentrée dans votre âme.

Mais, dites-moi, vous qui si fraternellement veniez à mon secours à une autre époque, pour vous remettre tout à fait sur vos pieds, n'avez-vous pas besoin de quelque petite somme? Je n'ai pas fait fortune non plus, mais si deux ou trois cents francs vous pouvaient être utiles, je les trouverais en quelques jours. Ne vous privez donc pas de cette ressource, si elle vous était nécessaire. Je ne vous fais pas cette offre pour m'acquitter envers vous; mais parce que je serais fier d'être utile à un aussi honnête homme que vous, et que je n'ai que ce moyen de vous offrir un témoignage de mes sentiments d'affection.

Avant de vous parler ainsi, j'ai voulu m'assurer que je pouvais sans me gêner venir à votre aide; ainsi, point d'embarras pour moi si vous acceptez.

J'ai reçu la visite d'un de vos compatriotes, qui m'a remis un petit, trop petit recueil de fables de M. Gancet. Comme je ne sais pas l'adresse de l'auteur, chargez-vous, mon cher Dehin, de lui faire mes remercîments, ils sont bien sincères. Je vous dirai même que ce n'est pas sans surprise que j'ai lu ces fables, dont l'invention est souvent très-heureuse, qui sont presque toutes écrites avec un choix d'expressions, une finesse d'esprit et une variété de formes très-rares chez nos fabulistes modernes.

A propos, vous savez que Lachambaudie, que je n'ai pu sauver de l'exil, est à Bruxelles. S'il n'eût pu rester dans cette ville, je l'aurais engagé à se retirer à Liége ; comme c'est un homme fort simple dans ses habitudes, je vous l'aurais recommandé pour l'aider à se faire une vie économique. Mais Bruxelles lui a fait bon accueil, et il est là près de M. Stassart[1], qui peut lui être utile.

## CXVIII

### A MONSIEUR LE MAIRE DE BÉTHUNE

16 juillet 1852.

Il y a près de deux ans, un vieillard, M. Bougette, homme de lettres, à qui j'avais pu rendre quelques services, mourait en me léguant, pour ainsi dire, une domestique qui pendant quinze ou seize ans avait été son ange gardien, jusque-là que cette brave fille l'avait souvent nourri de son travail.

Je n'hésitai pas à accepter ce legs, malgré mon peu de fortune. Si la bonne du père Bougette gagna peu avec

---

[1] Fabuliste belge, qui a écrit dans divers genres et publié un gros volume in-8° d'œuvres choisies.

moi, elle eut peu à faire et trouva tous les soins que ses infirmités précoces et ses fréquentes maladies nécessitaient.

Malheureusement, une nouvelle attaque de paralysie est venue la frapper il y a trois semaines. N'ayant pu la garder dans la pension bourgeoise où je suis, je l'ai fait transporter à l'hôpital Beaujon, où, en payant, je la fis mettre dans une chambre seule. Je voulus aussi que le médecin qui l'avait vue d'abord lui continuât ses visites à l'hospice. Malgré tous les soins, elle expira le 7 juillet dernier.

Cette mort, monsieur, est l'occasion qui me fait recourir à votre obligeance.

Hyacinthe-Narcisse Chevalier n'a pas laissé de papiers qui puissent nous faire connaître sa famille. Seulement, elle m'a dit être née à Béthune ou dans les environs, avoir dans cette ville un frère ouvrier, veuf avec enfants, et une mère infirme à l'hospice de votre ville.

Elle laisse en mourant quelques hardes, un chétif mobilier, qu'à ma recommandation l'excellent curé de la Madeleine avait donné au vieux maître qu'elle servait il y a deux ans et qu'on ne réclame pas. Le tout est estimé de 45 à 50 francs. Hyacinthe n'avait que 7 francs d'économies en argent.

Vous serait-il possible, monsieur, de découvrir la mère et le frère d'Hyacinthe Chevalier et de me faire autoriser par eux à vendre les effets qu'elle laisse, effets qui ne valent guère le prix du transport? Je leur en ferais passer le prix par la poste, bien entendu sans aucune retenue pour les frais de la dernière maladie. Ceci ne regarde que moi.

Telle est, monsieur, l'objet de cette longue lettre, qui m'a semblé rentrer dans les attributions paternelles de votre haute magistrature, et qui me fournit l'occasion de vous offrir l'hommage de mes sentiments les plus distingués[1].

## CXIX

### A MADAME NICAUD

21 juillet 1852.

Voilà bien longtemps, ma chère dame Nicaud, que j'aurais dû vous remercier de la bonne lettre que vous m'avez écrite, mais des occupations et les grandes chaleurs que nous avons éprouvées m'ont rendu bien paresseux d'écrire. Croyez, néanmoins, que j'ai été bien heureux d'apprendre que vous étiez tous réunis et que de bons cœurs se sont intéressés à vous. Vous le méritez bien, et jamais votre probité, votre bonté, n'ont été mises en doute; jamais non plus l'amour du travail ne vous a fait défaut. Je vous vois encore, il y a quatre ans, venir à l'Élysée en tête de vos compagnes, apporter vos petites économies pour secourir ceux que la révolution a momentanément privés d'occupation! Cet acte de bienfaisance eût dû vous porter bonheur à tous; moi, j'en avais les larmes aux yeux. Je dois ajouter que les renseignements que j'ai eus sur votre mari, employé si longtemps à l'administration de la salubrité, sont tous à son avantage.

Oui, vous êtes de dignes gens, et je suis sûr que vos enfants vous ressembleront. Remerciez de ma part la personne qui a bien voulu vous servir d'interprète; je suis touché des expressions flatteuses qu'elle emploie à mon égard.

---

[1] Lettre communiquée par M. de Bellonet, maire de Béthune, par les soins de M. Raparlier.

Puisqu'elle a tant de bienveillance pour moi, je la prie de la répandre sur vous ; il y a souvent plus de vertus dans les existences obscures des travailleurs que dans les faux brillants que l'on a pris l'habitude de trop admirer. Je me félicite pourtant que mon nom ait pu vous servir à quelque chose dans le pays où vous avez trouvé un asile. J'aurais bien désiré qu'il pût servir à d'autres, mais toutes les démarches que j'ai tentées en faveur de plusieurs détenus, hommes et femmes, ont presque toutes été sans succès, comme vous avez pu l'apprendre. Il faut aussi avouer qu'il y a des cervelles bien folles. Adieu, ma chère madame Nicaud, félicitez de ma part votre mari, votre fille et votre gendre, et croyez-moi tout à vous de cœur.

*P. S.* J'ai des certificats à votre mari de l'administration de la salubrité, d'août 49 ; un du commissaire de police du Roule, même date ; un autre de même date, de votre propriétaire de la rue Croulebarbe. Si vous en avez besoin, demandez-les-moi.

## CXX

### A MADAME VICTOR HUGO[1]

30 juillet 1852.

Que je suis malheureux, madame ! j'arrive de la campagne, et dans ce moment vous quittez peut-être Villequier. A tout hasard je jette un mot à la poste pour vous témoigner combien je suis touché des marques de bienveillance que vous me donnez et que je voudrais mériter davantage. Malheureusement je n'ai pu vous offrir que de stériles consolations ; je n'ai su faire que des vœux pour vous, ma-

---

[1] Lettre communiquée par madame Victor Hugo.

dame, pour notre grand poëte et pour vos charmants enfants : or je n'ai plus foi dans mes vœux ; mais tant d'autres que moi en forment pour vous, que j'espère qu'ils auront plus d'influence que les miens sur le sort. Quoique le hasard nous ait fait vivre dans des mondes différents, dans celui où je vis, je vois quel est l'intérêt qu'on prend à tout ce qui touche à notre illustre proscrit ; cela me console d'un malheur dont chacun me laisse entrevoir le terme. Dites-le bien à Hugo, dites-le à vos chers enfants, dites-le aussi à cet excellent Vacquerie, que j'ai vu si peu et que j'estime déjà tant.

Adieu, madame ; j'ai à peine le temps de vous prouver que je tiendrai la parole que vous avez la bonté de me faire donner ; l'heure de la poste me presse.

Recevez, madame, pour vous et les vôtres, l'assurance de mon dévouement et mes respectueux hommages pour votre personne[1].

## CXXI

#### A MADAME BLANCHECOTTE

31 juillet 1852.

J'ai lu votre petit récit[2] : il me semble très-bien, à quelques expressions près, expressions empruntées à l'école des

---

[1] L'exil d'un aussi grand poëte que l'est M. Victor Hugo est l'un des plus dramatiques moments de notre histoire. Les lettres ont rarement vu de telles destinées s'appesantir sur un des maîtres de la poésie. Aujourd'hui peut-être nous ne sommes pas assez touchés de ce qu'il y a de douloureux et d'amer dans cet épisode de la vie du plus puissant de nos lyriques ; mais quelle sera l'émotion de la postérité quand, le bruit et la fumée de nos querelles étant apaisés, il ne restera que le souvenir du coup frappé sur l'homme et de l'exil du poëte sur un rocher battu par les flots et les vents.

[2] C'est la pièce *Après une lecture sur Napoléon*, qui est dans le volume *Rêves et Réalités*.

grands mots que je redoute de plus en plus pour vous. Je retrouve le même défaut dans vos poésies, malgré le mérite réel des deux morceaux. Celui où vous parlez de Napoléon ne me plaît pas, quoiqu'il contienne d'excellents vers : il y en a un surtout que j'admire : *Dont le pied comprimait*, etc.; quant à la *pensée de mort* et aux *calomniateurs*, je ne me rappelle pas avoir vu votre muse si sombre. Vous êtes, au reste, dans l'âge où l'on s'exagère ses maux, et, par malheur, votre situation excuse ici l'exagération. Pourtant je vous engage à ne pas trop user de pareilles couleurs ; car l'esprit, à votre âge, s'obstine souvent à vouloir tenir parole aux expressions qui lui sont échappées. Il en résulte qu'après avoir été vrai un moment on court risque d'être faux toute sa vie. Moi aussi, j'ai été sombre et noir ; mais j'ai fini par en rire.

## CXXII

### A MONSIEUR JOSEPH BERNARD

11 août 1852.

Il me sera impossible, mon cher ami, d'aller vous dire adieu. Si je n'ai pas tenu parole l'autre semaine, la fête de Bougival y est bien pour quelque chose. J'ai craint les rencontres en route et à la promenade. Sans cette crainte, j'aurais pu braver le mauvais temps. Il n'est pas plus beau ce matin ; mais, forcé de revenir demain pour mon jeudi, c'est peu la peine d'aller embarrasser vos apprêts de départ pour quelques heures à passer ensemble. Je vous souhaite à vous et à vos dames bien du plaisir et bon voyage. J'en ai un à faire à la fin du mois qui me tracasse bien, tant j'ai à présent l'horreur de me déplacer, même pour quelques lieues. Vous autres, pour qui c'est un si grand bonheur, je vous admire.

Je croyais votre travail avec moi sur les chansons complétement terminé ; je serai à vos ordres au retour. J'ai pourtant toujours peur de laisser échapper quelques variantes dont vous êtes friand et que moi je déteste. Aussi brûlerai-je bientôt, je l'espère, mes vieux manuscrits chantants.

A propos de l'*Éloge de la richesse*, vous ai-je fait observer le vers :

En Champagne, on en trouve encore ?

C'est une allusion à la double invasion de 1814 et 1815, dont la Champagne a eu tant à souffrir. Cette chanson est de 1816.

Cette note évitera d'immenses travaux à la postérité, si nous allons, l'un portant l'autre, jusque-là.

Encore une fois, bon voyage aux mères, aux enfants et à mon annotateur.

## CXXIII

### A MONSIEUR P***

12 août 1852.

J'ai enfin, monsieur, terminé la lecture de l'informe manuscrit que vous m'avez remis. Je connaissais déjà une partie des morceaux de vers qui en font partie. Il y a dans tout cela de l'esprit, du talent presque toujours, mais rarement de l'originalité. Malgré l'absence de cette qualité, il eût été possible, en un temps meilleur, que l'auteur se fît une réputation. Aujourd'hui je crois cela difficile. Le décousu de tant de morceaux différents de forme et de fond ne laisse au lecteur qu'une idée confuse de l'homme qui se présenterait ainsi au public. Il me semble que R***[1] devrait, sous forme de mémoires, raconter tout ce qu'il a fait depuis sa sortie de prison et l'inutilité de ses efforts pour se tirer de la position où ses premières fautes l'ont jeté : bien entendu qu'il arrangerait le tout à son avantage en intercalant dans son récit la plupart de ses vers, sauf à rejeter en appendice les morceaux dont l'insertion ne serait pas possible. Il intitulerait ce volume, qu'il ne faudrait pas faire trop gros, *Ma réhabilitation*.

Telle est, monsieur, la pensée qui m'est venue, et que je vous livre, bonne ou mauvaise. Communiquez-la-lui. Cela ne l'engage à rien. Il sait mettre mes conseils en oubli.

Mais, sous cette forme ou sous une autre, la difficulté est de lui trouver un éditeur. Je ne connais pas aujourd'hui un libraire à qui j'osasse offrir cette affaire. Et pourtant, je vous le répète, il y a dans tout cela de l'esprit et du talent. Le style de R*** est généralement bon et pur. Peut-être, dans les derniers vers, y a-t-il un peu de froide correction.

Quant à lui rouvrir ma porte, je ne le puis, monsieur, et j'en ai regret, car l'intérêt que je lui porte depuis vingt-trois ans n'a pas diminué, malgré les reproches que j'ai toujours eu à faire à son inconstance, à sa folle mobilité, qui tiennent ou à sa nature ou à ses malheurs, et qui l'ont rendu complétement indisciplinable, même aujourd'hui qu'il approche de la cinquantaine.

J'ai fait des pertes d'argent qui ne me permettent plus de venir à son secours, et ma vie à l'écart m'a ôté tout cré-

---

[1] Dont il a été question plusieurs fois et que Béranger protégeait avec tant de zèle, dès avant 1830, sans parvenir à régulariser sa vie.

dit. De plus, j'ai soixante-douze ans, et, à cet âge, j'ai besoin d'un peu de repos. Comme abondent encore autour de moi trop de gens qui me laissent à peine un moment à mes réflexions, je m'efforce d'éloigner de mon gîte ceux pour qui je ne puis plus rien faire d'utile. R*** est de ceux-là.

Je n'ajoute rien à ce que je viens de vous dire, monsieur, si ce n'est l'expression du regret que j'éprouve de ne pouvoir répondre autrement à la prière que vous m'avez fait l'honneur de m'adresser.


## CXXIV

### A MADAME EUGÈNE SCRIBE

23 août 1852.

Ce que vous m'apprenez est-il possible? Quoi! vous, chère amie, malade à rester étendue sur un canapé! C'est à ne pas le croire. Raison de plus pour espérer que bientôt vous serez tirée de peine plus encore par votre belle et bonne organisation que par les secours de la Faculté. Allez vite aux bains de mer, mais pour n'y plus retourner jamais que pour votre amusement. Au milieu des soins inaccoutumés que vous êtes obligée de prendre, c'est trop aimable à vous d'avoir songé à mon jour de naissance. Je ne suis plus souffrant, et je crois que madame Béga vous a exagéré le mal que m'ont fait les grandes chaleurs de juillet. Vous savez d'ailleurs que je ne m'écoute que lorsque cela me sert à chasser les importuns.

J'ai l'avantage de n'être pas nerveux. Je plains bien Scribe d'être atteint de ce mal; car le temps que nous avons ce mois-ci lui doit être fort contraire. Vous vous plaignez qu'il travaille trop; je ne vous conseille pourtant point, dans l'intérêt du public comme dans l'intérêt de sa santé, de lui imposer le repos absolu. Aux gens nerveux, le travail : Voltaire l'a bien prouvé, et, sous mes yeux, Lamennais en est un autre exemple. Seulement écartez de lui les trop grands embarras qui, pour Scribe, accompagnent le genre des œuvres dramatiques. Je sais que c'est difficile; mais vous avez une bonne cervelle qui peut en venir à bout.

Quant à moi, je vais toujours d'un bout de Paris à l'autre, tantôt pour Pierre, tantôt pour Paul; les affaires des autres sont ma seule occupation, car je ne chansonne plus. On croirait que je n'ai jamais fait de vers de ma vie. Cela, parfois, m'afflige un peu; mais, en pensant que je n'en ai fait que trop, je me console. Et puis, si je n'écris plus, je sais encore lire, et lire sans lunettes.

Judith se porte très-bien; elle se plaît toujours dans notre pension, où, moi, je ne cesse de regretter la rue d'Enfer, qui m'avait débarrassé de beaucoup de visiteurs ; je me résigne ici comme ailleurs.

J'ai aussi un ouvrage à faire : j'ai promis à mon vieil ami Dupont ma visite pour les premiers jours de septembre. Si vous saviez combien le moindre déplacement me coûte! Je regarde les voyages, à un certain âge, comme un temps perdu. Je voudrais bien que celui-ci ne m'empêchât pas de vous voir à votre passage à Paris. Pour vous éviter nos quatre étages, écrivez-moi le jour de votre arrivée, et j'irai vous voir.

## CXXV

A MESDEMOISELLES ***

1ᵉʳ septembre 1852.

Combien de fois, mes chères amies, me suis-je reproché de laisser vos dernières lettres sans y répondre, bien que je les garde sous mes yeux pour m'engager à le faire! Que voulez-vous? je ne cesse d'être accablé ou de visites ou de lettres pour je ne sais quelles affaires, dont chacun semble prendre plaisir à me charger, et qui, outre l'ennui qu'elles me causent, me forcent à courir tout Paris, même les ministères, où je perds le peu de crédit que j'avais par le renvoi de ceux de mes amis qui y étaient restés. J'espérais qu'avec l'âge le repos m'arriverait; et je viens d'accomplir mes soixante-douze ans au milieu des mêmes embarras. Si je n'avais avec moi une vieille amie que la campagne n'arrangerait pas, il y a longtemps que je serais caché au fond de quelque village, à quinze ou vingt lieues de Paris! Ah! si j'étais dans votre désert! Que je suis satisfait de voir que vous vous y trouviez aussi heureuses qu'il est permis de l'être ici-bas! Quoi! les pluies vous y menacent! Je ne craignais que les chaleurs, dont l'excès m'a ici fait bien souffrir cette année. Elles y sont venues tard; mais je ne crois pas en avoir éprouvé de plus vives. Heureusement un temps plus frais nous est arrivé. J'allais reprendre cette fièvre des moissonneurs qui a été pour moi une véritable maladie il y a quelques années. Sauf un gros rhume de cerveau, je vais assez bien maintenant. Aussi chacun m'annonce que je passerai quatre-vingt-dix. Dieu m'en préserve! J'ai vu trop de gens qui, pour avoir été jusqu'à quatre-vingts, sont devenus culs-de-jatte, aveugles, sourds et même idiots, et, dans les derniers, j'ai pu compter des hommes qui avaient valu mieux que moi comme intelligence. Je m'étais toujours dit qu'il ne fallait pas dépasser soixante ans. Il faut trop de résignation pour se survivre. Voilà douze ans que je suis à ce régime. N'est-ce pas assez?

Mais de quoi vous parlé-je? Vous ne devez pas me comprendre, vous, placées si loin de la borne que je m'étais posée en espérance. Tant mieux! Je suis sûr que, dans votre humble position, vous trouvez à faire du bien et à vous faire aimer. Il n'y a que cela de bon dans un monde détraqué.

N'allez pas croire, à ce mot, que je suis devenu misanthrope; bien s'en faut. Je tiens note, au contraire, de toutes les améliorations dont l'avenir aura le profit. C'est ce qui me console du présent, et, si je faisais encore des vers, j'en ferais là-dessus. Mais quoi! vous, sœur \*\*\*, vous renoncez à la rime! Il y a peu de temps que vous me promettiez un poëme. Qui a pu vous arrêter en chemin? Les jours tristes, dites-vous? Mais n'ont-ils pas aussi leur poésie? Ils semblent même mieux aller à votre talent; car je doute que vous ayez jamais fait des chansons de table. Je serais certes bien surpris si vous alliez m'en envoyer une sur ce ton-là : je la chanterais à mes vieux amis, qui viennent encore rire et chanter avec moi; car je ris encore, et même assez souvent. Il n'y a que le chant qui me coûte. Ma voix, qui n'a jamais été forte ni belle, devient si faible, que je me contente de faire chorus aux chansons des autres. Ne comptez donc pas sur mon chant du cygne.

Adieu, mes chères amies; pardonnez-moi mes inexactitudes de correspondance, et ne tombez pas dans ce défaut avec votre vieil ami, qui est à vous de tout cœur.

## CXXVI

A MONSIEUR BARANDEGUY-DUPONT

5 septembre 1852.

Très-bien encore, monsieur, très-bien ! Comme Proudhon, vous rendez pleine et entière justice aux hommes du gouvernement provisoire ; mais je dois vous faire une observation.

En parlant de Marrast, le plus calomnié, ne deviez-vous pas jeter quelques mots sur ses manies aristocratiques qui ont autorisé les quolibets des réactionnaires et même des républicains ? Ce qui n'est qu'un ridicule chez un particulier devient souvent un tort fort grave dans un gouvernant. Don Quichotte donnait à ce sujet d'excellents conseils à son écuyer.

Rien de mieux pour un panégyriste que d'aller au-devant de l'attaque pour la repousser. En convenant du ridicule de Marrast, vous pourriez, il me semble, montrer quel parti en a tiré la malveillance contre un homme de cœur et de probité.

Encore un mot, si vous voulez bien me le permettre. Je crois, monsieur, vous devoir faire observer que, dans notre langue du moins, le genre satirique exige un travail soutenu de versification : il repousse l'improvisation ; la raison m'en paraît facile à trouver. J'ai lu des vers de vous d'un style arrêté et solide. Je vous engage donc à serrer, à nourrir le vers un peu plus que dans le dernier morceau, tout bon qu'il est, mais où l'improvisation se fait un peu trop sentir, selon moi.

J'espère que vous sentirez que les observations que je

me permets avec vous ne sont pas de celles qu'on prodigue à tout le monde.

Je vous surcharge de ports de lettres. Faites-moi savoir si cela vous obère. J'ai encore le moyen d'affranchir, et ne regretterai jamais avec vous d'en faire usage.

## CXXVII

### A MONSIEUR BARANDEGUY-DUPONT

11 septembre 1852.

L'âge ne fait rien à l'affaire, monsieur ; mais je vous avoue que je ne vous donnais pas plus de trente ans ; pas moins non plus, parce qu'il y a dans vos vers certaine maturité de pensée qu'on n'a guère, même à vingt-cinq ans.

Toujours est-il que je reste votre aîné de vingt ans ; ce qui me laisse quelque droit de censure quand je croirai voir broncher votre muse. Cette fois je n'ai pas à faire le pédant avec vous, monsieur.

Ce morceau est semé de bons vers heureusement trouvés. A propos de ce morceau, qui me prouve une fois de plus votre aptitude à la satire, je me demande pourquoi vous ne vous tracez pas des cadres plus étendus, plus spacieux, sur tel ou tel point de nos mœurs, de notre politique, de nos sottises, cadres que vous rempliriez avec talent, j'en suis sûr. Les événements qui se pressent sous nos yeux sont presque tous susceptibles, ou d'entrer dans ces compositions, ou de vous en fournir d'inattendues.

Je tiens beaucoup, trop peut-être, aux morceaux composés, et surtout à ce qu'on adopte un genre. Vous avez le style ; voilà l'important pour vous mettre en route ; il ne reste plus qu'à tracer le chemin que vous voulez suivre.

Vous n'étiez pas au monde, monsieur, que je pensais déjà ainsi ; voilà pourquoi je me permets de vous dire ce que je me disais dans mon grenier. Seulement, alors, j'étais loin d'avoir fait le choix auquel je ne me suis arrêté que quinze ans après. J'avais le temps de divaguer. Vous ne l'avez plus, choisissez donc.

## CXXVIII

### A MADAME BLANCHECOTTE

13 septembre 1852.

Je pars demain matin sans avoir eu le temps de vous rendre visite. J'en ai été empêché par mon ami Bretonneau, qu'un chagrin très-violent a amené à Paris depuis huit jours. J'ai passé le plus d'instants qu'il m'a été possible avec lui. J'ai eu aussi deux autres amis malades ; enfin tout s'est opposé à l'accomplissement de la promesse que je vous avais faite.

Vous me parlez du *Civilisateur*, qui ne doit plus compter dans les espérances de Lamartine. L'*Histoire de la Constituante* sera, je crois, pour lui, d'un bénéfice plus certain. Mais ce ne sera qu'un radeau, et non un port. Je suis toujours préoccupé de ce naufrage, qui m'afflige tant, et ne conçois pas que quelqu'un ne vienne pas tendre la main à l'homme qui se noie. Il y a bien de l'ingratitude dans notre pauvre espèce. Enfin ! Je n'aurai pas le temps de lire votre nouvelle avant mon départ, mais je tâcherai de la fourrer dans mon sac de nuit, pour la lire en Normandie.

Quant au sonnet, je ne vous en dirai rien, si ce n'est qu'il ne faut pas faire de vers au hasard. Attendez qu'un sentiment bien vif ou qu'une idée grande ou originale vienne vous saisir pour prendre la peine de l'encadrer dans des rimes : alors vous êtes sûre de bien faire.


## CXXIX

### A MADAME VICTOR HUGO

Rougeperriers, 21 septembre 1852.

Chère et excellente dame, j'ai bien tardé à vous remercier de votre lettre, que j'attendais avec impatience. Je me figurais une installation en pays étranger, la chose la plus difficile; vous me prouvez qu'on peut trouver à s'arranger partout. L'épouse et la mère a tout fait pour le mieux. Que de courage et de force il y a dans ces deux mots!

On m'a souvent dit que Jersey était un petit paradis; je suis disposé à le croire; si vous m'apprenez que notre grand poëte, que votre charmante demoiselle le trouvent un séjour digne d'eux, ce sera alors un paradis pour vous. Mais vous ne me parlez pas de vos deux fils; votre ciel n'est donc pas complet?

Mon retard à vous répondre a tenu un peu à ce que j'avais à vous dire de Paris. J'aurais voulu vous envoyer quelques idées consolantes, puis j'ai fini par me dire que vous n'en attendiez pas de moi, que j'avais plus besoin d'être consolé que vous, moi qui subis tout ce que l'exil vous évite. Venu pour passer quelque temps en Normandie, auprès de mon vieil ami Dupont (de l'Eure), toujours fort souffrant et fort triste, c'est de chez lui que je vous écris.

Nous avons souvent parlé d'Hugo. C'est un vieillard à forte mémoire : aussi m'a-t-il cité et me citera-t-il encore grande partie des discours d'Hugo, au sort duquel il prend le plus vif intérêt.

Nous nous affligeons ensemble d'apprendre que notre langue ne soit plus parlée à Jersey. Cela a bien surpris aussi Lamennais, qui a été fort heureux que je lui donnasse de vos nouvelles et de celles de Victor Hugo. Il m'a chargé de vous faire parvenir tous les vœux qu'il forme pour vous deux. Vous allez tous être réduits à parler anglais. Il me semble que c'est un contre-sens dans la famille d'un si grand écrivain français. Est-ce que tout le monde ne devrait pas savoir la langue qu'il a faite si belle et si riche ? J'espère du moins qu'il sera, où vous êtes, entouré de tous les égards qui sont dus au génie. Je ne suis pas inquiet pour vous et pour mademoiselle; vous avez entièrement ce qu'il faut pour faire naître la sympathie. Malheureusement nos voisins d'Albion, comme nous disions autrefois, sont loin de nous rendre l'équivalent des éloges que nos hommes de lettres, depuis Voltaire, leur prodiguent d'une façon si peu mesurée. Toutefois, comme il ne s'agit que d'être justes, MM. les Anglais sauront se montrer dignes, je le pense, du choix que notre ami a fait d'un asile sur leurs terres.

Adieu, chère dame, je passe chez le mari, à qui j'ai un mot à dire. Ne craignez pas que je le dérange trop longtemps, je sais qu'il travaille. Recevez mes hommages et remerciez mademoiselle votre fille de son bon souvenir.

## CXXX

### A MONSIEUR VICTOR HUGO

J'ai été fort touché, mon cher Hugo, des lignes que vous avez bien voulu ajouter à la lettre de madame; c'est un gage d'amitié que je mérite. Le mot qui la termine : *A bientôt!* me reste au cœur. Puisse-t-il être prophétique !

Je vous écris de chez le vieux président du Gouvernement provisoire, et je n'ai aucune nouvelle à vous donner, pas même de Lamartine, car je n'ai pas reçu un mot de lui depuis son départ de Paris. Il fait sans doute de la prose tant et plus.

Et vous, mon cher exilé, est-ce que vous ne ferez aussi que de la prose? Je n'ai pu me procurer rien de nouveau de vous; mais est-ce que vous ne feriez en effet aussi que de la prose? Vous me parlez de mes vers. C'est une plaisanterie; à soixante-douze ans, on ne fait plus rien de bon. On ne fait plus rien, et c'est ce qu'on peut faire de mieux. Mais vous, mon cher poëte, vous voilà dans une nouvelle phase d'inspirations poétiques; elle doit vous fournir! Le Dante a dû à un sort pareil au vôtre tant de gloire! vous qui portez dans l'exil une gloire toute faite, ne pouvez-vous pas la doubler? Oh! la belle vengeance! Vous seul aujourd'hui pouvez vous donner un si grand plaisir. Oh! mon ami, au bord de la mer, à la vue de la France, chantez, chantez encore! L'avenir vous écoutera demain.

Vous allez peut-être dire que je donne des conseils à ceux qui n'en demandent pas. Aussi n'est-ce pas un conseil, c'est une prière que je vous adresse, c'est la prière d'un homme qui a vieilli en se préoccupant sans cesse de la gloire de son pays.

L'heure de la poste me presse. Adieu et de tout cœur, en attendant le jour où je vous serrerai la main.

## CXXXI

### A MADAME VICTOR HUGO

5 octobre 1852.

Chère et excellente dame, lorsqu'à mon arrivée à Paris j'ai trouvé votre lettre du 23 septembre, vous étiez rassurée sur le sort de la première, à laquelle je m'accuse d'avoir trop tardé à répondre. Je doute moins de la poste que vous, et je compte bien que ma missive, datée de Normandie, vous est parvenue sans encombre, avec mes excuses pour mon retard. Puis, il faut que je vous l'avoue, je suis un peu paresseux d'écrire : pourtant je suis très-touché du prix que vous voulez bien mettre à ma correspondance. Nous nous connaissons depuis si peu de temps ! Croyez-vous que je ne sais pas encore le nom de votre charmante demoiselle? Vous me le direz, n'est-ce pas? la première fois que vous m'écrirez. J'ai pourtant causé plusieurs fois avec elle et n'ai pas oublié les choses sensées que je lui ai entendu dire. Apprend-elle beaucoup d'anglais pour vous servir d'interprète?

Je n'ai encore rien de nouveau à vous conter de Paris, où je suis depuis cinq jours, sinon que nous avons un temps affreux.

Vos fortes santés ne peuvent encore avoir souffert de votre nouveau climat, que d'ailleurs on assure être excellent. Trouvez-vous là à vous faire quelque société? c'est ce qui nous manque partout hors Paris. Thiers ne pouvait plus tenir à l'étranger. Pour qui le connaît, cela ne m'étonne pas. Hugo soutiendra bien la solitude, et nous y trouverons notre compte. Mais vous, chère dame, qui à tout votre esprit ajoutez le bon esprit de ne pas écrire, n'allez-vous pas nous regretter un peu ? Croyez que je ne pousse pas l'égoïsme jusqu'à le désirer. Dieu m'en garde ! Ne regrettez rien à Paris, j'y consens ; mais n'oubliez pas ceux qui vous regrettent, vous, votre mari et vos enfants, noble et belle famille, dont la prospérité était l'honneur de notre pays.

Adieu, madame, chargez-vous de toutes mes amitiés pour votre monde et croyez-moi pour la vie votre dévoué de cœur.

*P. S.* Je relis votre dernière lettre. N'empêchez pas, je vous prie, votre demoiselle de dire « Béranger » tout court ; je vois, dans le retranchement de *monsieur*, quelque chose de bien plus doux que ce qu'il vous plaît d'appeler de *l'illustration;* c'est l'effet d'un sentiment affectueux, comme celui qui fait que les petits-enfants tutoient leur grand-père.

## CXXXII

### A MONSIEUR BARANDEGUY-DUPONT

6 octobre 1852.

Une assez longue visite que je viens de faire à mon vieil ami Dupont (de l'Eure) m'a empêché de recevoir en son temps votre lettre et les vers qu'elle contenait.

Je ne puis que vous faire les mêmes éloges que pour les morceaux qui ont précédé cette nouvelle satire. J'ajoute seulement une remarque, si vous voulez bien le permettre.

Le 2 décembre est chose si grave, dans quelque sens qu'on le prenne, qu'il semble que vous eussiez dû étendre ce morceau et l'enrichir de beaucoup de détails, que je regrette de n'y pas trouver, surtout en pensant au parti que la poésie en pouvait tirer.

Vous ressemblez à un paresseux qui, forcé de se mettre au travail, a hâte d'en finir lorsqu'à peine il a commencé. Peut-être vous défiez-vous encore de votre muse, qui me semble pouvoir remplir une plus longue carrière. Selon moi, et en considérant le genre que vous adoptez, ce morceau n'est guère que le quart des vers que cette satire devrait contenir. Courage donc, monsieur! osez, et vous en recueillerez le prix tôt ou tard.

Je sais la réponse que vous pouvez me faire, et je voudrais que le public pût s'en contenter. Les rimes manquent à notre langue. Ce qui est sans réponse, ce sont les quatre rimes du quatorzième vers; au vingtième il y a aussi un hémistiche à changer : *Vous avez ouvert l'ère,* si désagréable à prononcer.

## CXXXIII

### A MONSIEUR E. DE BEAUVERGER

12 octobre 1852.

Je me suis hâté, mon cher monsieur, de lire le n° 30, et je vous félicite de la mention faite en faveur de cette pièce, qui peut-être méritait mieux, et eût sans doute obtenu le prix si vous aviez apporté plus de soin à la forme, qui est l'essentiel à l'Académie.

Au premier concours pour Mettray, ce n'était pas pour madame Colet que je quêtais des voix, car elle avait fait mystère de sa concurrence. Je tâchais de faire obtenir le prix à un pauvre diable de père de famille à qui la somme promise eût fait grand bien : en pareille circonstance je ne m'emploie jamais que pour de semblables concurrents, et, pour leur faire avoir le prix, je suis capable de faire commettre des injustices. Défiez-vous donc de moi si vous vous remettez en lice.

## CXXXIV

### A MONSIEUR GÉNIN

14 octobre 1852.

Nous en apprenons de belles, mon cher Génin, par vous et par M. Naudé, sur le paradis terrestre que vous aviez rêvé! Avez-vous lu l'*Éden*, d'un roman de Dickens? ce me semble être la peinture de votre charmante habitation. Mais ceux qui sont dans cet Éden ne l'ont jamais vu. Et vous, qui avez vécu dans les Vosges, qui, l'année dernière, y avez été faire une retraite, comment en avez-vous rapporté tant d'illusions? Ce qui m'étonne encore plus, c'est que vous ayez le courage d'y faire bâtir. Quoi! vous pensez à mener là votre femme et vos enfants! Mais ils périront là d'ennui et de rhumatismes. Je suis un peu médecin; vous êtes sujet à des douleurs; vous avez quelquefois des plaies aux mains, longues à guérir. Tout cela, mon cher, est le résultat de vos premières années passées dans le lieu de délices où vous voulez vous confiner, avec votre excellente compagne et vos gentils enfants.

Je ne suis pas, au reste, très-surpris de votre mécompte.

Si vous vous rappelez, je vous avais bien dit de vous défier de vos vieux bâtiments et des souvenirs d'enfance. M. Naudé a peut-être un peu fait le discret avec moi, mais je suis persuadé qu'au fond il craint, comme moi, votre prolongation de séjour dans cet affreux pays. D'après ce qu'il m'a dit, il n'y a personne à voir autour de vous, si ce n'est un forçat et ses six garçons. Mais ceux-là ne rendent que des visites nocturnes. Où diable êtes-vous allé vous fourrer? Vous devez déjà avoir plusieurs pieds de neige, et vous n'avez plus le bois du ministère pour chauffer toutes vos cheminées.

A propos du ministère, j'ai été, il y a une quinzaine, rendre visite à M. Servaux[1], qui est d'une obligeance parfaite pour moi. Il m'a beaucoup demandé de vos nouvelles en chantant vos louanges. Déjà avaient paru les noms de la commission des *Chants nationaux*. L'absence du vôtre n'a pu faire que très-mauvais effet. Fortoul a donc contre vous quelque cause d'hostilité pour faire pareille sottise? Toutefois je ne pense pas que vous deviez renoncer, comme vous le dites, à l'encre et au papier. Poussez au *Patelin*[2] tant que vous pourrez, en dépit des Bertin et autres.

Avez-vous reçu l'article de Magnin sur le *Roland*[3]? Il y fait la part de tout le monde, il me semble. Je n'ai pu toutefois désapprouver ce qu'il dit du chant de Taillefer, qu'il ne retrouve pas plus que moi dans aucun des passages de Théroulde.

Je n'ai vu C*** qu'une fois depuis votre départ. Il venait me consulter sur une chose arrêtée d'avance dans son esprit. Ce n'était pas un acte de courage. Il s'agissait de Des-

---

[1] Alors sous-chef de bureau au ministère de l'instruction publique.
[2] *Maître Patelin*, qui a paru en 1854 et n'a été tiré qu'à 200 exemplaires.
[3] *La Chanson de Roland*.

cartes, dont il ne voulait pas aller voir inaugurer la statue à Tours, bien qu'invité par le maire de la ville. J'approuvais qu'il n'y allât pas, mais j'aurais voulu qu'il fît le discours qu'il eût dû y prononcer, s'il y avait été. Il s'en est gardé, je pense. Michelet m'a écrit une fois, et il paraît assez bien installé dans un faubourg de Nantes. Lui et sa femme se louent de l'accueil qu'ils ont reçu là. Il travaille. J'ai eu aussi des lettres d'Hugo et de sa femme. Ils paraissaient se plaire à Jersey, sauf pour la langue. On ne parle plus français dans cette île.


## CXXXV

### A MONSIEUR V***

21 octobre 1852.

On m'avait dit que vous deviez venir reprendre les vers charmants de mademoiselle votre fille ; on m'avait dit aussi que je pouvais les renvoyer par la poste. J'aurais préféré que vous vinssiez les prendre pour en causer avec vous ; j'aurais à vous communiquer deux fort légères critiques à soumettre à l'auteur.

Quant au fond du morceau et aux différentes parties de l'exécution, je n'ai que des éloges à donner.

Si, après cela, vous me demandez quel sera le résultat d'une offrande aussi remarquable, je ne puis rien vous affirmer. Vous pensiez, m'a-t-on dit, que je pourrais vous être utile dans cette circonstance. Je le souhaiterais, et votre démarche me prouve que vous en étiez sûr : ce qui me surprend, c'est que vous n'ayez pas su que je n'avais aucun aboutissant à l'Élysée, et que mon nom doit être loin d'y jouir d'aucun crédit.

Qu'il y ait ou non de ma faute, le fait est avéré.

Bien plus, je n'y connais personne dont je puisse réclamer l'influence, et c'est surtout cela que je regrette, parce qu'alors j'aurais pu m'utiliser pour vous. Cela diminuerait un peu le chagrin que j'ai d'apprendre que vous avez besoin de l'obligeance d'autrui; vous qui en avez eu tant pour les autres, et en particulier pour moi, qui serais si heureux de saisir une occasion de vous prouver que j'en garde le souvenir.

## CXXXVI

### A MONSIEUR ALEXIS MUSTON[1]

28 octobre 1852.

Je ne crois pas en effet que dans l'histoire d'aucun peuple se trouve un événement qui réunisse à un plus haut point, pour la nation qu'il intéresse, toutes les conditions d'un sujet d'épopée. Mais, selon moi, c'est la composition qui est la poésie; les vers ne viennent qu'après. Ne sentez-vous pas qu'il manque encore à l'œuvre que vous avez conçue cet ensemble qui force et contient l'intérêt, et que de longues méditations pourraient seules lui donner?

Voyez : Homère ne vise pas à prendre Troie : il fait du siége un théâtre pour son drame, où il met en jeu des caractères, et ses héros sont restés de grandes figures : voilà pour l'*Iliade*. Dans l'*Odyssée*, c'est autour d'un seul personnage qu'il concentre l'intérêt, soutenu par tout ce qui entrave le retour d'Ulysse à Ithaque. Il ne faut pas négliger cet exemple.

---

[1] A propos d'un projet de poëme sur les Vaudois qui, bannis de leur patrie en 1686, y rentrèrent en 1689, luttant victorieusement contre les armes réunies de Louis XIV et de Victor-Amédée II, qui ne purent les empêcher de s'y rétablir.

Que vos narrations, au lieu de suivre la chronologie de l'histoire, s'enchaînent selon le développement du sujet. Dans ce que vous m'avez communiqué, les caractères manquent de saillie; on ne fait que les entrevoir; souvent ils ne comptent que par ce que vous en dites, plutôt que par ce qu'ils font. Ensuite, pourquoi donner tant d'étendue à la peinture des massacres qui ont eu lieu? Vous vous exposez ainsi à faire naître le dégoût quand c'est la pitié que vous voulez inspirer. Évitez également de multiplier les scènes qui se ressemblent; c'est ce qui tue l'intérêt. Avec un plan bien conçu, bien coordonné, vous éviteriez ce défaut.

Un plan bien conçu, c'est un grand chêne où viennent se nicher d'eux-mêmes tous les oiseaux de la contrée : c'est-à-dire où les épisodes trouvent naturellement leur place. Les épisodes exigent aussi des compositions, et Virgile me paraît à cet égard le plus heureux modèle. Pardonnez-moi de vous citer Homère et Virgile, à moi qui ne sais ni grec ni latin. C'est l'intérêt que je prends à votre œuvre qui en est cause.

Que ne tirez-vous parti d'une manière plus large de l'élément religieux : non-seulement de l'Ancien Testament, mais du Nouveau, dont les poëtes n'ont jamais fait large pâture, et dont l'esprit serait si bien approprié à votre sujet!

Quant au style, j'aurais long à dire. La vérité ne m'effraye pas, moi qui suis convaincu qu'en dépit de ses traducteurs Homère n'a rien d'académique; mais je ne voudrais pourtant pas qu'en cherchant la simplicité vous descendissiez jusqu'au trivial.

Le naturel est le chemin de l'idéal; mais c'est l'art qui doit y passer, c'est-à-dire l'intelligence conduite par le goût.

Savoir choisir, voilà le goût. Le beau dans l'art ne vient peut-être que du choix dans le vrai.

Il y a dans votre poésie une puissance et un instinct qui n'ont besoin que du travail. Défiez-vous de votre facilité. Ne mettez pas en dix vers ce qui peut tenir en cinq. Il faut du temps pour abréger. Ne vous hâtez pas de produire; examinez avec soin tous les éléments de votre sujet, pour en balancer les parties en de justes proportions; en mieux dramatiser l'ensemble; avoir, comme sur les vaisseaux, une place pour chaque chose, et que chaque chose soit à sa place. A ces conditions et à quelques autres plus faciles, vous pourrez mener à bien une œuvre qui ne ressemblera certainement à rien de ce qu'on a fait jusqu'ici.

Quant à votre système de rimes, je me bornerai à une remarque. Quand on destine au public un ouvrage contre lequel il peut y avoir de grandes préventions, pourquoi l'effaroucher par des détails insolites et sans valeur? Si nous étions en 1600, ce ne serait pas cette inutile réforme que je proposerais, c'en serait bien d'autres vraiment importantes. Ne parlons donc plus de cela entre nous.

Cher monsieur, en voilà bien long pour un vieillard qui commence à sentir le besoin du repos. Permettez-moi donc de prendre congé de vous, et croyez-moi, pour ce qui me reste de vie, votre tout dévoué.

## CXXXVII

#### A MADAME VICTOR HUGO

10 décembre 1852.

Certes, madame et amie, il y a longtemps que je vous aurais remerciée de votre lettre du 8 novembre, qui me rassurait sur le sort des miennes.

La vôtre m'a charmé. Tout ce que vous me dites de l'emploi de votre temps m'a prouvé que vous et les vôtres viviez heureux où vous êtes et pouviez même y contribuer au bonheur des autres. Les détails dans lesquels je vous remercie d'être entrée m'ont servi à calmer les inquiétudes de plusieurs de vos amis. Hier encore, je les ai donnés à Villemain, qui, comme moi, ne se fait pas à l'idée de vivre ailleurs qu'en France. Dites à Hugo qu'il m'a demandé plusieurs fois s'il s'était remis à la poésie. J'aurais bien voulu pouvoir affirmer ce que je désire tant. Je vous avoue que, malgré ce que vous m'avez raconté de Villemain, à l'époque des listes de proscriptions, je ne le croyais pas aussi dévoué à votre mari.

Un dévoué que je suis heureux de savoir auprès de vous, c'est Vacquerie. Il est singulier que, ne l'ayant vu que deux ou trois fois, j'aie pu me faire une idée aussi arrêtée sur le caractère de ce jeune écrivain, dont les vers ne sont pourtant pas de mon goût, quoiqu'ils soient d'un vrai poëte, selon moi, d'un poëte d'avenir. Avec tout votre monde, je conçois la vie heureuse que vous et Hugo devez mener à Jersey, et, si j'étais voyageur, je voudrais aller regarder à travers les vitres de votre ermitage, pour avoir une petite part de cette félicité. Malheureusement je n'ai jamais aimé les voyages, et, à soixante-douze ans passés, on ne peut en prendre le goût, même en pareille circonstance. Vous voyez que, pour suppléer à l'activité qui me manque, il est digne de votre bon cœur de m'écrire souvent. Ne craignez pas de me ruiner par les ports. Il vient de m'arriver un débiteur honnête qui a rempli ma bourse pour longtemps.

Ce que je vous demande, chère madame, c'est de ne plus me donner de l'*illustre*. Si vous saviez combien il y a d'années que je ris de ce mot, tout en l'employant moi-même quelquefois, pour obéir à la mode! Savez-vous qu'on dit l'illustre cantatrice une telle, l'illustre critique un tel ; je ne sais si dernièrement on n'a pas imprimé l'*illustre madame Saqui*. Revenons au simple et au vrai ; je ne vis pas hors de là. C'est vous dire pourquoi, aussitôt que je l'ai pu, j'ai fui le monde, pour ne vivre qu'avec mes parents et vieux amis que je fais rire encore quelquefois, comme il y a quarante ou cinquante ans.

Nous sommes de nouvelles connaissances, vous et moi ; mais, dans la peine, l'amitié va vite. Traitez-moi donc en ami et sans cérémonie. Vous n'hésiteriez pas, si vous m'entendiez parler de vous à tous ceux qui s'intéressent au sort de votre famille, et le nombre en est grand, si oublieux qu'on soit chez nous. Ceci me rappelle particulièrement Manin et Lamennais, qui, l'un et l'autre, m'ont maintes fois chargé de leurs amitiés pour le cher Victor et pour l'excellente madame Hugo. Et mademoiselle, que n'en dit-on pas ! Il y a dans ce qu'on en pense de quoi ravir le cœur d'une mère.

Me voici à bout de papier. Recevez toutes mes assurances de dévouement et d'attachement sincère, et faites-en part à tous les vôtres.

## CXXXVIII

### A MADAME DUMONT. DE MONTEUX

1er janvier 1853.

Puisque vous croyez, madame, que quelques mots de moi peuvent donner de la joie au noble cœur d'un homme qui consacre sa vie au soulagement des malheureux qui gémissent autour de vous, je ne puis me refuser à votre demande. Mais, en cédant à votre aimable lettre, je dois vous déclarer que je doute de l'efficacité du remède que vous désirez employer. Pauvre nébuleuse, mes rayons ne percent pas l'obscurité.

Je suis plus disposé, madame, à croire que des accents comme les vôtres ont tout le charme nécessaire pour dissiper la tristesse de M. votre mari. Votre courte et simple lettre suffit pour me le faire penser, et je le prouve par l'effet qu'elle a produit sur moi, car je n'ai pas l'habitude de condescendre aux demandes pareilles qu'on m'adresse parfois; non qu'elles ne me flattent infiniment, mais il faut attendre que les saints soient canonisés pour demander de leurs reliques : or rien de moins sûr que ma canonisation.

En attendant qu'elle donne raison à votre foi, daignez croire, madame, à mes sentiments les plus distingués.

*P. S.* Si j'ai jamais des amis au Mont-Saint-Michel, je vous préviens que je recourrai à votre recommandation pour faire adoucir leur sort.

## CXXXIX

### A MONSIEUR HIPPOLYTE FORTOUL

3 janvier 1853.

Mon cher Fortoul, j'avais chargé votre beau-père de vous dire que je vous ferais ôter votre portefeuille si *** n'était pas appointé pour 1853 ; il a des appointements : dormez tranquille. Vous avez le portefeuille pour une éternité. Mais comme le bonheur exige encore d'autres choses, recevez tous mes souhaits pour vous et toute votre famille. A vous de cœur.

## CXL

### A MONSIEUR JOSEPH BERNARD

9 janvier 1853.

Vous trouverez sans doute, mon cher ami, que je ne me suis pas hâté de vous répondre.

Je vous avouerai que je me figure que les gens qui courent les grandes routes pour leur plaisir, ne me semblent pas devoir être très-pressés d'avoir des nouvelles de leurs amis. Vous direz que ce n'est pas en partie de plaisir que vous êtes, et que vous êtes allé vous dégeler à Nice. Mais, dans ce cas, il est bon d'attendre que le dégel ait eu lieu. Je commence à le croire avancé, puisque vous, qui allez toujours tête nue à Paris, avez besoin d'un chapeau et d'un parasol en Italie. Je vous félicite donc du résultat de votre voyage. Moi, je souffre en ce moment d'un rhume de cerveau qui, depuis trois jours, me retient au logis. Voilà trois mois qu'il dure; mais je l'ai augmenté par de trop longues courses. J'espère le guérir par le régime et le repos. Mais le repos, bon Dieu! quand en aurai-je? Jamais, je crois, plus d'affaires, plus d'embarras, ne me sont tombés sur le dos. Encore si je réussissais! mais j'ai moins de succès que de déceptions. Ajoutez à ce que je fais des craintes pour celui-ci ou pour celui-là.

Lemaire et tous les employés des Archives se sont mis en révolte ouverte contre le garde général de leur boutique. L'affaire a nécessité une enquête. Que va-t-il résulter de ce démêlé? Quoique le maître soutienne tant soit peu ***, les juges lui sont contraires. Toutefois on ne peut lui ôter sa place sans lui en donner une autre. Il paraît qu'on ne veut pas en faire un sénateur, ce qui eût tout terminé. Il est difficile aussi de chasser ceux dont les archives ne peuvent se passer, en tête desquels sont de Wailly[1] et Lemaire, et ceux-ci ne veulent pas rester si l'autre reste. C'est au moins la parole donnée par de Wailly, homme des plus respectables.

Heureusement que Persigny et Fortoul sont pour les révoltés. Ce fou de *** a tout le monde pour ennemi. Quand je saurai la fin de cette histoire, je vous la ferai connaître.

Vous me parlez de mon affaire des actions en homme qui veut rassurer ma conscience[2]. Ce n'est pas elle qui a besoin d'être prêchée. C'est un sentiment intérieur qui m'a dit, dès le commencement, que mon nom ne devait pas se mêler de ces sortes d'agiotages. J'approuve la grande opération; si j'étais un inconnu, intime de ceux qui l'ont conçue, je profiterais de la circonstance, parce que je sais faire bon usage de l'argent qui m'arrive. Mais ici il y avait des répugnances dès l'abord. Malheureusement, comme vous dites, cela s'est enfilé de façon que, sans blesser quelqu'un, je n'ai pu m'en tirer. Ce que je redoute, c'est de vouloir être pauvre à tout prix, comme ce fou de Jean-Jacques. Je n'ai pas moins fait une sottise, d'où il résulte que j'ai 931 francs de rentes de plus. Ajoutez que je suis sur le point d'en perdre beaucoup plus du côté du Gaz, mon plus riche domaine qui, dit-on, va être bouleversé de fond en comble

---

[1] M. Natalis de Wailly, chef de la section historique.

[2] M. Emile Pereire, qui avait eu dans les mains, entre autres affaires, celle de la réorganisation et de la fusion des diverses compagnies de l'éclairage au gaz de la ville de Paris, avait appris que le petit pécule de Béranger se trouvait diminué par ces opérations, et il lui avait, par des amis communs, fait remettre des actions qui devaient compenser les pertes subies. La lettre de Béranger dit que cette remise fut faite avec assez de délicatesse pour que le refus fût impossible.

par une compagnie qui veut éclairer tout Paris pour rien, si on lui donne, à meilleur marché que nous, l'éclairage de tous les particuliers.

Notre directeur général, homme très-capable, est au diable; les actionnaires meurent de peur, et votre serviteur se prépare à faire un déménagement pour la rue Copeau [1], où les pensions bourgeoises sont à bas prix. Je regarde, au reste, depuis longtemps de ce côté. C'est mon Italie.

A propos, vous saviez que P*** souffrait de la tête depuis plusieurs années; il est guéri. Il avait été en Allemagne, à Rome, à Naples : rien n'y avait fait. Du sable chaud, très-chaud, sur la tête, renouvelé trois ou quatre fois par jour, a mis un terme aux douleurs et dissipé l'humeur sombre que la peur de mourir lui donnait : car la peur de la mort est le plus affreux mal que je connaisse, si j'en juge par ceux que j'en vois atteints. C'est le docteur Trousseau qui s'est rappelé l'emploi que son maître Bretonneau avait fait de ce remède, et l'a appliqué à mon pauvre P***.

## CXLI

### A MONSIEUR BERTRAND

5 janvier 1853.

Vous m'avez envoyé, mon cher Bertrand, de bonnes et belles étrennes, suivant votre habitude. Vous savez que je lis vos vers avec attention et plaisir. Ceux-ci m'ont paru des meilleurs que vous ayez jamais faits. Ils protestent victorieusement contre ce que vous dites de votre prétendue

---

[1] Aujourd'hui rue Lacépède, entre la rue Mouffetard et le Jardin des plantes

vieillesse. Ils protestent trop peut-être, car ils sentent furieusement l'imprudence du jeune âge. Et pourtant, d'après ce que vous me dites, il serait bon de réprimer votre muse, entouré comme vous l'êtes de gens qui ne sont pas obligés à la discrétion et qui pourraient se faire plaisir d'en manquer, cela soit dit en passant.

Toujours est-il que votre épître m'a paru de premier ordre dans vos œuvres, dont je vous ai si souvent fait l'éloge.

Ce qui m'a affligé dans votre lettre, c'est le ton de tristesse avec lequel vous vous dites dans un vide que je ne puis concevoir, puisque vous avez femme et enfant : qu'est donc devenue cette famille dont vous désiriez tant être rapproché? Serait-il arrivé de ce côté quelque mécompte? J'en serais désolé pour vous.

Quant à votre curé, il fait un métier qui blase sur la charité, par cela même qu'il en fait une obligation. Ne vous étonnez donc pas trop du refroidissement de son zèle à votre égard. Beaucoup de ceux qui ont paru le mieux comprendre l'Évangile dans leur jeunesse, vieillards n'en comprennent plus un mot. Il en est souvent ainsi de la bienfaisance dans le monde, où tant de gens qui l'ont embrassée avec amour finissent par s'en faire un rôle, qu'ils jouent à qui mieux, pour acquérir de l'importance. Votre ami le curé ne vise plus, lui, qu'à acquérir de l'embonpoint. Je le calomnie peut-être. Au reste, ne rompez pas avec lui et fermez les yeux. Il se peut qu'il soit dans un mauvais moment. Qui n'en a pas?

## CXLII

### A MONSIEUR THIÉBLIN

6 janvier 1853.

Mon cher monsieur Thiéblin [1], j'aurais été vous parler de mon exilé, si, depuis le jour où j'ai eu l'honneur de vous voir, je n'étais retenu à la chambre par un rhume de cerveau que mes longues courses ont transformé en véritable maladie.

Ne voilà-t-il pas que Pierre Lefranc m'écrit qu'il s'est transporté, tout boiteux que la goutte l'a fait, à l'ambassade et consulat de France et qu'aucun ordre, lui a-t-on dit, n'y est arrivé le concernant.

N'y aurait-il pas quelque moyen d'activer l'administration à l'égard du pauvre malade à qui le climat du Midi est si nécessaire? Je viens en vrai solliciteur demander ce nouveau service à votre bonté.

Pour surcroît de malheur pour Lefranc, sa femme, que l'exil a frappée au moral, est dans un état qui devient de plus en plus alarmant, et il a deux enfants en bas âge et des grands parents infirmes.

Soyez l'ange gardien de tous ces infortunés.

En attendant que je puisse vous aller remercier, recevez, monsieur, et mes vœux de nouvelle année et l'assurance de ma plus parfaite et plus cordiale considération [2].

---

[1] M. Thiéblin était chef du cabinet du ministre de la police, M. de Maupas.
[2] Lettre communiquée par M. de Coucy.

## CXLIII

### A MONSIEUR GILHARD

8 janvier 1853.

Malgré toutes ses publications, Lamartine porte encore le poids de toutes les dépenses que sa trop grande générosité lui fait faire. Il est à Paris depuis dix jours, mais je ne l'ai pas encore vu, parce qu'un gros rhume de cerveau me retient au logis, ce qui est chose rare pour moi. Or, comme il visite rarement ses amis, je ne le verrai qu'à ma sortie. Mais je sais que sa position de fortune est loin de s'améliorer, chose bien malheureuse. Je ne crois pas trop à la vente prochaine de ses propriétés.

Quant à Dupont, il a toujours ses douleurs de reins qui le confinent chez lui; mais je crois qu'il ira encore longtemps, malgré ses quatre-vingt-six ans.

Le pamphlet de Hugo a été beaucoup lu ici, m'a-t-on dit; mais assez généralement désapprouvé, même de plusieurs qui pensent comme lui. C'est un bien grand poëte, mais je doute qu'il soit jamais un véritable homme politique. Il est bien à Jersey avec toute sa famille. J'ai vu dernièrement madame Hugo, qui était venue à Paris chercher son plus jeune fils.

Quant à la politique, je ne peux pas vous en dire plus qu'il n'y en a dans les journaux, car on n'en fait plus à Paris. Les anecdotes de cour nourrissent seules les conversations et prouvent combien nous sommes légers et gobemouches.

## CXLIV

A MONSIEUR GILHARD

3 février 1853.

Le pauvre Lamartine, dont vous me parlez, est étendu depuis six jours dans son lit, malade de chagrin, me dit-il. Rien de plus affligeant que de voir un pareil homme dans cette triste situation. Comment ne se trouve-t-il pas un riche capitaliste qui se fasse honneur de le tirer de là? Je suis persuadé qu'il n'y a rien à y perdre; un adroit spéculateur y gagnerait même. Se séparer de ses propriétés a toujours été pour lui le parti devant lequel il a reculé; ce qui a accumulé les intérêts et accru par conséquent son embarras. Aujourd'hui, il se résout à vendre, mais les acquéreurs ne se présentent pas; il a des ennuis dans son département, et ceux qui ici pourraient se faire une gloire de liquider cette fortune préfèrent doubler leurs fonds à la Bourse, où peut-être un jour ils rencontreront leur ruine. Quel temps! quels hommes!

Heureusement que nous avons eu un mariage[1] pour nous consoler de toutes nos peines. Je n'en ai vu que les voitures revenant aux écuries. J'ai reconnu la principale : il y a bien longtemps que je l'ai vue traîner un Empereur mort à Sainte-Hélène, et plus tard une impératrice morte méprisée dans un coin de l'Italie.

Vous devez croire qu'à défaut de la presse on fait circuler les bons mots et les anecdotes. Que de sottises dans tout cela, sans compter les mensonges! C'est pour de pareilles

---

[1] Le mariage de l'empereur Napoléon III.

balivernes qu'on néglige des choses bien autrement graves, qui devraient nous préoccuper. Nous serons donc toujours les mêmes ; et puis plaignons-nous !

## CXLV

#### A MONSIEUR ÉMILE PEREIRE

5 février 1853.

Mon cher monsieur Pereire, si je n'étais malade au coin du feu, je serais pendu au cordon de votre sonnette.

Je ne sais que d'hier que vous commandez des tableaux : or j'ai un ami que je regarde comme l'un des plus parfaits paysagistes et qui meurt de faim dans son grenier, malgré l'estime des vrais connaisseurs.

Il se nomme Chintreuil, et les véritables amateurs du genre montent jusqu'au sixième pour admirer ses productions. Faites descendre chez vous plusieurs de ses œuvres et vous jugerez vous-même de sa modeste, trop modeste supériorité. Je suis sûr que vous apprécierez du premier coup d'œil ce rare talent qui ne vise ni à éblouir ni à étonner ceux qui le regardent quelques minutes. Vous devez aimer l'exquise simplicité de ce talent si contenu, qui n'a encore pour partisans que les connaisseurs qui, comme moi, n'ont pas le sou dans leur poche.

Je vous supplie donc, mon cher monsieur Pereire, de prendre sous votre protection mon excellent ami Chintreuil, et de me croire tout à vous de cœur.

## CXLVI

### A MONSIEUR ARSÈNE MEUNIER

Votre lettre du 14 novembre dernier m'avait fait grand plaisir ; toutefois je craignais que, le premier moment passé, vous n'eussiez à décompter un peu sur l'intérêt que vous avez dû inspirer d'abord, et que tout votre mérite pour l'enseignement littéraire ne suffît pas pour consolider vos succès. La lettre que m'apporte M. Guichard me rassure complétement, et son témoignage me prouve combien vous avez à vous louer des bons Anversois. Je comprends ce que vous m'écriviez, il y a trois mois, que, si les portes de la France vous étaient rouvertes, vous n'en profiteriez que pour venir embrasser votre famille et que vous retourneriez bien vite où votre exil a reçu un accueil si obligeant.

Vos succès ne m'étonnent pas : vous n'étiez pas moins né pour l'enseignement que pour le propager, et, sous ce dernier rapport, Dieu sait tous les services que vous avez rendus chez nous. Tous les savants ne savent pas enseigner : c'est un des dons les plus rares. Enseignez donc, faites aimer aux Anversoises les beautés de nos grands génies. C'est un moyen, qu'on n'a pu vous enlever, de servir encore la France.

Êtes-vous en correspondance avec Dupont ? A tout hasard je vais lui faire passer de vos nouvelles, qui lui feront plaisir. Je l'ai été visiter au mois de septembre ; il souffre toujours des reins, mais sa santé me semble lui promettre encore quelques années à vivre pour le bonheur de ses amis.

Vous avez raison : la malheureuse Pauline Roland avait

soif du martyre. J'avais tout fait pour faire changer sa déportation en exil, sans pouvoir y parvenir. C'est son fils qui, en obtenant le premier prix des nouveaux[1] au grand concours, a obtenu son rappel. Elle est morte à Lyon dans ses bras, sans l'avoir pu reconnaître. Elle laisse trois enfants dont on s'occupe de régler le sort. C'était une âme élevée et courageuse, mais une tête égarée par le saint-simonisme.

Adieu, mon cher monsieur Meunier; croyez que ce sera toujours avec plaisir que j'apprendrai tout ce qui pourra améliorer votre position, et que, si je le puis, je tâcherai de vous faire perdre le titre de proscrit. Mais mon crédit, par ma faute sans doute, se réduit à bien peu de chose.


## CXLVII

### A MADAME CAUCHOIS-LEMAIRE

12 mars 1853.

Je n'ai plus de jambes, sans cela je courrais vous embrasser pour le plaisir que votre lettre m'a fait. Vous voilà donc en pied[2] : vous voyez qu'il est bon d'avoir des amis au pouvoir. On se réjouit à Nice du passe-port que j'ai envoyé à David[3]. Voilà deux bonnes actions dont il nous faut tenir compte à Fortoul.

Il ne vous manque plus qu'un chef aux archives. En vé-

---

[1] De discours latin (en rhétorique). M. Jean Roland est aujourd'hui professeur à Rodelheim, en Allemagne.

[2] Comme inspectrice des écoles primaires.

[3] David (d'Angers), qui, après le coup d'État du 2 décembre 1851, avait dû quitter la France et s'était retiré en Grèce, puis s'était établi à Nice, aux portes de la chère patrie, fermées alors sur un si grand nombre de ses enfants.

rité, \*\*\* eût bien dû commencer son quart de conversion par là ; il est vrai qu'il n'aurait pas 30,000 francs pour ne rien faire, mais l'idée d'une tâche à remplir doit diminuer les répugnances. Au reste je crains qu'il ne paye trop cher son nouveau titre, qu'il avait refusé d'abord. Il lui faudra vivre désormais dans un monde nouveau, car je le vois presque dans la nécessité de rompre avec ses plus chères connaissances, qui vont lui battre froid. Il n'y a que moi à qui tout cela ne fait rien ; aussi m'en a-t-il instruit le premier. Pair sous Louis-Philippe ou sénateur sous Louis-Napoléon, il n'en est pas moins un fort honnête homme ; c'est un esprit aimable, mais d'un caractère trop faible pour qu'on lui impose des lois trop rigoureuses. Ce qui me fâche, c'est qu'il va sans doute perdre son influence à l'Académie et à l'instant où je sollicitais un prix d'utilité pour un volume de vers et un prix de vertu pour un digne jeune homme qui, avec un emploi de 1,100 francs, nourrit dix individus et fait des découvertes dans le ciel et sur la terre.

Vous feriez bien des découvertes ; mais, pour faire vivre vous et dix autres personnes avec cette petite somme, je vous en défierais. Quant à moi, je découvre que je vieillis beaucoup. Je ne peux plus faire de longues courses ; on me dit que c'est l'effet du printemps : je crois que c'est plutôt l'effet de mes soixante-douze hivers. Ne manquez pas de venir tous les jeudis jusqu'à votre départ.

### MONSIEUR DE LAMARTINE A BÉRANGER

12 mars 1853.

Cher et illustre ami, vous m'avez donné les premiers encouragements avec la voix de la postérité dans ma carrière d'historien à l'apparition des *Girondins*.

Recevez, en tribut de reconnaissance et maintenant d'amitié, cette suite de mes travaux[1]; mais n'oubliez pas que j'aime mieux encore votre affection que votre jugement.

LAMARTINE.

## CXLVIII

### A MONSIEUR EUGÈNE NOEL

Paris, 15 mars 1853.

Je vous remercie, mon cher Noël, de la fort jolie chanson que vous m'envoyez. Félicitez-en votre docteur[2] de ma part et dites-lui qu'il eût bien dû s'y prendre un peu plus tôt pour s'enrôler dans mon régiment : il en serait peut-être le colonel s'il y fût entré à l'âge de la conscription.

J'aurais bien dû vous remercier aussi de votre Molière[3], mais il eût fallu en écrire trop long, car j'avais des observations à faire. Vous êtes de cette école où l'on se figure que les grands hommes se font tels, par détermination et par calcul. Ne dites-vous pas que Poquelin a voulu rester encore six ou sept ans en province pour en étudier les mœurs? etc., etc. Vous verrez qu'il a aimé pour peindre l'amour. Enfin, nous en reparlerons. Quant à Voltaire, c'est une longue besogne que vous vous êtes donnée. Dieu vous vienne en aide ! et surtout mettez-y tout le temps nécessaire. Saint-Priest, l'académicien, est mort en travaillant à cette vie. Il m'en a parlé plusieurs fois. Michelet n'a pas toujours vu d'un bon œil votre héros ; moi, je ne l'admire

---

[1] L'*Histoire de la Restauraion.*
[2] M. le docteur Delzeuzes (de Rouen), très-connu dans la ville par ses jolies chansons qu'il n'a jamais voulu voir publier.
[3] *Molière* (Légendes françaises), in-18.

que comme le seul réformateur que la France pût adopter. En parlant ainsi, vous sentez que je laisse de côté la partie littéraire, bien que ce soit par la diversité de ses talents qu'il a pu faire accepter ses idées philosophiques ; mais il y a lieu à chicanes sur la valeur littéraire de ses œuvres. J'ai reçu il y a un mois une lettre de M. Michelet qui semble faire entendre qu'ils passeront l'été et l'automne en Bretagne. Je vous assure, mon cher Noël, qu'il est heureux pour Michelet d'avoir épousé une femme aussi entendue et aussi dévouée. Je plains bien notre cher Dumesnil de n'a voir pu rester à Colmar. Qui diable a pu lui faire rompre si vite des arrangements dont il paraissait charmé ? Je ne sais de ses nouvelles que par hasard : il paraît qu'il a bien peu de temps à lui. On m'avait dit qu'il espérait un retour de fortune en Normandie. Je le souhaite bien, car avec femme et trois enfants, courir les leçons serait une triste ressource. Quand vous le verrez, dites-lui que, qu'il vienne ou ne vienne pas me voir, je n'en fais pas moins des vœux bien sincères pour lui voir une position assurée. Et vous, quand viendrez-vous à Paris ? Nous causerons de Molière, de Voltaire, de Michelet, etc., etc. En vous attendant, je suis tout à vous de cœur.        BÉRANGER.

Vous et votre docteur ne me bénissez pas pour le *Coq et l'Aigle*[1]. La chanson n'est pas de moi ; de plus, je ne la

---

[1] Chanson qui était très-répandue alors et qu'on attribuait à Béranger. En voici le premier couplet :

> Aigle orgueilleux, tu me bannis :
> A toi palais, pompe guerrière,
> A toi les étendards bénits,
> A moi l'atelier, la chaumière.
> Je vois sans fiel et sans chagrin
> Tout l'éclat dont on te redore.
> J'en ai vu d'autres, mon voisin ;
> J'en verrai bien d'autres encore.

A part deux ou trois mots que Béranger n'eût pas écrits, cette chanson était assez dans sa manière de tous les jours, et elle pouvait paraître de lui. C'était

connais pas. Au reste, sachez qu'il y a dix-huit mois que je n'ai fait un seul vers. L'âge a complétement éteint ma pauvre petite verve; peut-être aussi un peu toutes les affaires dont on me charge et qui me volent tout mon temps.

## CXLIX

### A MONSIEUR GUSTAVE PLANCHE [1]

Avril 1853.

Voilà bien longtemps, mon cher Planche, que je suis en quête de votre adresse pour vous aller remercier de tout ce que vous avez écrit de bienveillant et de flatteur à mon sujet. Je n'ai jamais couru après les éloges, même de la part des critiques que j'estime le plus, en tête desquels vous êtes : je n'en suis que plus reconnaissant quand leur approbation m'arrive au fond de ma retraite.

Après les pages où vous m'avez si généreusement traité, me sont arrivés depuis peu deux volumes de peinture et de sculpture. Je relis ces articles avec un nouveau plaisir. Il n'y manque que l'adresse de l'auteur, pour lui dire combien je suis fier de penser bien souvent comme lui. Oui, si j'étais capable d'être juge, en de pareilles matières, il me semble que je prononcerais des jugements semblables, mais je ne les formulerais pas si bien.

---

l'une de ces nombreuses protestations anonymes que provoquait l'empressement de certaines personnes à renier tout le passé de la France et leur désir, souvent marqué, de supprimer jusqu'à notre gloire la plus pure. Le vieux coq gaulois parlait au nom de la France éternelle.

[1] Cette lettre nous est communiquée avec cette date qui, peut-être, n'est pas juste. La publication des *Nouveaux portraits littéraires* (2 vol. in-18) est de 1854, ainsi que celle des *Études sur la peinture et la sculpture*. Quant au grand article sur Béranger mis dans la *Revue des Deux Mondes*, il a paru le 1er juin 1850.

En vous lisant, j'ai toujours souvenir de ce que je vous disais un jour. Publiez, mon cher ami, deux ou trois volumes par an, sur les lettres et les arts, et soyez certain qu'après un an d'attente, quand ces volumes paraîtront, il y aura foule chez vos libraires. La supériorité du bon sens et du goût sont choses rares à toutes les époques, et surtout à la nôtre. J'aurais pu ajouter, la noble indépendance du caractère, base qui manque à tant d'esprits distingués.

Sainte-Beuve m'accuse de donner aux gens des conseils qu'ils ne me demandent pas. Il a peut-être raison. Mais il eût dû dire que je ne les donne, dans ce cas, qu'à ceux dont la valeur m'inspire un vif intérêt. J'espère que vos deux volumes vont achever de prouver au public que je n'avais pas tout à fait tort de vous donner le conseil que je vous rappelle.

## CL

### A MONSIEUR FERDINAND FRANÇOIS

14 avril 1853.

Mon cher François, j'ai réussi auprès de MM. Pereire. Je n'ai demandé que 300 francs, pendant tout le temps (dix ans) de l'éducation des enfants[1]; ils m'ont été accordés avec empressement. J'ai de plus laissé comprendre que, s'il survenait quelques besoins imprévus, je recourrais encore aux bien intentionnés.

De plus, j'ai, aux mêmes conditions, 200 francs d'une

---

[1] Les enfants de madame Pauline Roland, dont M. Jean Reynaud était tuteur. En son absence, M. Ferdinand François, subrogé-tuteur, s'était adressé à Béranger pour subvenir à l'éducation des orphelins dont le sort lui était confié.

autre personne, dont je suis sûr comme de moi, si ce n'est qu'elle est beaucoup moins près que moi de sa fin, et par conséquent dans le cas de tenir plus longtemps ses promesses.

Je compte encore sur une souscription d'une cinquantaine de francs, et vous pouvez ajouter la même somme pour mon compte particulier.

D'après ce qui a été dit, MM. Pereire remettront leur cotisation à M. Lemonnier, qui, si je ne me trompe, avait déjà parlé de cette souscription à M. Isaac. J'ai aussi parlé de madame Lemonnier pour la direction à donner à l'éducation de la jeune fille. Voici, mon cher ami, le résultat de mes démarches. Y a-t-il quelque chose encore à faire qui soit de mon ressort?

## CLI

### A MADAME BLANCHECOTTE

23 avril 1853.

Chère enfant, je ne vous ai pas répondu sur-le-champ, parce que j'espérais vous voir lundi; mais voici un ami qui me demande de l'aide dans un travail pour lequel il a besoin de secours et qui va dès demain s'emparer de mes heures du matin qu'il me coûte tant de sacrifier. Cela durera quatre ou cinq jours. Remettez donc votre bonne visite. Peut-être pourrai-je vous aller voir, s'il ne fait pas trop mauvais, car on m'ordonne de ne pas me faire tremper comme j'en ai l'habitude; il est certain que je ne me remets pas complétement.

Quant à votre sujet de pleurs, vous êtes folle.

Est-ce que vous ne vous êtes pas aperçue que je plaisante

souvent assez maladroitement. D'ailleurs je dirais vrai qu'il ne faudrait pas y prendre garde. Il est dans ma nature de chercher le motif de tout ; or, dès que le motif est bon, je suis l'homme le plus indulgent sur les formes qu'on emploie pour arriver au but. Je sais même gré quelquefois des petits mensonges que je crois entrevoir. Ils ne me font pas douter de l'attachement qu'on me montre, parce que je sais combien le cœur et l'honnêteté sont, dans notre mauvais monde, soumis à des conditions qui répugnent à l'une et à l'autre.

## CLII

### A MONSIEUR DE MERCEY

3 mai 1853.

Depuis que la division des beaux-arts a quitté le ministère de l'intérieur, j'ai l'appréhension de n'y plus trouver la bienveillance à laquelle m'avaient habitué ses différents chefs, et vous entre autres qui avez, monsieur, si souvent accueilli mes demandes en faveur d'artistes sans fortune.

J'ignore jusqu'aux issues et aux détours du palais où l'on vous a logé ; aussi je prends le parti de vous écrire aujourd'hui pour vous recommander encore une fois mon jeune ami le paysagiste Chintreuil.

Il a eu trois tableaux reçus ; bien des connaisseurs leur donnent de grands éloges ; mais, hélas ! monsieur, les acheteurs ne viennent pas en foule. Vous rappelez-vous que, vous disant un jour que je faisais mon possible pour le déterminer à prendre une façon de faire plus en rapport avec les goûts vulgaires de notre public, si peu artiste, vous vous écriâtes : N'en faites rien, vous nous le gâteriez !

Je n'ai pas moins continué de chercher à lui faire comprendre qu'il y avait nécessité de vivre avant tout. Mais tout fut inutile. Il est vrai que j'avais fait la sottise de lui rapporter votre exclamation. Il s'en est depuis fait une réponse à toutes mes remontrances et continue, malgré les ventes à bas prix aux marchands de tableaux, qui y trouvent bien leur compte, à mourir de faim le plus artistiquement du monde.

La réception de ses trois toiles lui a donné le courage ; il serait le plus rassasié des hommes, si vous pouviez, monsieur, lui faire faire une commande un peu plus large que les dernières et qui lui faciliterait des travaux qu'il médite dans son grenier et qu'il irait exécuter à la campagne, car il ne peint bien que devant son modèle. Il a, dans je ne sais quel village, trouvé un pauvre cabaretier, plus connaisseur que nos bourgeois, qui l'héberge à crédit, par admiration pour son talent si naturel et qui avait pris un billet au *Lingot d'or* pour lui faire faire d'utiles pérégrinations. Malheureusement, ce connaisseur généreux, il faut finir par le payer.

Vous, monsieur, qui, entre nous, êtes un peu cause que Chintreuil s'obstine à marcher dans la bonne voie, soyez encore une fois assez bon pour lui fournir les moyens d'y persévérer, et pardonnez-moi cette longue lettre en considération de l'attachement que m'a inspiré ce paysagiste entêté. Ah ! si j'avais gagné le lingot d'or, je ne vous ennuierais pas ainsi [1] !

---

[1] Lettre communiquée par M. de Mercey.

## CLIII

### A MADAME VICTOR HUGO

5 mai 1853.

Madame et amie, vous avez bien raison de m'accuser de paresse. En effet, plus j'approche du terme de ma soixante-treizième année, plus il me coûte d'écrire. Dieu sait pourtant combien de lettres il me faut faire par mois, et pour lesquelles on me force la main. Oh! que je voudrais être dans un petit coin, auprès de votre famille, loin des affaires et des importuns!

Une belle dame, marchande de nouveautés, qui habite Jersey et vous voit souvent, dit-elle, m'est venue voir dernièrement, et m'a répété de Jersey l'éloge que vous m'en avez fait. Elle m'a beaucoup parlé de vous, de vos enfants et du cher Hugo. Malheureusement elle m'a confirmé ce que vous m'aviez dit des douleurs de cœur de notre grand poëte. N'est-ce pas l'effet d'une trop grande assiduité au travail? Tâchez de le déterminer à modérer son ardeur, cela dût-il nous priver de quelque chef-d'œuvre. Il en a fait assez pour sa gloire et celle de la France. Lamartine a été près de six semaines au lit, déchiré par d'affreuses douleurs rhumatismales. Le ciel nous en veut-il à ce point de s'en prendre à nos deux plus grands poëtes? Mes prières ne montent donc pas jusqu'à lui! Hélas! il y a longtemps que je m'en doute, pour beaucoup d'autres choses.

D'après ce que m'a dit la dame en question, vos enfants se portent très-bien tous. Je m'en réjouis.

Je vous dirai ce que vous savez sans doute déjà, c'est que l'auteur des deux beaux bustes de Hugo, David, nous est rendu. Il était temps qu'il revît son atelier; il serait mort de consomption. Sculpteurs et peintres ne sont pas aussi heureux que le poëte qui porte partout son cabinet de travail. Vous en savez quelque chose, et je voudrais bien en savoir autant que vous.

Vous voulez que je vous parle de ma santé. Depuis près de deux mois on m'a dit mort. Plusieurs le soutiennent encore, voilà la troisième fois depuis sept ans qu'on veut m'enterrer. Je tiens bon, malgré une grippe qui me tracasse depuis longtemps, et qui, aujourd'hui même, semble vouloir redoubler. Maux de tête, toux et fièvre s'en mêlent. J'espère toutefois en être quitte bientôt, grâce aux jours de chaleur qui nous arrivent et qui sans doute réchauffent aussi votre île.

Lamennais et Lamartine me demandent souvent de vos nouvelles, et Michelet, qui vient de m'écrire, me parle aussi de votre colonie. Ne manquez donc pas de me tenir au courant de tout ce qui vous advient à Jersey.

Recevez, madame et amie, pour vous et tous les vôtres, l'assurance de mon dévouement et de ma bien sincère amitié.

## CLIV

### A MESDEMOISELLES ***

12 mai 1853.

Je vous aurais écrit plus tôt si j'avais eu une bonne nouvelle académique à vous annoncer. Le concours a fermé sans que la commission ait trouvé une seule pièce digne du prix. L'*Acropole* de sœur Z*** n'a pas été mieux traitée que les autres, qui étaient en grand nombre, et l'ami que j'avais prié de veiller à son destin n'a pu opérer de miracle en votre faveur.

Je vous dirai sincèrement que je m'en étais douté. Ce ne sont pas les bons vers que l'Académie couronne, mais les beaux vers, bien ronflants, bien travaillés, et dont la lecture peut produire de l'effet sur un auditoire amoureux des tirades ampoulées. Or vos vers ne sont pas de ceux-là. Vous visez à dire quelque chose, à le dire le mieux possible et même le plus simplement du monde. Vous aurez donc toujours peu de chance à l'Institut. Au reste, l'Académie n'a pas trop de tort. Elle est dans la condition d'agir ainsi. Ce qu'elle devrait faire, ce serait de renoncer à ces malheureux prix : il vaudrait mieux couronner, chaque année, le meilleur volume de poésie publié, quel que fût le genre, hors pourtant les publications en patois, si grand qu'en fût le mérite, car l'Académie est fondée pour le maintien et l'extension de la langue française. C'est une des grandes idées de Richelieu.

Comme l'*Acropole* sera remis au concours, voyez si vous avez le courage de retoucher votre poëme [1].

Vous êtes bien heureuse d'avoir un joli jardin, même un bois. Comment, avec tout cela, avez-vous eu l'idée de venir vous emmansarder à Paris? Je voudrais bien avoir un pareil nid. Hélas! je mourrai sans avoir été logé à mon goût. A soixante-treize ans ce n'est plus la peine d'y penser. J'ai appris de bonne heure à me résigner. C'est une vertu que vous avez encore plus que moi, et, en vérité, vous méritiez d'en obtenir une meilleure récompense. Vous l'aurez, je l'espère.

Adieu, mes chères enfants, ne m'oubliez pas, moi qui pense si souvent à vous, et croyez-moi votre bien bon ami.

[1] C'est madame Colet qui a obtenu le prix.

## CLV

#### A MONSIEUR VOGUET

5 juin 1853.

La dame Valmore dont vous me parlez n'est pas comtesse ; c'est madame Desbordes-Valmore, ancienne actrice, auteur de deux ou trois volumes de poésie qui lui ont fait prendre et garder la première place parmi les femmes poëtes de notre époque. Elle a éprouvé de grands malheurs : la mort de deux filles chéries, dont la dernière a été inhumée il y a à peu près six mois. Jamais un meilleur cœur de mère n'a été plus cruellement déchiré. Ce sont là de ces douleurs que les vers ne peuvent exprimer, si beaux qu'on les sache faire.

J'ai donné de vos nouvelles à Lapointe, qui travaille à fournir des contes à différents recueils. Il assure que cela lui rapporte un bénéfice suffisant pour lui et les siens. J'en doute un peu. Ah! que n'a-t-il eu le bon esprit, tout en écrivant, de continuer de faire des souliers ! Ses vers et sa prose n'en auraient pas moins valu, et il en eût valu davantage, tout bon et honnête qu'il est.

## CLVI

#### A MONSIEUR PERROTIN

5 juin 1853.

Mon cher Perrotin, d'après ce qu'on m'a dit du contenu du rouleau[1] laissé par vous hier, je n'ai pas cru devoir

---

[1] Une partie des *Mémoires du roi Joseph*, publiés en 1853 et en 1854.

l'ouvrir pour en prendre connaissance. Mon avis vous serait complétement inutile. Vous pouvez juger sans moi de la valeur d'une telle publication. Quant à la convenance de cette publication, ce n'est ni vous ni moi qui pouvons la juger. Sans doute les personnes qui vous ont fait remettre ces papiers peuvent vous donner des assurances à cet égard, mais cela ne suffirait pourtant pas, selon moi. L'empereur Napoléon III peut seul décider de la convenance et de l'opportunité de la publicité de pièces concernant les membres d'une famille dont il est le chef politique.

Sans l'autorisation impériale, je trouve qu'il pourrait y avoir des inconvénients pour vous à vous faire l'éditeur des papiers qu'on vous a confiés.

Au reste, consultez sur ce point quelque homme plus éclairé que moi.

## CLVII

### A MONSIEUR CLAIRVILLE

25 juin 1855.

Mon cher confrère, vos pièces me procurent presque autant de satisfaction et d'amusement que le recueil de vos chansons[1], et c'est beaucoup dire, car ce recueil est pétillan de ce bon esprit gaulois que nos mélancoliques semblent avoir étouffé sous les inspirations d'outre-mer et d'outre-Rhin. Tout ce qu'il y a de gaieté, d'heureuse fantaisie, de raison déguisée dans vos chansons, je l'ai re-

---

[1] M. Clairville (Louis-François Nicolaï, dit), qui a composé tant de pièces pour nos modernes théâtres de la foire, venait de publier en un volume in-12 un recueil intitulé : *Chansons et Poésies*.

trouvé dans plusieurs de vos vaudevilles. Quand l'auteur ne fait pas mieux, c'est que le temps lui manque. C'est ce qui arrivait aux pères du théâtre de la foire, les Collé, les Panard, les Regnard, les Lesage, les Piron, etc., etc.; mais ne pourriez-vous, comme plusieurs d'entre eux, à présent que vous vous êtes si bien fait connaître par la spontanéité de vos inspirations, élever un peu vos prétentions littéraires? J'ai remarqué des vers du recueil chantant, qui me font penser que vous devriez tenter la comédie, cette comédie de Regnard, Dufresny, Dancourt, Picard, qui me semble fort abandonnée de nos jours. Nous autres, gens de la petite littérature, que dédaignent, avec raison sans doute, les grands écrivains, nous devons tenter et prouver parfois que nous valons mieux que nos œuvres, ne serait-ce que pour fournir l'occasion de crier à la jalousie de nos voisins.

Allons, cher confrère, du courage! C'est le mot que se disait sans doute l'auteur du *Joueur* et du *Légataire*, quand il se hasarda dans le domaine de Molière. Répétez-vous-le, et vite à l'œuvre! Je voudrais assister à un pareil succès; mais j'ai soixante-treize ans, et vous savez qu'on m'a déjà enterré plusieurs fois. Dépêchez-vous donc.

## CLVIII

### A MONSIEUR ***

3 juillet 1853.

... Il y a deux espèces de politique, la petite et la grande: à la petite appartiennent tout naturellement les hommes qui n'ont en vue que leur intérêt personnel et qui passent leur inutile vie autour d'une misérable question de protocoles. Leur vue s'arrête sur les événements qu'ils ont sous la main. A la grande politique appartiennent ces vigoureux esprits qui s'appellent dans l'histoire Charlemagne, Louis XI, Richelieu, Cromwell, Henri IV et Napoléon. Ces hommes-là sont très-forts et leur regard d'aigle embrasse l'avenir.

... Napoléon III a joué le rôle d'Octave; je ne sais pas s'il jouera celui d'Auguste, qui ne me semble pas convenir à sa nature... Il faut attendre pour pouvoir juger sainement le personnage. La corde où il est placé n'est pas assez solide pour qu'il se hasarde à de grands mouvements. Je voudrais le voir se jeter corps et biens dans la démocratie; mais il me semble qu'il n'aura point cette sagesse : s'il savait caresser les paysans, il établirait sa dynastie pour cent ans. Les paysans! voilà le grand appui de tout nouveau gouvernement! Les paysans défendront Napoléon, moins par sympathie que par intérêt. Ils forment une masse de vingt ou vingt-deux millions; c'est là une armée formidable qu'il serait beau de diriger. C'est égal, mon ami; si vous vivez encore quarante ans, vous verrez de bien grandes et bien terribles choses. Le vieux monde s'en va et je suis de ce monde-là, je le sens chaque jour davantage.

*P. S.* Veuillot a plus d'esprit que vous ne croyez. Prenez garde à vous. Les dévots ont des griffes.

## CLIX

#### A MADAME VICTOR HUGO

3 juillet 1853.

Madame et amie, c'est vous maintenant dont les lettres se font attendre. J'aurais pourtant bien voulu savoir si les douleurs de cœur de Hugo avaient persisté. Je crains qu'il ne se consume à rêver et à travailler. Quelques nouvelles indiscrètes me sont bien arrivées, mais peu certaines et peu fournies de détails. Or, dans la position où vous êtes, tous les détails sont intéressants.

J'espérais que Vacquerie viendrait passer quelque temps à Paris. Il ne me les eût pas ménagés, les détails. Malheureusement il n'arrive pas. Est-ce qu'il n'a pas une pièce à soigner au Théâtre-Français ? ou lui serait-il arrivé ce qui arrive à Suë ? Vous avez vu qu'un arrêté lui a supprimé le droit de rentrer, lorsque je m'occupais de lui faire obtenir un passe-port, que je lui croyais à peine nécessaire. J'ai eu à courir pour des personnes arrêtées, dont la complète innocence m'est bien démontrée.

On devrait bien m'éviter ces courses, car je vieillis terriblement, et les jambes se refusent aux trop longues promenades.

Vous n'en êtes pas là, vous autres jeunes gens. Comment va la photographie ? Charles et Victor sont-ils devenus de grands artistes dans ce genre ? Ils seraient bien aimables de m'envoyer les portraits de l'illustre famille. Michelet est venu faire imprimer les deux derniers volumes de la *Révolution*. Hier, nous parlions de vous tous, et, si vous nous entendiez, vous auriez vu que nous n'avions pas besoin de vos portraits pour vous voir en beau. Hélas ! nos souvenirs ne font qu'augmenter nos regrets. Si encore les vers de notre grand poëte nous arrivaient ! Moi, du moins, je n'en puis rencontrer un seul. Je ne puis cependant croire que Hugo laisse passer cette époque de sa vie sans y semer des strophes aussi magnifiques que celles qui ont depuis si longtemps immortalisé sa gloire.

Est-ce que je ne les verrai pas, moi qui n'ai plus que peu de jours à vivre ?

## CLX

#### A MADAME B\*\*\*

J'ai un petit moment à vous consacrer, et j'en profite. Mon pauvre Lamartine vient de nous arriver : je voudrais qu'il pût se tirer d'affaire ; mais j'en doute et cela m'afflige.

Ce qui m'afflige plus encore c'est Manin. J'ai eu le spectacle de sa malheureuse fille dans un état que je ne vous décrirai pas : il m'en a trop coûté de le décrire à Bretonneau. Au milieu de pareilles douleurs, concevez-vous que l'intelligence reste intacte [1] ?

Concevez-vous cette pauvre fille se préoccupant de tout le mal que son mal fait à son excellent père, le pressant de ses mains crispées et lui demandant pardon du martyre qu'elle lui fait éprouver !

Mais pourquoi vous affliger de ce tableau ? Amusez-vous où vous êtes ; vous devez être là au milieu de gens heureux, ou qui font semblant de l'être ; ayez l'air de les croire.

Adieu, chère dame. Mes amitiés à B\*\*\*, et tout à vous de cœur.

Judith vous présente ses amitiés.

*P. S.* J'ai reçu la visite de madame Beecher Stowe. Elle est charmante. Judith prétend qu'elle ne paraît que trente ans, bien qu'elle ait eu sept enfants. Elle ne parle pas encore le français, nous avons pourtant beaucoup ri ensem-

---

[1] Mademoiselle Émilia Manin a survécu jusqu'en 1855. Manin est mort le 22 septembre 1857. Deux mois auparavant, le 15 juillet, il était venu verser des larmes sur le fauteuil où Béranger achevait de mourir.

ble. Puis nous nous sommes embrassés. Il paraît qu'elle n'est pas partout comme cela. J'en suis fier[1].

### MONSIEUR DE LAMARTINE A BÉRANGER

Cher et illustre, mais surtout bon, vous savez que je respecte l'incognito de la gloire, et que je ne vous ai jamais levé le masque du bonhomme pour dévisager l'homme de célébrité ; mais enfin il le faut. Il s'agit d'un Américain, passionné pour vous, qui me supplie de lui ouvrir votre ermitage.

Je le mènerai jeudi, à deux heures, chez vous, sauf contre-ordre. Vous savez que je sais compatir aux mots que j'ai soufferts et que j'abrégerai votre supplice.

Adieu et éternelle, quoique tardive affection : « *Libertas quæ sera tamen!* »

## CLXI

### A MONSIEUR ADOLPHE CAZALET

23 juillet 1853.

Pardonnez-moi, monsieur, d'avoir tant tardé à vous remercier de votre volume.

Je vieillis beaucoup et ma paresse à écrire augmente avec les années. Il y a déjà plusieurs mois que j'ai vos *Esquisses littéraires*[2] et que je les ai lues avec un vrai plaisir, en me demandant comment il se faisait que vous ne vous soyez pas lancé dans la haute critique littéraire. C'est un besoin de l'époque auquel vous eussiez parfaitement répondu,

---

[1] On peut lire dans les *Souvenirs heureux* ce que madame Beecher Stowe a dit, de son côté, de cette visite faite par l'auteur de l'*Oncle Tom* à l'auteur des *Quatre âges historiques*.

[2] *Esquisses littéraires et morales.*

ayant en connaissance et en étendue d'esprit ce qui manque à beaucoup de ceux qui se sont emparés de ce rôle.

Croyez-bien, monsieur, que ces éloges sont indépendants des éloges que vous me prodiguez. Ceux-ci seraient plutôt capables de décréditer mon opinion, car ils sont de nature à faire penser que vous vous laissez un peu emporter par vos goûts ou vos affections particulières. Or, ce qui ne peut qu'augmenter la gratitude que je vous dois pourrait bien ne pas être un titre à la confiance des juges impartiaux.

Je n'en regrette pas moins de vivre, ou, pour mieux dire, d'achever de vivre loin du monde et surtout du monde des littérateurs, car, malgré le trop grand bien que vous dites de moi, monsieur, je tâcherais d'obtenir que quelques journaux, restés grands seigneurs, bien qu'Alcibiade leur ait coupé la queue et les oreilles, je tâcherais, dis-je, qu'ils s'occupassent de vos *Esquisses* et leur rendissent la justice qu'elles méritent.

Vous autres, gens d'esprit de province, il est bien rare que cette bonne fortune vous arrive. Aussi ai-je souvent pensé que les départements devraient avoir à Paris un journal à eux, consacré à leurs intérêts matériels et intellectuels, et faisant, au besoin, bonne guerre aux confrères de la capitale : il me semble qu'il aurait bon nombre d'abonnés sans grands frais de rédaction. S'il s'établit, mettez-vous à la tête de l'entreprise; elle aura encore un succès plus certain.

## CLXII

### A MONSIEUR VIDEAU

1ᵉʳ août 1853.

Il est d'usage à l'Académie de ne donner connaissance des décisions pour les prix qu'à l'époque de la séance qui leur est consacrée dans la distribution du mois d'août. Voilà pourquoi, mon cher Videau, aucune nouvelle n'en est arrivée à M. Lion[1].

La décision prise à son égard n'a pu être changée; je l'aurais su. Attendez donc. Je pense que la distribution sera du 15 au 25 août.

Vous connaissez M. Thiéblin; il m'a parlé de vous en me venant faire ses adieux. Je lui ai l'obligation de plusieurs services rendus à des proscrits, et il est impossible d'y mettre une meilleure grâce et plus d'empressement. Il m'a dit être satisfait du peu qu'il a reçu en échange de sa belle place. Je n'ai pas pu débrouiller la chute de son ministre et la sienne. Ce que je sais, c'est qu'il a laissé ici la réputation d'un homme humain et serviable, et que je lui serai reconnaissant à jamais pour les malheureux qu'il a servis à ma recommandation, et que j'ai bien regret de ne l'avoir pas connu plus tôt[2].

---

[1] Voir la lettre du 12 mars 1853 à madame Cauchois-Lemaire.
[2] Lettre communiquée par M. le chevalier de Coucy.

## CLXIII

### A MADAME DONNAY[1]

13 août 1853.

Chère fille, je n'approuve ton projet que dans son intention. Mais, si tu ne donnes qu'à des gens qui te servent, ne crains-tu pas que messieurs les parents n'interprètent ta générosité que comme une gratification donnée à des salariés afin d'éviter de les augmenter? Penses-y.

Je ne me souviens pas de la somme que tu as à partager. Mais, pour que la bonne profite de ton intention charitable, je te propose d'ajouter une somme égale à celle que le partage lui procurait, et cette somme, tu la lui remettrais secrètement, ce qui vaudrait mieux pour n'être pas questionnée sur la cause qui t'intéresse si particulièrement à elle, lorsque vous ne l'avez que depuis si peu de temps à votre service.

Ne t'inquiète pas de la dépense pour moi. Je t'ai dit, je crois, qu'on m'avait fait dépositaire d'un petit trésor[2] où je puis puiser pour de pareils actes. Dis-moi seulement quelle somme il faut que je te porte.

## CLXIV

### A MADAME B***

16 août 1853.

Bonjour, comment vous portez-vous? Je vous réponds par une question que je vous aurais adressée plus tôt si je n'a-

---

[1] Mademoiselle Pauline Béga.
[2] Ceci montre bien ce que faisait Béranger des 931 francs de rente dont il s'était trouvé obligé d'accepter l'offre et dont parle la lettre, à M. Joseph Bernard, du 3 janvier 1853.

vais cru voir vos amis Legouvé et avoir par eux de vos nouvelles. M. Goubaux m'avait envoyé une invitation à sa distribution[1], je ne vais point à ces cérémonies par une raison que vous savez, mais j'ai voulu aller féliciter le maître; malheureusement je ne l'ai pas rencontré. On m'a dit qu'il était à la campagne; j'en ai été peu surpris : il n'y a plus d'escalier à son appartement.

Je voudrais pouvoir vous rendre compte des merveilles de nos fêtes, mais je garde la chambre depuis huit jours, par suite de je ne sais combien de maux. Sans m'en douter, nous avons eu le spectacle du feu d'artifice de ma fenêtre, où Judith et madame Lacoste ont pu s'en crever les yeux à leur aise.

Quoi! la pauvre madame Reg\*\*\* a eu le douloureux spectacle de la mort de Cab\*\*\*. Cela est terrible à son âge! Pauvres vieux, tout retombe toujours sur nous quand nous n'avons pas la précaution de nous coucher d'abord sur les autres.

En voilà un vieux, c'est le doyen de l'Académie[2]! Vous avais-je dit qu'il m'avait écrit pour me rappeler qu'il avait présagé mes succès il y a quarante ans? Sa lettre était des plus gracieuses. Eh bien, sachez que je me crois aujourd'hui plus vieux que lui, malgré ses quatre-vingt-cinq ou quatre-vingt-six ans. Il m'était impossible de lui tourner une réponse un peu convenable, et je l'ai recommencée trois fois.

Je ne veux pas trop ennuyer mes amis de ma déchéance sénile; mais, chaque jour, j'ai l'occasion de la constater. Me voilà bien! J'apprends que Dumas prépare dans ses

---

[1] Du collége Chaptal. M. Goubaux, connu dans la littérature dramatique sous le nom de Dinaux, est mort en 1859.
[2] M. de Lacretelle.

*Mémoires* un article pour insinuer ou démontrer que je suis partisan secret de l'empire actuel. Imbécile et vieux, comment me défendrai-je? Il est vrai que l'on choisit le temps où, pour se défendre, il faut la liberté de la presse. Ce qui me ferait rire, c'est que ces messieurs appuyassent l'accusation sur les services que j'ai pu rendre depuis deux ans!

Parlons de B*** : il paraît décidément qu'il a les goûts champêtres. Je m'en réjouis, parce qu'il me semble qu'en cherchant un peu vous trouverez un jour un bon petit coin où il pourra cultiver lui-même les fleurs que vous aimez tant et des fruits pour ses amis.

Je vais avoir grand embarras demain jeudi, et vendredi, jour de ma naissance. Nous avons livré l'affaire au hasard. On viendra chacun à sa guise, jeudi ou vendredi. Il n'y aura peut-être personne un jour et tout le monde l'autre : au hasard! nous nous en tirerons comme nous pourrons. Ce n'est pas moi qui chanterai, je suis trop momie pour cela.

Voici un bien long bavardage, et, le croiriez-vous? ma main ne va plus bien. O honte! un ancien expéditionnaire! Comme les plus nobles facultés se dégradent!

Judith, qui vieillit fort aussi, mais qui ne s'attriste pas, me charge de tous ses compliments pour vous.

Adieu, fille de votre père[1], faites mes amitiés à votre mari et croyez-moi tout à vous de cœur.

[1] M. de Jouy.

## CLXV

### A MADAME BLANCHECOTTE

Août 1853.

A franchir les sentiers d'une vie inégale
Le ciel ne peut vouloir vous aider à demi :
Vous joignez aux vertus que prêche la fourmi
    Les plus doux chants de la cigale [1].


## CLXVI

### A MONSIEUR ALEXANDRE DUMAS

19 août 1853.

J'apprends, mon cher Dumas, que vous vous préparez à publier (dans vos Mémoires sans doute) un article où vous me reprochez de m'être fait le partisan du nouvel empire. Qui a pu vous mettre sur mon compte une pareille idée en tête? Vous ne m'en avez rien dit lorsque vous m'avez ren-

---

[1] Ce quatrain est une réponse au sonnet suivant :

> Trois ans déjà! C'était un lundi soir;
> Comme aujourd'hui c'était un jour de fête,
> Date bénie où notre cœur s'arrête;
> Je l'ignorais, et je vins pour vous voir.
>
> Le croiriez-vous? Agitée, inquiète,
> Songeant toujours à mon passé trop noir,
> Je redoutais de voir le grand poëte!...
> J'allais tomber; vous me fîtes asseoir.
>
> Oh! peur d'enfant, crainte folle et tremblante,
> Mots bégayés, pleurs sur ma main brûlante,
> Tout disparut : je me revois souvent!
>
> Vos doux yeux bleus n'avaient rien de terrible;
> Dans votre voix parlait un cœur sensible,
> Et votre voix m'appela : Chère enfant!

19 août 1853.

(V. *Rêves et Réalités*, poésies de mademoiselle M. B., 1855.)

contré. Je suis même sûr que vous n'en croyez rien. Vous voulez seulement vous venger de mes mauvaises plaisanteries par cette espièglerie nouvelle qui serait chose fort sérieuse pour moi, dont la vie tout entière devrait suffire pour répondre à une pareille accusation.

Je ne fais pas mystère de mes opinions, tout en respectant la bonne foi dans les opinions opposées. Au reste, la politique vous a toujours fort peu occupé : n'en parlons pas ici. Mais ce que vous eussiez dû vous dire en formulant le jugement que vous portez sur moi, d'après je ne sais quelles dépositions, c'est qu'à Paris je manquais de liberté pour repousser l'accusation, moi qui vis loin du journalisme. Je viens donc exiger de vous que vous me fassiez faire place au barreau.

Si votre article paraît dans la *Presse*, où je n'ai aucune relation, j'aurai besoin que ma réponse se trouve dans le même journal. Obtenez-moi donc de M. de Girardin, que je connais trop peu pour ne pas me faire appuyer auprès de lui, l'assurance qu'il voudra bien faire insérer quinze ou vingt lignes dans un des numéros qui suivront le vôtre. Je promets, bien entendu, de me tenir dans les termes que la censure ne peut incriminer, ce qui ne sera pas chose facile. Au reste, M. de Girardin sera juge, et je connais assez son esprit pour compter sur ses bons conseils.

J'ai aujourd'hui soixante-treize ans. C'est un peu dur d'être obligé de venir, à cet âge, se faire donner un certificat de bonne vie et mœurs. Vous le voulez. Répondez-moi le plus tôt possible et pardonnez-moi d'avoir pris mon papier à l'envers.

*P. S.* J'ai eu une vive peur il y a trois jours : on est venu m'annoncer la mort de Victor Hugo. Heureusement que Vacquerie, qui avait à m'envoyer les daguerréotypes de toute la famille et même de la maison, m'a écrit et donné des nouvelles qui sont excellentes[1].

## CLXVII

### A MONSIEUR ALEXANDRE DUMAS

21 août 1853.

Mon cher fils, je me suis mal exprimé ou vous m'avez mal compris. Je ne demande le sacrifice de rien de ce que peut contenir votre article. Je n'en veux pas même recevoir communication; mais, quand il aura paru, si je juge utile d'y répondre, je désire que M. de Girardin m'en accorde la facilité dans son journal. La faveur que je sollicitais de votre crédit se réduit à cela, et je vous remercie de me la faire espérer pour en user, si bon me semble.

Vous concevez qu'il m'en coûte d'occuper encore le public de moi, et que je ne veux pas me laisser remettre en scène par ceux qui n'ont pas cru devoir protester à la Chambre et dans les journaux lorsque j'ai été déclaré *citoyen indigne* et privé de tout droit politique. Le mieux, d'après cela, est de rester dans le coin où l'on m'a repoussé, et où, du reste, j'ai passé toute ma vie.

En bon fils, arrangez-vous donc pour ne pas me forcer d'en sortir. Vous le ferez si vos témoignages d'attachement sont aussi sincères que je me plais à le croire. Ne m'envoyez donc pas M. Neftzer, parce que je ne veux même pas jeter les yeux sur les épreuves, quelques remercîments que je vous doive pour le bien que, dites-vous, votre article contient sur mon compte.

---

[1] Cette lettre à M. A. Dumas et les deux suivantes ont été publiées en *fac-simile* dans le journal le *Monte-Cristo* du 26 novembre 1857.

On m'avait dit hier que vous étiez à Paris. Tout souffrant que je suis, j'ai couru chez votre fils chercher votre adresse. Il était absent. Je lui ai laissé un mot. Sans doute on s'était trompé en m'assurant votre présence à Paris.

Aujourd'hui j'ai trouvé votre lettre à ma rentrée pour dîner ; je crains que ma réponse ne puisse partir que demain.

Tout à vous.

## CLXVIII

### A MADAME CAUCHOIS-LEMAIRE

22 août 1853.

Votre mari m'écrit que vous serez à Vervins[1] jusqu'au 24. Je me hâte de vous y adresser un petit bonjour. Vous avez beaucoup d'affaires, à ce qu'il paraît. Tant mieux ! Signalez-vous. Les dîners vont-ils aussi bien ? Il me semble que vous avez fait des observations très-approfondies sur les mérites de la Champagne. N'allez pas y puiser le dégoût des pauvres vins de la pension bourgeoise. Votre mari vient de m'écrire pour m'offrir à dîner chez lui. Je vous dénonce cette propension à la dépense qui le saisit en votre absence. Auriez-vous deviné une pareille escapade de sa part? Si j'avais accepté, peut-être eût-il invité M. le Directeur des Archives. J'ai coupé court à cette folie.

Devineriez-vous aussi que me voilà en correspondance avec mon fils Dumas, qui s'avise de vouloir parler de moi dans ses Mémoires sous le rapport politique à l'époque actuelle ! Je crains qu'il n'en résulte des ennuis pour moi, car il me faudra sans doute répondre, et je pourrai y per-

[1] En tournée d'inspection des écoles primaires et salles d'asile.

dre le peu de crédit que j'ai su me conserver, vous savez pour qui. Nous verrons, et bientôt sans doute. Je ne serai donc jamais tranquille !

J'ai écrit à l'ami Dupont. Il m'a fait répondre une bonne petite lettre où il me parle de vous. Quant à sa santé, vous savez ce qu'il peut m'en dire. Du reste, il ne me fait aucune invitation de l'aller voir. On m'a assuré qu'il devenait sourd. Je crois bien que c'est mademoiselle qui a tenu la plume. Je l'en avais remerciée d'avance.

Nous avons fêté ma naissance deux jours de suite, Perrotin et sa femme étant pour le vendredi. Malheureusement j'étais souffrant les deux jours et je donnais à baiser aux convives une fluxion et même deux. Ils ne devaient trop savoir ce que je leur présentais. Ils s'en sont pourtant tirés assez courageusement. O divine amitié ! Me voilà enfin embarqué dans la soixante-quatorzième année.

## CLXIX

### A MONSIEUR BRETONNEAU

24 août 1853.

Cher ami, je vous écris le cœur navré. J'ai vu la pauvre malade dans un des accès qui se succèdent depuis cinquante jours. Quelle horrible souffrance ! Quelle qu'en soit la violence, la malheureuse fille conserve toute sa raison. Il faut entendre les pardons qu'elle demande à cet excellent Manin, qui reste là muet, anéanti. Ce que je ne puis comprendre, c'est qu'en ses tortures elle demande, quoi ? un accès d'épilepsie pour la soulager de son autre martyre qu'elle nomme magnétisme. Elle fait la description et la distinction des deux maladies qu'elle s'obstine à ne pas confondre, sans toutefois nommer la dernière, dont le nom seul lui cause de l'effroi, et qu'elle prétend ne lui être venue que depuis quatre ans. Elle vous a entendu parler du sang, et veut qu'on ne lui dise plus que ce mot. C'est le sang, dit-elle. Elle la dépeint comme un réseau de cordes qui la serre dans tous les membres et la force, par de douloureuses contractions, à des mouvements involontaires qu'elle ne peut dominer. Elle montrait ses pauvres doigts recroquevillés, qu'il lui était impossible de ramener à la position naturelle. Que devait être tout son corps? Il me semblait voir une déviation de l'épine dorsale pendant qu'elle me parlait.

Ce qu'elle demande à mains jointes, quand elle peut les joindre, c'est de mourir pour mettre un terme aux souffrances morales de son pauvre père. Quel homme, mon Dieu! avec tant de vertus, être ainsi frappé! C'est bien le cas de douter de la Providence.

Il ne veut pas apporter le moindre changement à vos prescriptions. Roguetta non plus. Selon eux, si on éteint l'épilepsie, l'autre mal cédera de lui-même. Est-ce sûr?

Mais, dis-je, si le magnétisme a fait le mal, ne peut-il le guérir, ne fût-ce qu'en agissant sur l'imagination? Oh! combien tout cela explique les superstitions des temps passés! Cette pauvre malheureuse me semblait une sœur du petit possédé de la *Transfiguration*[1]. Comme un ignorant, je me suis étonné que vous ayez défendu les bains.

Pourtant si, par immersion, on faisait pénétrer dans toutes les parties de ce corps je ne sais quels calmants, ne pourrait-on pas rendre un peu de repos à cette machine désorganisée par cinquante jours et cinquante nuits d'atroces souffrances? Un peu d'opium, de morphine, que

---

[1] De Raphaël.

sais-je, moi, ne pourrait-il pas aller au cerveau, siége de toutes ces douleurs ? N'y a-t-il pas aussi des exutoires pour de telles maladies ?

Oh ! cher ami, que vous avez dû maudire votre science dans les longs mois passés auprès de \*\*\* ! Mais pourquoi renouveler vos maux ? Je sais d'ailleurs, vous le seul médecin qui m'ait inspiré de la confiance, vous que je place si haut au-dessus de tant d'autres, je sais ce que vous me répondrez : Nous ne savons rien ou presque rien. Que je vous plains ! Pardonnez-moi de vous venir affliger mal à propos et croyez-moi tout à vous de cœur.

## CLXX

### A MONSIEUR ALEXANDRE DUMAS

4 septembre 1853.

Cher fils, je ne sais comment vous vous y êtes pris, mais il ne me reste à vous faire que force compliments pour ce qu'il y a d'esprit dans les articles que j'ai lus, et plus encore à vous faire des remercîments pour les fleurs et même les lauriers dont vous voulez bien parer ma tête chauve, parure dont mon scepticisme ne peut s'empêcher de rire.

Ce que je craignais, c'était, à soixante-quatorze ans, d'être obligé de mettre encore le nez à la fenêtre, ce que certes je n'aurais pas manqué de faire, car mon besoin de repos n'aurait pu m'empêcher de rectifier les idées que vous avaient soufflées sur mon compte des gens que je ne devine pas, et qui ignorent sans doute qu'il y a plus de cinquante ans, si j'ai signé pour le consulat à vie, je n'ai pas signé pour l'Empire. Si la politique a pu depuis modifier un peu mes idées, elle n'a jamais eu le pouvoir de changer mes principes, ainsi que le prouvent mes petits vers.

Ce que je n'ai pas voulu vous dire d'abord, parce que cette considération était de nature à vous toucher trop, je vais vous l'avouer aujourd'hui.

J'ai conservé plusieurs relations parmi les gens arrivés ou restés au pouvoir. Ces relations me procurent l'avantage de rendre quelques services à ceux qu'opprime la politique ou la misère. Bien qu'à Paris mes opinions soient mieux connues qu'à Bruxelles, ces puissances administratives se montrent accueillantes pour moi. Mais, si j'avais écrit quelques lignes qui eussent fait scandale, ces personnes n'eussent plus osé me rendre même mon salut : du moins je devais le craindre.

Laissez-moi mon métier de solliciteur, le seul qui puisse encore utiliser la fin de ma vie, autant que ma popularité le permettra; car c'est un devoir pour moi de prouver à ceux qui me l'ont faite que j'ai dû apprécier les obligations qu'elle m'impose, même quand elle sera tout à fait disparue, ce qui sans doute ne peut tarder.

D'après cette explication, vous concevez, enfant terrible, pourquoi, moi qui ne réponds jamais à ce qu'on écrit sur moi, j'ai dû me préoccuper des articles qu'on annonçait de vous.

Adieu, mon cher Dumas, « l'épicurien[1] » de la pension bourgeoise vous fait ses amitiés et vous souhaite tous les succès possibles, surtout aux *Français*.

---

[1] Allusion à une expression de M. A. Dumas.

## CLXXI

#### A MONSIEUR JULES CLARETIE

*10 septembre 1853.*

Je vous remercie, monsieur, de la pièce de vers que vous m'avez fait l'honneur de m'adresser ces jours-ci ; vous me dites que vos sentiments sont ceux de toute la jeunesse actuelle : je veux bien le croire, puisque vous me l'assurez, et j'en suis d'autant plus heureux que c'est surtout à la jeunesse que je me suis adressé dans ce que j'appelle mes chansons et ce que vous nommez mes odes.

Vous me permettrez bien pourtant de ne pas accepter le titre d'Homère du peuple que vous m'accordez si facilement ; non, monsieur, je ne suis pas un Homère et je n'ai certes jamais eu la prétention de l'être. Croyez que vous me faites assez d'honneur en m'admirant comme chansonnier, et, puisque vous voulez me donner un titre, donnez-moi ce dernier, qui est le seul que j'ambitionne.

Quant aux conseils que vous me demandez, monsieur, j'hésite encore à vous les donner, car vous allez y trouver probablement le contraire de ce que vous attendiez. Cependant je vais le faire, car vous m'avez interrogé si franchement et avec une telle confiance, que j'aurais mauvaise grâce à ne point vous contenter.

Je vous dirai donc, monsieur, de vous défier de ce que vous appelez votre nature contemplative et de faire tout ce qu'il vous sera possible pour vous guérir de ces rêveries qui ne mènent à rien qu'au dégoût de tout ce qui est action ou lutte. J'ai lu quelque part dans Rousseau que nous ne sommes pas seulement sur terre pour penser, mais encore pour agir; pesez mûrement cette pensée; vous y trouverez le remède « à votre mal ».

J'ai connu autrefois un jeune homme qui, comme vous, se sentait tourmenté de secrètes aspirations vers la gloire et l'inconnu, et qui s'était tellement pénétré d'idées de dégoût et d'amertume, qu'un beau jour il a fini par le suicide.

Ce devrait être, monsieur, une leçon donnée à tout découragement et surtout à un découragement jeune, car ce n'est pas à votre âge (vous me dites que vous avez vingt ans), ce n'est pas lorsqu'on a à peine entrevu la vie qu'on doit en trouver le fardeau trop lourd et s'abandonner au désespoir.

Attendez d'avoir, comme moi, soixante-treize ans passés pour médire des hommes; et encore, croyez bien que je n'en médis pas tous les jours.

Vos parents, dites-vous, ne veulent point laisser se développer votre « essor poétique »; soyez sûr que c'est par pur amour pour vous; ils craignent, sans doute, de vous voir embrasser une carrière qui offre si peu de joies pour tant de peines; je ne puis vous dire que de les écouter et surtout, avant de vous décider, de vous demander si vous vous sentez bien la force de braver les difficultés et surtout de les surmonter.

Je m'arrête là, monsieur, regrettant de venir détruire peut-être une de vos illusions : celle de voir la carrière poétique dépeinte par moi sous de riantes couleurs.

Pardonnez-moi de vous l'avoir présentée telle que je la vois, et recevez avec mes sincères remercîments l'assurance de ma parfaite considération.

## CLXXII

#### A MONSIEUR BARANDEGUY-DUPONT

12 septembre 1853.

J'espérais, mon cher monsieur, vous voir arriver à la suite de votre *odelette*, comme on disait au temps de Ronsard; mais point; il faut que je vous envoie un accusé de réception. Or savez-vous qu'il est peut-être plus embarrassant de remercier que de flatter, surtout en vers? Le vers permet toute sorte d'exagération, témoin les strophes que j'ai sous les yeux. La prose n'a pas permission d'enfler ainsi son ballon. Heureusement que vos vers sont de ceux qu'on peut louer sans recourir aux hyperboles. Si à ma mort on pense à me faire une *couronne poétique*, je souhaite que cette ode en soit la première fleur, et que, dans votre recueil, elle trouve place auprès de la *Nuit des fées*, que j'ai lue avec tant de plaisir.

Vous dites dans l'ode que vous avez la bonté de m'adresser qu'on a paru dédaigner vos rimes; mais qu'avez-vous fait pour les faire connaître? Ne saviez-vous pas qu'à Paris il faut courir après les trompettes? Quand il y avait une loterie, trompettes et tambours accouraient à la porte du gagnant. En littérature, c'est tout autre chose; c'est la musique qui attire le gros lot. Pourquoi n'avez-vous pas versé à boire aux musiciens? J'en connais beaucoup qui l'ont fait, et bien leur en a pris. Il vient d'en mourir un; j'aurais parié qu'il avait au moins 30,000 livres de rente. Je n'aurais pu faire faire ripaille aux amis, mais j'ai eu le bonheur d'être aidé par les souteneurs politiques. Ils ont crié mon nom à me faire trembler, car je sentais qu'on me montait trop haut de beaucoup. Votre aimable flatterie vient me le prouver encore. Ce n'a pas été ma faute, je vous le jure; et j'en rougis souvent, surtout quand je vois qu'un talent comme le vôtre n'a pas encore trouvé les échos qui lui sont dus; vous mériteriez un bonheur comme le mien; que ne puis-je y aider! Malheureusement l'époque n'est pas favorable à la poésie, et je ne vis pas avec ceux qui veulent bien encore lui faire l'aumône. Hélas! vous êtes un trop galant homme pour tendre la main.

Je ne perds pourtant pas l'espoir que je vous verrai rendre justice avant de mourir.

## CLXXIII

### A MONSIEUR DE VALOIS

13 septembre 1853.

Dans tout ce que vous dites de moi, mon cher de Valois, dans votre lettre à Dumas[1], vous avez omis une chose im-

---

[1] Lettre insérée par M. Alexandre Dumas dans ses *Mémoires* et publiée d'abord dans la *Presse*. Voici le passage des *Mémoires* auquel M. de Valois répondait :

« Maintenant, peut-être me demandera-t-on comment il se fait que Béranger, républicain, habite tranquillement, avenue de Chateaubriand, 5, à Paris, tandis que Victor Hugo demeure à Marine-Terrace, dans l'île de Jersey.

« Cela est tout simplement une question d'âge et de tempérament. Hugo est un lutteur, et il a cinquante ans à peine; Béranger, à tout prendre, est un épicurien, et a soixante et dix ans; c'est l'âge où l'on prépare son lit pour y dormir du sommeil éternel, et Béranger, — Dieu lui donne de longues années, dût-il nous les prendre à nous! — et Béranger veut mourir tranquille sur le lit de fleurs et de lauriers qu'il s'est fait.

« Il en a le droit : il a assez lutté dans le passé, et soyez sans crainte, son œuvre se continuera dans l'avenir! »

Voici maintenant ce que M. de Valois disait :

« Monsieur, j'ai lu les deux ou trois chapitres de vos *Mémoires* où vous parlez de Béranger, et où vous copiez plusieurs de ses belles et prophétiques chan-

portante : c'est que je deviens le plus sot des hommes. Croiriez-vous que ce n'est que d'hier que je sais quel est

sons ; vous faites l'éloge de ce grand homme de cœur et d'intelligence. C'est bien! cela vous honore : celui qui aime Béranger doit être bon. Cependant, monsieur, pesez cette question, qui me semble un peu malheureuse pour vous ; vous dites : « Maintenant, peut-être me demandera-t-on comment il se fait que « Béranger, républicain, habite tranquillement avenue de Chateaubriand, 5, « à Paris, tandis que Victor Hugo demeure à Marine-Terrace, dans l'île de « Jersey. »

« Vous qui appelez M. Béranger votre père, vous devriez savoir ce que tout le monde sait. D'abord que le modeste grand poëte n'est pas un *philosophe épicurien*, comme il vous plaît de le dire ; mais bien un philosophe pénétré du plus profond amour de l'humanité. M. Béranger habite Paris, parce que c'est à Paris et non ailleurs qu'il peut remplir son beau rôle de dévouement ; demandez à tous ceux qui souffrent, n'importe à quelle opinion ils appartiennent, si M. Béranger leur a jamais refusé de les aider, de les secourir. Toute la vie de cet homme de bien est employée à rendre service. A son âge, il aurait bien le droit de songer à se reposer ; mais pour lui, obliger, c'est vivre.

« Quand il s'agit de recommander un jeune homme bon et honorable, quand il faut aller voir un prisonnier et lui porter de paternelles consolations, n'importe où il y a du bien à faire, l'homme que vous appelez un *épicurien* ne regarde pas s'il pleut ou s'il neige ; il part et rentre le soir, harassé, mais tout heureux si ses démarches ont réussi ; tout triste, tout affligé, si elles ont échoué. M. Béranger n'a de la popularité que les épines. C'est là une chose que vous auriez dû savoir, monsieur, puisque vous vous intitulez son fils dans vos *Mémoires* et un peu partout.

« Pardonnez-moi cette lettre, monsieur, et ne doutez pas un moment de mon admiration pour votre beau talent et de ma considération pour votre personne. »

M. Alexandre Dumas répondit à son tour :

« Diogène Laerce fait l'éloge d'Épicure. Diogène Laerce continue et moi avec lui : « Sa vertu fut marquée en d'illustres caractères par la reconnaissance et la « piété qu'il eut envers ses parents et par la douceur avec laquelle il traita ses « esclaves, témoin son testament, où il donna la liberté à ceux qui avaient cul-« tivé la philosophie avec lui, et particulièrement au fameux Mus.

« Cette même vertu fut enfin généralement connue par la bonté de son na-« turel, qui lui fit donner universellement à tout le monde des marques d'hon-« nêteté et de bienveillance ; sa piété envers les dieux et son amour pour sa « patrie ne se démentirent pas un seul instant jusqu'à la fin de ses jours. Ce « philosophe eut, en outre, une modestie si extraordinaire, qu'il ne voulut ja-« mais se mêler d'aucune charge de la république. Il est certain que, malgré « les troubles qui affligèrent la Grèce, il y passa toute sa vie, excepté deux ou « trois voyages qu'il fit sur les confins de l'Ionie pour visiter ses amis, qui « s'assemblaient de tous côtés afin de venir vivre avec lui dans un jardin qu'il « avait acheté au prix de quatre-vingts mines. »

« En vérité, monsieur, dites-moi si, en faisant la part de la différence des

*M. de V... de Passy*, si affectueusement louangeur pour moi ! Encore parce que Judith l'a deviné en lisant le numéro de la *Presse*. J'en rougis. Quoi ! j'ai parcouru de mémoire tout Passy et à tout ce qu'il y a de bienveillance et d'espoir dans votre lettre, je n'ai pu vous deviner? Ah ! mon cher ami; ce que c'est que de vieillir ! C'est aussi parce que je suis vieux que je ne vais pas vous remercier aujourd'hui. Mes maux de tête m'ont repris à la suite d'une longue course faite dimanche dans le bois de Boulogne, et je n'ose me lancer jusque chez vous et pour vous témoigner ma gratitude et m'informer des nouvelles de votre enfant.

J'espère que vous me pardonnerez ma bêtise d'abord et ensuite, mon cher de Valois, l'impossibilité où je suis aujourd'hui de vous porter moi-même mes excuses.

## CLXXIV

#### A MONSIEUR GILHARD

22 septembre 1853.

Vous me demandez si nous aurons la paix ; moi, je vous demande si nous aurons du pain. De plus, on parle de cho-

---

époques, ce portrait d'Épicure ne convient pas de toutes façons à notre cher Béranger.

« N'est-ce pas, en effet, de Béranger que l'on peut dire : que son bon naturel lui a toujours fait rendre justice à tout le monde; que le nombre de ses amis est si grand, que les villes ne peuvent les contenir; que le charme de sa doctrine a la douceur de la voix des sirènes; que sa vertu fut marquée en d'illustres caractères par la reconnaissance et la piété qu'il eut envers ses parents; que son amour pour sa patrie ne se démentit pas un instant jusqu'à la fin de ses jours, et qu'enfin il fut d'une modestie si extraordinaire, qu'il ne voulut jamais occuper aucune charge dans la république ?

« En outre, ce fameux jardin qu'Épicure avait acheté quatre-vingts mines, et où il recevait ses amis, ne ressemble-t-il pas fort à cette retraite de Passy et à cette avenue de Chateaubriand, où tout ce qu'il y a de bon, de grand, de généreux, a visité et visite encore le fils du tailleur et le filleul de la fée ? »

léra. Il ne nous manquerait que sa présence pour mettre le comble à nos calamités. En dépit de tout, Paris s'amuse, chante, danse et court à tous les spectacles qu'on lui donne. Nous sommes une singulière nation! Aussi, ne faut-il s'effrayer de rien. Je l'ai presque toujours vu gouverner à contre-sens de son caractère, et c'est là indubitablement ce qui la pousse aux révolutions.

Vous me parlez de journaux ministériels qui m'attaquent. Eh! qu'importe? Mon cher fils, Alexandre Dumas, avait bien envie de les imiter dans ses Mémoires, qui font dire qu'il bat de la fausse monnaie à son effigie. Comme j'avais appris qu'il voulait aborder à un point qui m'aurait forcé de lui donner un démenti, je lui ai écrit pour lui demander qu'il m'assurât, pour répondre, une place dans la *Presse*. Il m'a répondu par une pantalonnade, et, quand les articles ont paru, j'ai vu qu'il avait modifié son espièglerie. Je me suis tu et j'ai regretté même que, sans me consulter, un jeune écrivain eût relevé un mot de son attaque. J'ai remercié mon farceur de fils, en lui disant alors ce qui m'aurait contrarié d'être obligé de le réfuter publiquement. J'ai tant de pauvres opprimés à servir, que je n'aurais pas voulu mettre dans l'embarras les hommes restés au pouvoir, qui me prêtent encore leur appui pour le peu de bonnes œuvres que je puis faire. J'aime mieux cela que le bruit qu'une lettre de moi pourrait faire. Le bruit! j'en suis las.

Lamartine va mieux; il est venu passer une semaine à Paris, et a trouvé moyen de mettre un temps d'arrêt à sa déconfiture. Je n'y ai pu faire grand'chose. Mais enfin il a quelque repos, et travaille de façon à retomber bientôt malade. Selon moi, c'est une triste manière d'user une si belle et si riche organisation.

Hugo se porte bien à Jersey, ainsi que toute sa famille; ils m'ont envoyé, sur ma demande, le daguerréotype de tous et même celui de la maisonnette qu'ils occupent. Puissent les regrets n'y pas pénétrer!

Vous savez que les farouches de l'exil ont condamné à mort Hugo, Louis Blanc et même Ledru-Rollin : la condamnation a, dit-on, été publiée.

## CLXXV

### A MESDEMOISELLES ***

23 septembre 1853.

J'aime à voir que vous vous arrangez à votre goût dans vos bois et votre jardin. Votre opulence nargue un peu ma pauvreté, il me semble. Hélas! moi, je n'ai rien de tout cela. Pas un pauvre petit coin de jardin! Il est vrai que j'aime beaucoup à sortir et que les promenades ne me manquent pas, les occasions de courir surtout. Il n'y a que les maux de tête pour y mettre bon ordre. C'est alors qu'un jardin me serait nécessaire. Mais qu'y faire? A cela près, nous continuons d'être bien dans notre pension, où l'on a grand soin de nous. Malheureusement nous sommes, dit-on, menacés de manquer de pain cet hiver, ce qui pourra faire grand tort aux pensions bourgeoises. On nous annonce aussi le choléra; il rétablira peut-être l'équilibre entre les aliments et les consommateurs. S'il ne veut s'adresser qu'aux vieux, je lui permets d'arriver. Mes anniversaires m'ennuient. Aussi ai-je assez mal fêté celui de ma soixante-quatorzième. Je n'ai jamais plus souffert de la tête que ce jour-là.

J'espère, si le choléra nous fait sa visite, qu'il ne la poussera pas jusque dans l'air pur de vos montagnes. Cultivez donc en paix votre petite propriété. Je suis heureux que M. *** vous y tienne compagnie et vous aide à des travaux qui doivent souvent être au-dessus de vos forces. Faites-lui mes compliments. Fait-il toujours de la littérature? C'est aujourd'hui un assez périlleux métier. Pauvre littérature! elle est aussi un de mes grands chagrins. On nous promet un second siècle de Louis XIV, mais je n'ai plus le temps de l'attendre.

## CLXXVI

### A MONSIEUR F. FERRÈRES

27 septembre 1853.

Quoique j'aie incomplétement votre adresse et que je craigne de ne pas déchiffrer exactement l'initiale de votre nom, je ne puis pas, monsieur, manquer à vous accuser réception de la très-spirituelle et très-charmante chanson que vous voulez bien m'adresser. J'en reçois beaucoup, mais rarement d'aussi jolies et d'aussi flatteuses. Mais, hélas! monsieur, vous redemandez en vain ma pauvre vieille musette. Après quarante ans de service, elle s'est brisée. Il y a deux ans qu'elle a complétement cessé de résonner. J'ai trop vécu. Au reste, au train dont va le siècle, elle tenterait en vain d'éveiller les sentiments auxquels elle s'est adressée autrefois. La jeunesse même semble avoir abandonné tous les exemples de patriotisme que lui ont laissés ses pères. Ne désespérons pourtant pas. Il en a toujours été ainsi en France, et, si quelques voix comme la vôtre se faisaient entendre, les nouvelles musettes nous tireraient peut-être bientôt de notre sommeil léthargique.

Chantez donc, monsieur, et comptez sur mes applaudissements bien sincères et sur ma considération toute dévouée.

## CLXXVII

### A MADAME VICTOR HUGO

30 octobre 1853.

Chère et honorée dame, il y a bien longtemps que je ne vous ai écrit, parce que l'excellent Vacquerie m'a servi de correspondant et que j'attendais chaque jour certain volume de vers[1], qui m'eût fourni l'occasion d'éloges qui, pour ne pas vous être personnels, eussent été ce qui pouvait vous flatter le plus. Le volume n'arrive pas. On en parle beaucoup; mais cela ne fait qu'irriter l'impatience.

En attendant, nous apprenons que la santé du grand poëte est toujours bonne. Néanmoins la dernière lettre de Vacquerie m'est arrivée bien à temps; car, le matin même du jour où je l'ai reçue, on m'avait affirmé la mort de Hugo. Heureusement, la mienne, tant de fois publiée, m'a appris à me défier de ces mauvaises plaisanteries. Vacquerie, dans cette lettre, m'expédiait de nouveaux daguerréotypes, qui me sont précieux, sauf toujours le vôtre, où je ne puis m'habituer à vous reconnaître, et je ne suis pas le seul. Tous ceux de mes amis qui ont l'honneur de vous approcher le jugent comme moi. Au fond, je suis sûr que vous pensez comme nous

Vous avez entendu parler dans votre retraite des arrestations et visites domiciliaires auxquelles a donné lieu la découverte à Paris du proscrit Delécluze. Le brave Goudchaux,

---

[1] Les *Châtiments*.

homme tout de bienfaisance, a été une des premières victimes. Dès que je l'ai su, j'ai été le voir et l'ai trouvé aussi paisible que si rien ne s'était passé. Mais je crains qu'il n'y en ait de plus maltraités. Malheureusement je n'ai plus au ministère le bon Thiéblin, dont je vous devais la connaissance, et qui m'a aidé à rendre bien des petits services.

Si vous vous intéressez à ma santé, je vous dirai que, depuis plus de trois semaines, j'ai cessé de souffrir de la tête. C'est beaucoup. Je souhaite qu'il en soit ainsi pour le cœur de Hugo. Au reste, on m'assure qu'il engraisse, ce qui me fait croire qu'il n'est plus question des douleurs qu'il a ressenties.

Quant à messieurs vos fils, ils me semblent hors d'atteinte maladive, et que Dieu en préserve mademoiselle votre fille!

Voulez-vous, madame, remercier pour moi Vacquerie du présent qu'il m'a fait. Comme j'espère encore qu'on parviendra à mieux rendre votre physionomie, j'attendrai encore un peu pour faire encadrer le tout. Je mettrai dans le cadre les deux portraits de Hugo, d'expression différente, mais tous deux très-bien venus. La maisonnette au milieu de tous ses habitants fera le plus joli effet. Oh! si un coup de baguette pouvait transporter aux environs de Paris ce coin de terre et ceux qui l'habitent, que de grâces j'en rendrais au ciel!

Dans votre île, fait-on tourner les tables? Communique-t-on avec les esprits? Si vous êtes témoin de ces miracles, que je ne puis voir, demandez donc aux esprits si je dois vous revoir ici. Je suis si vieux que, pour mon compte, je crains beaucoup, et cela me désole. Hugo, qui, lui, doit communiquer avec les esprits les plus élevés, pourrait me rassurer. Qu'il questionne Pindare, Dante, etc.

En attendant, recevez pour lui et pour vous, chère madame, l'assurance de mon constant attachement et de tous les vœux que je ne cesse de faire pour votre famille.

## CLXXVIII

### A MONSIEUR ALBERT CHAUVEAU

1ᵉʳ novembre 1853

Personne ne peut prendre plus d'intérêt que moi à l'entretien que vous projetez, et je vous remercie de me l'avoir fait connaître. Mais je vous avoue que j'y vois d'immenses difficultés. Le plan même en est difficile à tracer. Je le vois par votre lettre, où vous me semblez hésiter sur plusieurs points, et ces hésitations, je les conçois parfaitement. Ce qui d'abord me fait craindre des obstacles, c'est l'absence d'aide dans beaucoup de provinces. Vous trouverez peu de personnes intelligentes qui veuillent prendre la peine d'aller à la recherche des vieux airs et des vieilles paroles que vous voulez réunir.

Savez-vous, monsieur, qu'un littérateur musicien, qui a une grande admiration pour tous les airs de musique moderne ou qui ne remontent guère à plus de deux siècles, et sont la fortune de nous autres chansonniers, prétend[1] que le nombre en est si considérable, qu'on ne trouverait pas d'éditeur qui voulût en faire les frais d'impression?

Ajoutez à ces airs ceux qui circulent dans les campagnes, et joignez-y, comme vous paraissez en avoir l'intention, les paroles plus ou moins patoisées, avec la traduction, qui pourrait être souvent nécessaire, et vous aurez des volumes à remplir seuls une bibliothèque.

[1] C'est M. Génin.

Je vous soumets ces réflexions, monsieur, pour que vous avisiez bien, avant de vous lancer dans cette œuvre patriotique, aux bornes que vous devez lui donner et aux moyens d'exécution qu'il faut vous assurer pour la conduire à bien, aux moindres frais possibles.

Les chansonniers vous auront surtout une grande obligation d'avoir une pareille idée. C'est par le grand nombre d'airs détachés restés dans le domaine public, airs dont beaucoup sont des chefs-d'œuvre, que la France doit de posséder seule, d'une façon complète, le genre de la chanson. Vous voyez, monsieur, quel intérêt je dois prendre à l'entreprise projetée. Pour m'en donner connaissance, vous n'aviez donc pas besoin du couvert de personne, surtout avec le nom illustre que vous portez. Mais je ne puis m'empêcher de vous exprimer ma surprise au sujet du présent que vous me faites d'une *nièce*, moi qui n'ai qu'une sœur religieuse. Je ne me connais aucune parente dans le bas Limousin, et il me semble même que le nom de Besse n'est jamais venu jusqu'ici. Au reste, cela est sans importance, si ce n'est pour vous répéter, monsieur, que vous avez bien fait de prendre le chemin le plus court pour arriver jusqu'à moi, qui vous remercie bien sincèrement de m'avoir donné l'espoir de voir accomplir un projet qui ne peut que tourner à l'avantage du genre auquel j'ai consacré ma longue vie.

## CLXXIX

### A MONSIEUR ***

3 décembre 1853.

Oh! monsieur, qu'il y a loin de moi, vieux chansonnier, au plus grand poëte du siècle! Mais vous n'avez que vingt-cinq ans, et ces exagérations sont familières à votre âge. C'est à votre âge aussi, monsieur, que l'imagination se désole et tente d'insulter à la vie. Cette désolation a produit de beaux, de très-beaux vers. Vous m'en donnez une preuve, et je suis de l'avis de M. Saint-Marc de Girardin dans la phrase que vous me citez.

J'ai fait comme vous, monsieur, des vers de désespéré; puis à trente ans, tout pauvre et inconnu que j'étais, j'ai fini par voir qu'au lieu de se plaindre de tout il était peut-être mieux d'enseigner à ses semblables la résignation, fille du ciel, dont les déshérités du monde ont surtout tant besoin. Peut-être ferez-vous comme moi quelque jour. Je le souhaite : vous vous réconcilierez avec le rire, et, comme moi, vous vous en servirez, si, en vous envoyant des vers à juger, on vous appelle le plus grand poëte de l'époque[1].

## CLXXX

### A MONSIEUR COLLINS

10 décembre 1853.

Il faut avoir soixante-quatorze ans, d'assez mauvais yeux et un surcroît d'affaires, quand on ne demande plus que le repos, pour ne pas rougir, en venant, après six mois, vous remercier de l'honneur que vous avez bien voulu me faire de me gratifier d'un exemplaire de votre *Science sociale*.

J'avais voulu d'abord, monsieur, me borner à la lecture des chapitres que vous aviez eu la bonté de m'indiquer; mais je fus entraîné à tout lire et même à relire; de là le long temps que j'ai mis à vous venir offrir mes remercîments.

[1] Lettre communiquée par M. E. Dentu.

Et pourtant, monsieur, il faut que je vous l'avoue : je me suis perdu dans la métaphysique que j'ai rencontrée en tant d'endroits de vos deux volumes. Tout ami que je suis des Lamennais, des Cousin et de tant d'autres, la métaphysique est mon cauchemar. C'est bien mal, n'est-ce pas? Que voulez-vous, ma pauvre nature est chose incomplète. Je n'ai donc pas parfaitement compris toutes les conséquences que vous tirez de certains principes, et toutefois ces principes me charment souvent. Et puis, monsieur, je crains que vos conclusions politiques ou celles qu'on pourrait tirer de votre œuvre ne soient complétement opposées à celles dont je me suis fait le très-humble serviteur. Il faudrait plus de science de déduction que je n'en ai pour combattre vos idées. Je suis sûr même que vous triompheriez sans peine de mes attaques. Je juge de votre polémique par la manière supérieure dont vous rétorquez vos adversaires.

Mais j'en viens à ce qui m'a plus touché dans votre livre ; c'est vous, monsieur, qui apparaissez presque à chaque page et y faites prendre de vous l'idée la plus élevée et la plus capable d'inspirer une estime sans bornes pour votre humanité.

J'avais entendu dire un grand bien de vous, monsieur; mais votre ouvrage a accru en moi cette opinion. Il m'a aussi révélé votre supériorité d'intelligence et de connaissances.

Il est beau de se montrer ainsi dans un livre, sans penser même à y laisser trace de soi. Car c'est le bonheur de l'humanité qui vous préoccupe avant toute chose.

Permettez-moi donc, monsieur, en m'abstenant de me prononcer sur un livre trop au-dessus de ma force d'entendement, de m'en tenir à vous exprimer ce qu'il m'a fait sentir d'estime pour son auteur.

## CLXXXI

### A MONSIEUR PAUL BOITEAU

24 décembre 1853.

Mon cher ami, j'allais vous donner quelques conseils, blâmer sans doute votre résolution, vous parler de vos parents et de la nécessité d'être sûr, avant tout, d'un emploi; mais j'ai réfléchi au mariage projeté de Panurge. Alors j'ai pensé que je n'avais qu'à vous engager d'aller consulter le clocher de votre paroisse. Allez, mon cher Boiteau, et si elles vous disent : *Marie-toi*, eh bien, morbleu! mariez-vous.

Autrefois je vous aurais dit : Je chanterai à la noce. Aujourd'hui, vieux reclus, je me contenterai de prier au coin de mon feu pour le bonheur de l'époux et de la charmante épousée qui vous donnera raison aux yeux de tous les assistants.

En attendant cet heureux jour, venez dîner encore avec nous quelquefois, en profitant d'un reste de liberté, et croyez-moi pour toujours votre tout dévoué.

## CLXXXII

### A MONSIEUR LABROUSTE,
#### DIRECTEUR DE SAINTE-BARBE

26 décembre 1853.

Mon cher Labrouste, on m'a prié d'appuyer auprès de vous la demande d'une espèce de demi-bourse qui va vous être adressée pour l'enfant d'un poëte proscrit, l'enfant de

Lachambaudie. C'est de tout cœur que je fais cette démarche, car j'estime et plains le père, à qui j'ai tendu une main fraternelle dès ses premiers débuts. J'ai tout fait pour alléger la proscription, complétement injuste, qui pèse sur lui et qui a ajouté bien des misères à toutes celles qu'il a essuyées, mais qu'il a supportées avec dignité et courage. C'est avec le même courage qu'il les supporte encore à l'étranger.

Son plus grand souci est l'éducation de son fils, qu'un ami généreux a été chercher en Belgique et qu'il voudrait placer aujourd'hui à Sainte-Barbe. Le père n'est pas barbiste ; mais, parmi les barbistes, MM. Bixio et Scribe prennent le pauvre enfant sous leur patronage. Influents dans le conseil de votre administration, ils pensent que votre puissant concours pourrait assurer l'entrée du jeune Lachambaudie dans votre excellente institution.

Je me permets donc de compter assez sur votre bienveillance pour me joindre à eux dans cette bonne œuvre, très-disposé à croire cependant que si nous réussissons, ce sera particulièrement à MM. Bixio et Scribe que nous le devrons. Ce succès, au reste, sera la récompense de tout ce que Scribe a déjà fait pour notre fabuliste exilé.

Quelque petite que soit ma part d'influence dans cette affaire, elle n'en sera pas moins pour moi une nouvelle cause de gratitude envers vous, et je vous prie d'en agréer d'avance l'expression, ainsi, mon cher Labrouste, que l'assurance de mes sentiments d'estime et de considération profonde.

## CLXXXIII

A MONSIEUR BROC

27 décembre 1853.

Pourquoi n'êtes-vous pas venu hier, mon cher Broc? 550 francs vous attendaient pourtant et vous attendent encore. Ne vous avisez pas de retarder, car en mes mains l'argent fond vite. Je sais que vous élevez des difficultés sur ce règlement de compte. Mais, comme vous ne voudriez pas vous brouiller avec moi, j'espère bien que vous ne chicanerez pas sur ce que je vous dois. Vous ne pouvez oublier que je vous ai chargé d'être mon banquier auprès de Chintreuil. Vous devez donc rentrer dans vos avances, et j'aurai encore à vous remercier des soins donnés à cette affaire ; Chintreuil et moi nous vous serons toujours redevables. Hâtez-vous donc de me laisser payer ce qui se paye avec de l'argent. Je vous attends donc, et à dîner, bien entendu, dimanche ou tout autre jour, à votre choix. Jeudi ne serait pas mal : les Lemaire y seront.

---

Nous plaçons à la date de l'année 1854 une série de lettres qui ont été publiées, hors de France, sous forme d'extraits et sans ordre, comme sans éclaircissements, par madame de Solms (née Marie Wyse-Bonaparte), petite-fille de Lucien.

Madame de Solms, en nous les faisant remettre, n'a rien ajouté qui pût servir à compléter et à classer ces fragments. Nous les reproduisons donc exactement tels qu'elle les a donnés dans l'ouvrage intitulé : *Béranger, quelques lettres inédites* (Genève, 1858). Mais ces lettres embrassent une période de huit ou neuf années, et si nous les insérons toutes au commencement de l'année 1854, c'est uniquement parce que cette date de 1854 est la plus ancienne de celles qui ont été conservées par l'éditeur.

Béranger aimait en madame de Solms la petite-fille de son protecteur, et il lui savait gré de ce qu'elle conservait le goût des lettres et des arts, qui a distingué si particulièrement parmi les membres de la famille Bonaparte, le prince de Canino et ses enfants.

## CLXXXIV

### A MADAME DE SOLMS

Si je ne suis pas complétement de votre avis, ma belle et chère enfant, sur M. Ponsard, et je vous ai expliqué mes raisons, je conviendrai du moins avec vous, et cet aveu ne me coûte pas le moins du monde, car il est l'expression de ma conviction sincère, que ses vers sont admirables. Je crois que, comme poésie, c'est ce que notre siècle a produit de mieux au théâtre. Je le trouve non-seulement inattaquable quant à la forme, mais digne des plus grands éloges.

## CLXXXV

Votre poésie à Gioberti, ma chère enfant, est admirable, malgré quelques inégalités dans la forme. Quant à votre étude, je l'ai trouvée finement observée et gracieusement écrite. Il y a de la profondeur et cependant de la légèreté. Travaillez, travaillez. L'imagination ne vous fera jamais défaut. Vous en avez trop, si cela se peut dire. La pierre d'achoppement de votre avenir, de votre talent, de celui que je crois que vous aurez, c'est l'activité fébrile qui vous dévore, la hâte avec laquelle vous écrivez, et qui fait que, pour en avoir plus vite fini, vous exprimez une idée juste par un mot qui ne l'est pas. Attachez-vous toujours, et en toute occasion, soit dans la prose, soit dans la poésie, à trouver le mot juste. Évitez les équivalents : ils rendent la phrase douteuse; ils obscurcissent la pensée. Je ne sais rien. Je ne suis qu'un ignorant, mais je crois posséder ma langue aussi bien que qui que ce soit. Je la *tiens;* il est vrai que c'est la seule. Je n'ai jamais écrit une ligne sans consulter mes dictionnaires que j'étudie sans cesse depuis quarante ans. C'est ma principale lecture, celle qui est la plus féconde en enseignements toujours nouveaux. Sans mes dictionnaires, je serais incapable de faire dix vers. N'allez pas vous imaginer au moins que je parle du dictionnaire de M. de Lanneau[1], quoiqu'il ait bien aussi son utilité.

Serrez affectueusement la main à Sue[2]; dites à L*** que je conserve de lui un tendre et affectueux souvenir et croyez-moi votre ami dévoué.

## CLXXXVI

Ma chère petite enfant, Louis XIV[3] m'a semblé très-bou-deur ce matin; madame de Maintenon est impuissante à le distraire. Savez-vous que c'est une maladie bien terrible que d'être toujours sans trêve ni repos occupé de soi-même! Votre cher professeur eût été plus heureux, s'il avait été moins égoïste. Je le plains, c'est si bon de songer un peu aux autres. Est-ce à dire que le catholicisme rétrécit l'esprit? Quand on pense que j'ai commencé par écrire des idylles chrétiennes! J'ai fait aussi mon *Jocelyn;* mais

---

[1] Le *Petit Dictionnaire de rimes.*
[2] Eugène Sue, exilé en Suisse.
[3] Sans doute, Chateaubriand et madame Récamier. Cette lettre serait, dans ce cas, de 1847 ou de 1848.

il était bien plus naïf et plus campagnard que celui de Lamartine, sans compter qu'il n'y avait pas de Laurence!...

## CLXXXVII

Mars 1855.

Du latin à moi, chère enfant! que vous ai-je fait pour mériter cette cruelle plaisanterie? Je ne comprends pas, voilà tout ce que je puis répondre à votre charmant envoi. Je n'ai jamais su décliner *musa*, la muse, ni *rosa*, la rose, et mes études classiques se sont bornées à la première page du *de Viris illustribus*. L'on m'a toujours accusé d'avoir imité Horace : reproche plaisant, moi qui ne le connais que par des traductions. C'est très-mal à vous, méchante enfant, de m'avoir contraint à vous avouer mon ignorance. Ne m'envoyez donc plus de latin. Notre pauvre Fély[1] n'est, hélas! plus là pour vous traduire, et votre serviteur n'a jamais su parler que la langue du bon roi Dagobert. Pardonnez-lui donc, et ne lui en voulez pas, s'il vous aime, vous comprend et vous chante en français; que vous importe de plus?

## CLXXXVIII

1856.

Ces poésies de Louis Berthaud, que vous me communiquez, ma chère enfant, sont admirables. Quel dommage qu'il ne soit plus! J'aurais été le serrer dans mes bras et lui dire : Et vous aussi, vous êtes poëte! C'est du Barbier. Quelle énergie et quelle vérité! — La lecture de la *Fille du*

---

[1] Nom d'intimité que les amis de Lamennais lui avaient donné.

*peuple* m'a arraché des larmes. Si vous publiez ce *trésor*, je vous conseille toutefois d'en retrancher quelques vers, non pas qu'ils ne soient très-beaux; mais sous la plume d'une jeune femme, *sous la vôtre*, ils pourraient choquer la délicatesse de certaines gens.

## CLXXXIX

J'aurais été vous voir hier, ma chère madame, mais Minette m'a fait des siennes : elle a disparu depuis jeudi et n'est pas encore rentrée. Judith est au désespoir, et moi je n'ai pu dormir cette nuit. Si elle reparaît demain, je serai chez vous avant midi; dans le cas contraire, pardonnez-moi; mais j'aime cette bête; si elle devait ne plus revenir, nous ne nous en consolerions pas : elle fait partie de ma famille.

Je rouvre ma lettre pour vous dire que Minette est de retour au logis. Pauvre bête ! il paraît que c'est un caprice pour certain matou du voisinage qui l'a retenue si longtemps.

## CXC

Pardonnez-moi, ma chère enfant, si je ne puis retenir mon envie de rire; mais notre pauvre Balzac est détestable dans *Collatin*[1]. Votre répétition m'a beaucoup amusé. — Je n'ai jamais rien vu de plus comique que cette représentation tragique. Je voudrais que l'auteur fût là; je suis capable d'aller le chercher sans le connaître. Si jamais succès devait être expié, ce serait le sien en vous voyant tous. Il est impossible de réunir plus de gens d'esprit que vous

---

[1] L'un des rôles de la *Lucrèce* de Ponsard. Cette lettre est antérieure à 1850.

n'avez fait pour mettre à exécution une idée plus saugrenue. Une tragédie, *Lucrèce* encore, en plein dix-neuvième siècle et dans un salon ! Il est impossible d'avoir fait de ces gens d'esprit des acteurs plus détestables et des caricatures mieux réussies.

## CXCI

Paris, 1854.

Puisque notre ami Sue a oublié de vous donner l'adresse de madame Sand, je vous dirai que je m'en suis informé auprès de L*** qu'elle aime beaucoup et dont elle vous parlera probablement. Elle demeure rue Racine, n° 3. Vous la trouverez toujours avant midi. Si vous ne vouliez pas y aller avec votre ami, je pourrais prier L*** d'aller vous prendre rue de l'Université. C'est un charmant garçon plein de cœur et de talent, que vous ne serez pas fâchée de connaître. Si vous voulez aussi que j'aille vous voir, donnez-moi un rendez-vous. Le portier de votre poëte m'a dit qu'il demeurait très-haut (là n'est pas la difficulté); mais que vous n'y étiez jamais, et qu'il fallait vous demander une audience comme autrefois. J'attends donc les ordres de... Votre Altesse.

Si j'étais plus valide, j'irais faire antichambre jusqu'à ce que je vous trouve ; mais je suis bien mal portant et je demeure si loin, que je suis obligé de vous demander de me fixer un jour et une heure. Allez-vous tous les soirs à l'Odéon ? Bon courage !

Dites à M. Paillet combien j'ai été heureux, malgré ma sauvagerie, qu'il ait bien voulu vous accompagner chez moi lorsque vous avez daigné y venir.

## CXCII

Vous avez bien raison, Planche est un grand critique : c'est un des hommes les plus remarquables de ce temps. Son jugement est infaillible, son coup d'œil sûr, son courage littéraire imprudent. Je lui ai fait votre commission ; il sera charmé de vous connaître ; mais peut-être feriez-vous mieux de lui donner rendez-vous ailleurs, chez Ricourt, par exemple, qui vous donne des leçons [1], je crois. Je ne sais jusqu'à quel point il lui sera agréable d'aller vous voir chez votre poëte.

Madame d'A*** dont vous me parlez est une des *illusions* de votre ami [2]. C'est une fausse femme d'esprit, ennuyeuse, pédante, prétentieuse et compromise. Je n'y mets pas les pieds. Puisque vous avez vu madame Sand, demandez-lui ce qu'elle en pense. Quant à moi, je n'ai jamais dit de mal de personne ; mais je déteste les femmes qui écrivent quand elles ne sont ni belles ni bonnes.

## CXCIII

Paris, octobre 1854.

Je vous remercie du cadeau que vous m'avez fait des *Châtiments :* je les lis et relis depuis hier. C'est admirable. La dernière pièce surtout est d'un lyrisme et d'une énergie de pensée que Hugo n'avait jamais atteints. Je suis en relations avec lui maintenant. Nous nous écrivons souvent ; j'en suis fier : c'est le poëte du siècle par excellence.

---

[1] De déclamation théâtrale.
[2] M. Ponsard.

## CXCIV

Je vous envoie les poésies de madame Colet que vous me demandez. Je suis bien aise qu'elle vous soit sympathique ; elle a vraiment du talent, et ses vers sont fort beaux. Il est de mode, je ne sais pourquoi, de l'attaquer : c'est un tort ; elle est belle, aimable, spirituelle : c'était assez pour avoir des envieux. Il y a moins de partialité qu'on ne croit dans les prix qu'elle a remportés. Puis enfin, M. Cousin en fait le plus grand cas, et M. Cousin est l'homme le plus spirituel de France. Je regrette que vous ne soyez plus ici, j'aurais aimé à vous lier ensemble. Je me rappelle la dernière visite que je vous ai faite, cette soirée passée chez vous ; vous aviez dans votre salon *toutes les muses* de Paris : madame Anaïs Ségalas, madame Ancelot, etc., etc. Madame Colet vous manquait. Je suis convaincu qu'elle vous aurait trouvée charmante ; mais vous devez l'avoir vue chez madame Récamier. Dites-moi ce que vous pensez du *Monument de Molière*.

## CXCV

La mort de votre illustre, chère et vénérée grand'mère [1], à laquelle je m'attendais si peu, m'a vivement affecté, ma chère enfant ; c'est à l'excès de cette tristesse que vous devez de recevoir si tard mes compliments de condoléance. C'est une noble femme de moins sur la terre, un grand cœur et un charmant esprit éteints à jamais.

[1] Madame de Canino (Alexandrine-Laurence de Bleschamp), née à Calais en 1778, mariée en premières noces à M. Jouberthon.

Pour moi, je me rappelle avec bonheur et émotion son dernier voyage à Paris, où je la retrouvai la même que trente ans auparavant. Les visites que je lui fis, chez madame de Mirbel et rue de Bourgogne, comptent encore parmi mes meilleurs souvenirs, et à ce souvenir vous êtes unie, chère enfant, puisque j'avais presque toujours le bonheur de vous voir à votre petite table près de la fenêtre. L'article que vous m'avez envoyé est très-bien écrit et retrace à merveille sa vaillante conduite et son intelligence d'élite. Quoi qu'il advienne, elle est et aura été une des femmes de notre temps.

Mais vous êtes un peu sévère, vous et notre ami, sur les poésies de madame Lucien Bonaparte. Il y a de fort belles choses dans *Bathilde, reine des Francs;* le quatrième chant, la scène des druidesses, a un grand mérite comme couleur locale et harmonie de vers. Je suis peut-être partial en ce qui concerne votre grand-père et sa femme; mais Lucien m'a toujours fait l'effet d'un maître, et j'en suis encore à admirer sa fameuse tragédie, vous savez!

Entre nous, je crois bien que les quatre vers qui ont tant excité vos sarcasmes ont été ajoutés par moi la veille de la lecture de Mennechet. Et voilà comme vous me traitez! Si Eugène Sue écrit quelque chose sur madame Lucien, envoyez-le-moi. Je voudrais bien aussi apporter mon tribut de regrets et de larmes; mais, sans compter que ma muse est en fuite depuis longtemps, il serait très-difficile de dire ici tout ce que fut cette illustre victime d'une tyrannie injuste. Ah! le temps n'avait pas affaibli ses ressentiments; elle en voulait quarante ans après à l'Empereur, comme aux premiers jours de sa proscription; je vous le répète, c'était une femme.

## CXCVI

Non, certes, vous n'êtes pas dans le vrai; vous vous y connaissez mieux que moi, c'est possible, mais j'ai raison. Votre admiration pour Delacroix n'est pas raisonnée; vous parlez en enthousiaste, et non en artiste. Je me charge, en dix minutes, de vous faire convenir que vous avez tort. Parlez-moi de Decamps ou d'Ary Schœffer, à la bonne heure; mais ne vous mettez pas à genoux, comme vous le faites, devant ce faiseur de gâchis.

## CXCVII

Non, ce n'est pas de l'injustice, mais votre buste est déplorable, ma chère enfant. Rude m'a dit que jamais Pradier n'avait été aussi mauvais, et, certes, ce n'est pas l'envie qui le fait parler; il y a entre eux la même différence qui existe entre les poésies de Laprade et celles de Lamartine.

## CXCVIII

*14 mai 1857.*

Si vous voyez Louis Blanc à Londres, ma chère amie, dites-lui mille choses de ma part; son *Histoire de dix ans* est un chef-d'œuvre. Je suis tout fier de penser que c'est moi qui ai découvert cet enfant sublime, comme dirait Chateaubriand. Il écrit comme Voltaire et raconte comme Saint-Simon. Oui, c'est moi qui l'ai mis dans sa voie; demandez-le-lui. C'est une des organisations les plus complètes que je connaisse.

## CXCIX

Janvier 1857.

Vous ne pouviez mieux vous adresser qu'à moi pour avoir des renseignements au sujet de madame Blanchecotte. Beaucoup de cœur et de dévouement, un charmant esprit, un talent incontestable, une connaissance approfondie de la langue et de la littérature anglaise, une grande égalité d'humeur, voilà ce qu'est la femme de l'ouvrier de Morfontaine. S'il ne vous fallait pas absolument une musicienne, je vous engagerais vivement à la prendre pour demoiselle de compagnie. Voulez-vous que je lui en parle? Elle vous soignerait en sœur (elle a un tact exquis), et votre fils aurait une maman pleine de sollicitude de tous les instants.

C'est une nature fière, poétique, qui serait à son aise chez vous, ma belle républicaine, et dont vous n'auriez qu'à vous louer sous tous les rapports. Elle avait fait la faute, l'an passé, d'aller chez une amie de Brohan, une belle dame, qui ne l'a pas fort bien traitée, à ce qu'il paraît. Elle est revenue un peu désenchantée de son essai. Excepté chez vous, où elle trouvera un intérieur de *princesse* artiste et une amie, je ne l'engagerais certes pas à tenter encore une fois les douloureuses amertumes de cette situation toujours si pénible. Mais, à vos côtés, ce sera un encouragement de toutes les minutes, et cette pauvre femme aurait enfin la vie qu'elle a rêvée et se relèverait de toutes les humiliations passées. — Vous ferez, si vous le faites, une charmante acquisition et une bonne action.

## CC

Je pardonne à votre ami [1], chère républicaine, de me diminuer : il n'est pas mon homme; je comprends et j'excuse le naïf sentiment de rancune satisfaite avec lequel vous appuyez sur ses critiques, pour me punir de n'avoir pas mesuré les miennes en vous parlant, chère enfant. Il n'est pas mon homme, c'est vrai; mais je ne me fâche pas le moins du monde de ce qu'il vous a dit de moi : *il a raison*, complétement raison. On m'a *surfait*. Me comparer à la Fontaine, c'est un blasphème. M'égaler à Horace, c'est une absurdité. Toutes ces louanges insensées n'auraient réussi qu'à me rendre ridicule si, de bonne heure, je ne m'étais habitué à les prendre pour ce qu'elles valaient. Il est donc mille fois dans la vérité, de même que je suis, moi aussi, dans le vrai en trouvant *l'Honneur et l'Argent* assommant [2]. Mais ce que je ne lui accorde pas, c'est la part qu'il fait à la chanson. La chanson est un genre très-difficile à traiter. Sans doute, la pensée acquiert de la vigueur, grâce au refrain; mais cette obligation de l'asservir à ce même refrain en gêne le développement et l'étendue. Cette obligation d'enfermer une pensée élevée dans un petit espace ôte de la clarté à l'expression. Il est très-difficile de rester simple et naturel sans sortir de son sujet. Il faut amener le refrain sans que cela paraisse forcé, et on n'y arrive que par le travail le plus assidu et le plus persévérant. Je crois, tout au contraire de votre ami, que la chanson est un des genres les plus difficiles et les plus rebelles à traiter. Ce n'est pas

---

[1] M. Ponsard.
[2] Pièce jouée à l'Odéon en 1855.

pour rehausser mon petit mérite : celui qui me découvrira de la vanité sera bien fin. Mais, enfin, il y a toujours eu plus de bons auteurs dramatiques que de gens excellents dans la chanson.

## CCI

Chère enfant, Judith croit avoir trouvé le secret de votre fameux pouding anglais. J'en ai goûté, ce n'est guère bon; mais, enfin, comme il se pourrait que vous ne fussiez pas du même avis, le petit Pierre vous en portera un échantillon ce soir, et, s'il est de votre goût, Judith le recommencera mardi à votre intention.

## CCII

Le feuilleton en français de Chambéry m'a presque fait pleurer, *chère fée*, malgré ses incongruités de style. Que n'étais-je là pour jouir de vos triomphes! Ah! combien je me serais amusé! Que vous êtes aimable d'avoir pensé à moi! Envoyez-moi une copie de toutes vos comédies et de celle de Ponsard : on dit qu'elle est charmante. Il jouait Horace, n'est-ce pas? ce vilain Horace qui m'a causé tant d'ennuis! La fera-t-il imprimer et la donnera-t-il au théâtre[1]?

## CCIII

Vous me grondez à tort, chère fée; je vous jure sur l'honneur qu'il m'était impossible d'agir autrement; mais, que

---

[1] La pièce en un acte d'*Horace et Lydie* a été jouée au Théâtre-Français en 1850. Cette lettre de Béranger est de 1853. Il ignorait que la comédie de M. Ponsard avait été représentée.

diable! on ne m'accusera pas d'être un courtisan, moi qui n'ai jamais voulu rien être!

## CCIV

Vous avez deux grandes similitudes avec Victor Hugo, ma chère enfant, le laconisme du style et la rapidité de l'écriture, par cela même presque illisible souvent. Je n'ai pas cependant perdu un mot de vos trois petites pages, nombre divin, dont vous ne m'avez gratifié cette fois, sans doute, qu'en dédommagement de notre séparation. Merci de cette munificence inusitée, derrière laquelle je vois quelque affection; car, si elle existe réellement, elle me fait votre égal, et je me contente de la justifier par la mienne.

## CCV

J'irai voir L\*\*\*; je l'aborderai, votre vœu bienveillant à la bouche; car il est d'usage de s'apporter des cadeaux en venant de loin, et quoi de plus précieux que votre désir de la connaître! Au reste, elle y gagnerait; car ma plume n'a pu vous donner le calque de sa piquante originalité, et vous n'y perdriez pas, vous qui cachez l'appétit de l'observation sous l'apparente indifférence de la satiété. Combien je vous félicite de votre trêve avec vos opinions politiques et de votre alliance avec les plaisirs de la cité ducale! Le fanatique stoïcisme ne me semble pas valoir, même chrétiennement parlant, la charmante philosophie épicurienne. Dieu nous veut heureux, puisqu'il est bon. J'ai nommé Victor Hugo, c'est vous dire que je suis sous l'impression de ses œuvres. En effet, je lis la plus sublime, comme inspiration et poésie, comme la plus. . . . . .

Victor Hugo est bien certainement notre plus grand poëte lyrique. Jean-Baptiste Rousseau n'en approche pas. Mon enthousiasme pour son talent égale ma douleur de le voir persister à en rendre veuve notre chère patrie! Les lois, les institutions, les gouvernements, changent de *nationalité;* les mœurs, le sol et l'air ne changent pas; c'est tout cela que résume le mot *patrie.* Rien n'excuse de lui ôter son illustration, son appui, son flambeau, son dévouement *absolu*, ses ovations ou ses consolations!

## CCVI

Est-ce pour vous moquer de moi que vous m'appelez bonapartiste? Allons donc!

Mais, malgré mes chansons, je n'ai pas même été le partisan de l'*autre*, qui avait cependant une certaine grandeur prêtant à la poésie. Je ne l'ai point loué en 1810, mais je l'ai chanté après sa mort, c'est vrai. Il me semblait que ce rôle me revenait. Peut-être me suis-je trompé; mais, en tous cas, ce n'était pas le fait d'un courtisan. D'ailleurs, je n'ai jamais dissimulé ma manière de voir, et je sais bien que c'est grâce au Code civil que nous avons vu l'ennemi entrer en France chapeau bas. Je me rappelle avoir eu conversation fort animée à ce sujet avec Laffitte et Hugo.

## CCVII

Je suis bien content que les vers de mon ami Lapointe vous aient plu. Si vous étiez ici, j'aurais aimé à vous le faire connaître. C'est le type de l'ouvrier-poëte; un talent réel, un peu inégal quelquefois, mais plein d'élan; avec cela le plus noble cœur du monde. Telle que je vous con-

nais, vous ne manqueriez pas de l'apprécier. Votre grand-
mère, à laquelle j'avais envoyé son premier volume, en faisait le plus grand cas.

## CCVIII

Votre lettre est charmante, ma chère enfant, et je vous
remercie pour mon ami Michelet du naïf enthousiasme avec
lequel vous exprimez votre sympathie pour lui. Vous avez
dû vouloir mettre Paris à feu et à sang, du joli petit caractère dont je vous connais, en trouvant le cours fermé. Mais
cela devait arriver; il était non-seulement éloquent, mais
audacieux. Quand je pense qu'à sa première leçon il a re-
demandé le Panthéon pour Mirabeau, en s'écriant qu'une
expiation d'un demi-siècle dans le cimetière de Clamart
suffisait et qu'il appartenait à la France de réhabiliter un
de ses plus grands hommes ! C'étaient là de nobles paroles,
dignes en tout point du grand citoyen et de l'homme courageux qui a osé dire que le peuple était sa muse. Michelet
a du génie; Lamennais me le disait encore l'autre jour.
Son tableau des commencements de la Révolution contient
des pages sublimes; c'est un des plus beaux monuments
d'histoire de ce temps.

Je ne suis pas de son avis sur Robespierre; j'ai toujours
détesté ce rhéteur, même dans les vers de M. Ponsard, qui
sont fort beaux, par parenthèse, et d'une grande exactitude
historique. Tous ces terroristes n'ont été pour la plupart
que des hommes assez ordinaires; ils étaient la hache du
peuple, et le peuple est comme les enfants, il ne faut pas
lui laisser trop longtemps dans les mains un instrument
dangereux. On finit avec l'excès, après avoir commencé par
le droit, et l'on compromet la cause la plus sainte.

## CCIX

Je vous remercie de l'envoi que vous me faites de la poésie des *Charmettes*, c'est très-joli; il y a quelques vers très-heureux; je les ai notés.

Ils trahissent l'honnêteté du cœur de leur auteur. Ces vers m'ont étonné; je ne croyais pas que M. Ponsard pût sortir du domaine de la tragédie d'une façon si dégagée et avec autant de bonheur; il paraît que vous faites des miracles. Je n'ai jamais rien lu de votre ami (auquel je reconnais cependant un grand talent) qui m'ait fait plus de plaisir.

> Changer en collier de corail
> Sa guirlande de roses blanches,

c'est très-poétique et très-ingénieux. Ce qui m'a charmé surtout dans ces vers, c'est que M. Ponsard ne s'est pas fait l'apologiste de Rousseau. Vous qui l'admirez en enthousiaste, vous allez m'en vouloir; mais je ne comprends pas que, passé vingt ans, on se passionne pour Rousseau. Cœur sec, égoïste sublime, Rousseau n'a jamais eu que de la chaleur de tête. Il n'a qu'un but alors qu'il paraît le plus emporté par son éloquence calculée, c'est de montrer son génie, c'est de se produire et se faire admirer. C'est le phare littéraire de la Révolution. J'approuve fort madame d'Houdetot d'avoir été cruelle, et, malgré ce que vous appelez mes injustices envers M. Ponsard, j'aime mieux que vous soyez sa contemporaine que celle du philosophe de Genève. Et voilà un homme qui ne va pas m'adorer, et qui aura le courage d'abuser de son influence pour me diminuer à vos yeux! Ce qui prouve, une fois de plus, qu'on ne connaît pas ses amis.

## CCX

Remerciez de ma part notre ami Sue, ma chère enfant, du gracieux envoi qu'il m'a fait d'une *Page de l'histoire de mes livres*. J'ai reçu le commissionnaire, malgré ma sauvagerie; ne m'apportait-il pas des nouvelles de vous deux! A propos, il est très-aimable, ce commissionnaire, fort spirituel, des mieux pensants. Il est on ne peut plus dévoué à une charmante petite républicaine que vous connaissez, et enfin c'est un grand acte de courage que de faire entrer à Paris un livre aussi séditieux.

Je vous ai reconnue dans le charmant portrait tracé par notre ami. Il n'est qu'une photographie, c'est son plus bel éloge. Toutes vos vaillantes qualités de cœur et d'esprit se retrouvent dans cette éloquente étude. Toutefois, à mon avis, il ne vous a pas faite assez femme, et un de vos plus grands attraits à mes yeux, c'est de l'être jusqu'au bout des doigts. Savez-vous que c'est un très-grand honneur d'avoir Eugène pour biographe. Aucune femme de ce siècle n'aura été favorisée à ce point-là.

C'est une tâche ingrate que celle du biographe, qui n'est entreprise, en général, que par des écrivains de second ordre; mais vous méritiez cette distinction. Allez-vous, belle vaniteuse, envier encore Elvire, cette pauvre Elvire à laquelle vous avez volé son lac[1]; malgré Lamartine, pour la postérité, ce sera toujours le vôtre; votre présence a chassé son souvenir. Ce livre aura un heureux résultat.

Mais pourquoi parler de ces calomnies : cela m'a blessé dans ma délicatesse pour vous; c'est les apprendre à ceux qui les ignorent, et il suffit de vous approcher pour savoir

---

[1] Le lac du Bourget (en Savoie).

à quoi s'en tenir; *la bonté armée* aussi est un joli mot : il rend bien ce que vous êtes. Vindicative jusqu'à la cruauté quand vous êtes offensée, mais bonne jusqu'à la faiblesse en présence de la bienveillance. Une vertu vous a manqué à Lamennais et à vous, celle de savoir pardonner. Vous étiez aussi perfidement méchants et aussi adorablement bons l'un que l'autre, aussi défiants et aussi candides, aussi modestes et aussi orgueilleux; ce sont ces ressemblances de l'enfant et du vieillard, ces contrastes de qualités et de défauts identiques qui ont uni vos deux natures et qui ont fait que vous vous aimiez tant. Vous êtes la miniature de Lamennais, chère fée.

Parlez-moi d'Eugène Sue, à la bonne heure! c'est la candeur, la bonté, le dévouement, la bienveillance personnifiée. Quel faux fanfaron de vice, quelle adorable nature! Ah! je l'avais bien jugé quand je vous recommandais à lui et lui demandais d'être votre ami. Si vous saviez que d'argent il m'a envoyé, que de touchantes infortunes il m'a aidé à secourir lorsqu'il demeurait rue de la Pépinière! Il donnait sans compter; son cœur n'était jamais muet à la pitié; sa bourse toujours ouverte. Si vous saviez combien il vous est dévoué! Ah! savoir aimer et aimer ainsi, c'est déjà être bon. Je suis sûr qu'il se sera fait des ennemis avec son livre.... Mais il n'a rien calculé; il accomplissait un devoir de cœur et d'honneur, comme il dit. — Si vous aviez une occasion sûre, envoyez-moi une dizaine d'exemplaires d'*Une Page de l'histoire de mes livres*, je les placerai en bonnes mains. J'ai prêté le mien à Planche, qui ne me l'a pas rendu. Qu'est-ce que c'est que cette histoire de dédicace qu'Eugène raconte avec grande colère et force réticences contre M\*\*\* L\*\*\*? Êtes-vous enfant à ce point-là? Avez-vous réellement souffert de cette poltronnerie de M\*\*\* L\*\*\*? N'est-ce pas un conte? Il fallait aller chez Perrotin; en voilà un qui n'a pas peur et qui n'est pas intéressé! En définitive, tout cela est assez louche; si on ne vous a pas ôté tout votre esprit, vous vous consolerez. Que diable! toute cette fameuse pièce ne vaut pas une larme de la fée Bonheur.

## CCXI

Vous avez bien raison d'employer vos soirées à lire Montaigne et Rabelais; je les étudie depuis quarante ans, et ils m'apprennent toujours quelque chose de nouveau. Malgré mon admiration pour Voltaire, je suis obligé de convenir qu'on pourrait lui contester la valeur littéraire de ses œuvres. Rabelais était bien plus original et bien plus naïf; s'il avait été moins austère et aussi rusé que celui-ci, il eût conquis et conservé la première place parmi les réformateurs.

Pourquoi lisez-vous ***? c'est un livre faux, mal écrit. J'ai toujours eu l'Angleterre et les Anglais en horreur; leur gouvernement est mille fois plus hypocrite que celui de l'Autriche.

## CCXII

Votre ami a mille fois raison; jamais la fécondité ne s'appellera le talent. M. Ponsard est dans le vrai, et peut-être est-ce à la lenteur avec laquelle il écrit qu'il doit cette poésie harmonieuse, mâle et sonore, qui lui est propre. Je l'ai dit bien souvent : « Il n'y a que le temps pour improviser les bons vers. » Quand ils me viennent avec trop de profusion, je les regarde comme un malheur : en poésie, il faut s'appliquer à rendre en aussi peu de mots que possible une idée juste, et ne point l'exprimer différemment qu'on ne le ferait en prose. Il faut que les vers puissent être lus en prose et paraissent naturels, comme la plus simple des conversations : là est la difficulté. Bien des gens se croient poëtes, parce qu'ils alignent des rimes ; ils se trompent : tout le monde fait des vers plus ou moins, cela n'est pas plus difficile que d'écrire en prose ; il faut de la force, de la concision, de l'énergie et de la simplicité. La versification vient après : c'est pourquoi Molière est et restera le poëte par excellence. On approchera peut-être un jour de Corneille : votre ami l'a atteint quelquefois dans *Charlotte Corday;* mais jamais on n'égalera Molière, jamais on ne surpassera la Fontaine. Quelle clarté ! quelle aisance ! quel feu ! Diriez-vous autrement en prose l'idée exprimée par ces deux vers :

> L'ami du genre humain n'est pas du tout mon fait.
> La place m'est heureuse à vous y rencontrer ?

Quelle concision et quelle abréviation ! En prose vous pourriez à peine vous exprimer en aussi peu de mots. Quant à la Fontaine, croyez-vous qu'il n'a pas fallu plus de génie et d'études pour écrire les *Deux Pigeons, Philémon et Baucis,* le *Chêne et le Roseau* (j'en passe et des meilleures) que pour composer cinq actes? L'étude la plus approfondie de l'art dramatique se trahit dans ces petits chefs-d'œuvre ; toutes les règles classiques y sont observées, comme dans une tragédie de Racine, et le dialogue donc ; tenez, si jamais un homme approche de Molière, c'est la Fontaine.

## CCXIII

Il paraît, madame, que vous avez envie d'être de l'Académie : pourquoi n'en seriez-vous pas? Je n'ai jamais compris qu'on isolât les femmes de toutes les fonctions dont on nous réserve le monopole presque exclusivement. Quoi qu'il en soit, il est impossible de trouver un discours écrit d'une façon plus classique que celui que vous m'envoyez : il vous faut absolument un fauteuil : demandez-le. Pour parler sérieusement, chère enfant, vous avez un talent de pastiche que je n'ai jamais vu à personne.... N'allez pas croire que mes idées sur les femmes soient une plaisanterie. Je voudrais qu'elles participassent à la vie publique : elles sont toujours plus sensées et souvent plus instruites que nous pour penser. Ne savez-vous pas le latin que j'ignore!

## CCXIV

Je vous renvoie vos appréciations sur Eugène Sue. Non, je ne suis pas de votre avis; notre ami n'est pas si loin de Balzac que vous le croyez, qu'il le croit lui-même dans son adorable modestie. Ses premiers romans valent les meilleurs de Balzac, et il est bien autrement créateur que celui-ci; il est moins profond, mais il a plus d'invention. Il était créé pour le théâtre. Il aurait laissé bien loin derrière lui tous les faiseurs : ses coups de théâtre auraient épouvanté nos plus surprenants dramaturges. Y a-t-il jamais eu dans la *Gazette des Tribunaux* un procès plus saisissant, plus vraisemblable, plus émouvant dans tous ses détails que la *Bonne Aventure* : on a la chair de poule rien qu'à assister à toutes ces péripéties, et le fameux drame Praslin n'est que de la nioniotte à côté. C'est un grand inventeur que Sue, et ses types resteront comme ceux de Shakspeare. Mon fils Dumas n'en approche pas; et l'on ne songera plus à *Monte-Christo* ni aux *Trois Mousquetaires*, que le Chourineur, Morel le Lapidaire, Adrienne de Cardoville, madame Pipelet et Rodin seront encore dans la mémoire de nos petits-neveux et de nos arrière-enfants.

Si vous l'aimez, pourquoi lui faites-vous faire des vers : ils ne sont pas bons. Qu'il en écrive pour vous, à la bonne heure, mais pour le public! Après tout, si cela l'amuse!

## CCXV

Non, vous n'êtes plus la fée Bonheur, vous êtes la fée active, la fée turbulente, la fée vif-argent. Halte-là! J'ai près de quatre-vingts ans, chère belle, vous me distancez, vous me faites trop courir; je me croyais autrefois des dispositions à écrire un roman, et j'en avais commencé les premiers chapitres : il s'appelait la *Femme qui s'ennuie*. C'était un plaidoyer en faveur de votre sexe. J'attribuais toutes les fautes des femmes à leur oisiveté. Je demandais qu'on ne les éloignât pas des fonctions de l'État. Mon paradoxe, qui ressemblait à une vérité, comme tous les paradoxes, était encadré dans une fable assez ingénieuse! Eh bien, je renonce à cette idée, vous m'y faites renoncer, chère fougueuse, petit cheval emporté, sans frein; je jette au feu mes feuillets, je n'écrirai pas la *Femme qui s'ennuie* : mon roman s'appellera la *Femme qui s'agite*. Tudieu! comme vous y allez. La journée a donc quarante-huit heures pour vous? Quel est ce feu qui vous dévore? Vous vous userez, chère enfant, prenez-y garde : vous êtes trop répandue, vos amis vous mettront en terre si vous n'en sacrifiez pas la moitié. Il y a plus de gens à Paris qui vous écrivent et auxquels vous écrivez en un mois que je n'en reçois dans toute l'année, et cependant un de mes propriétaires m'a donné congé sous le prétexte que j'usais ses escaliers, tant il vient de monde chez moi. Jugez!

## CCXVI

Pourquoi, puisque vous traduisez des tragédies italiennes en vers français et que votre *Myrrha* a si bien réussi, ne vous attaquez-vous pas à *Camma?* On dit que c'est fort beau. Vous avez dû voir l'auteur, M. Montanelli, chez Lamennais. Il a beaucoup de talent. Voulez-vous que je vous envoie la brochure de *Camma*, si on ne la trouve pas à Aix? Vous savez qu'il a traduit *Médée* en italien, et que c'est meilleur, au dire des connaisseurs, que dans l'original : je le crois sans peine.

## CCXVII

Moquez-vous de moi, chère belle, tant que vous voudrez, vous n'empêcherez que je ne sois noble comme le roi, et vous ne m'enlèverez pas tous les droits que je possède à signer *de* Béranger. Je n'attache aucune importance à la particule qui précède mon nom, mais enfin elle m'appartient réellement.

Ce sont les petits esprits qui s'occupent des questions terre à terre ; qu'importe à la démocratie que ceux qui la servent, s'ils sont réellement démocrates de cœur, soient des manants ou des marquis! Je ne comprends pas plus qu'on tire vanité d'un titre que le hasard vous a donné, privilége qui, dans ce siècle, n'a d'ailleurs plus aucune signification, que je ne comprends ceux qui, le possédant, s'évertuent à le cacher pour complaire à certaines gens.

J'ai vu, dans ces derniers temps, beaucoup de vos amis furieux de ce que quelques-uns de nous vous appelaient encore princesse. « Qu'a de commun une si grande dame avec nous? » disaient-ils avec ironie. Eh! mon Dieu, laissez-les crier. Vous avez déclaré, une fois pour toutes, que c'était vous désobliger que vous donner ce titre ou d'autres auxquels vous avez volontairement renoncé depuis votre exil. Cette démonstration était insignifiante; mais enfin il vous a convenu de la faire, et elle n'avait pas d'inconvénient : que peut-on exiger de plus; que les uns vous appellent madame, les autres princesse, comtesse, duchesse, ceux-là citoyenne, ceux-ci camarade, que sais-je? qu'importent toutes ces appellations différentes, vous n'en êtes ni plus ni moins, vous êtes Marie de Solms, et, de quelque nom qu'on vous désigne, vous restez vous-même.

En règle générale, illustres ou obscurs, on ne doit pas renier ses aïeux : en ce temps on est le créateur de sa propre individualité; mais il y a autant de dignité à accepter un nom célèbre qu'un nom inconnu; c'est manquer d'orgueil que cacher son nom, parce qu'il peut être désagréable à certaines gens. En ce qui vous concerne, ceux qui vous conseillent ainsi ne sont pas vos amis; vous n'êtes solidaire de personne; portez haut le nom de fille ou de femme qui vous appartient, personne n'a à vous le reprocher ni à vous en féliciter, puisqu'il est l'effet du hasard; s'en glorifier serait absurde, y renoncer serait servile, et vous serait reproché un jour comme un acte de faiblesse par ceux mêmes qui vous y engagent.

Restez toujours indépendante : l'habit ne fait pas le

moine; vous n'avez aucune autre responsabilité que celle de vos actes; laissez le monde, les journaux, les amis et les ennemis vous désigner comme ils le voudront, vous ne pouvez pas vous amuser à écrire un lettre imprimée tous les matins pour prier les contemporains de cesser de vous qualifier, afin de plaire à quelques personnes de mauvaise volonté qui ne veulent pas comprendre que vous n'êtes pour rien dans cet excès de zèle. Quant à moi, qu'on m'appelle Béranger ou de Béranger, M. le chevalier de Béranger même, que m'importe! Je rougirais, pour flatter quelques-uns de mes amis, de déclarer que ce *de* ne m'appartient pas, mais aussi je ne me suis jamais amusé à m'en vanter. Sur ce, chère fée, que cette grave question ne vous agite plus; vous êtes la princesse Esprit, la reine Beauté, la comtesse Enjouement, et vous n'avez pas de plus fervent admirateur et courtisan que votre vieil ami.

Le marquis de Béranger.

Ça sonne bien, n'est-ce pas?
Aimez-vous mieux :

Béranger,<br>Ouvrier en rimes.

C'est crâne, n'est-ce pas? Choisissez.

## CCXVIII

### A MONSIEUR EUGÈNE SUE

Mon cher Sue, je serai très-heureux d'être utile à votre protégé; dites-lui qu'il peut compter sur moi. Quoique je sois bien souffrant, je vais faire les démarches nécessaires, et, grâce à mes relations avec B\*\*\*, je suis presque sûr d'obtenir ce que vous désirez. Je comprends la malheureuse hésitation de M. V\*\*\*. Voilà une des affreuses éventualités de la proscription. Rester fidèle à son serment, à sa haine, ou laisser mourir loin de soi le vieux père qui vous réclame à ses derniers moments : c'est horrible. Je tâcherai d'obtenir une *permission* simple, sans jour fixé, et, une fois qu'il aura rendu les derniers devoirs à ce pauvre vieillard, il pourra regagner le lieu de son exil. Ah! vous êtes bien vaillants là-bas, et je pleure en songeant à tant d'intelligence, de patriotisme, de courage s'épanouissant ou s'étiolant hors du sol natal.

Comptez sur moi, mon cher ami, en cette occasion, comme en toutes celles où il vous plaira de réclamer mon concours.

## CCXIX

### A MONSIEUR EUGÈNE SUE

La fée Bonheur est désespérée de ce qu'elle appelle « la lâcheté du petit juif de la rue \*\*\*. » Sa naïve colère m'amuserait si elle n'était pas très-effrayante quand elle est méchante. Puis, ensuite, elle est si sincère, qu'elle m'a fait partager presque, moi l'homme inoffensif par excellence, ses petites rancunes, et je vois bien qu'elle vous les a inculquées tout à fait, et que vous en voulez beaucoup à ce pauvre malheureux. J'aurais un moyen de me faire bien venir de la fée si je lui répétais la belle histoire d'une armoire et d'une superbe actrice fort courtisée par son ennemi, que A\*\*\* m'a racontée l'autre jour, mais elle la vengerait trop bien; puis je ne veux pas encourager son penchant à la méchanceté; ensuite j'ai une meilleure idée.

La fée est désolée, pourquoi? D'une ingratitude dont M\*\*\* est l'éditeur responsable. Je ne comprends pas beaucoup son chagrin, mais enfin il existe. Entendons-nous ensemble pour lui offrir une consolation qui ramènera le sourire dans ses jolis yeux. La fée aime à être chantée, c'est un petit travers plus excusable que ceux de la plupart de nos jeunes femmes. Eh bien, vous m'avez dit lui avoir fait quelques poésies. *La Souffrance*, entre autres, que vous m'avez envoyée, est d'un sentiment très-touchant.

Expédiez-moi tout cela, je tâcherai de trouver quelques quatrains dans ma vieille cervelle; j'arrangerai un peu, puisque vous craignez qu'elles ne soient pas assez en toilette, vos *nouvelles nées*. Nous ferons du tout un petit volume; j'entreprendrai Perrotin un jour qu'il sera de bonne humeur, je lui parlerai de son château, je lui promettrai d'y aller[1], et, quand il sera bien disposé, je lui demanderai de me faire imprimer une jolie petite édition de l'œuvre commune tout inspirée par la fée, et nous lui expédierons un bel exemplaire doré sur tranche! avec des gravures aussi, peut-être bien. Il est entendu qu'il n'y aura rien de politique dans ce que vous m'enverrez; j'aurai déjà assez de peine à faire sortir mon vieil ami de ses habitudes et de nos conventions. Mon idée vous sourit, n'est-ce pas? Je connais notre chère enfant, ses grandes vertus et ses petites faiblesses; elle sera ravie de cette invention de notre part. Judith, à laquelle j'en ai parlé, m'a souri, disant que j'étais un malin et que je connaissais bien le cœur des femmes. Elle a ajouté, et je pense entre nous qu'elle a un peu raison : « L'enfant sera bien difficile si elle trouve qu'elle ne gagne pas au change. » En définitive, mon cher ami, et quelle que soit sa monomanie, il me semble qu'à nous deux nous valons bien l'autre, et notre petit bagage poéti-

---

[1] M. Perrotin avait offert à Béranger de l'établir à Châtillon-sous-Bagneux.

que lui fera bien plus d'honneur, puisque vanité il y a, que la dédicace des lamentations de cette sempiternelle héroïne qui, heureusement pour notre fée, ne lui ressemble pas le moins du monde. Si c'est son portrait, comme elle en est si fière, franchement le peintre ne fait pas ressemblant.

## CCXX

### A MADAME BLANCHECOTTE

1854.

Ma chère enfant, je suis un peu mieux et j'ai été voir Lamartine, que j'ai trouvé avec la fièvre et ses deux sœurs. Il a un rhumatisme assez douloureux. Nous avons parlé de vous au sujet des volumes qu'il met en vente à votre domicile [1] : il semble en vérité fonder sa glorification sur ces quelques pages; plus que sa gloire, sa subsistance même. Sa gloire n'y gagnera pas; elle n'en a pas besoin; mais je voudrais bien que cela pût remplir sa bourse et même un peu la vôtre. Pour cela, il ne faudrait pas aller à la légère. Tâchez donc de bien prendre vos mesures pour cette vente à domicile. Si elle ne rapporte pas tout l'argent qu'il en espère et dont il dit avoir besoin, que du moins elle ne cause pas de désagrément à ceux qui la feront. L'intérêt de Lamartine l'exige.

Je vais un peu mieux et vous attends un de ces jours pour causer plus au long de tout cela.

[1] *Lectures pour tous*.

## CCXXI

### A MADAME ÉLISA FLEURY

8 janvier 1854.

Je vous dois bien des remercîments, chère dame, pour le charmant volume que vous avez bien voulu m'envoyer ; il contient des morceaux délicieux de sensibilité, et dont la forme est aussi élégante que correcte. C'est de la poésie d'un naturel bien rare ; vous n'avez péché que par un excès de modestie. Combien, à votre place, se seraient fait de tout cela un nom qui attirerait des appuis à leur vieillesse ! Vous avez sans doute beaucoup d'amis, et personne plus que vous ne le mérite, mais les amis ne suffisent pas toujours. Puissent-ils, si besoin est, parvenir à vous être utiles !

Avec mes remercîments, agréez, chère dame, le témoignage de mon respect et de mon dévouement.


## CCXXII

### A MADAME BLANCHECOTTE

10 janvier 1854.

Ma chère enfant, je suis fâché d'apprendre que vous soyez souffrante. Quant à moi, je suis toujours dans le même état, mais sans souffrance aucune. Lamartine et Chamboran viennent de passer une heure avec moi. Le dernier nous a lu beaucoup de beaux, très-beaux vers d'un tout petit volume.

A propos de beaux vers, c'est le cas de vous parler de

M. Lecomte de l'Isle¹. Vous m'avez dit qu'il désirait avoir part aux entreprises littéraires de MM. Didot. Je pense que c'est surtout dans leur *Biographie* qu'il trouverait de quoi se satisfaire.

Si c'est en effet à ce grand ouvrage qu'il veut travailler, engagez-le à se présenter de ma part à M. le docteur Hoefer, qui a la direction de cet ouvrage. Il le trouvera de midi à trois heures, rue des Saints-Pères, 19. Je lui ai parlé de M. de l'Isle, et lui ai dit tout le bien que j'en pense et qu'il mérite ; et, comme M. Hoefer est lui-même un homme d'élite par l'intelligence et le caractère, M. de l'Isle est sûr d'être bien accueilli s'il a besoin de recourir à lui. Engagez-le, dans ce cas, à ne pas tarder à lui rendre visite.

## CCXXIII

### A MONSIEUR DEHIN

17 janvier 1854.

J'ai attendu l'arrivée du tabac pour vous répondre, mon cher Dehin, et je vais vous gronder pour des étrennes de ce genre, que je ne veux plus recevoir, si vous ne m'envoyez pas la note des frais. Vous savez qu'il m'est facile de vous en faire passer le prix par la poste, et cela me rappelle que je dois vous être redevable d'une somme quelconque aux œuvres de votre ***. Cette souscription aurait-elle échoué ?

J'aime beaucoup votre tabac de Hollande ; mais ce qui m'a fait plus de plaisir, ce sont les nouvelles que vous me donnez de vos affaires. Vous m'annoncez ce qui était l'objet des souhaits que je faisais pour vous et votre famille

---

¹ M. Lecomte de l'Isle, qui a écrit de si beaux vers dans le style dorien, n'était pas alors encore connu du public.

Quant à moi, mon cher ami, je me porterais assez bien pour mon âge, s'il ne m'était arrivé, il y a peu de jours, un accident peu grave, mais qui me retient à la chambre. J'ai le *coup de fouet;* vous savez que c'est la rupture d'un muscle du mollet, qui vous condamne au repos quelquefois pour longtemps; j'espère en être quitte pour une retraite de quinze jours ou trois semaines au plus, et cela sans souffrance.

C'est beaucoup pour un vieux coureur qui fait chaque jour ses deux ou trois lieues dans Paris, car je ne vais plus à la campagne, trouvant désagréable de quitter mon coin, où je n'ai pourtant pas tout ce qu'il me faudrait de liberté.

A propos de la question d'Orient, on parle fort par ici de la Belgique; le mariage de votre prince royal[1] a été censuré par ceux qui, comme moi, ne se soucient pas de la réunion de votre pays à la France, et qui, par conséquent, n'aiment pas à voir donner des prétextes à une agression de notre part. Il serait temps, comme vous le dites, de renoncer enfin à la vieille politique et de tâcher que les peuples s'entendent; mais je ne verrai pas s'accomplir ce beau rêve. Les hommes sont trop peu raisonnables.

## CCXXIV

### A MADAME FERDINAND FRANÇOIS

17 janvier 1854.

Pauvre enfant! je regrette bien que ma maudite jambe m'empêche de vous dire toute ma douleur du jugement

---

[1] Le duc de Brabant, né le 9 avril 1835, s'était marié, par procuration, le 10, et en personne le 22 août 1853 à l'archiduchesse Marie, née le 23 août 1836. fille de feu l'archiduc Joseph, palatin de Hongrie.

rendu[1]. Cette douleur est surtout pour vous, car je crains l'effet qu'il a dû produire sur votre cœur. Quant à François, outre qu'il a l'appel d'abord, il sait que dans le cas de confirmation, nous aurons recours aux moyens qui peuvent adoucir cet arrêt inique. Déjà Reynaud, qui m'en a apporté la nouvelle, a pensé à quelqu'un qui semble avoir le pouvoir de faire du bien. Moi, je recourrai à des autorités que jusque-là j'ai négligées. Nous pouvons donc espérer de réparer une partie du mal que ces bourreaux de juges vous ont fait. Dites-le à notre ami, qui vraisemblablement ne s'afflige que pour nous. Dites-le aussi à votre excellente tante qui doit tant souffrir pour ses chers enfants. Aussitôt qu'il me sera permis de sortir, j'irai vous voir et nous causerons de tout cela. Surtout ne vous découragez pas et comptez sur vos amis. Quant à moi, j'y ferai tout ce que je pourrai et je n'ai pas besoin de vous l'assurer.

Courage, chère enfant, courage! A vous de cœur.

## CCXXV

### A MONSIEUR GILHARD

25 janvier 1854.

Je vous félicite, mon cher Gilhard, de faire de bonnes affaires dans votre pays. Vous avez, parbleu, bien fait de

---

[1] M. Ferdinand François, ancien directeur de la *Revue indépendante*, venait d'être condamné à trois ans de prison, pour cause de participation à une société secrète. Béranger, qui savait bien que, si M. F. François avait connu l'existence de cette société, il n'en avait pas fait partie, pensait que l'accusé serait absous, et tout au plus condamné à une peine très-légère, et il n'avait négligé aucune démarche pour lui être utile. M. F. François était nouvellement marié et sa femme allait accoucher. Béranger, qui ne la connaissait pas avant le mariage, se conduisit avec madame François comme l'ami le plus ancien et le plus dévoué l'eût pu faire.

vendre un coin de terre, à peine bon à vous enterrer, et d'en tirer quelques voyages à Paris dont nous profiterons. En définitive, je vois qu'il est assez bon d'être propriétaire, ne serait-ce que pour avoir quelque chose à vendre. Vous direz qu'on peut faire de même avec des rentes : c'est même ce qui vient de m'arriver. Hélas! mon cher ami, je vis sur mon capital; puisse-t-il aller jusqu'au bout! Quand je m'entends flatter sur l'état de ma santé, la peur me prend de pousser cette mauvaise plaisanterie qu'on appelle la vie beaucoup trop loin.

Judith est bien capable d'en faire autant et mieux même. Elle attend la solution des affaires d'Orient avec un calme parfait.

Quant à moi, j'ai fini par ne plus m'en occuper : ce ne serait pas de même si je jouais à la Bourse.

Notre gouvernement me semble mettre une grande prudence dans ce grand prologue : cela veut-il dire qu'il nous en tirera bien? Je ne sais, car je ne me fie pas plus au gouvernement français qu'au gouvernement anglais, dans cette occurrence, d'où peut sortir un bouleversement général. Au reste, je dis depuis le commencement, que « aujourd'hui les prophètes ont la gueule morte ». Souffrez donc que je me taise sur ce sujet.

Je viens de passer dix-huit jours au logis. En rentrant un soir, je me suis donné ce qu'on appelle le *coup de fouet*. Je n'ai d'abord pas pris de précautions; puis il m'a fallu recourir à un médecin qui a fait des entorses et coups de fouet sa spécialité. Je suis guéri et n'ai plus que quelques jours à passer au coin du feu. Savez-vous que j'ai des connaissances qui y ont été retenues des trois, quatre, six mois pour pareil accident!

Lamartine va très-bien dans ce moment. Il n'en est

peut-être pas tout à fait de même de ses affaires qui s'embrouillent toujours. Toutefois, il est moins tourmenté à cette heure.

Les vers de Hugo font un grand bruit ici ; ce qu'on m'en a répété me fait croire que son admirable talent s'est encore agrandi. Mais je suis loin d'avoir tout entendu.

Lamennais est fort malade de la goutte[1] en ce moment. Je ne puis l'aller voir et en suis désolé ; il est toujours occupé de sa traduction de Dante.

Quant à moi, je suis un vase complétement vide. Il ne sort plus rien de moi. Voilà plus de deux ans que cela dure. Je ne m'en attriste pas le moins du monde.

## CCXXVI

A MESDEMOISELLES ***

26 janvier 1854.

Vous me souhaitez beaucoup de bonheur pour l'année qui commence, mes chères amies, et vous m'en procurez un grand en m'annonçant que les misères de cette époque ne vous atteindront pas. Je redoutais pour vous ces mois de cherté qui pèsent si rudement sur grand nombre de nos provinces, même sur Paris, malgré les préférences du pouvoir pour notre grande ville. Il n'y a que l'or de bon marché ici. Ce qui ne veut pourtant pas dire que tout le monde en ait.

Ma santé est bonne, et tout le monde m'en félicite au point de me faire peur ; car, comme pour avoir un peu d'aisance, je mange mes fonds avec mon revenu, ainsi que

[1] C'était le commencement de la maladie qui devait emporter l'illustre auteur des *Paroles d'un croyant*.

le bonhomme, je tremble d'aller trop longtemps et trop loin, au delà de mes ressources.

J'ai conservé tous mes vieux amis (il y en a de cinquante-huit ans de date), et Lamennais est toujours à Paris, travaillant à une traduction de Dante. Mais il n'habite plus Beaujon. Il s'est exilé au Marais[1], près du Temple. C'est un peu loin; mais, en santé, il vient assez souvent dîner avec nous. Malheureusement, depuis quinze jours, il a la goutte qui le tient à l'estomac, ce qui m'inquiète fort, d'autant qu'ayant été atteint de ce qu'on appelle le *coup de fouet*, il ne m'est pas possible de quitter ma chambre depuis trois semaines. Je suis bien impatient d'aller m'assurer par moi-même de l'état du malade, qui, je l'espère, se tirera bien de cette crise.

Je vous félicite de conserver votre frère auprès de vous, et j'admire à quel point il aime la retraite. Il doit sortir quelque chose de bon de la sienne. Hélas! moi aussi je voudrais pouvoir vivre loin du monde; mais le sort en a décidé autrement. Le nombre des importuns semble s'accroître au lieu de diminuer, comme je l'espérais, et tout mon temps se perd en courses et en bavardages.

Trélat a encore éprouvé un accident. Il a repris voiture depuis son mariage. Or, un obligeant, pour lui éviter de fermer sa portière, la lui a poussée de façon à lui écraser la main. Il a eu deux doigts de broyés. Il en souffre encore beaucoup. Je le vois rarement; car il y a bien loin de l'Arc-de-Triomphe à la Salpêtrière.

J'allais oublier de vous parler de vers, depuis que je n'en fais plus, et absolument plus (voilà trois ans de cela), je pense qu'il en est ainsi pour tout le monde. Vous pen-

---

[1] Rue du Grand-Chantier, n° 12, où il est mort, Lamennais avait pris le lit le 16 janvier.

sez autrement. Où donc en êtes-vous de vos productions? Vous me direz cela dans votre prochaine lettre.

## CCXXVII

### A MONSIEUR ANTIER

Paris, 27 janvier 1854.

Mon cher Antier, je viens de voir Rostan, qui quittait Lamennais. Ce n'est point une goutte remontée, mais bien une fluxion de poitrine. Rostan a changé la médication, et il en résulte du mieux. Toutefois, il désirerait que Blaize fût ici. Lamennais a bien appelé M. Benoît[1]; mais, comme

---

[1] M. A. Barbet avait été appelé par Lamennais, en même temps que M. Benoît-Champy. Ce fut lui qui pria Béranger d'écrire cette lettre pour M. Blaize, que Lamennais ne voyait plus, à cause de certaines divergences d'opinions politiques. Béranger, qui n'aimait pas chez Lamennais cette puissance du retranchement des affections et son inexorable ténacité à ne pas oublier ce qui lui avait, à tort ou à raison, déplu, voyait avec peine que son neveu dévoué, et, au fond du cœur, chéri encore sans doute, ne fût pas auprès de lui à sa dernière heure. M. Blaize, qui était à la campagne, au reçu de la lettre écrite par Béranger, se mit en route et arriva le 30 janvier à Paris, où il eut à approuver tout ce qu'avait fait M. Auguste Barbet.

Voici les deux pièces que, dès le 16 janvier, en se mettant au lit, Lamennais avait écrites :

**INSTRUCTIONS POUR MES EXÉCUTEURS TESTAMENTAIRES.**

« Je veux être enterré au milieu des pauvres, comme le sont les pauvres. On ne mettra rien sur ma fosse, pas même une simple pierre.

« Mon corps sera porté directement au cimetière, sans être présenté à aucune église.

« On n'enverra point de lettres de faire part. On annoncera seulement ma mort à MM. Béranger, de Vitrolles, Em. Forgues, J. d'Ortigues, Montanelli, et à madame veuve Élie de Kertanguy.

« Je défends très-expressément que l'on appose les scellés chez moi.
                                                « F. Lamennais ».

« Je déclare qu'il est de ma volonté expresse que mon ami M. Barbet reste seul uniquement chargé de la surveillance et de l'administration de ma maison et de mes intérêts, y compris les visites.
                                                « F. Lamennais ».

les prêtres assiégent la porte du moribond, M. Benoît craint, dit-on, de se compromettre en chassant ceux qui guettent la pauvre âme au passage. Lamennais a toute sa tête ; mais ne serait-il pas convenable que son neveu fût là pour faire exécuter les ordres de son oncle, quels qu'ils soient? Il n'a que des étrangers autour de lui.

Si j'avais su l'adresse de Blaize, je lui aurais écrit. Écris donc promptement, et, si tu veux, envoie ces quelques lignes que je t'écris à la hâte.

Rostan, malgré le mieux, craint des accidents que l'état du malade donne à redouter. Tout à toi.


## CCXXVIII

### A MADAME BLANCHECOTTE

1<sup>er</sup> février 1854.

Ma chère enfant, j'ai trop couru hier ; il faut que je me repose aujourd'hui : l'enflure de ma jambe revient.

Ce qui m'occupe en ce moment, c'est Lamennais, qui est en danger depuis quinze jours. Il y a un peu de mieux depuis qu'on a recours aux vésicatoires ; toutefois, nous craignons toujours. Je ne suis donc pas près d'aller dans votre quartier. Et puis on m'ordonne des bains à domicile. Voilà encore une chose bien ennuyeuse.


## CCXXIX

### A MONSIEUR A. BLAIZE

Paris, 7 février 1854.

Mon cher Blaize, j'avais bien envie d'aller visiter notre cher malade aujourd'hui, pour lui persuader de ne pas renvoyer encore son docteur. Il paraît que Rostan a été un peu blessé de l'espèce de congé que Lamennais lui a donné hier. Pour le bien diriger dans sa convalescence, il me semble que Rostan est nécessaire.

Mais tout cela exigerait peut-être une longue conversation : or Lamennais ne peut en être déjà à parler longtemps ou même à écouter parler sans danger.

J'attendrai donc, mon cher ami, que vous m'avertissiez du jour où je pourrai me présenter. D'ici là ma présence ne peut vous être utile[1].

Écrivez-moi, mon cher ami, aussitôt que vous le jugerez convenable. Tout à vous de cœur.

## CCXXX

### A MADAME DONNAY

Samedi matin, 11 février 1854.

Ma chère enfant, ne viens pas demain, comme tu me l'as annoncé. De bonne heure il me faut encore aller chez Lamennais, avec qui il est urgent que je cause.

J'irai te voir dans la semaine. Je t'embrasse et fais mille amitiés à ton mari. Tout à toi.

---

[1] « Béranger faisait prendre des nouvelles quand je n'allais pas lui en porter. Malgré l'empêchement qui le clouait sur son fauteuil, il aurait voulu visiter mon oncle. Le docteur Rostan ne le lui permit pas. Il le pria, au contraire, de s'abstenir. « On me harcèle, lui dit-il, pour voir Lamennais ; je ne puis l'acccorder ; « il est trop affaibli. Rendez-moi le service de ne pas insister. Quand je dirai « que je vous ai refusé, on comprendra que toute visite est impossible ». (*Essai biographique de M. F. de Lamennais,* par A. Blaize, 1858, in-8, p. 168).

## CCXXXI

#### A MONSIEUR A. BLAIZE

Paris, 20 février 1854.

Mon cher Blaize, notre malade est de plus en plus faible; il effraye M. Barbet, qui a eu la bonté de m'en venir donner des nouvelles, car je ne marche pas encore.

M. Barbet et moi avons regretté votre prompt départ, et ce que nous avions prévu est arrivé. La personne que vous connaissez a eu hier encore avec Lamennais un entretien de dix minutes. M. Barbet attribue à cette conversation la mauvaise nuit que votre oncle a passée, et qui l'a mis dans l'état où il est, état qui a laissé voir quelques traces de délire. C'est d'après ces signes et quelques autres inconvénients que nous nous décidons à vous appeler de nouveau. Venez donc le plus tôt possible, mon cher ami. Croyez que vous êtes très-nécessaire, et qu'il faut que nous en jugions ainsi pour vous arracher à votre solitude[1].

Nous vous attendons. Tout à vous.

## CCXXXII

#### A MADAME BLANCHECOTTE

26 février 1854.

Vous avez bien fait de vous amuser à Fontainebleau, et faites fort mal d'être revenue malade à Paris.

Mes douleurs de tête sont un peu diminuées, mais le rhume dure toujours. Je suis accablé d'affaires[2].

---

[1] M. Blaize était reparti pour la campagne, croyant son oncle hors de danger.

[2] L'autorité ecclésiastique, fort inquiète de la mort que Lamennais allait faire, après mille efforts, venait d'adresser d'une façon très-habile, un appel

Lamennais est retombé : je ne crois pas être libre le matin d'ici à jeudi. Ne venez donc pas. Tâchez de passer joyeusement les jours gras.

aux sentiments de convenance et de tolérance dont elle se plaisait à penser en ce moment que Béranger était pénétré. On ne le croirait pas, si la preuve n'en existait : c'était par l'auteur de la chanson du *Dieu des Bonnes Gens* que l'on nourrissait un dernier espoir de ramener à la confession catholique l'auteur de l'*Essai sur l'indifférence*. Béranger dut sourire. Quant à Lamennais, sa mort énergique est l'une des plus mémorables que l'on ait à raconter. Voici comment il expira sa vie ardente.

« Le dimanche 26 février 1854, Joseph Montanelli et Armand Lévy, qui avaient passé la nuit chez M. Lamennais, et Henri Martin qui était venu le matin de bonne heure, se trouvaient tous les trois dans la chambre, près du salon, quand, sur les une heure et demie de l'après-midi, Auguste Barbet, sortant de la chambre du malade, les appela et les y fit rentrer avant lui.

« M. Lamennais, préoccupé des tentatives qui avaient été faites durant sa maladie pour l'amener à rétractation, et craignant qu'on n'exerçât une pression sur sa légataire universelle, en éveillant des scrupules de conscience de nature à empêcher l'exécution de sa volonté, avait voulu écrire quelques lignes à la suite de son testament. Ne l'ayant pu, il les dicta. Henri Martin les lui relut. Il dit : « *Le commencement est bien* », indiqua une correction de style dans le milieu, puis approuva le tout. Henri Martin les recopia, les lui relut, et il persista. Sur la demande que lui firent Auguste Barbet et Henri Martin, s'il voulait qu'on appelât un officier public pour donner à cette disposition une forme authentique, M. Lamennais dit que c'était inutile, que, pour sa nièce, une obligation, même purement morale, suffisait. Il prit sa plume, se souleva, pria Henri Martin de tenir le carton, et signa. En entrant dans la chambre, Auguste Barbet s'était placé debout au pied du lit, Henri Martin s'était assis à la tête, Armand Lévy, à côté d'Henri Martin, près de la porte du salon ouverte, et derrière Armand Lévy, Joseph Montanelli, de façon à ne point voiler la lumière de la croisée unique qui éclairait la chambre et l'alcôve.

« Nous retournâmes tous les quatre dans la chambre du fond, afin que le malade pût reposer un peu. Vers les trois heures, le docteur Jallat nous dit qu'il trouvait M. Lamennais très-mal. Aussi Auguste Barbet envoya chercher la nièce de M. Lamennais à l'Abbaye-aux-Bois par M. de Coux. Nous entrâmes dans la chambre du malade : la respiration était difficile. Nous étions depuis quelques instants agenouillés près de son lit, quand tout à coup attachant sur nous un regard fixe et long, et pressant les mains aux deux plus proches, il dit : *Ce sont les bons moments*. L'un de nous l'a dit : « Nous serons toujours unis avec vous. » Il répondit, en faisant un signe de la tête : *C'est bien, nous nous retrouver…* David (d'Angers) arriva et resta quelques instants. Puis survint Carnot, qui avait passé toute la nuit précédente chez M. Lamennais, et presque en même temps la nièce du malade.

« Sa première parole fut : « Fély, veux-tu un prêtre ? Tu veux un prêtre, n'est-ce pas ? » Lamennais répondit : *Non*. La nièce reprit : « Je t'en supplie ! » Mais il dit, d'une voix plus forte : *Non, non, non ; qu'on me laisse en paix !* Un peu après, la nièce s'étant approchée du lit et ayant dit : « N'avez-vous

Quand vous m'enverrez la liste de vos amis, accompagnez-la de notes.

Si j'en connais pas un, je veux être pendu.

besoin et rien? » il dit, d'un ton mécontent : *Je n'ai besoin de rien du tout : qu'on me laisse en paix!* Ayant dit : *Madame!* la nièce crut qu'on l'appelait : il dit : *Non.* Sur sa demande si c'est la garde qu'il voulait, il dit : *Oui.* Henri Martin et Carnot rentrèrent dans le cabinet de travail. Quand vint madame de Grandville, elle s'approcha du lit et dit : « Je suis Antoinette; me reconnaissez-vous ? » Il dit : *Parfaitement; je suis bien aise de vous voir... Mais j'ai affaire avec mes amis.* La nièce et son amie ayant promis de ne plus faire de tentatives, elles restèrent au bout du canapé à prier. M. Lamennais se sentait mourir ; il dit à l'un de nous : *Ce sera pour cette nuit ou la prochaine.*

« A cinq heures moins un quart, Armand Lévy étant près du lit, Lamennais lui dit : *Il faudrait aller trouver M. Émile Forgues, rue de Tournon, 2, pour lui dire de venir me voir demain matin ou plutôt ce soir.* Armand Lévy répéta cette parole à Auguste Barbet, et Carnot partit pour la rue de Tournon avec Henri Martin, et revint avec Émile Forgues sur les cinq heures et demie. Auguste Barbet ayant prévenu le malade de l'arrivée de M. Forgues, celui-ci entra, se pencha près du malade; M. Lamennais lui parla de la publication de ses œuvres, dont il le chargeait par ses testament et codicille, et dit entre autres choses : *Soyez ferme! on essayera de vous circonvenir; publiez tout, sans changer ni retrancher!* Forgues dit : « Vos volontés seront exécutées complétement, sans qu'il y soit changé un point ou une virgule, je vous le jure ! » Alors, se retournant vers nous, et rentrant dans le cabinet de travail de M. Lamennais, près la cheminée, Forgues répéta : « M. Lamennais m'a dit : « Soyez ferme ! on « essayera de vous circonvenir. » Je l'ai juré, je publierai tout ce que je trouverai. «

« Dans la soirée, Armand Lévy s'approcha de la nièce de M. de Lamennais et de madame de Grandville qui étaient au salon. Elles lui dirent : « Il est bien triste de voir mourir et mourir comme cela. Car, enfin, ajouta la nièce, c'est lui qui m'a faite chrétienne ». Armand Lévy répondit : « La chose première, c'est que la volonté du mourant soit respectée ». La nièce dit : « C'est vrai, et sa volonté est malheureusement trop évidente ». Il ajouta : « Si M. Lamennais eût voulu un prêtre, nous eussions été le chercher aussi vite que nous avons couru chez M. Forgues ». La nièce paraissait touchée de l'empressement qu'avait mis M. Barbet à la faire prévenir, et elle le disait. Cette conversation fut répétée à l'instant aux personnes qui étaient dans l'autre pièce.

« La lucidité de M. Lamennais fut parfaite toute cette journée du dimanche. Sa main conserva longtemps de la force. A dix heures du soir, il buvait avec une cuiller, sans renverser, s'impatientant si on voulait soutenir sa main. Le docteur Jallat qui, le matin, était venu sur les huit heures et demie et était reparti, revint sur les deux heures et resta jusqu'au soir. La garde-malade, qui veilla M. Lamennais depuis le jeudi 23 février jusqu'à la fin, l'autre garde étant tombée malade, est madame Valleton; elle ne le quitta pas. Tout le dimanche soir, chaque personne qui se présentait put entrer; il entra même une personne qui n'avait jamais vu M. Lamennais. Entre autres personnes qui vinrent ce soir-à

## CCXXXIII

A MONSIEUR ANTIER

27 février 1854.

Merci de la triste nouvelle.

A-t-on écrit à Blaize?

Il faudrait, il me semble, le prévenir. Sa nièce est-elle là? Il la faut appeler.

Je suis toujours souffrant de la tête. Au reste tout regarde maintenant la famille. Engage M. Barbet à laisser la conduite de tout à la sœur de Blaize.

Madame Iémeniz m'a écrit pour avoir un rendez-vous : je présume qu'elle veut ravoir ses lettres. J'en ai parlé ce matin à M. Barbet; il est d'avis, comme moi, qu'il faudrait

étaient M. Benoît-Champy, l'un des exécuteurs testamentaires, le nonce polonais Carrouski, le général Ulloa. Carnot revint le soir, ainsi que Henri Martin et Jean Reynaud. Ce qui s'était passé en leur absence leur fut redit textuellement alors; ils partirent à dix heures du soir tous les trois, et, en même temps qu'eux, Armand Lévy. Restèrent pendant la nuit Auguste Barbet, Montanelli, Forgues, madame Grandville et la nièce de M. Lamennais.

« Le lendemain matin, M. Lamennais expira à neuf heures trente-trois minutes, peu d'instants après le départ de sa nièce et de Montanelli. (On pensait qu'il passerait encore la journée, tant il conserva de force jusqu'au dernier moment). M. Lamennais était en ce moment entouré encore de quelques-uns de ses anciens comme de ses nouveaux amis. M. Barbet lui ferma les yeux. Henri Martin était arrivé quelques instants auparavant; Armand Lévy quelques instants après.

« Toutes lesquelles choses nous avons cru devoir consigner, maintenant que notre mémoire est encore toute fraîche, pensant utile et nécessaire d'indiquer nettement au milieu de quelles circonstances avait eu lieu l'expression de la volonté de M. Lamennais sur la publication et la réimpression de ses ouvrages, afin qu'on puisse au besoin mieux apprécier pourquoi il le fit, comme aussi de faire connaître ses derniers moments pour qu'il soit bien constaté quelles furent, jusqu'à la fin, son indépendance, sa lucidité, son énergie d'esprit et sa ferme volonté.

« Ont signé : Giuseppe MONTANELLI, Armand LÉVY, H. MARTIN, H. CARNOT, H. JALLAT. »

Paris, le 15 mai 1854.

ravoir les quatre ou cinq volumes de lettres qu'elle a de Lamennais en échange de celles qu'elle a écrites à celui-ci. M*** a refusé de rendre à Lamennais les lettres que celui-ci lui a demandées.

Je voudrais bien causer avec Blaize sur la partie dont il est chargé par le testateur.

## CCXXXIV

### A MONSIEUR DEHIN

12 mars 1854.

Je suis tellement occupé des affaires des autres, mon cher Dehin, qu'il m'a été impossible de répondre plus tôt et de dissiper vos inquiétudes à mon sujet.

Il y a eu en effet quelques brutalités policières au convoi de Lamennais, mais je vois qu'elles ont été fort exagérées par les feuilles étrangères.

Quant à moi, je n'ai eu qu'à en souffrir moralement. Mon mal de jambe ne m'ayant pas permis de suivre à pied le convoi, mon fiacre a trouvé partout les passages libres pour moi.

Je puis même dire que j'ai été partout protégé. J'aurais voulu qu'il en fût de même pour la foule, qui n'avait, selon moi, que le désir d'exprimer ses regrets pour la perte d'un grand écrivain, mort dans la haine d'opinions qu'il avait défendues au commencement de sa carrière.

Au milieu d'une lutte assez courte entre les hommes de police et les jeunes gens, qui avaient cru au droit d'exprimer des sentiments honorables, je n'ai cessé d'être protégé[1] et j'ai pu arriver à la fosse commune où a voulu être

[1] « Le 29 février, un immense concours de peuple était répandu depuis la rue du Grand-Chantier jusqu'au cimetière de l'Est. La foule silencieuse se dé-

déposé l'auteur de l'*Indifférence en matière de religion* et de l'*Esquisse d'une philosophie.*

## CCXXXV

#### A MONSIEUR BERVILLE

14 mars 1854.

Mon cher Berville, voilà près d'un mois que je prie pour avoir votre adresse, et je ne vois personne qui vienne me l'apporter. Je veux pourtant vous dire combien j'ai été touché de votre bon souvenir. Les gens qui n'oublient pas sont les plus sensibles à de semblables marques de mémoire.

Combien j'ai été heureux aussi de voir que du haut de votre siége vous ne tourniez pas le dos aux muses, qui s'en montrent reconnaissantes! Quoi, monsieur le président, vous osez publier des vers[1] pleins d'esprit, de grâce et de raison! Cela me donne presque l'envie de publier la centaine de chansons qui dorment au fond de mon secrétaire. J'en ferais la folie, si elles n'appartenaient à mon éditeur, brave homme qui ne se soucierait pas d'avoir affaire à vos collègues, ne pouvant plus vous avoir pour défenseur.

Et puis, je dois l'avouer, si je m'arrangeais de la prison, je ne m'arrangerais plus du bruit qu'il faut faire pour y

---

couvrait avec respect devant le cercueil placé dans le corbillard des pauvres. La police avait fait un grand déploiement de forces. Huit d'entre nous seulement entrèrent dans l'enceinte funèbre; les autres furent dispersés. M. Béranger nous y rejoignit; il marchait avec peine appuyé sur le bras de M. Jean Reynaud. Il avait été reconnu et salué d'ardentes acclamations.

« Le cercueil fut descendu. Lorsqu'il fut recouvert de terre, le fossoyeur demanda : « Faut-il mettre une croix? » M. Barbet répondit : « Non ».

« Dans un autre temps, M. de Lamennais avait désiré être inhumé à la Chênaie ». (Blaize, *Essai biographique*, p. 180).

[1] Les *Mélodies amiénoises.*

entrer. N'ayez donc pas peur d'avoir à m'y envoyer. Comme vous le voyez, j'ai beaucoup vieilli : depuis deux ans je ne puis faire un vers ; il a fallu que les vôtres me vinssent trouver pour réveiller le souvenir des miens. Aussi vous devez croire à tout le plaisir qu'ils m'ont fait, et, si je n'avais été retenu au gîte, j'aurais couru après vous pour vous dire tout le plaisir qu'ils m'ont fait, et par leur mérite et parce qu'ils étaient une marque de souvenir d'un des hommes pour qui j'ai le plus d'estime.

Agréez-en le témoignage, cher défenseur, et croyez-moi tout à vous de cœur. Votre vieux client.

## CCXXXVI

### A MONSIEUR GUSTAVE PLANCHE

18 mars 1854.

Pardonnez-moi, mon cher Planche, de venir troubler votre introuvable retraite, dont j'ai en vain cherché l'adresse quand j'ai voulu vous remercier de tout ce que vous avez dit de moi avec une indulgence dont je suis toujours reconnaissant.

Aujourd'hui, un jeune homme, à qui je porte le plus vif intérêt, me demande votre adresse pour aller réclamer votre appui : je n'ai jamais pu me la procurer. Il va donc courir Paris pour implorer votre assistance dans une entreprise tout artistique. Puisse Théodore Valerio[1], que je connais depuis son enfance, vous trouver dans ce grand Paris, où je n'ai plus le plaisir de vous rencontrer ; dans cette immense ville, où il est si difficile de retrouver ses amis et les gens qu'on aimerait le plus à voir !

[1] Parent de Manuel et de Fortoul.

Si vous le pouvez, je vous en prie, venez en aide à cet artiste courageux, qui a parcouru l'Europe pour nous rapporter le fruit de ses labeurs et de ses peines [1].

Quant à moi, je finis en souhaitant de vous revoir encore une fois au moins avant de mourir.

## CCXXXVII

### A MONSIEUR LEFRANÇOIS

19 avril 1854.

Voilà deux mois, mon cher Auguste, que j'aurais dû répondre à votre lettre, ne l'eussé-je fait que pour vous engager à m'écrire un peu plus souvent. Mais je deviens paresseux comme vous ; seulement je suis moins inexcusable, vu mon âge. Toutefois, n'allez pas croire que j'ai mis tout ce temps à lire les deux morceaux d'histoire [2] que vous m'avez envoyés. Si j'avais su où adresser mes remercîments à M. Corne, que j'estimais déjà beaucoup, mais que je n'ai pas l'avantage de connaître personnellement, je l'aurais fait il y a longtemps. Je n'ai pas eu le même empressement, parce qu'en vous disant tout le bien que je pense de l'entreprise littéraire de M. Corne et tout ce que j'ai trouvé de remarquable, comme pensée et comme style, dans ces deux morceaux biographiques, rien ne m'assure qu'un paresseux de votre trempe, qui m'écrit une lettre en un an, transmettra mes remercîments et mes éloges à son compatriote, malgré tout le bien que vous m'en dites. Ajoutez

---

[1] M. Valerio revenait d'Autriche et de Hongrie avec de grands cartons pleins de très-belles aquarelles, prises en tout lieu, et formant un fort intéressant musée d'ethnographie pittoresque. Le public a pu en voir au salon de peinture divers échantillons ; et le peintre a gravé lui-même une partie de son œuvre.

[2] *Richelieu et Mazarin*, publiés dans la *Bibliothèque des Chemins de fer*, par M. Hyacinthe Corne, ancien député sous Louis-Philippe, procureur général à Douai, puis à Paris, et représentant du peuple sous la République.

que depuis quelque temps j'ai été accablé d'affaires et d'embarras.

Avez-vous su que dans mes courses j'ai attrapé ce qu'on appelle le *coup de fouet?* De plus, j'ai été tristement occupé des affaires de Manuel, tombé dans de grands embarras à force de générosité et de manque de résolution, pour trancher dans le vif. Bien d'autres affaires m'ont préoccupé : c'est assez de soixante-quatorze ans quand on doit finir ainsi ; et, bien qu'il me reste assez de gaieté pour rire de toutes les sottises que je vois faire, je me porte assez bien, Judith aussi ; mais il est bien imprudent de pousser la course plus loin.

La mort de Lamennais m'a bien préoccupé, ma jambe malade m'a empêché de le voir dans ses derniers moments, mais j'ai accompagné ses restes en voiture et j'ai le retentissement des affaires qu'il laisse.

S'il n'est pas mort en chrétien, c'est qu'il ne l'a pas voulu ; car, bien qu'on ait dit, l'on a obéi à toutes ses volontés, la lucidité de son esprit ne l'a pas abandonné, et personne n'eût pensé à lui désobéir. Jamais homme ne s'est vu mieux mourir jusqu'au dernier moment et ne s'en est montré plus satisfait, au dire des amis dévoués qui l'ont veillé jusqu'au dernier soupir. Quel Breton ! Sa nièce, qui est sa légataire universelle, femme très-dévote, n'a rien pu gagner sur lui. Il l'a fait, m'a-t-on dit, mettre à la porte quelques heures avant sa mort, parce qu'elle appelait un prêtre, qu'on eût été chercher s'il y eût consenti. Quel temps singulier où, en débutant par l'*Indifférence en mattère de religion*, on peut arriver à finir ainsi ! En dépit de messieurs du clergé, tenez-vous-en à l'Évangile, mon cher ami : il vaut mieux que Voltaire et tous les Pères de l'Église.

Cela me ramène à *Richelieu et à Mazarin,* dont vous voudrez bien remercier l'auteur de ma part, et l'engager à continuer son œuvre, auquel je souhaite le succès qu'il mérite [1].

## CCXXXVIII

### A MADAME VALCHÈRE

16 mai 1854.

Ma pauvre amie, vous êtes une femme de grand cœur, et, de plus, vous avez un talent réel, mais vous n'avez su tirer parti d'aucun de ces avantages. Vous avez connu madame Récamier et M. de Chateaubriand, vous avez rencontré chez moi Lamennais, qui vous a invitée à l'aller voir, vous êtes en bonnes relations avec l'archevêque de Paris, vous êtes liée avec madame Valmore, et, au lieu de profiter de toutes ces bonnes connaissances pour vous faire ouvrir les portes des journaux, des théâtres et des éditeurs, vous vous cachez obstinément dans un coin, à la campagne, où vous regardez l'herbe pousser. Je conçois votre goût, et j'avouerai même que je le partage ; mais, quand on veut se faire un chemin dans la carrière des lettres, il faut voir le monde, et non s'abandonner à son penchant pour la solitude.

Ce qui vous a toujours manqué, c'est de faire une chose raisonnable quand cette chose n'entrait pas dans vos goûts. Vous croyez donc que ceux qui parviennent n'ont pas eu de difficultés à vaincre, de défaites à essuyer, d'ennuis à braver? On n'obtient pas tout avec rien, surtout par le temps qui court. Je vous le répète, c'est le temps des prises de possession ; il faut marcher à la brèche, y grimper, renver-

[1] Lettre communiquée par M. Corne.

ser ceux qui vous font obstacle et y déployer votre drapeau. Je sais, pauvre femme, que ce que je vous conseille est difficile; votre nature, trop défiante d'elle-même, n'a pas l'énergie qu'il faut pour vous faire arriver; puissent les bons conseils vous aider à obtenir ce résultat! Je vous engagerais à vivre modestement comme vous le faites dans votre campagne, si je ne vous reconnaissais un talent qui, bien dirigé, vous ferait certainement un nom honorable dans les lettres. Je viens de lire votre comédie des *Bas-bleus*. Il s'y trouve des choses excellentes, de l'esprit d'observation, un bon jugement, de charmants vers, et nous disions avec Antier, ces jours-ci, que vous aviez tout ce qu'il faut pour faire une œuvre remarquable en ce genre. Cependant, faite comme elle est, votre pièce ne pourra marcher. Le fonds du sujet est heureux, quoique peut-être d'une hardiesse qui, au jour bienheureux de la représentation, vous attirerait bon nombre d'ennemis en jupons. Mais l'intérêt dramatique n'y est pas assez développé. Vous oubliez trop qu'il faut aujourd'hui au théâtre force bruit, force mouvement, des enlèvements, des bouquets empoisonnés, des surprises, et, enfin, tous les effets des mélodrames, voire même dans la comédie de mœurs.

Vos caractères ne m'ont pas paru mal dessinés, sauf toutefois celui de la jeune amoureuse, trop rapidement bâclé. Il y a aussi beaucoup de détails inutiles, des domestiques qui entrent on ne sait trop pourquoi, des lettres dont le public se passerait fort bien, enfin cinq actes qu'il faudrait, selon moi, réduire à trois. Hélas! vous êtes mère, et c'est triste de sacrifier deux de ses enfants à la prospérité des trois autres. Médée a fait mieux que vous, et il ne lui en resta aucun pour la consoler. Au reste, un auteur dramatique vous donnerait de meilleurs avis que moi, qui n'ai pas un goût bien vif pour le genre moderne. Si aujourd'hui Molière inconnu venait offrir au Théâtre-Français le *Misanthrope*, son chef-d'œuvre, il serait impitoyablement refusé : voilà ma conviction. Il ne faut plus des idées, de l'observation, de la philosophie pour faire des pièces, il faut des événements et de l'action. Fissiez-vous des vers comme Boileau, ils ne l'emporteront pas sur le besoin des émotions. Tout cela n'est pas consolant, je le sais, et je voudrais pouvoir vous enseigner la bonne voie à suivre; mais mes vieilles idées ne sont pas d'accord avec les idées du jour, et, en vous indiquant mon chemin, j'ai peur de vous éloigner de votre but. Travaillez pourtant avec courage; il y a en vous quelque chose. Tâchez que ce quelque chose fasse un jour du bruit dans le monde. Je vous crois un peu paresseuse : c'est le défaut des rêveurs. Votre donneur de conseils, qui n'a su de sa vie qu'aligner quelques rimes, a été et est fort paresseux aussi et n'a guère le droit de morigéner les autres, mais c'est grâce à ces quelques rimes qu'il a aujourd'hui un morceau de pain sur la planche.

En voici bien assez de bavardages pour un jour; encore si je pouvais vous être bon à quelque chose! Adieu, chère enfant, je vous serre la main et Judith vous embrasse.

## CCXXXIX

### A LA MÊME

Vous élevez mal votre fils : vous le dorlotez comme une fille, vous lui mettez des gants jaunes, vous l'habituez à la paresse, toutes choses mauvaises pour un garçon né sans fortune; et encore se souviendra-t-il de vos bontés, en sera-t-il reconnaissant? Vous viendra-t-il en aide le jour où vous vous serez ruinée pour lui faire une vie heureuse? Prenez garde, pauvre mère, ne vous fourvoyez pas par trop de faiblesse. Faites-lui apprendre un état; il est jeune, il a de la santé : qu'il travaille, qu'il se fasse homme, homme de cœur s'il se peut. Ne le jetez pas dans la littérature : on y mange tout quand on y gagne quelque chose, et, la plupart du temps, on n'y gagne rien; il y a des exceptions, c'est vrai, mais elles sont rares. Que ne faites-vous de Georges un commerçant! Le commerce est aujourd'hui le meilleur moyen de tirer son épingle du jeu; il ne l'aime pas, m'avez-vous dit, tenez-lui fermée votre bourse, et il faudra bien qu'il cherche les moyens de remplir la sienne. Amenez-le-moi un matin : j'ai besoin de le mieux connaître pour vous donner un bon avis.

Je vous félicite d'avoir trouvé bon gîte et bonne compagnie à la campagne. Je suis si vieux et si souffrant, qu'il m'est difficile de rompre mes habitudes, même pour quelques jours. Judith ne marche pas du tout; c'est toute une histoire pour elle que de prendre un fiacre et d'aller à Passy voir de vieilles amies. Vous me demandez dans quelle tragédie je préfère Rachel? Elle est admirable dans toutes, elle est sublime dans *Polyeucte*. Du reste, j'avoue à ma honte que je ne l'ai vue que cinq fois. Vous me paraissez fort affectée de ce que vous ont dit les médecins : ne vous en rapportez pas trop à eux, ils font souvent plus de bruit que de besogne. Ne vous droguez pas, faites de l'exercice, et j'espère qu'avec ce beau temps vous vous trouverez mieux.

## CCXL

### A LA MÊME

Si je tenais le monde dans ma main comme l'apôtre Jean Journet, je le pétrirais de telle sorte, qu'il en sortirait des choses superbes. Les femmes auraient un sort plus heureux. C'est vous dire que je partage votre opinion sur la part trop étroite qui leur a été faite dans nos sociétés modernes; non pas que je veuille plus que vous la réhabilitation de la chair. Je laisse à mesdames les saint-simoniennes le soin de planter elles-mêmes ce nouvel arbre de liberté. Bon Dieu! que de fruits il produirait! Je voudrais que celles qui sont nées sans fortune ou celles qui ont perdu la leur par des raisons indépendantes de leur conduite pussent gagner honorablement leur vie par un travail bien rétribué. Je voudrais aussi que les enfants fussent mieux élevés, et qu'on leur apprît à tous, riches comme pauvres, un état manuel qui, au jour des revers, leur servît à devenir des hommes utiles. Au lieu de cela, on les habitue au luxe et à la mollesse; et, quand le malheur arrive, ils deviennent des fainéants presque toujours, et des intrigants quelquefois.

Ce sont bien les B*** que j'ai connus qui habitent Champigny, et je vous félicite d'être en bonnes relations avec cette famille. Elle a été bonne et serviable, et si B*** ne s'était fourré dans la tête je ne sais quelle idée folle de se faire nommer député, nous serions encore en bonne intelligence; mais je ne croyais pas M. B*** propre à remplir cette mission, et je n'ai pas voulu l'appuyer.

Madame B*** a-t-elle toujours de belles épaules? La petite Marie promettait d'être une charmante femme. En somme vous avez raison de les voir : ce sont d'excellentes gens ; et, si je n'étais pas si ennemi du dérangement, je les retrouverais chez vous avec plaisir.

On m'a dit que B*** venait de gagner un million dans l'affaire des terrains du Diorama. Je le désire pour lui, qui aime les voitures et les châteaux.

## CCXLI

#### A MONSIEUR DENECOURT

29 mars 1854.

Grand merci, monsieur, des deux volumes que mon jeune ami Champfleury m'a remis de votre part. Personne plus que moi ne pouvait apprécier un pareil présent.

A deux âges bien différents de ma vie, j'ai vu Fontainebleau. Enfant, j'ai habité Samois, et, vieillard, j'ai passé une année dans Fontainebleau même. Sans le voisinage de la cour et le monde qu'elle y attire, j'y serais sans doute encore.

Vous comprendrez facilement, monsieur, le plaisir que j'ai eu à retrouver dans votre *Carte-Guide* et dans votre *Itinéraire du palais et de la forêt de Fontainebleau* tous les souvenirs de ce séjour enchanté, réunis par vous avec un soin et une exactitude qu'on trouve rarement dans de semblables ouvrages. Quand j'habitais Fontainebleau, vos livres m'eussent rendu de bien grands services et évité de très-longues courses, sans compter tout ce que votre science acquise sur place m'eût évité d'erreurs.

Si je n'étais si vieux, monsieur, je voudrais aller revoir votre magnifique forêt, et vous porter mes remercîments sous l'arbre[1] que vous avez bien voulu baptiser de mon nom. C'est là ce qu'il y a de plus solide dans ma gloire de coupléteur, et je suis heureux de vous en avoir l'obligation.

## CCXLII

### A MADAME VICTOR HUGO

9 juin 1854.

Voilà près de deux mois et demi que j'ai reçu votre dernière lettre, et, depuis, ma chère dame, je pense à vous et aux vôtres sans avoir la force de vous écrire. Vous me parliez du projet que Hugo avait de s'éloigner de nos bords, et du projet d'aller en Espagne ou en Portugal. Eh! mon Dieu, que ferez-vous là? Il me semble que l'Amérique est moins loin que toute cette belle Ibérie. En Amérique, vous seriez continuellement en relation avec des concitoyens, que votre glorieuse étoile attirerait vers votre retraite. Il nous arriverait continuellement de vos nouvelles, et vous seriez sous un ciel ami de la liberté, si douce à l'exilé, ne fût-ce que parce qu'il pense qu'on lui porte envie. En Amérique, on sait ce que c'est que Hugo. On serait fier de l'y posséder. Nos regrets y seraient compris. Quant au climat, on peut le choisir.

Voilà ce que je me dis et bien d'autres choses encore depuis que j'ai reçu votre désolante lettre, à laquelle il m'a tant coûté de répondre. Hugo n'aime pas les conseils, et ceux du pauvre chansonnier iraient en vain jusqu'à son oreille. Ne les lui soumettez donc pas, si son parti est pris. Celui que je me permets de lui adresser est le fruit de deux mois de réflexions. Vous qui m'avez témoigné de la con-

[1] Un hêtre.

fiance, vous ne vous offenserez pas de vous faire connaître ma pensée. C'est de lui, de vous, de vos chers enfants que je me suis occupé, car, vous le savez, c'est le malheur qui m'a poussé vers vous et qui m'a permis de vous prouver quelque peu de l'intérêt que j'ai porté à votre immortel époux depuis ses débuts jusqu'au moment où le sort l'a frappé, malgré toute sa gloire.

Si je vous dis cela, chère dame, c'est que je tiens à ce que vous soyez, vous surtout, bien convaincue du profond et ancien intérêt que je lui porte et que je porte à tout ce qui peut le toucher, à vous, qui particulièrement lui êtes si tendrement dévouée et qui méritez tant d'être heureuse.

Je vous dis cela aujourd'hui parce qu'il me semble que l'heure avance d'une plus grande séparation. En verrai-je la fin? Non, sans doute, car je me fais bien vieux. Ma santé semble même se détraquer. Voilà un mois que je sens mes forces diminuer. Bretonneau (mon médecin de Tours) ne s'alarme pourtant pas. Mais, soit ennui de tout ce que je vois, soit pressentiment, il me semble que je ne dois pas voir le retour de ceux que la proscription emporte. Cela ne m'afflige que pour les autres. J'ai assez vécu, et, en cela, jusqu'à présent, je ressemble à Lamennais, qui a vu venir la mort avec une satisfaction qui a semblé croître jusqu'au dernier moment.

Je vous dirai même que j'écris avec peine, et ma lettre vous en fournira la preuve. Grâce au ciel, le cœur a un peu moins vieilli que la tête, et, comme mon pays a toujours été ma grande passion, ceux qui en sont l'honneur ne cesseront de me préoccuper jusqu'à mon dernier soupir.

Adieu, chère et excellente dame. Recevez tous mes remercîments pour le bon souvenir que vous voulez bien me garder, et croyez-moi à vous et aux vôtres pour la vie.

## CCXLIII

A MONSIEUR DE V***

16 juin 1854.

J'entends tous les jours de prétendus hommes politiques me parler du parti légitimiste, du parti républicain, du parti orléaniste et même du parti socialiste. Il font certainement, de ces partis, un total de mécontents assez important, mais qui ne saurait en rien effrayer le gouvernement de Napoléon. Les légitimistes, habitués pour la plupart à faire de l'opposition par ton, à vivre commodément en dehors de toute préoccupation populaire, me semblent peu capables de montrer de l'énergie dans un temps donné. Napoléon les laisse jouer leurs petites trames, bâtir dans leurs salons leurs petits complots; il ne les craint pas le moins du monde. Ils peuvent lui causer quelque ennui; ils peuvent le froisser dans son amour-propre de parvenu; mais là s'arrête leur pouvoir. Les républicains pourraient être plus redoutables s'ils savaient s'entendre et sacrifier au profit de leur opinion leurs communes ambitions, mais ils sont encore loin d'en arriver là, et par conséquent loin de pouvoir culbuter le trône que leurs sottises ont aidé à rebâtir. Le parti orléaniste a quelque pouvoir; il compte dans ses rangs plusieurs hommes connus et dont les noms ont pris racine dans la mémoire du peuple. Les orléanistes sont les seuls hommes qui pourraient tirer avantage d'une circonstance; mais, cette circonstance, ils ne la feront point naître. Le parti socialiste est sans crédit dans l'opinion. Il n'est pas arrivé encore à l'état d'armée. Quand il sera sorti de ses rêves, qu'il aura mûri ses théories, ce qui n'arrivera pas de sitôt, alors on pourra compter avec lui; en attendant, il n'est encore qu'un vrai épouvantail dont la police a tiré plus d'une fois un bon parti pour la cause impériale.

## CCXLIV

#### A MONSIEUR GILHARD

22 août 1854.

Mon cher ami, je n'ai plus le temps d'écrire, et je dois avouer que j'en ai peu le goût. Ma paresse à cet égard augmente chaque jour. J'écris toutefois, mais c'est à ce tas d'indifférents avec qui je n'ai à faire preuve que de politesse. Leur nombre augmente chaque jour; et, par moments, me vient la tentation de jeter leurs épîtres au feu. Puis je songe au temps où je cherchais des conseils et des appuis, et je réponds à tous ces insensés que je voudrais pouvoir rendre à la raison, et qui me volent le temps que je devrais consacrer à l'amitié. N'y a-t-il pas aussi les recommandations qu'on sollicite de moi, de moi, dont le crédit se réduit à quelques vieilles connaissances restées dans les alentours du pouvoir? C'est là toutefois une aumône qu'il faut aller solliciter pour autrui. Bien rarement je l'obtiens, et ceux qui en ont besoin présument sans doute que je m'y prends mal. C'est vrai peut-être, et je m'en veux presque.

Ce sont ces embarras qui consument tout mon temps et me laissent peu le temps d'écrire à mes amis, qui doivent se rendre compte de mes ennuis pour me pardonner mes inexactitudes.

Puis, n'ai-je pas mes affaires qui vont chaque jour moins bien? Nous trouvons notre pension beaucoup trop chère : les fonds manquent, et l'on s'en prend au nombre des dîneurs. Nous allons changer de gîte. Dans six semaines nous serons au Marais, dans la même maison qu'Antier, dont la femme veut bien se charger de diriger nos dépenses pour en diminuer le poids. Y parviendra-t-elle? Dieu le veuille! Je ne demande pas mieux que de me mettre en tutelle.

Nous n'en avons pas moins fait ma fête, et nous y avons bu avec Antier et sa femme à votre santé.


## CCXLV

### A MONSIEUR GÉNIN

1er octobre 1854.

Que je vous plains, mon cher ermite! mais comment avez-vous pu croire que le désert où vous vous êtes confiné pourrait être longtemps du goût de ceux qui vous entourent? Vous me demandez si le Mont-Saint-Quentin est un lieu bien charmant. Non, certes; mais ce qui vous fait aimer Nouville rendrait à madame Génin le séjour du Mont-Saint-Quentin agréable. Elle a là les souvenirs de sa jeunesse, comme vous avez les vôtres dans le pays de loups où vous avez été enterrer vous et votre famille.

Soyons francs, mon cher ami. Il était difficile qu'il y eût convenance pour tous les vôtres dans un pays privé de toute distraction; que dis-je? privé même de toutes les commodités de la vie.

Les habitudes tant soit peu égoïstes du célibataire vous ont trop inspiré dans le choix de votre retraite. Vous n'avez pas assez pensé à votre femme dans le parti que vous avez pris. Vous vous êtes vu à Nouville, loin du monde, loin du bruit, avec quelques livres, des plumes, du papier et de l'encre, et vous n'avez pas pensé à tout ce qui allait manquer à votre pauvre femme, qui, toute simple, toute retirée qu'elle est, n'en a pas moins besoin de voir son père presque tous les jours, et trouve plaisir à promener ses bambins dans les rues d'une grande ville. Mon Dieu, elle-même n'y a pas pensé d'abord. Quand tout se sera trouvé arrangé dans la chaumine, elle se sera aperçue du vide qui régnait autour d'elle. Ce qui lui est arrivé, mon cher Génin, vous arrivera à vous-même, beaucoup plus tard, sans doute, mais vous arrivera, j'en suis certain. Je crois me rappeler vous l'avoir prédit. Si je ne l'ai pas fait, je le fais aujourd'hui. Suivez mon précepte. Depuis l'âge de raison, j'ai toujours vécu pour les autres plus que pour moi. C'est ce qui me fait si souvent répéter que je n'ai jamais été logé à ma guise, jamais dans un coin à ma convenance. Je le dis encore à soixante-quatorze ans. Mais, en y réfléchissant bien, je m'avoue quelquefois que les sacrifices que j'ai faits aux goûts d'autrui m'ont plus profité que n'aurait fait l'exécution des projets qui m'ont passé par la cervelle.

Il en sera de même pour vous si vous vous mettez à coordonner votre existence d'après les conseils de votre digne femme. Elle est de ces personnes à qui un mari peut laisser la direction des affaires de ménage. Laissez-lui la responsabilité de tous les partis à prendre en fait d'établissement, et vous n'aurez plus qu'à vivre doucement, bien choyé, bien dorloté, comme elle a fait pour père et mère; et vos enfants, que vous ne perdrez pas de vue, grandiront joyeusement auprès de vous, jusqu'au jour où l'éducation appellera toute votre attention. C'est ainsi que vous pourrez travailler tout à votre aise, content des autres et de vous.

Vous allez me dire que je réponds bien sérieusement à une lettre échappée à un moment d'humeur, où vous avez exagéré tous les objets de plainte. Cela se peut; cependant, puisque mon sermon est fait, je vous l'envoie, et j'y ajoute qu'il serait sage de vous débarrasser de votre maison à tout prix, et de quitter un pays dont vous-même m'avez fait une description à faire fuir les plus affamés de solitude.

Je vois assez souvent Servaux, qui est pour moi de la plus grande obligeance : nous parlons toujours de vous, bien entendu. Il me disait, il y a peu de jours, qu'il resterait dans le Ministère des traces bien louables de votre passage, et qu'on reviendrait à bien des mesures que vous aviez fait prendre. C'est, dit-il, l'avis de plus d'un chef. Je suis sûr que ce n'est pas uniquement pour me faire plaisir qu'il parle ainsi.

Le choléra ne fait pas peur ici ; on craint la guerre et la famine. On m'assurait que vos cantons devaient déjà se ressentir du dernier de ces fléaux. C'est bien pis que les peintures vertes. Voilà une belle occasion pour vous autres de refaire vos paquets et de rentrer dans la grande ville. En ami, je vous préviens pourtant qu'elle est horriblement sale, et qu'à force d'y faire des places et des rues on ne peut passer nulle part.

J'ai toujours cette quantité d'affaires que vous m'avez connues. De grands maux de tête m'ont empêché de courir pendant plusieurs jours. Je vais mieux. Judith, qui vous remercie de votre bon souvenir, va parfaitement.

Fanny me charge de ses tendresses pour madame, à qui vous voudrez bien offrir mes hommages. Faites aussi mes amitiés à M. Naudé, mais ne lui dites pas que j'aime particulièrement la couleur verte.

P. S. L'exposition d'horticulture vient de fermer : elle était fort belle d'arrangement. J'y ai admiré une citrouille. Dépêchez-vous, si vous voulez voir l'hippopotame : on le dit malade. Quel intéressant animal !

## CCXLVI

### A MADAME VICTOR HUGO

21 octobre 1854.

Madame et amie, ce que j'entends dire depuis quelque temps est-il vrai? Vous et Hugo, avec toute votre famille, quittez-vous en effet votre île si charmante, ainsi qu'on le dit? Cette idée me désole; il me semble qu'en Espagne vous serez cent fois plus loin de nous. Savez-vous qu'en effet aujourd'hui l'Amérique est bien plus près de la France que votre Espagne, malgré le pas que celle-ci vient de faire.

Interrogez les catalogues de librairie, et vous verrez que l'Amérique apprécie bien mieux le grand poëte que cette vieille Espagne à qui il faudra un siècle au moins pour comprendre l'application des idées nouvelles. En Amérique, Hugo, par sa présence, obtiendrait pour les lettres françaises un triomphe dont il aurait seul la gloire. Les Américains ne manqueraient pas d'honneurs à décerner au grand poëte qui rendrait, par sa présence, hommage aux libertés dont ils jouissent. Il y aurait là, j'en suis sûr, des inspirations toutes nouvelles que son génie, resté si jeune, s'empresserait de nous communiquer.

Mais je viens peut-être vous prêcher trop tard. D'après ce qu'on m'a dit, il se peut que vous soyiez déjà à Madrid ou à Lisbonne.

Quoi! vous seriez tous partis sans me dire adieu! Songez, chère dame, qu'à mon âge et avec mon expérience les espoirs trop lointains ne sont que des peines.

Songez donc que, si vous m'avez vu bien rarement, lorsque vous régniez à la place Royale, je n'étais pas moins l'un des premiers et des plus vrais admirateurs de notre grand poëte. Quant à vous, lorsque les malheurs nous ont rapprochés, vous n'avez pu douter, je le pense, que le vieux chansonnier eût voulu saisir toutes les occasions de vous prouver son respectueux dévouement. Malheureusement, je n'avais que des vœux à faire pour vous et les vôtres, mais vous êtes partie, j'en suis sûr, persuadé que ces vœux vous accompagneraient partout. Oui, ils vous suivront même en Espagne.

Dites-le bien à Hugo, à vos fils et à mademoiselle Adèle. Puissiez-vous être aussi heureux que je le souhaite!

Je ne demande pour moi que quelques marques de souvenir de temps à autre. Je ne crois pas que vous ayez longtemps à m'en donner encore. Ma santé s'affaiblit beaucoup. Cela ne m'empêche pas de vous donner ma nouvelle adresse : car il faut que vous sachiez que, faute d'économie peut-être, faute aussi d'exactitude de la part de quelques débiteurs, il me faut vivre plus à l'étroit. Je me retire au Marais, *rue de Vendôme*, 5, dans les communs d'un ancien hôtel. Que n'êtes-vous encore place Royale!

Mes amitiés à Hugo et à vos enfants; à vous, chère dame, mes respectueux hommages.

Et que devient donc ce bon et fidèle Vacquerie?

## CCXLVII

#### A MONSIEUR HIPPOLYTE FORTOUL

27 novembre 1854.

Les ministres ont toujours raison; mais les amis n'ont cependant pas toujours tort. Cela ne les empêche pas d'être reconnaissants de ce qu'on fait à leur recommandation.

Songez, mon cher Fortoul, que je vous ai surtout exprimé le désir que*** restât à Paris, sans fixer le titre qui pouvait l'y faire rester.

L'y voilà encore pour un an, je viens vous en faire mes remercîments. Si votre lettre, qui m'a été chercher où je ne suis plus, m'était arrivée directement, et si je n'avais été indisposé depuis vingt-quatre heures, vous auriez reçu beaucoup plus tôt mes témoignages de gratitude.

Croyez à la sincérité comme vous devez croire, tout ministre que vous êtes, à ma vieille amitié.

## CCXLVIII

### A MONSIEUR HENRI LEFRANÇOIS

12 février 1855.

Malgré ma douleur, je me hâte, cher Henri, pour qu'un dernier adieu arrive encore aux oreilles et au cœur de notre excellent ami[1]. Quoi! il n'y a plus d'espoir! Le plus parfait des hommes va nous quitter! Ah! mes pauvres enfants, que vous devez souffrir! Je le sens par moi-même.

Croyez, chers enfants, que nul ne prend plus de part que moi à votre douleur. Quel ami nous perdons!

Je vous embrasse tous. Judith se joint à moi et veut qu'il y ait encore de l'espoir. Moi, je n'ose espérer.

## CCXLIX

### A MONSIEUR HENRI LEFRANÇOIS

15 février 1855.

Sans doute, à cette heure, mon cher Henri, vous avez rendu les derniers devoirs à votre excellent père. J'aurais

---

[1] M. Auguste Lefrançois, celui de tous les membres de sa famille pour qui Béranger avait conçu le plus d'affection et d'estime.

voulu pouvoir me joindre à vous tous. Mais, si éloigné que je fusse de cette triste cérémonie, croyez que je prends autant de part à vos regrets et à vos larmes que si j'étais au milieu de vous tous.

Comment votre grand'mère[1] a-t-elle supporté cette nouvelle perte? Il n'est pas besoin de vous dire de lui adoucir le plus possible ce nouveau malheur. Elle a l'âge où, à force d'avoir souffert, on laisse moins voir sa douleur, qui n'en est pas moins vive. Elle aimait tant notre cher Auguste !

Quant à vous, et à votre excellente sœur, vous n'avez qu'à vous souvenir pour entretenir vos trop justes regrets. Ils seront durables, j'en suis sûr, et l'exemple des vertus de l'homme le plus près de la perfection que j'aie connu ne cessera jamais de vous être présent. Cela me tranquillise sur votre avenir : vous serez toujours digne d'un si bon père. Je n'en excepte pas le mari de Louise. .

Cette perte si grande, mon cher Henri, va retarder votre mariage. N'exagérez pourtant pas les témoignages de douleur. Votre mariage était devenu un désir de votre père. Il me l'a dit, mais il m'a dit aussi qu'il souhaitait que, de façon ou d'autre, vous restassiez attaché aux travaux industriels. Sans doute, vous pensez ainsi ; surtout évitez bien tout ce qui pourrait désunir les deux branches de votre famille.

J'ai vu dans votre billet de faire part un triste effet des fatales divisions de parenté, et j'en ai gémi pour ceux dont les noms n'y figurent pas. Je suis bien sûr que mon pauvre ami François de Paule en gémit aussi intérieurement. Grâce à tout le bien que j'ai entendu dire de votre beau-frère, j'espère que vous éviterez de pareilles divisions. J'en

---

[1] Madame Félicité Née, cousine germaine de Béranger.

ai une autre assurance : c'est tout le bien que votre sœur et vous m'avez habitué à penser de vous deux.

Adieu, mon cher Henri; faites de ma part mes compliments de condoléance à tous les vôtres et surtout à l'amie de mon enfance, votre bonne grand'mère, que j'embrasse ainsi que vous tous, et croyez-moi, tout à vous de cœur, votre vieux cousin.

Judith, aussi affligée que moi, partage tous mes sentiments pour vous.

## CCL

### A MONSIEUR ALEXIS MUSTON

26 février 1855.

Je vous remercie, mon cher monsieur, de l'envoi des premiers chants imprimés de votre poëme. Vous pouvez croire que je vous ai relu avec attention. Les corrections que vous y avez faites et que j'ai constatées ne sont pas suffisantes encore. Le début cependant vaut mieux. Ces vers :

> Dans un rude branchage,
> Les hameaux m'ont taillé cette lyre sauvage,
> Dont la corde inégale a retenu le bruit
> Du vent dans les sapins, etc.,

remplacent avantageusement l'invocation antique. Mais cette poésie est si nouvelle pour nous, que c'était une nécessité d'autant plus impérieuse d'obéir aux exigences des formes généralement adoptées, et je vois avec regret que vous persistez dans votre système de rimes. On vous accusera d'impuissance; que n'étiez-vous ici! En un jour je vous aurais débarrassé de cet inconvénient.

Croyez-moi, revoyez ce volume, retardez la publication

du reste, travaillez à vos heures, sans précipitation, mais avec persévérance, *con amore*, comme dit votre langue, et vous pourrez arriver à illustrer la lutte héroïque de vos coreligionnaires, au milieu d'un monde qui les connaît à peine.

J'ai toujours votre ancien manuscrit. Depuis près de deux mois, sans qu'alors même je fusse malade comme je le suis aujourd'hui, on annonce dans Paris que je suis mort. Cela me fait penser à une mesure de précaution. Je mets dans mon secrétaire vos cahiers sous enveloppe avec votre nom et votre adresse ; en cas de mort réelle, mes héritiers vous les remettront.

Pour fuir le monde, je me suis retiré au Marais, où je demeure, rue de Vendôme, n° 5. J'y reçois cependant encore plus de monde qu'il ne m'en faudrait ; mais enfin j'y peux borner mes dépenses à mes petits revenus. C'est beaucoup.

Je relis ma lettre que je trouve d'écriture et de style fort embrouillés. Voilà des signes de décrépitude. Vous reverrai-je encore ? Dieu seul le sait. Toute occupation prolongée me pèse. Ne vous étonnez donc pas si j'écris si peu souvent.

Adieu, mon cher monsieur Muston. Croyez à mon estime comme à mon amitié.

## CCLI

### A MONSIEUR ARSÈNE HOUSSAYE

18 avril 1855.

Cher et ancien voisin[1], je voulais vous aller expliquer qu'il m'est impossible de satisfaire à votre demande ; mais

---

[1] M. Arsène Houssaye était alors directeur de la Comédie-Française, et la Comédie a gardé bon souvenir, comme on l'a dit, de cet « élégant consulat ». Lorsque M. Houssaye s'institua grand électeur des candidats illustres qui, de-

l'indisposition qui me retient au logis m'en a empêché : de plus, j'ignore votre nouvelle demeure. Je prends donc le parti de vous écrire au théâtre, pour vous dire, d'abord, que depuis quatre ou cinq ans je n'ai pas pu faire un vers ; mais ce qui est bien autrement péremptoire, c'est que mes engagements avec mon libraire, pour la pension qui est ma plus grande richesse, ne me permet pas de faire imprimer aucune chanson nouvelle, parce que tout ce que j'ai fait et ferai appartient à Perrotin[1]. Aussi ne voyez-vous, depuis vingt-deux ans, un seul vers nouveau imprimé de ma façon.

J'aurais ou je ferais une chanson nouvelle pour le volume dont vous me parlez, que je n'en pourrais pas disposer.

Ne regrettez pas, cher voisin, mes pauvres petits vers. Depuis un certain temps, je n'en entends guère parler que par les coups de fouet qu'ils m'attirent. Heureusement que la peau des vieillards est dure et permet de dormir sous les verges.

Je n'en suis pas moins reconnaissant que vous ayez pensé à moi pour l'œuvre que vous nous préparez, et que je lirai,

---

puis deux siècles, pouvaient réclamer l'honneur de s'asseoir sur le *Quarante et unième* fauteuil de l'Académie française, il n'eut garde d'oublier Béranger, et, pour discours de réception, lui mit dans la bouche une jolie chanson, qui est devenue bien vite populaire, et qu'on a tirée à des cinquante mille, comme la *Lisette de Bérat*. Après l'avoir lue, Béranger dit à l'auteur : « Ah çà ! de qui est-elle ? de vous ou de moi ? » M. Arsène Houssaye, dont le talent littéraire, jusqu'en ses mignardises, est de nature française, n'a jamais parlé de Béranger que comme de l'un des maîtres de la littérature nationale.

[1] Il faut dire aussi que Béranger ne se souciait plus, et ses lettres en font foi de tous côtés, de voir son nom reparaître sur la scène. Fatigué du poids de sa renommée, il cherchait le repos et ne le trouvait pas ; sans cela, ses *Chansons posthumes* auraient paru de son vivant même. Son éditeur lui a maintes fois proposé de lui en donner ce qu'il voudrait pour les pouvoir publier, tandis que devant Béranger vivant nul n'eût osé manquer de respect à sa gloire. Béranger refusa toujours : « J'ai assez fait de bruit », disait-il.

j'en suis sûr, avec le même plaisir que celles de ses aînées que je connais déjà.

Recevez l'assurance de ma considération amicale et dévouée[1].

## CCLII

### A MADEMOISELLE FANNY DUBOIS[2]

Paris, 21 mai 1855.

Je me hâte de te rassurer, ma chère Fanny. Il faut que B*** soit devenu fou depuis que je l'ai vu. A sa dernière visite encore, j'ai eu occasion de lui parler du buste[3] et de répéter ce que j'en ai dit à la première vue. Quand on pense au modèle et à son peu de complaisance, j'ai eu toujours à m'émerveiller sur la ressemblance et à t'en présager un véritable succès. Aussi ai-je déploré pour toi que ce buste n'ait pu être admis à l'exposition[4]. J'ai de plus auguré, d'après ce travail, que vraisemblablement tu arriverais à la réputation, si tu continuais de travailler en sculpture.

Tu vois, ma chère enfant, combien mon opinion est loin de celle de B***, et de celle qu'il me prête.

Tu saurais tout cela, si Judith avait eu le courage de t'aller voir, comme elle avait le dessein de le faire. Certes, si elle eût eu le courage de faire cette course, tu n'aurais pas ajouté la moindre importance à ce que maître B*** s'est

---

[1] Lettre communiquée par M. Arsène Houssaye.
[2] Fille de M. Dubois-Davesnes, régisseur général de la Comédie-Française et auteur de jolies pièces de théâtre. Madame Dubois-Davesnes est l'une des plus anciennes amies de mademoiselle Judith.
[3] Le buste de Béranger, auquel mademoiselle Fanny Dubois travaillait alors et qui a été exposé au Salon de 1859.
[4] Au Salon de 1855 (Exposition universelle des beaux-arts). Depuis 1855, le buste a été entièrement achevé.

permis d'inventer. Quant à lui, je lui garde rancune. Je ne conçois pas, lui qui est bon, qu'il se soit fait un jeu de la sensibilité d'artiste, pour troubler le bonheur que le succès de ton œuvre doit te causer, en me prêtant ou des pensées ou des paroles complétement opposées à ce que j'ai dit de la preuve de talent que tu viens de donner.

Si j'avais pu t'aller voir, certes tu n'aurais pas ajouté la moindre créance aux paroles d'un Nîmois après déjeuner.

Tu verras Judith avant moi, mais j'irai bientôt aussi te rassurer et te redire toute la reconnaissance que m'inspire le travail que ton talent a bien voulu me consacrer.

En attendant, crois-moi tout à toi de cœur. Ton vieil ami.

## CCLIII

### A MONSIEUR THÉOPHILE BOUFART

24 mai 1855.

Mon Dieu! monsieur, qu'allez-vous faire? Vous voulez donner mon nom à un navire, à l'instant où une foule de furieux soufflent la rage et l'injure de mon côté. C'est bien noble et bien généreux de votre part; car ces gens-là prétendent être en rapport avec les puissances célestes. Je n'en crois rien, il est vrai. Mais je vous devais cet avertissement, tout en vous témoignant ma gratitude de l'honneur que vous voulez bien faire à mon nom.

Croyez, monsieur, que j'en suis bien touché. Je ne suis malheureusement pas dans une de ces positions où l'on a du crédit à mettre au service de ses amis. Mais la Fontaine a dit qu'on peut avoir besoin d'un plus petit que soi. Si pareille circonstance se présentait, croyez bien qu'il me serait doux de me mettre à votre discrétion.

## CCLIV

### A MONSIEUR JULES JANIN

Mai 1855.

Mes pauvres filles, retournez chez celui qui vous a si généreusement accueillies. Voyez, malgré votre peu de mérite, comme il vous a splendidement habillées, vous qui, par habitude, courez les rues en si piètre parure. Ah! remerciez le bon Janin, qui, sachant que votre vieux père n'aurait pas le moyen de vous attifer si richement[1], s'est chargé des dépenses de votre toilette, et, malgré tant de gens intéressés à votre perte, a le courage de vous adopter et de vous défendre. Pareille générosité est rare aujourd'hui. Tout républicain qu'on m'accuse d'être, assurez bien de ma gratitude le roi de la critique.

## CCLV

### A MONSIEUR SÉGALAS

1er juin 1855.

Cher docteur et voisin, on ne peut offrir que la monnaie qu'on a. La mienne[2] fût-elle fausse, daignez l'agréer comme un témoignage de l'immense service que votre haute science m'a rendu[3].

---

[1] Ceci est écrit sur un admirable exemplaire des chansons que M. Janin possède. Il est sur papier de Hollande, relié avec tous les soins possibles par Capé, et enrichi de la collection complète de toutes les gravures faites pour illustrer le texte de Béranger. Cet exemplaire, unique en son genre, est un véritable chef-d'œuvre d'art et de goût.

[2] Une édition des *Chansons illustrées*.

[3] En arrêtant une hémorrhagie qui paraissait très-dangereuse.

## CCLVI

A MONSIEUR EUGÈNE NOEL

25 juin 1855.

Je ne veux pas qu'il en soit de votre Voltaire comme de beaucoup d'envois que vous avez eu la bonté de faire.

Je veux vous remercier de tout le plaisir que m'a procuré ce volume dont la publication vient si bien à point.

Il est temps que toute justice soit rendue au vieillard de Ferney. Les hommes de la génération qui l'a suivi ont été ingrats bien promptement envers lui. Moi-même, je le reconnais, n'ai-je pas toujours été assez respectueux devant cette grande figure de prophète. Je dirais bien pourquoi; mais vous le devinez sans doute. Ce qui me choquait dans ce grand homme n'eût pas dû me faire oublier tout ce qu'il a fait pour l'humanité, dont il a été le courageux défenseur jusqu'à son dernier jour. Aussi ai-je été charmé à la lecture de votre œuvre nouvelle, et c'est en en terminant la lecture que je m'empresse de vous féliciter d'un travail si consciencieux et que je vous adresse mes remercîments, grâce à maître Michelet, qui m'a laissé votre adresse : il a dû aussi profiter à vous lire, lui qui a tout lu et qui continue d'écrire avec tout le zèle d'un débutant.

Malheureusement je le crois aussi étranger que moi à la rédaction des journaux. C'est à eux qu'appartiendrait de faire rendre justice à votre livre.

Oh! je me suis fait ermite trop tôt! Je ne puis qu'adresser au ciel des prières pour votre nouvel ouvrage; mais croyez du moins que, si le succès dépendait de moi, il serait tout ce que vous pouvez désirer dans l'intérêt de la cause que vous défendez si bien.

Si vous venez à Paris, n'oubliez pas que je perche rue de Vendôme, n° 5, dans une vieille maison où Voltaire a dû habiter quelquefois, chez le grand prieur de Vendôme; j'ai là un petit coin sous les toits, d'où j'apercevrais le Temple, si la tour était encore debout.

Je vous dis tout cela pour vous donner l'envie de venir me visiter.

## CCLVII

### A MONSIEUR LABROUSTE

14 août 1855.

Pardonnez-moi, cher monsieur Labrouste, de ne pas me rendre à votre distribution [1]. Je crois vous l'avoir déjà dit : je suis d'un mauvais exemple pour les jeunes gens qui veulent faire les paresseux; car je ne peux pas leur dire combien j'ai regretté dans ma longue vie de n'avoir pas reçu d'instruction.

Je n'en suis pas moins touché de votre persistance à m'inviter à vos distributions; et j'ai à vous remercier, de plus, de la charmante carte de visite [2] que vous m'avez laissée il y a peu de temps. Elle a contribué à me guérir sans doute : je commence à me rétablir.

Mes amitiés bien anciennes à Berville.

[1] La distribution des prix de Sainte-Barbe.
[2] Indigné des articles dirigés contre notre poëte et ses poésies par l'*Univers*, M. Labrouste était passé chez Béranger, et, ne le trouvant pas, il avait laissé sa carte de visite avec ces mots :

« Ils sont pour vous d'airain, d'acier, de diamant. »

## CCLVIII

### A MONSIEUR JULES MARCHESSEAU

Paris, 22 août 1855.

Pardonnez-moi, monsieur, d'avoir tant tardé à vous remercier de l'envoi que vous avez eu la bonté de me faire : j'avais perdu votre lettre du 21 juin, qui me disait en quel lieu vous habitez. Enfin, j'ai retrouvé hier la précieuse lettre et me dépêche de m'excuser.

J'ai lu votre volume avec un véritable plaisir : car je suis de ces vieux poëtes qui n'en veulent pas à ceux qui sont chargés de les enterrer. Si vous le voulez, monsieur, il ne tiendra qu'à vous de marcher un jour en tête de ceux qui feront oublier moi et beaucoup d'autres des rimeurs de nos temps. A la suite des Hugo, des Lamartine, des Musset, qui (ceux-là doivent survivre) occuperont la postérité de leurs œuvres, il me semble que vous pourrez vous placer, si vous voulez improviser un peu moins. Il y a dans votre volume d'essais des morceaux qui mériteront d'embellir les volumes qui lui succéderont sans doute. Laissez de côté les distinctions de romantisme et du classicisme. Toutes ces distinctions doivent tomber à l'eau, comme insignifiantes. Oui, monsieur, si vous voulez donner une direction à votre verve, bien jeune encore, je ne doute pas que vous ne preniez une place éminente dans les poëtes dont notre avenir littéraire se glorifiera ; alors, pour que mon nom me survive, n'oubliez pas, je vous prie, d'instruire la postérité du nom de celui qui se fait un plaisir et un devoir de vous encourager dès vos brillants débuts.

## CCLIX

### A MONSIEUR PERROTIN

Mon cher Perrotin, j'apprends que vous avez eu l'idée de faire paraître une réfutation des invectives dont j'ai été assailli dernièrement [1].

N'en faites rien, je vous prie. Que dans les journaux on ait répondu aux attaques, rien de plus simple. J'aurais souhaité qu'on pût soutenir cette petite guerre ; le pouvoir en a jugé autrement. Restons-en là, je vous prie. Point de brochure.

Si vous avez, dans les journaux, des amis, voyez ce que vous en pourrez faire ; mais, encore un coup, point de brochure.

Remerciez de ma part l'auteur ou les auteurs qui avaient proposé de me défendre.

Vous savez que je sais être reconnaissant de pareils services.

## CCLX

### A MONSIEUR DE V***

Paris, 19 septembre 1855.

Je ne suis pas si antipathique au clergé que les journaux cléricaux veulent bien le dire. J'ai plusieurs prêtres de mes amis qui meurent d'envie de me donner l'absolution ; mais leur absolution ne me tente pas. A tort ou à raison, j'ai cru devoir prouver que les hommes d'église

---

[1] Par MM. de Pontmartin et Veuillot.

sont comme nous, des hommes de chair et de nerfs, et que le saint manteau dont ils se couvrent ne les défend pas contre les tentations du diable. Le peuple commence à comprendre qu'un prêtre n'est qu'un homme, et c'est là un grand point. Après cela, je ne nie pas que l'Église ne puisse rendre des services; mais il faut qu'elle change de route, qu'elle se renferme dans l'Évangile et renonce franchement aux pompes de ce monde. Le jour où un pape ira prêcher dans les rues, les jours où il sera un apôtre, tout le monde se prosternera et *recroira*. Mais nous n'en sommes pas là. Le clergé veut régner ici-bas, et il s'arrange de façon à se faire fermer le royaume du ciel, qu'il ne semble pas estimer autant que ceux de la terre.

Je vous remercie de votre charmante chanson contre Veuillot. Je ne vous conseille pourtant pas de la lui envoyer.

## CCLXI

### A MADEMOISELLE ERNESTINE DROUET

1<sup>er</sup> octobre 1855.

Chère mademoiselle, j'aurais déjà dû vous remercier de vos vers cent fois trop flatteurs; j'aurais dû même vous reprocher l'excès de vos éloges : car cette charmante épître, où brille votre modestie autant que votre talent, m'accable de louanges que je suis bien loin de mériter. Oui, croyez-moi, je ne suis qu'un rimeur d'ordre inférieur, quoi qu'on ait dit autrefois. Mon plus beau titre est d'avoir su tirer parti d'un genre trop dédaigné jusqu'à moi.

Je vous dis cela, chère muse, pour vous prouver que je suis capable de dire la vérité aux autres quand ils m'intéressent, puisque je la dis sur moi-même.

Eh bien, j'ai un peu tardé à vous répondre, parce que cela, et ce que je pense de votre talent, je voulais vous le dire « en langage des dieux », comme disaient nos aïeux en parlant de la rime. Mais, le croirez-vous? depuis cinq ans que j'ai cessé de faire des vers, il ne m'est plus possible d'en faire un seul. En vain j'ai sollicité mon vieux cerveau d'enfanter quelques quatrains ou couplets en votre honneur. Après m'être tourmenté l'esprit pendant deux jours, je me vois obligé de me réfugier dans la vile prose pour répondre à vos beaux et bons vers, que je garderai précieusement, avec votre ode sur Sébastopol, car ces deux morceaux me donnent l'espoir qu'un jour ma patrie vous comptera parmi ses plus poétiques enfants. Ce sont là des pensées que j'aurais voulu pouvoir scander et rimer. Daignez en accueillir l'expression en langage vulgaire, et croyez-moi, chère demoiselle, votre humble et dévoué serviteur[1].

## CCLXII

### A MONSIEUR BOULAY-PATY[2]

3 octobre 1855.

Vous êtes bien heureux, mon cher ami, de vous promener paisiblement au bord de la mer, tandis qu'ici les pro-

---

[1] Mademoiselle Drouet a obtenu, en 1859, le prix de poésie à l'Académie française sur le sujet de la *Sœur de charité au dix-neuvième siècle*. Ses vers simples et faciles (surtout dans le tableau de l'École) ont valu au poëte de passer pour un digne élève de Béranger. Mademoiselle Drouet, qui s'exerçait à la poésie, tout en pratiquant les rudes devoirs de l'institutrice, est aujourd'hui, grâce à la demande de l'Académie française, investie des fonctions d'inspectrice des pensionnats de la ville de Paris.

[2] M. Évariste Boulay-Paty, né en 1804, a été distingué de bonne heure pour son talent poétique. Il a obtenu à l'Académie française, en 1837, le prix de vers sur le sujet l'*Arc de triomphe de l'Étoile*. Depuis ce temps, il s'est appliqué avec un goût particulier à la composition de son recueil des *Sonnets de la vie humaine*.

vinciaux et les étrangers ne nous laissent plus de place dans les rues et sur les boulevards pour respirer le peu d'air qu'ils n'absorbent pas.

Au reste, j'ai toujours été un peu souffrant, ce qui ne m'a pas permis les longues promenades que je faisais dans mon bon temps. Madame Boudonville s'en plaint : elle est en bonne santé; mais il me semble que son mari n'est pas aussi bien portant qu'elle. N'en dites rien pourtant, car je puis me tromper.

Sur vos rivages poétiques, pensez-vous toujours à l'Académie? Je le suppose. Faites des sonnets; vous aspirez à être le collègue de ***.

Oui, faites-nous des sonnets, pour réconcilier le public avec l'Académie. Mais peut-être ne pensez-vous plus à cette bonne vieille. Elle a pourtant bien besoin qu'on lui vienne en aide.

Mais, au bord de votre belle mer, vous ne pensez peut-être plus à tous ces honneurs. N'y prolongez pourtant pas trop votre séjour et hâtez-vous de revenir frapper à la porte de vos amis.

Vous savez avec quel plaisir ils vous reverront, surtout si votre santé a gagné au voyage.

Quant à moi, qui fais une perte d'argent assez considérable, je pense à me retirer au haut du faubourg Saint-Antoine, dans une rue que je suis bien sûr que vous ne connaissez pas[1], et d'où j'ai vu assiéger la Bastille, il y a soixante-six ans. Mais Judith ne veut pas entendre parler de ce projet qui nous exilerait si loin. Je suis sûr pourtant que nous y ferions des économies. Il est vrai que nous mettrions les jambes de nos amis à une rude épreuve. Vous voyez que le goût des voyages me prend aussi.

---

[1] La rue des Boulets.

En attendant, vous nous trouverez encore rue de Vendôme, où l'on nous trouve déjà bien loin.

Adieu, voyageur; revenez-nous à temps pour nous faire vos adieux si nous fuyons jusqu'à l'extrémité de Paris.

## CCLXIII

### A MONSIEUR HONORÉ BONHOMME

11 octobre 1855.

Recevez, monsieur, mes remercîments bien sincères pour l'épître que vous avez eu la bonté de m'adresser et dont j'aurais dû vous accuser réception plus tôt. Au reste, faute de date à votre lettre si aimable, je ne sais de combien je suis en retard avec vous.

Quand on rime avec autant d'esprit et de facilité que vous, monsieur, on ne doit pas perdre son temps à recueillir les paperasses des autres[1]. Il serait mieux, ce me semble, de réunir vos improvisations en un bon et beau volume, que de courir après les chiffons de papiers de ceux qui ne sont plus de ce monde.

Malgré ces réflexions, je voudrais pourtant satisfaire à votre caprice. Mais, monsieur, j'ai peu d'ordre dans mes papiers, et de temps à autre je fais comme Campistron, secrétaire du maréchal de Vendôme, dont peut-être aujourd'hui j'occupe le logement dans les combles du château des enfants et petits-enfants de Gabrielle. Vous savez qu'il répondait aux lettres adressées au maréchal en les jetant toutes au feu. Aussi, monsieur, n'ai-je que très-peu de lettres précieuses. Toutefois si, quelque jour, il m'en tombe

[1] M. Bonhomme a publié des œuvres inédites de Piron. Il est amateur et collectionneur d'autographes.

sous la main, je les mettrai de côté pour vous les offrir en échange des éloges que vous voulez bien me prodiguer, bien que malheureusement je sache tout ce qu'il y a de faux dans cette monnaie. Plaignez-moi. Qu'est-ce qu'un pauvre poëte qui ne croit plus aux flatteries littéraires?

## CCLXIV

#### A MONSIEUR A. AUBRY

19 octobre 1855.

Pardonnez-moi, monsieur, d'avoir tant tardé à vous remercier de l'envoi que vous avez eu la bonté de me faire de votre *Paris démoli*[1].

Avant de vous rendre grâce de ce cadeau, j'ai voulu le lire et l'ai lu en vrai Parisien rempli d'intérêt pour tout ce qui touche son berceau. Or, tout vieux que je suis, je ne dispose pas encore de tout mon temps.

Je viens un peu tard, mais après lecture faite, vous prier d'agréer mes remercîments pour cet ouvrage, très-bien écrit, résumé de curieuses recherches, et dont l'auteur est un homme aussi judicieux qu'instruit, capable de faire beaucoup plus, j'en suis sûr.

Vous voyez, monsieur, combien je vous suis obligé, et veuillez en recevoir mes bien sincères remercîments, ainsi que l'assurance de mes sentiments distingués.

[1] Recueil d'articles sur Paris de M. Édouard Fournier.

## CCLXV

### A MADAME VICTOR HUGO

31 octobre 1855.

Chère dame, un ami m'apporte le *Moniteur*. Qu'y vois-je? bon Dieu! On vous proscrit du lieu de votre proscription. Je viens de consulter quelques personnes qui s'intéressent à Hugo et à vous tous. Aucun ne me met au courant de ce qui a pu motiver cette mesure de rigueur. Car, dans le peu qu'on me dit, il m'est impossible de démêler une cause ou même un prétexte qui pût atteindre notre grand poëte.

Je suis bouleversé de ce nouveau malheur qui vient de frapper votre famille. Malheureusement je suis sans autorité, sans pouvoir, sans relations puissantes. D'ailleurs, je sens trop bien la position d'Hugo pour essayer même une démarche que, pour mon propre compte, je ne voudrais pas faire.

Mais, pour Dieu, faites-moi savoir, chère dame, le parti que vous et notre ami allez prendre. Où allez-vous aller?

Un mot de vous, je vous prie, si vous avez le temps de l'écrire. Dites-moi où mes vœux doivent vous suivre. Dites-moi surtout si je puis ici vous être utile. Je suis bien vieux sans doute, mais je sais encore marcher. Faites-moi courir si cela vous est nécessaire.

J'ai assez souffert depuis trois mois, mais la santé me revient; usez donc de mes offres si mes services vous sont nécessaires.

Vacquerie m'était venu donner de vos nouvelles à tous. Il devait (il y a six semaines de cela), il devait venir chercher une lettre de moi en réponse à votre dernière. Serait-il encore à Paris, auprès de sa mère? J'ai grand regret de ne savoir où le prendre.

Je vous le répète, chère dame : si, malgré mes soixante-quinze ans passés, je puis vous être bon à quelque chose, j'en serai heureux et fier.

Chargez-vous de tous mes témoignages d'attachement pour notre grand poëte et pour vos enfants.

## CCLXVI

### A MADAME BLANCHECOTTE

3 décembre 1855.

On ne lit pas un volume de poésie[1] en quelques heures, ni de suite. J'attendais que vous vinssiez me voir pour vous dire mon opinion. Je n'ai pas encore tout lu; mais, puisque vous êtes si pressée de savoir cette opinion, je me hâte de vous dire que, si vous étiez comtesse ou duchesse, faisant de pareils vers, tout le monde crierait au miracle. Il y a beaucoup à reprendre dans votre volume; mais il est plein de poésie, malgré les inexpériences et un trop grand laisser aller.

L'ordre manque; malgré tout, je vous le répète, il y a tous les éléments d'un succès mérité.

[1] Il s'agit de *Rêves et Réalités*. Ce volume a attiré un moment l'attention de madame Blanchecotte, qui, à vingt-cinq ans, ouvrière et ignorante, publiait des vers aussi distingués par le style que par la pensée. L'Académie lui a une fois accordé un encouragement. Mais un talent de cette nature méritait quelque chose de plus. On a souvent fait davantage pour de simples versificateurs qui ne s'étaient point créés tout seuls. Ici, nous avons affaire à un poëte né dans la misère et la souffrance. C'est à madame Blanchecotte, plus qu'à toute autre, que le patronage de Béranger fait défaut. Il n'eût pas voulu laisser sans récompenses tant de peines et tant d'efforts joints à des dons naturels si remarquables.

Mais à quelle époque venez-vous?

Si quelqu'un veut et peut se charger de vous faire rendre justice, vous arriverez peut-être à une belle place.

Sans ce dieu protecteur, j'en désespère.

J'ai enterré ce matin ce pauvre Bérat[1].

## CCLXVII

### A MONSIEUR BOUFART

16 décembre 1855.

Cher monsieur, malgré l'état maladif qui m'a saisi depuis quelque temps, je suis bien fier de la nouvelle que vous voulez bien me donner. Mon nom va donc traverser les mers !

Dieu veuille protéger le beau bâtiment dont vous êtes le parrain ! Quel pauvre saint vous lui avez donné pour patron !

Cela n'a pas empêché un homme d'esprit de faire au bateau de charmants couplets que je vous remercie de m'avoir envoyés. Il me semble qu'on n'en fait plus d'aussi bons à Paris.

Remerciez, je vous prie, pour ma part, monsieur, l'auteur, M. Paul Vasselin. C'est sur le mérite de son chant que je compte pour attirer les bénédictions sur le *Béranger*. Qu'il parte, mais que, bientôt de retour, il apporte de gros bénéfices à son propriétaire !

J'ai soixante-quinze ans et quatre mois : si je suis encore de ce monde à son retour, ayez, je vous prie, mon-

---

[1] Mort rue de Lille, au coin de la rue de Poitiers, à la suite d'une maladie du système nerveux. Bérat avait besoin d'images riantes et redoutait le retour de l'hiver. Le soir même du jour où on le portait au cimetière, il neigeait sur sa tombe.

sieur, la bonté de m'en apprendre la nouvelle. Croyez que tout ce qui pourra vous être heureux sera un sujet de joie pour moi.

## CCLXVIII

### A MONSIEUR PAUL BOITEAU

25 décembre 1855.

Mon cher Boiteau, si, depuis que vous m'avez écrit, je n'avais toujours été indisposé ainsi que ma pauvre Judith, qui a été menacée d'une congestion cérébrale qui a exigé une grande surveillance, j'aurais été certes savoir de vos nouvelles, d'après ce que vous m'avez écrit.

Bien que d'abord je n'eusse pas pris au sérieux votre *lettre de faire part,* je commence aujourd'hui à m'inquiéter. Où en êtes-vous ? Que devenez-vous ? Pourquoi ne vous voit-on plus ?

Quelque maladie grave vous serait-elle survenue, ou à votre jeune femme ?

Ne pouvant encore aller m'informer chez vous, je prends enfin le parti de vous prier de faire cesser mon inquiétude.

Un mot, sans plus, qui me rassure, et je vous serai très-obligé. Dans peu, j'espère, j'irai moi-même m'assurer de l'état de votre santé.

Présentez d'avance mes hommages respectueux à madame, quoique je n'aie pas encore l'honneur de la connaître, et croyez-moi tout à vous de cœur.

## CCLXIX

### A MONSIEUR PERROTIN

15 janvier 1856.

Je reçois votre lettre, mon cher Perrotin, et je suis très-surpris de ce que vous m'apprenez.

Quoi! Sa Majesté l'Impératrice a la bonté de s'inquiéter de ma position et de vouloir l'améliorer! C'est là du moins ce que paraît vous avoir dit M. Damas-Hinard.

Je suis bien fier et bien touché d'une pareille marque d'intérêt. Si vous revoyez l'honorable secrétaire des commandements de Sa Majesté, chargez-le, je vous prie, de toutes mes actions de grâces pour l'Impératrice; chargez-le également de rassurer Sa Majesté. Dites-lui que je suis dans la position la plus convenable à mes goûts, à mon amour de l'indépendance, et que, sous le rapport de la fortune, je n'ai rien de mieux à désirer, une vie simple et retirée ayant toujours été le but auquel j'ai aspiré.

Ajoutez néanmoins qu'il m'a toujours été infiniment agréable de recevoir des offres de services ou d'appui. Dites donc à M. Damas-Hinard combien je suis reconnaissant de l'attention que Sa Majesté l'Impératrice a bien voulu faire à moi. Le souvenir m'en restera au cœur jusqu'à mon dernier moment. J'ajoute même que, si jamais la pauvreté revenait vers moi, ce serait de préférence à Sa Majesté que je m'adresserais pour en obtenir le terme.

Et pour cela, je ne pourrais mieux faire que de recourir à la bonté de M. Hinard, comme l'intermédiaire le plus sûr et le plus honorable que je puisse prendre.

Voilà, mon cher Perrotin, ce que je vous charge de répondre de ma part, si vous avez encore l'occasion de parler de cette affaire, à laquelle j'étais loin de m'attendre[1].

[1] L'année suivante, le bruit s'étant répandu que Béranger était pensionné en secret par la cour, M. Perrotin a répondu par cette lettre sans réplique :

« Monsieur le rédacteur en chef[1],

« Un de ces journaux étrangers[2] qui remplissent leurs colonnes de toutes sortes de bruits ramassés on ne sait où, accablait, dans son numéro du lundi 5 janvier 1857, notre poëte Béranger en lui reprochant une pension qu'il aurait acceptée d'un auguste personnage, sans en dire un mot à personne, et comme s'il dissimulait une mauvaise action.

« Mon nom n'aurait pas été prononcé dans ces lignes misérables et tout à fait indignes de la presse qui se respecte que j'aurais encore le droit d'y répondre au nom même de Béranger. S'il n'a jamais répondu à aucune espèce de calomnie, il ne peut pas empêcher ses amis d'y répondre en son nom.

« Voici tout simplement le fait d'où cette grosse rumeur est sortie.

« L'an passé, Sa Majesté l'Impératrice, inquiète de la santé et de la fortune de Béranger, me fit proposer par une personne de sa confiance (le secrétaire de ses commandements), sous la promesse du secret le plus strict, de déposer dans ma caisse une somme annuelle dont je fixerais le chiffre, et que j'offrirais, en mon nom, à Béranger lui-même. Certes, la proposition était digne d'un noble cœur, mais, pour ma part, je n'avais pas le droit de l'accepter. Seul, Béranger avait ce droit-là, et, quand j'eus obtenu la permission de lui faire part de la proposition qui m'était faite, il approuva tout à fait ma conduite, en disant qu'il n'eût pas compris que j'eusse agi autrement. Il fit plus : il m'écrivit une lettre dans laquelle il manifestait, en termes excellents, la reconnaissance qu'il éprouvait au fond de l'âme pour les bontés qui lui étaient témoignées, ajoutant qu'il n'avait jamais été plus riche qu'en ce moment, qu'il n'avait jamais eu moins besoin d'une fortune plus grande et que sa reconnaissance était d'autant plus entière, qu'il n'acceptait pas les bienfaits dont on voulait l'honorer.

« Voilà, monsieur, mot pour mot, tout ce qui a été fait, tout ce qui a été dit, et vous partagerez, comme moi, l'indignation que nous fait éprouver le censeur anonyme, lorsqu'en tutoyant Béranger il lui reproche d'avoir tendu la main *à l'aumône* et qu'il complète son mensonge en lui disant : *Sois cousu d'or!*

« J'ai pensé qu'il était de notre honneur à tous de relever comme il convient ces perfidies, et que vous seriez content d'honorer, cette fois encore, un homme dont le désintéressement n'a jamais été égalé que par sa charité.

« Agréez, cependant, les meilleures déférences de votre tout dévoué serviteur,

« Perrotin,
« Éditeur des *Chansons* de Béranger.

« Paris, 14 janvier 1857. »

[1] Du *Siècle*.
[2] Le *Journal de Bruxelles*.

## CCLXX

#### A MONSIEUR DOLLEZ

20 janvier 1856.

Mon cher monsieur, une pauvre jeune personne s'est adressée à moi, se disant fille d'un homme attaché à votre maison. Il s'agissait pour elle de retourner au plus vite à Cambrai auprès de son père. J'hésitais à lui en fournir les moyens ; mais, hier samedi, elle m'a apporté une lettre du père (que je joins ici), et, touché de sa position malheureuse et pour la sauver des inconvénients d'un plus long séjour à Paris où elle manquait d'ouvrage, je lui ai fourni ce qui lui était nécessaire pour regagner votre ville. Elle m'a dit qu'elle y arriverait aujourd'hui même. Je vous écris cela, cher monsieur, pour que vous me donniez l'assurance que cette malheureuse est en effet retournée auprès de son père. C'est le prix que j'espère du peu que j'ai fait pour elle. Mais je profite de l'occasion pour me rappeler à votre souvenir, ainsi qu'à celui de nos bons parents.

Faites mes amitiés bien tendres, je vous prie, cher monsieur, à Forget, et à sa femme ainsi qu'à la vôtre et à M. et madame Taffin. Ma santé n'est pas très-bonne depuis cinq ou six mois. Je cours toujours, mais souvent les jambes me manquent. Toutefois je crois qu'il n'y a rien de grave encore dans tout cela. Je souhaite que vous soyez tous en bonne santé et que vous n'oubliiez pas trop votre vieux cousin qui pense souvent à vous[1].

---

[1] Lettre communiquée par M. Lefèvre (Jean-Paul Faber) de Cambrai.

## CCLXXI

#### A MONSIEUR DE MERCEY

8 mars 1856.

Mon cher monsieur de Mercey, Pascal, dont vous connaissez les travaux sur la planche du Titien, qu'une longue maladie l'a empêché de terminer, me prie de le recommander de nouveau à votre bienveillance.

Il travaille bien lentement, mais si consciencieusement, que, malgré ses retards, je ne puis refuser, vous, mon cher monsieur, qui avez déjà été si bon pour lui, de solliciter encore votre éminente protection.

Sa gravure est arrivée à un point qui donne de grandes espérances. Un encouragement de votre part, cher monsieur, fera plus pour ce bon Pascal que l'espoir de toutes les récompenses que distribue l'administration.

Pardonnez-moi donc de venir, tout malade que je suis, et cloué au logis depuis deux mois, vous importuner pour mon graveur de prédilection.

Avec mes excuses, agréez, je vous prie, mon cher monsieur, l'assurance de ma considération la plus distinguée.

*P. S.* Je vous écris entouré de médecins.

Par le mot encouragement, vous sentez que je ne parle pas d'argent, mais d'une promesse d'acquisition de la planche quand elle sera terminée.

## CCLXXII

#### A MONSIEUR CLOVIS MICHAUX

Paris, 13 mars 1856.

Depuis plus de quinze jours je remue tous mes papiers (et Dieu sait de quelles paperasses je suis entouré) pour retrouver votre bonne lettre, afin de vous dire tout le bien que je pense de votre volume. Aujourd'hui le plus heureux hasard me remet sous les yeux votre chère missive, et je me hâte de vous adresser tous les remercîments que je vous dois pour le plaisir que m'a procuré la lecture de vos œuvres.

N'allez pas croire, cher magistrat, que vous avez devant vous un coupable, s'ingéniant à tromper le juge qui l'interroge. Non, monsieur le juge, je vous dis la vérité, et la preuve, c'est que j'avais force éloges à vous donner. Il y a dans ce volume des morceaux excellents, d'une véritable poésie, et de ce genre de vers auquel ma jeunesse m'a habitué : car moi qui n'ai fait aucune classe, je suis cependant né classique. N'en dites rien à nos jeunes gens, mais je me figure toujours qu'il y a du bon, du très-bon même, dans Corneille, Molière, Racine, la Fontaine, etc., et je crois que Voltaire était de cet avis.

Vous en êtes, vous, j'en suis sûr, et votre volume me l'a prouvé. Aussi l'ai-je lu consciencieusement, et, si vous n'étiez pas ce que vous êtes, il serait peut-être encore meilleur. Mais un homme comme vous fait marcher le devoir avant toute chose, et cela fait qu'on néglige par-ci par-là quelques vers qu'un peu de temps pris sur la justice eût sans doute amenés à la perfection. Eh! mon Dieu, il y a peut-être des gens aux galères parce que leurs juges étaient pressés d'aller dîner. Quel blasphème j'écris là! Pardonnez-le à un vieux condamné récidiviste, qui peut-être encore récidiverait s'il n'avait que quarante ans, mais je cours à soixante-seize ans, et je deviens sage.

Cela doit donner plus de prix aux éloges que je crois devoir à votre publication, dont je souhaite d'autant plus le succès que vous avez besoin de distractions.

Croyez à tous les vœux que je fais pour vous et pour ceux qui vous consolent. Croyez aussi à ma profonde et inaltérable estime.

## CCLXXIII

### A MONSIEUR DAUVIN

18 mars 1856.

Voilà bien longtemps déjà, monsieur, que j'aurais dû vous remercier de l'envoi que vous avez eu la bonté de me faire, car j'ai lu votre poëme aussitôt son arrivée. Mais j'ai voulu le relire, après réflexion, et, quoique ce soit la première fois que votre nom arrive jusqu'à ma pauvre cellule, j'ai remarqué dans ce morceau, à travers quelques taches, un avenir de talent auquel je me fais un devoir d'applaudir.

Un style plus également soutenu, des vers moins brisés au hasard, et un laisser aller qui semble quelquefois de l'affectation, n'empêchent qu'il y ait de bonne et franche poésie dans votre œuvre, remarquable d'ailleurs par l'équité des jugements, ce que je ne devrais peut-être pas dire, car vous faites de moi un éloge qui, toute modestie à part, dépasse de beaucoup le mérite de l'humble chansonnier.

Revenons-en à vous, monsieur, que je voudrais louer comme vous le méritez, selon moi. Vous me semblez un homme d'avenir, et moi, qui n'ai plus que quelques jours à vivre, c'est votre avenir qui m'a préoccupé en vous lisant et en vous relisant.

Si par hasard le morceau que vous publiez aujourd'hui n'a pas le succès qu'il devrait avoir, ne vous en préoccupez pas ; regardez plus loin. Ou je suis bien trompé, ou vous y verrez votre place marquée.

Je le souhaite du moins, moi qui n'ai pas l'honneur de vous connaître, mais qui ne désespère pas encore de l'avenir de notre patrie en littérature.

*P. S.* Pourquoi donc dites-vous si peu de choses de notre grand poëte Hugo?

## CCLXXIV

### A MADAME BLANCHECOTTE

Vendredi matin.

Ma chère enfant, je ne puis vous donner de conseil dans l'affaire dont vous me parlez. Vous le pensiez, j'en suis sûr, en m'écrivant. Vous avez mieux que moi pour vous éclairer dans une circonstance pareille. Toujours est-il que je désirerais que vos amis vous trouvassent une position qui vous mît à l'abri des inconvénients de votre position actuelle.

J'espère que cela arrivera d'un moment à l'autre, sans que vous ayez besoin d'aller chercher un morceau de pain loin de votre pays.

Que devient le prix académique? Je commence à craindre que messieurs les académiciens ne veuillent pas entendre ce que je me tue à prêcher. Que ces messieurs donnent des prix aux bonnes publications annuelles au lieu d'indiquer des sujets de concours.

## CCLXXV

### A LA MÊME

Samedi soir.

Je commence à espérer pour l'Académie. Hier, *** m'a donné de bonnes nouvelles. Nous espérons même avoir pour vous M. Guizot. C'est le prix Latour-Landry qu'il nous faut emporter. Est-ce que notre ami de l'Hôtel de ville ne pourrait pas nous donner un petit coup de main? Ne parlez pas de tout cela, mais agissez si vous pouvez. Villemain sera bien, m'assure-t-on.

Je suis toujours souffrant et ne puis faire de courses.


## CCLXXVI

### A LA MÊME

31 mars au soir.

Ma chère enfant, je ne puis faire avec vous la course de l'Institut; je suis toujours souffrant et faible des jambes.

J'écris à Villemain pour lui annoncer votre visite. Je lui dis que je ne crois être pour rien dans la faveur qui vous est faite; je ne l'en remercie pas moins et lui parle en termes qui, j'en suis sûr, lui feront plaisir, en l'engageant à vous recevoir.

S'il vous reçoit, venez me rendre compte de votre conversation.


## CCLXXVII

### A MONSIEUR JOHN P. LÉONARD

3 avril 1856.

La chanson que vous m'envoyez a couru quelque temps à Paris sous mon nom, mais l'erreur n'a pas duré.

Il y a six ans au moins que je ne fais plus de vers, non que j'y aie renoncé, mais l'âge a complétement tari ma pauvre veine.

Votre compatriote [1] ne sait pas que je n'ai chanté Napoléon Ier qu'après 1815. Quand on parle d'un individu, si peu qu'il soit, encore devrait-on savoir ce qu'il a fait.

Ne vous occupez pas, du reste, de cette niaiserie qui n'a pas fait de dupes à Paris.

Je ne vous en remercie pas moins bien sincèrement de l'intérêt que vous prenez à une vieille réputation aujourd'hui bien usée.

## CCLXXVIII

### A MADAME BLANCHECOTTE

Vendredi 5.

Que devenez-vous, ma chère enfant, au milieu de votre triomphe qui, sans doute, vous assourdit un peu?

J'espérais que vous me rendriez compte de votre visite à Villemain, que ma lettre avait préparé autant que cela est possible avec un semblable esprit.

Où en êtes-vous de vos autres affaires? Allez-vous toujours en Italie?

Si vous ne pouvez venir, donnez-moi au moins de vos nouvelles. Je vais un peu mieux depuis avant-hier.

## CCLXXIX

### A MONSIEUR HIPPOLYTE FORTOUL

Avril 1856.

Mon cher Fortoul, Perrotin me demande de vous recommander de nouveau la méthode Wilhem, qui, dit-il, est menacée gravement par je ne sais quels barbares.

---

[1] Le journal le *Times* avait publié une prétendue chanson de Béranger. L erreur était visible, car on la datait de Passy où Béranger ne demeurait plus depuis 1849.

Vous mêlez-vous de cela? et, en fait de musique, en savez-vous plus que moi? Y pouvez-vous même quelque chose? Dans mon coin, je ne sais rien de tout cela. Ce que je sais ou crois savoir, c'est que nous avons auprès de vous une protectrice puissante qui, m'assure-t-on, conduit elle-même son fils aux leçons de Hubert.

D'après cela, je vous prie de consulter cette éminente protectrice de la méthode que je viens défendre auprès de M. le ministre : il pourra recevoir de Perrotin tous les renseignements qui sont nécessaires pour faire triompher la méthode Wilhem.

Vous ne vous attendiez pas à une pareille lettre sur un pareil sujet. Je la clos en vous priant de me croire toujours tout à vous. Votre vieil ami.

## CCLXXX

### A MONSIEUR PAUL FOUCHER [1]

30 avril 1856.

Pardonnez à un pauvre vieillard, fort malade en ce moment, d'avoir tardé à vous remercier de l'article trop obligeant inséré dans l'*Indépendance belge*.

J'ai une ancienne habitude des rouiries de la presse étrangère : il y a plus de quatre mois que j'ai vu les mêmes vers dans un journal irlandais, et l'on m'a annoncé une autre prétendue chanson de moi dans je ne sais quel autre journal anglais.

Je n'ai jamais pris ces espiègleries au sérieux, mais je

---

[1] Beau-frère de M. Victor Hugo, l'un des correspondants de l'*Indépendance belge*.

n'en suis pas moins touché, monsieur, quand des hommes comme vous cherchent à cet égard à éclairer le public.

Agréez donc, je vous prie, monsieur, tous les remercîments que je vous dois et que vous auriez reçus plus tôt sans le mauvais état de ma santé.

J'ai l'honneur d'être, monsieur, votre très-humble et très-obligé serviteur.

*P. S.* Je me suis procuré les deux volumes de Hugo[1], dont j'ai déjà lu le premier, que je trouve admirable. J'écrirai tout le bien que j'en pense à madame Hugo, aussitôt que j'aurai lu le deuxième, qui sans doute ajoutera encore à mon admiration pour notre plus grand poëte.


## CCLXXXI

#### A MADAME VICTOR HUGO

3 mai 1856.

Chère et très-honorable dame, il y a bien longtemps que je vous ai écrit, attendant toujours les volumes de notre grand poëte. Aussitôt qu'ils ont paru, je me les suis procurés, vous devez le croire; il y avait longtemps que je les avais relus et admirés quand M. Paul Meurice eut la bonté de m'apporter lui-même l'exemplaire que Hugo m'avait destiné, en me laissant un papier blanc pour y écrire, je pense, les témoignages de mon admiration et de ma reconnaissance.

Au lieu de vous écrire, je dus attendre le retour de M. Meurice, pour qu'il me dît en quelle forme il me fallait employer la feuille de papier.

[1] *Les Contemplations.*

M. Meurice n'a pu revenir apparemment; j'attends en vain depuis six semaines. A tout hasard, je ne veux pas prolonger plus longtemps un silence qui ressemblerait à de l'ingratitude, et je viens, madame, déposer à vos pieds le tribut de l'admiration que m'ont inspirée les deux volumes de Hugo. J'aime mieux vous charger que tout autre de transmettre à notre grand poëte mes hommages bien sincères, bien affectueux pour ces nouvelles œuvres de son génie, qui le placent plus haut encore que, selon moi, ne l'avaient fait tant d'œuvres qui les ont précédées.

J'ai entendu faire quelques critiques; plusieurs peuvent avoir quelque justesse, mais, en vérité, que peuvent des remarques semblables contre ce flot de poésie dont il abreuve nos gosiers desséchés? La postérité le vengera des sottes critiques.

En attendant que j'écrive à notre immortel ami sur la feuille de M. Meurice, transmettez-lui, je vous prie, madame, l'expression de mes sentiments et surtout celle de ma reconnaissance pour la bonté qu'il a eue de penser à moi dans la distribution de ses exemplaires d'auteur.

Il y aurait de quoi me rendre la santé, si elle ne s'obstinait à me fuir. Je m'affaiblis de jour en jour, et les courses de plus d'une demi-heure me sont défendues. On voudrait même me défendre d'écrire, mais j'ai peu de respect pour MM. les médecins. A soixante-seize ans, l'on a trop peu à perdre pour obéir ponctuellement aux docteurs.

On m'a assuré que vous et tous ceux qui vous sont chers se portaient bien. J'en rends grâce au ciel.

Tout paresseux que je deviens d'écrire, croyez, madame, à tous les vœux que je forme pour vous et notre grand poëte.

De vous et des vôtres l'inutile ami, mais le plus dévoué.

## CCLXXXII

A MONSIEUR É. DE LA BÉDOLLIÈRE

15 mai 1856.

Pardonnez-moi, monsieur, de n'avoir pas répondu sur-le-champ à votre trop aimable lettre et à la chanson qu'elle contient, chanson si charmante et si flatteuse que je me la suis chantée déjà plusieurs fois. Est-ce que par hasard vous seriez du métier, et qu'en homme de raison vous auriez abdiqué la rime pour la prose du journalisme? Devenu raisonnable avec l'âge, je trouve que vous avez bien fait, d'autant plus que vous rendez encore service à ceux qui n'ont pas su faire comme vous. Vous m'avez défendu, monsieur, quand tant de courageux journalistes m'attaquaient. Je ne m'étonne pas que mon libraire ait voulu vous en témoigner sa reconnaissance; mais il s'y est pris d'une façon singulière. Vous voilà embarrassé de mon portrait, qui, dit-on, a le malheur de me ressembler.

Et que voulez-vous, monsieur, que j'écrive au bas de cette belle image!

Si je savais à quelle heure on vous trouve, mes jambes, devenues mauvaises depuis six mois, me permettraient peut-être encore d'aller jusque chez vous, écrire un mot de reconnaissance au bas de la gravure que vous voulez bien garder chez vous.

Accepter que vous me l'envoyiez, c'est vous donner bien de la peine. Jusqu'à midi, une heure, je garde la chambre, et Perrotin pourrait me l'apporter.

Voyez, monsieur, ce qu'il vous conviendra de faire. Si vous m'indiquez une heure et un jour, chez vous, soyez sûr que je ferai tout ce qu'il me sera possible pour m'y rendre. C'est, je le suppose, ce qu'il y aurait de plus convenable.

En attendant votre décision, je vous prie d'agréer mes remercîments bien sincères, monsieur, et l'assurance de mes sentiments de gratitude et de considération distinguée.

## CCLXXXIII

### A MADAME VALCHÈRE

17 mai 1856.

Ma chère enfant, qui diable a pu vous suggérer l'idée de me traîner à votre suite au pied du tribunal où vous avez été appelée? Quand à vingt ans je barbouillais des actes, je ne me suis jamais senti le courage de braver un aussi auguste auditoire. Aussi ne connais-je aucun de vos juges. Je sais à peine le nom de quelques-uns, moi qui n'ai jamais mis le pied dans les coulisses; ce n'est pas à soixante-seize ans qu'on pénètre dans ces antres-là.

Revenez donc de l'idée que vous aviez de vous faire accompagner par un avoué de mon espèce. D'ailleurs, je garde presque toujours la chambre depuis trois mois. Ce qui est pire que la vieillesse, c'est la maladie, et voilà qu'on me met dans les drogues, auxquelles je n'ai pas de confiance. Ma faiblesse ne va pas moins en augmentant, et je commence à espérer qu'il y avait pressentiment de ma part quand j'ai voulu venir dans le quartier du Temple et que je disais que c'était pour me rapprocher de ma dernière demeure. Je plaisantais alors et j'en plaisante encore, car jusqu'à présent l'idée de la mort n'a rien qui m'effraye et je regarde un peu le monde en pitié. Aussi, il me fait encore bien rire.

Sous ce rapport, je pourrais aider votre comédie à se faire jouer. Mais les jambes, la poitrine et le bruit d'un monde quelconque ne me permettent pas d'aller tenir votre enfant sur les fonts.

Agréez donc mes excuses, et surtout l'expression du regret que j'éprouve de ne pouvoir vous servir dans une circonstance pareille.

J'espère, d'après ce que vous me dites, que l'enfant saura se passer de moi. Je le souhaite de tout mon cœur. Vous savez d'avance que je n'irai pas m'assurer de l'état de sa santé; il y a quarante-deux ou quarante-trois ans que je n'ai pas mis le pied au théâtre que pour entendre Rachel quatre fois.

## CCLXXXIV

### A MONSIEUR ***

10 juin 1856.

Hélas! monsieur, cette fois je ne puis rien pour les malheureux qui vous entourent; mes petites ressources ont été épuisées dès les premiers moments de l'inondation par les quêtes faites dans la capitale.

Quant à des strophes, monsieur, je n'ai jamais fait que de pauvres couplets, et, depuis six ans, il ne m'est plus venu un seul vers. Je ne suis pas même capable de corriger ceux que j'ai vendus à Perrotin, qui ne les publiera qu'à ma mort, si l'on juge qu'ils vaillent la peine d'être mis sous presse.

Vous voyez que, sans être au nombre des inondés, je

suis cette fois plus pauvre qu'il y a dix ans, et, de plus, presque toujours malade.

Si toutefois, monsieur, vous aviez une connaissance à Paris qui pût se charger, sur un mot de vous, de venir me trouver, je lui remettrais une part de la petite monnaie restée au fond de ma bourse, pour vous prouver combien je vous suis obligé d'avoir gardé bon souvenir du vieux chansonnier.

## CCLXXXV

### A MADAME BLANCHECOTTE

10 juin 1856.

Ma chère enfant, vous avez dû recevoir de mes nouvelles par votre mari et dernièrement encore par M. Adam[1], qui a eu la bonté de m'apporter des vôtres. Je compte enfin sur la correspondance des autres, car vous savez que je déteste écrire quand je n'ai rien d'essentiel à dire. De plus, depuis que je suis souffrant, ce qui semble vouloir aller en augmentant, je suis encore plus paresseux d'écrire. Je ne puis, d'ailleurs, avoir rien de bien intéressant à vous conter.

Il n'en est pas de même de vous dont le sort est si grandement changé. Du courage, ma chère enfant, pour subir tout ce que vous allez sans doute rencontrer d'obstacles à vos sages desseins.

Je n'ai pas vu Villemain depuis son accident, parce que je ne puis plus faire de longues courses : les jambes manquent; je doute qu'elles reviennent.

J'ai cependant pris une voiture pour aller causer avec

---

[1] M. Adam-Salomon, sculpteur et photographe.

Lamartine, qui m'est venu voir aux heures où je piétine quelques instants sur le boulevard. Sa souscription approche de dix-huit mille francs; mais cela se soutiendra-t-il dix ans? Et sans cela!

C'est à madame Adam que je dois de savoir comment vous écrire. On m'avait soutenu ici qu'il fallait aller affranchir au bureau.

Cette dame est fort aimable et pleine de raison. Voilà une amie à conserver.

Je suis fâché que vous n'ayez pas vu Laprade. On fait l'éloge de son caractère. On a parlé ici de lui faire obtenir un grand prix qui paraît énorme. Je doute qu'au milieu des embarras d'une position toute nouvelle pour vous, vous puissiez rattraper la rime de sitôt. Ne vous en désolez pas. Je ne serais pas fâché que vous fussiez quelque temps sans aligner des vers. Vous n'en rimerez que mieux après.

Vous ne me dites pas si votre élève vous aime toujours. Quant à moi, vous ne doutez pas de mon amitié, malgré ma paresse, et vous devez toujours compter sur mon bien sincère attachement.

A vous de cœur.

*P. S.* Vous savez tous les désastres qui ont frappé notre Midi, même Tours, où j'ai des amis qui ne m'écrivent pas. Bretonneau devait être en route. La consternation est générale. Les secours abondent; suffiront-ils?

## CCLXXXVI

### A MONSIEUR ***

15 juin 1856.

Je ne veux pas renvoyer M. X*** les mains tout à fait vides; je le prie de vous faire passer vingt francs pour votre souscription, à laquelle je voudrais pouvoir être plus utile. Mais je ne puis faire davantage pour répondre à toutes vos amabilités. Je vous prie seulement, monsieur, et très-instamment, de ne pas me nommer dans la liste de vos souscriptions. J'ai agi de même à Paris, et on a compris les raisons qui me font agir ainsi.

## CCLXXXVII

#### A MADEMOISELLE ERNESTINE DROUET

24 juin 1856.

Chère enfant, si vous ne m'aviez pas volé ma plume, il y a des heures que je vous aurais écrit pour vous dire que j'ai reçu ce matin un grand et beau rosier, avec deux vers d'une main que vous connaissez. Les vers m'ont fait reconnaître madame S\*\*\*, la jeune muse, bien qu'il n'y ait pas de signature.

J'aurais envoyé sur-le-champ un remercîment digne d'un si précieux présent, mais j'ai égaré les cartes de madame la commodore et de son aimable fille.

Je suis donc forcé de recourir à vous, ma chère enfant, pour faire parvenir mes remercîments à la jeune dame, à qui vous voudrez bien témoigner de toute ma gratitude.

Je suis sûr que vous vous chargerez avec plaisir de cette commission, dont je vous serai très-reconnaissant. A cette commission j'en joins une autre, c'est de faire mes amitiés respectueuses à madame votre mère, et de me rappeler au souvenir du papa, lorsqu'il sera de retour.

*P. S.* J'attends le grand médecin : je crois aller un peu mieux aujourd'hui. C'est bien sot d'être malade !

## CCLXXXVIII

A MONSIEUR M***

29 juin 1856.

Mon cher monsieur, vous avez pris un bien mauvais commissionnaire pour traiter vos affaires à l'instruction publique. A soixante-seize ans, et souvent malade, je ne mets plus le pied à votre ministère, dont je suis très-éloigné et où je n'ai plus qu'une connaissance, qui, elle-même, garde le lit depuis longtemps. Quant au ministre, il y a plus de deux ans[1] que je ne l'ai vu.

A défaut de démarches pour ce qui vous concerne, j'ai tâché d'avoir quelques renseignements. Ceux qu'on me donne n'ont rien d'encourageant. Il y a, dit-on, une ligue dans les bureaux pour en fermer la porte aux survenants de province. Le ministre y doit pouvoir quelque chose, mais il faudrait le voir, et, je vous le répète, nous ne nous voyons plus.

Si Reynaud était à Paris, je lui aurais communiqué votre lettre. Mais je le crois en Suisse. D'ailleurs il ne doit pas être plus puissant que moi ; tout me le fait craindre.

Vous voyez, mon cher monsieur, que vous avez d'assez piètres appuis, si vous ne pouvez compter que sur lui et moi.

Croyez que je regrette bien sincèrement de ne pouvoir vous servir comme vous aviez droit de l'espérer.

Peut-être se présentera-t-il quelque moyen que je n'entrevois pas encore. Soyez sûr que je le saisirai avec un vrai plaisir.

---

[1] M. Fortoul était venu voir, en 1854, Béranger malade.

## CCLXXXIX

A MADAME BLANCHECOTTE

8 juillet 1856.

Ma chère enfant, depuis que je vous ai écrit, j'ai toujours été souffrant, et mon mal a été au point de rendre une consultation utile entre Bretonneau, Trousseau, etc. Malgré toute la science de ces messieurs, je crains qu'ils n'aient pas bien reconnu les causes du changement qui s'est fait et qui continue dans ma santé. Je suis sans force ; j'hésite même à aller prendre l'air un dimanche.

Vous voyez que le changement est grand. On m'a parlé d'anévrisme; mais on a quitté cette idée, et je crois qu'on a bien fait, malgré quelques semblants qui ont pu tromper les docteurs. Au reste, Bretonneau était d'un autre avis.

Je fais tout ce qu'on me dit : on ne peut donc me gronder. Nous verrons.

Vous voyez que ma vie est toute changée.

Bretonneau, qui a passé plusieurs jours ici pour moi, va revenir sans doute, et peut-être les consultations recommenceront-elles.

Voilà mes divertissements.

Je vois, malgré vos plaintes, que si, en effet, votre princesse vous laisse là-bas, vous pourrez travailler. Je m'en réjouis fort pour vous. Tâchez de vous lier avec Ponsard et Laprade. Ce sont de bien bonnes connaissances pour vous.

Lamartine m'a amené, il y a trois jours, un Américain qui voulait me voir et dont il a besoin pour placer, sans doute, des abonnements. Il paraît en avoir vingt mille. Si cela peut durer, tant mieux! mais je crains que l'affaire ne soit mal conduite, au moins dans ses détails.

Je ne sais quand je pourrai me hasarder à aller à l'Hôtel de ville, quoique la course ne soit pas longue. J'irai pourtant.

Je suis bien fatigué : j'achèverai cette lettre demain matin.

Madame Lacoste a écrit pour vous à son amie, madame Montgolfier, qui habite Aix; mais celle-ci n'a pu lire votre nom. Vous pouvez donc, si cela peut vous plaire, vous présenter chez cette dame qui a connu la pauvreté et en a triomphé par le travail. Elle est fort aimable et peut-être pourrait vous être utile. Écrivez-moi et, quand je le pourrai, je vous répondrai.

Adieu, chère amie, prenez patience et profitez du temps qu'on vous laisse.

*P. S.* Je n'ai pas revu votre mari; est-ce qu'il est mort de chagrin en votre absence?

## CCXC

### A MADAME DE BOUDONVILLE

Juillet 1856.

Chère amie, j'avais été bien charmé d'apprendre que madame G*** était près de vous; malheureusement, deux lignes plus loin, je vois que cette amie vous quitte. Ne pourriez-vous aussi aller à Aix-la-Chapelle? Je suis sûr que B*** se trouverait mieux de ces dernières eaux. Est-ce que vous êtes encore de ces bonnes gens qui croient aux prescriptions hippocratiques?

J'ai été bien touché que vous ayez pris la peine de m'écrire vous-même. Je ne puis vous répondre sur M. L\*\*\*. La dernière fois que j'ai vu M. G\*\*\*, il ne m'en paraissait pas satisfait. Je n'en ai pas été surpris. Comme j'ai été sans sortir, je n'ai pu rien savoir; dans quatre ou cinq jours j'espère me permettre quelques courses; j'aurai peut-être du nouveau à vous apprendre. Puisse-t-il être ce que nous souhaitons tous!

Vous êtes dans un bien beau pays, m'écrit B\*\*\*. Profitez-en pour faire quelques courses, si toutefois la chaleur vous le permet : ici, elle est accablante.

Il me semble n'avoir vu depuis longtemps de nos amis communs.

Boulay-Paty est sans doute tout à ses nouvelles fonctions. Quant à moi, tout malade que je ne cesse pas d'être, je suis accablé de visites : vous devez bien me plaindre, je vous assure.

Quand vous reverra-t-on à Paris? Donnez-moi de l'espoir dans votre prochaine lettre ; j'espère qu'elle me trouvera en bonne santé et tout prêt à aller vous rendre visite.

En attendant, tout à vous de cœur.


## CCXCI

### A MONSIEUR DE BOUDONVILLE

A vous, mon cher B\*\*\*; êtes-vous toujours satisfait de votre eau chaude? Comment pourrez-vous avaler tout cela? Et vos bains donc! S'il fait aussi chaud là-bas qu'ici, vous n'en sortirez que cuit. Le pauvre Fortoul n'en a pas pris plus de deux, et il en a eu trop[1]. Voilà une famille bien

---

[1] M. Fortoul est mort aux eaux d'Ems le 7 juillet 1856.

renversée. Hélas! à quoi tiennent les grandeurs de ce pauvre monde!

Ce que je vous souhaite à tous les deux, c'est que la chaleur devienne supportable et que vous puissiez faire de bonnes longues promenades. Ce serait là une jouissance à laquelle votre femme ne serait pas insensible, et votre santé s'en trouverait bien.

Quoi! mademoiselle Rachel est auprès de vous et malade aussi? La tragédie est encore plus malade qu'elle.

Elle a eu raison de faire des économies.

Adieu, cher et bon B\*\*\*; ne m'oubliez pas où vous êtes, et croyez que je suis bien préoccupé de vous et de votre femme.

A vous et à toujours.

*P. S.* Je n'ai personne à envoyer à la poste; il faut que je vous laisse payer le port; de plus, voilà Bretonneau qui m'arrive[1].

## CCXCII

### A MADEMOISELLE SOPHIE BÉRANGER,
AU COUVENT DES OISEAUX.

23 juillet 1856.

Chère sœur, j'apprends que tu as envoyé plusieurs fois savoir de mes nouvelles. Rassure-toi : depuis deux mois et plus j'ai été fort malade; mais le mal commence à céder, et j'espère être, dans peu de temps, délivré du mal et des médecins.

---

[1] Cette lettre est, avec la précédente, la dernière que Béranger ait écrite aux enfants de son vieil ami de Jouy. On a remarqué combien toutes ces pages attestent la fatigue et la maladie. Béranger ne vivait plus pour lui, mais pour le bien des autres. Il usait à faire des démarches, trop souvent stériles, le peu de forces qui lui restaient.

Ne t'inquiète donc pas; mais je crains de n'être pas près de te rendre visite rue de Sèvres. Crois pourtant que je ferai tout ce qu'il sera possible pour t'aller voir aussitôt que mes docteurs le permettront.

Adieu, chère sœur, présente l'hommage de mes respects à madame la supérieure, et crois-moi tout à toi de cœur.

Ton vieux frère[1].

## CCXCIII

### A MONSIEUR GALLY[2]

22 août 1856.

Voilà deux mois que j'ai votre volume, et je ne vous en ai pas encore accusé réception : pardonnez cette lenteur à un pauvre vieillard, tourmenté de mille affaires, injurié de côté et d'autre, faible de vue et surtout fort paresseux.

Il y a déjà longtemps, monsieur, que j'ai lu votre excellent volume, qui m'a donné de votre cœur l'idée la plus touchante, ce qu'à chaque page j'aurais voulu pouvoir vous exprimer, mais je ne lis pas vite, et je ne prends la plume que le plus tard possible.

Enfin j'arrive, monsieur, et c'est pour vous remercier de l'envoi que vous avez bien voulu me faire et du plaisir que j'ai pris à la lecture de votre ouvrage.

Que de gens devraient le lire et le relire! Tous, monsieur, en vaudraient mieux et s'empresseraient de vous en rendre grâce.

Il y a un tel accord entre notre manière de voir sur tant de choses, que je n'ose vous donner tous les éloges que vo-

---

[1] Lettre communiquée par M. de Lagrèze.
[2] Auteur d'un livre intitulé *Éloge de la mort*.

tre morale me paraît mériter : il me semblerait que je me loue moi-même.

Je ne veux pas du moins que vous ignoriez que, depuis deux mois que je vous lis et relis, je me reproche la ligne satirique que j'ai suivie, au lieu de pousser comme vous, monsieur, mes semblables à travailler à l'amélioration de notre triste monde.

Continuez cette sainte entreprise, et puissiez-vous en être récompensé par le bien que vous avez tenté de faire à vos semblables, qui vous ressemblent si peu !

---

### MONSIEUR DE LAMARTINE A BÉRANGER

Saint-Point, 20 octobre 1856.

Mon cher et illustre ami, votre lettre m'a été plus douce que mon article n'a pu vous être agréable. Je n'ai pas dit la moitié de ce que je pense et de ce que je sens sur vous. Le monde ne comprend pas notre langue à nous deux : il lui faut des demi-mots.

J'ai été deux mois au lit, mais pas bien malade; car pendant ces deux mois j'ai écrit ce que vous lisez et deux volumes en sus que vous ne lisez pas. J'en commence un autre de 500 pages le 1$^{er}$ novembre. Quel métier de galérien, dont le boulet est la plume, hélas! bien lourde, quoique légère!

Je n'ai voulu avoir personne pour travailler plus librement. Ma maladie n'était que mon rhumatisme articulaire habituel, mais plus tolérable et plus civilisé qu'à l'ordinaire. Me revoilà debout et à cheval sans aucune trace. C'est l'avantage de ceux qui, comme moi, laissent agir la nature sans la presser ni la contrarier.

Tous les médecins du monde épouseraient des filles de dix-neuf ans[1], que je ne m'en apercevrais pas. Je n'ai qu'un médecin, le temps, qui apporte et remporte à son heure, ou plutôt à l'heure de Dieu. Je crois le fond de votre tempérament très-sain et très-fort. Laissez passer les saisons climatériques, et vous vivrez quatre-vingt-dix ans ! Je le désire pour moi plus que pour vous ; vous m'êtes nécessaire plus que vous ne pensez. Il en est des dernières amitiés comme des dernières amours ; elles sont les plus tenaces.

Vivez donc et aimez-moi. Au revoir, le 1er décembre, à Paris.

LAMARTINE.

## CCXCIV

### A MONSIEUR PAUL BOITEAU

23 août 1856.

Grand merci de vos vers charmants, mon cher Boiteau. J'aurais été vous en remercier si la maladie me permettait encore de longues courses.

Mes forces ont disparu et ne semblent pas vouloir revenir. Je crois qu'il est temps que « l'univers » se mette à bâtir « le temple » que vous me promettez si généreusement. N'avez-vous pas ri en écrivant cette phrase toute poétique ?

Je donnerais votre temple pour un petit coin où l'on voudrait bien me laisser tranquille, comme je me plais à croire que vous l'êtes auprès de votre aimable compagne.

Dieu vous préserve, quand vous aurez mon âge, du bruit des réputations usées qui ne vous laissent pas vous endormir en paix !

Présentez mes respects à madame, et croyez-moi de cœur tout à vous.

---

[1] Allusion au mariage récent de M. Bretonneau.

## CCXCV

### A MONSIEUR SAINTE-BEUVE

30 octobre 1856.

N'ayant pas votre adresse, mon cher Sainte-Beuve, je ne savais comment répondre à votre lettre. Mais Perrotin se charge de vous la faire parvenir (ma réponse), et je vous envoie ce petit mot.

Il serait peu convenable que je me permisse d'apostiller la demande de madame Blanchecotte, où elle met mon nom en avant. De plus, il faut avoir titre pour apostiller les demandes à un ministre qui peut ne pas vous connaître. Ah! si j'étais académicien, passe encore. Mais vous savez que je n'ai pas cet honneur. Avec Fortoul, je n'étais pas obligé d'y regarder de si près : avec le ministre actuel, c'est bien différent.

Que n'avez-vous eu l'idée de faire signer par plusieurs hommes de lettres la demande en faveur de notre jeune muse? Certes, alors je me serais empressé de signer avec tous ceux qui auraient voulu prendre part à cette bonne œuvre. Madame Blanchecotte n'en peut pas douter.

Toutefois je me serais permis une observation : elle vient de toucher son prix; elle a une gratification de l'Empereur : ne faudrait-il pas attendre un peu avant de solliciter de nouveau la bienveillance de l'administration? Cette observation, je vous la soumets complétement.

Enfin, je vous dis ce que je pense sur cette affaire et me mets à votre disposition pour toute demande qui rentrera dans les règles que ma position m'impose.

Vous ne me saviez pas aussi fort sur l'étiquette, n'est-ce pas? Elle a du bon, croyez-m'en.

Je le répète donc : une demande de plusieurs hommes de lettres en faveur de notre chère muse, et je signe aussitôt que vous le voudrez.

Pardonnez à tout ce bavardage, et croyez-moi tout à vous.

## CCXCVI

### A MONSIEUR SAINTE-BEUVE

Mon cher Sainte-Beuve, je vous renvoie la requête de madame Blanchecotte, avec une apostille que j'aurais voulu faire plus longue; mais je suis souffrant, et ce peu de mots m'a coûté à écrire plus que vous ne croiriez[1].

Dieu veuille que nos vœux s'accomplissent! Tout à vous. S'il fallait faire autre chose, dites-le.

## CCXCVII

### A MONSIEUR VILLATTE

2 décembre 1856.

Pour retirer l'ordonnance de payement, il vous eût suffi, je crois, d'aller au ministère de l'instruction publique, au bureau que je vous ai indiqué et qui a pour chef M. Servaux, à qui je vous ai recommandé.

Pauvre malade, je souhaite bien que votre entrée à Beaujon ait lieu; s'il faut écrire pour l'assurer, vous savez que je le ferai avec plaisir et empressement.

---

[1] Béranger ne pouvait plus écrire. Ce sont ses dernières et tristes reliques qui sont ici recueillies.

Je suis malade aussi, et j'aurais bien envie de demander la même faveur pour moi.

Je vous envoie les 15 francs dont vous avez besoin.

Vous pouvez écrire à M. Servaux, s'il vous faut des explications.

## CCXCVIII

#### A MONSIEUR BOURGUIN

15 décembre 1856.

Voilà plus de deux mois, monsieur, que j'aurais dû vous remercier de l'envoi que vous avez bien voulu me faire ; mais, depuis ce temps, j'ai toujours été souffrant, et MM. les médecins m'ont même défendu d'écrire. Heureusement la lecture ne m'a pas été interdite ; aussi ai-je lu et relu votre recueil de fables bien des fois, et je vous proteste que depuis longtemps je n'avais rencontré un fabuliste plus à mon goût.

Je m'étonne que les journaux ne se soient pas encore emparés de vos fables, les meilleures que j'aie lues depuis longues années. Où en sommes-nous donc en littérature, pour que les journalistes, de plus en plus nombreux, ne se soient pas encore mis à l'œuvre pour révéler au public l'apparition de ce charmant volume, auquel la Fontaine donnerait sa bénédiction ?

Oh ! si la force ne me manquait, je vous en dirais long pour vous démontrer la supériorité de talent dont vous avez fait preuve dans ce précieux recueil, que je relirai encore bien des fois. Malheureusement je vis loin du monde des journaux. N'en croyez pas moins, monsieur, à la sincérité de mes éloges et au regret que j'éprouve de ne pouvoir entrer dans plus de détails, qui vous prouveraient tout le plaisir que j'ai pris à vous lire et à vous relire.

Avec mes excuses pour le retard de mes remercîments, agréez, monsieur, l'assurance de ma vive considération.

*P. S.* Je me relis et je vois combien vous serez obligé de pardonner au vieil écrivain.

## CCXCIX

### A MONSIEUR ARTHUR ARNOULD

14 février 1857.

J'espérais vous voir, mon cher Arthur, et vous dire de vive voix tout le plaisir que m'ont fait vos *Contes*[1]. Mais vous n'êtes pas venu, et moi je suis encore confiné pour longtemps au boulevard du Temple. J'ai de plus eu la maladresse de voir une fois ou deux madame Blanchecotte, et n'ai pas eu l'esprit de lui remettre un mot pour vous. C'eût été pourtant un plaisir pour elle.

Grâce à tous ces contre-temps, je ne vous ai pas encore dit tout le plaisir que m'a fait votre volume, ce premier volume toujours si précieux aux débutants.

Je vais donc laisser sur ma table un mot pour vous, qui vous certifiera du plaisir, de la joie, que m'a causés votre début littéraire, et j'attendrai un bon vent qui vous porte mes félicitations ; car, bien que ce certificat ne vous puisse servir, je tiens à honneur qu'il vous arrive.

Courage, mon jeune ami ! il y a du bonheur pour toute votre famille, et elle mérite si bien de vous en devoir !

Encore une fois courage !

*P. S.* Je vais attendre quelque colombe pour vous porter mon message. Il doit m'en venir de votre côté.

---

[1] Les *Contes humouristiques* (in-18, 1857, Dentu).

## CCC

### A MONSIEUR DE MERCEY

2 mars 1857.

C'est encore moi, monsieur, qui viens vous tourmenter pour mon pauvre et excellent graveur. D'après tout ce que vous en pensez, je sais n'avoir pas besoin d'insister pour votre appui, que notre cher Pascal sollicite de nouveau. Grâce à vous cette affaire va sans doute se terminer, et vous parviendrez, je l'espère, à la faire régler à 25,000 francs, qui me semble un prix bien convenable. Mais vous, cher monsieur, en jugerez-vous ainsi? Je le souhaite bien pour mon pauvre Pascal, qui ne compte que sur vous.

Si je n'étais malade depuis trois mois, j'irais vous assaillir de mes sollicitations [1].

Rendez grâce au ciel d'en être quitte pour mes lettres, et recevez l'assurance, cher monsieur, de toute ma considération et de toute ma gratitude.

## CCCI

### A MADAME BLANCHECOTTE

Mercredi, 11.

Ma chère enfant, on ne se porte pas mieux ici que chez vous.

---

[1] M. Pascal était le graveur de prédilection de Béranger ; mais ce n'est pas Béranger seul qui estimait haut le talent si particulier de cet artiste. Lamennais en faisait aussi le plus grand cas ; et voici ce qu'Ary Scheffer écrivait sur la marge d'une de ses gravures : « Dans un temps où les œuvres consciencieuses deviennent si rares, la gravure de M. Pascal mérite une double admiration : une exécution aussi parfaite qu'originale et une interprétation si heureuse des maîtres feraient honneur aux époques les plus brillantes de l'art. »

M. Pascal, après avoir gravé la *Madeleine* de Greuze, le *portrait de Cervantes*, et la *Vierge, Jésus, saint Étienne, saint Ambroise* et *saint Maurice* du Titien, s'occupe de l'une des plus belles pages d'Annibal Carrache, la *Madeleine* du Louvre, qui n'a pas encore été gravée, et qui est un si fier morceau de peinture.

La force me manque pour marcher. Je ne pourrai pas aller chercher de vos nouvelles. Tenez-moi donc bien au courant de votre maladie, qui, je l'espère, ne sera pas longue. Surtout, prenez le temps de vous soigner raisonnablement, et point d'imprudence.

Quant à nous, nos maux semblent augmenter. J'ai été plusieurs jours fort malade. Judith est encore plus maltraitée que moi [1]. Je crains beaucoup pour elle; elle ne quitte guère plus le lit.

Dépêchez-vous de vous guérir, et venez nous rassurer et nous consoler. Tout à vous.

## CCCII

### A MONSIEUR CHARLES BERNARD

29 avril 1857.

Mon cher Bernard, viens au plus vite me voir et me tirer de peine.

## CCCIII

### A MONSIEUR PROSPER VERNET

Paris, 5 mai 1857, trois heures du matin.

Mon cher Vernet, je vous écris au milieu d'une nuit sans sommeil, comme à peu près toutes mes nuits maintenant. Hier, j'en ai eu une remplie d'hallucinations pendant laquelle je vous ai écrit ou ai cru vous écrire un volume de philosophie et de règles morales, qui n'étaient que des songes, et qu'heureusement la plume n'a pu confier au papier, ce qui n'a pas empêché l'écrivain, à la sortie de son rêve,

---

[1] Mademoiselle Judith est morte le mois suivant.

d'en chercher le produit matériel. Tout s'était envolé : tenez-moi toujours compte d'un volume.

Aujourd'hui, deux heures du matin, je veux vous remercier du petit mot que j'ai reçu de vous. Grâce au ciel, Fanny et ses enfants ont fait bon voyage et sont auprès de vous, ce que je désirais tant. Merci de vous être hâté de me l'apprendre. J'étais fort inquiet. Si vous le pouvez, vivez quelque temps en province, quelque privation que cela nous impose. Un an est bientôt passé, et je crois que le ministre ne vous y tiendra pas beaucoup plus. Nous nous écrirons, si je le puis; car je ne m'en sens plus la force, bien que ma santé physique ne soit pas des plus mauvaises, si j'en crois les médecins. Mais je n'ai plus courage à rien, et tout m'est difficile.

Je voudrais aller rejoindre ma pauvre Judith, mais...

Adieu. Embrassez pour moi notre bonne Fanny et ses charmants enfants.

Tout à vous de cœur.

Ne m'oubliez pas auprès de votre tante. Oh! la digne femme!

## CCCIV

### A MONSIEUR TROUSSEAU

11 mai 1857.

Mon cher Trousseau, si vous pouvez me venir voir aujourd'hui, venez. Tout à vous de cœur.

## CCCV

### A MONSIEUR ÉDOUARD PLOUVIER

14 mai 1857.

Mon cher Plouvier, vous désirez que moi, pauvre vieillard, assis sur le bord de la tombe, j'écrive ici quelques mots pour vous exprimer le regret de ne vous avoir pas offert ces volumes, lorsqu'il m'eût été si doux de vous donner un témoignage de toute l'amitié que je vous porte et de la part que j'ai prise à vos profondes douleurs, si bien justifiées par la perte affreuse que vous avez éprouvée [1].

Ces mots, je les écris d'une main tremblante, mais qui serre la vôtre de tout cœur, et je vous souhaite toutes ces consolations qu'à votre âge on peut espérer, mais qu'on n'attend plus au mien. A vous pour toujours.

## CCCVI

### A MONSIEUR TROUSSEAU

Vendredi soir.

Mon cher Trousseau, je vais de moins bien en moins bien. Les fameuses pilules de Tours ont jeté un grand désordre dans ma pauvre carcasse. Je vous conterai tout cela si vous pouvez me donner un moment. Je ne mange plus, je ne bois plus, mais j'ai constamment envie de dormir. Mon sommeil est très-mauvais. Que faire ? Je ne prends plus rien en vous attendant. A vous de cœur [2].

## CCCVII

### A MONSIEUR CH. BERNARD

Samedi, cinq heures du matin.

Mon cher Bernard, je viens de passer une affreuse nuit : viens le plus tôt possible.

Je voudrais bien que Trousseau pût venir aussi.

---

[1] Madame Plouvier (Lucie-Mabire) venait de mourir des suites d'une chute faite au théâtre.

[2] Lettre communiquée par M. Romiguière. M. Trousseau a soigné Béranger

## CCCVIII

### A MADEMOISELLE DUBOIS-DAVESNE

Paris, 5 juin 1857.

J'apprends l'affreuse nouvelle[1], chère Fanny. Croyez à toutes mes larmes.

Que ne puis-je voler un moment auprès de vous tous! Pauvres amis! que puis-je pour vous? Malheureusement rien. Oh! que Judith évite une grande douleur! Si je puis vous servir à quelque chose, écrivez-moi.

Je vous embrasse tous en pleurant.

## CCCIX

### A MONSIEUR CHARLES BERNARD

12 juin, onze heures.

Mon cher Bernard, je vais de plus mal en plus mal depuis hier soir; je l'écris à Trousseau, et, pour vous éviter des visites trop fréquentes, l'engage à me mettre dans les mains d'un confrère[2] avec qui je pourrai entrer en arrangement d'argent; ce que je ne peux ni avec Trousseau ni avec toi.

Je crois que vous ne vous blesserez ni l'un ni l'autre d'une mesure qui rassurera ma conscience, et avec l'avantage de tous vos soins. Adieu; je suis bien souffrant. Tout à toi.

---

avec le plus grand dévouement pendant quinze mois. A quelque heure et au milieu de quelque clientèle qu'on l'allât chercher, il accourait sans retard, ayant à cœur de faire jusqu'au bout pour le poëte, au nom de sa propre amitié, tout ce qu'eût fait l'amitié de M. Bretonneau, son maître.

[1] La nouvelle de la mort du fils de M. Dubois-Davesne, qui venait de périr dans le feu.

[2] M. Jabin vint dès lors se joindre à MM. Trousseau et Bernard, mais il ne voulut pas que ses soins fussent rétribués.

## CCCX

### AU MÊME

15 juin, quatre heures du matin.

En vérité, mon cher Bernard, je crains d'être fou : hâte-toi de venir me voir. De cœur encore.

## CCCXI

### AU MÊME

16 juin 1857.

J'ai manqué mourir cette nuit d'une affreuse fringale; je crains de la voir recommencer. Viens donc aussitôt que tu le pourras. Ah! je te suis une bien mauvaise pratique!
Mille amitiés à madame.

## CCCXII

### AU MÊME

Samedi, cinq heures et demie du matin.

Mon cher Charles, viens le plus tôt que tu le pourras. J'ai bien souffert cette nuit. Mes amitiés à madame.

## CCCXIII

### AU MÊME

Jeudi matin.

Mon cher Bernard, j'entre dans une nouvelle phase de maladie. Viens aussitôt et aussi souvent que tu le pourras.
J'écris à Trousseau. Tout à toi et aux tiens.

## CCCXIV

### AU MÊME

Samedi, cinq heures du matin.

Mon cher Charles, la faim me tue; viens vite à mon secours.

Fais appel à Trousseau. Charge mon portier de lui porter un mot de toi. Je suis fort malade. Hâtez-vous! A toi.

## CCCXV

### A M. TROUSSEAU

Dimanche, à cinq heures du matin.

Mon cher Trousseau, je viens de passer la plus horrible nuit possibl [1].

Si vous pouvez me donner un moment, venez en grâce.

---

Le plus éloquent des commentaires que l'on puisse joindre à ces lettres, c'est un extrait du travail médical qu'a publié, peu de temps après la mort de Béranger (dans l'*Union médicale* du 30 juillet 1857), M. Ch. Bernard, l'un des médecins qui ont vu s'affaiblir et s'éteindre la noble vie de Béranger. C'est en lisant l'histoire de la douloureuse maladie qui affligea ses dernières années que l'on admire le plus le courage de cette bienfaisance qui, dans les souffrances les plus pénibles, et jusqu'au bout, sut consoler sans relâche, aider et secourir les hommes.

---

[1] Le mot *possible* n'est pas achevé.

« Faible et mal portant pendant sa jeunesse, Béranger a donné des inquiétudes jusqu'à un âge un peu avancé. Il a été toute sa vie, mais surtout de vingt à quarante ans, très-sujet à de violentes migraines. Fréquemment atteint de rhumes, sa poitrine, à plusieurs reprises, parut attaquée. Mais, en fait de maladies graves, il n'en a eu que deux, l'une en 1823, et l'autre en 1851. La première fut une pneumonie, pour laquelle son ami Antoine Dubois le fit entrer à sa maison de santé. La deuxième maladie grave est une congestion cérébrale dont il fut atteint en 1851, et dont il fut traité par M. Chomel et par moi.

« Depuis cette dernière affection, la santé de Béranger parut moins bonne ; mais jusqu'au printemps de 1855 on pouvait encore rencontrer souvent Béranger traversant Paris, d'un pas ferme, au milieu des jours les plus chauds. Il rentrait chez lui après avoir fait trois et quatre lieues sans éprouver une fatigue notable. Pendant l'été de 1855, il continua ses courses, mais en souffrant plus de la chaleur et de la fatigue ; il dut se restreindre.

« Évidemment, depuis plusieurs mois, la constitution robuste de Béranger avait subi une atteinte profonde, quand, à l'automne, au mois de septembre 1855, il fut pris d'une épistaxis effroyable qui commença vers sept heures du soir, et que M. Ségalas arrêta à grand'peine vers minuit. Cette première hémorrhagie, qui produisit une prostration assez grande, fut suivie de plusieurs autres pertes de sang, qui finirent par jeter le malade dans une faiblesse et une anémie très-prononcées.

« Pendant l'hiver de 1855 à 1856, outre la faiblesse et quelques phénomènes nerveux, il se manifesta une dyspnée que nous fûmes disposé à rapporter à l'anémie. Mais, ce phénomène persistant et s'accompagnant de quelques autres symptômes dont nous allons parler, nous songeâmes à l'existence d'une affection organique du cœur.

« Priant alors M. Trousseau de vouloir bien nous aider de ses lumières et de ses conseils, nous procédâmes l'un et l'autre à un examen approfondi et minutieux, dont voici le résumé succinct :

« Le pouls est égal, régulier, mais fort, résistant, vibrant et bondissant. La matité précordiale est augmentée d'étendue et indique un certain degré d'hypertrophie. On perçoit un bruit de souffle au second temps, qui a son maximum d'intensité, à la base du cœur, souffle assez doux. Les autres organes sont intacts ; il n'y a pas de signe de bronchite. Le foie n'a pas sensiblement augmenté de volume. Nous n'osâmes pas, dans la crainte d'effrayer notre malade, examiner s'il existait de l'œdème aux extrémités inférieures. Dans tous les cas, l'anasarque, s'il y en avait, était bien légère. Béranger nous apprit en outre que, tout en ayant toujours été excellent marcheur, il avait depuis longtemps l'haleine courte quand il montait un escalier, et deux étages à gravir le fatiguaient plus qu'un quart de lieue à faire.

« De l'ensemble des phénomènes, nous conclûmes à l'existence d'une hypertrophie du cœur et d'une insuffisance de valvules aortiques.

« Depuis ce moment, la maladie n'a cessé de faire des progrès.

« De tous les phénomènes du mal, le plus remarquable, le plus pénible pour le malade, celui dont il ne cessait de se plaindre, celui à propos duquel il a longtemps, toujours même, prétendu que les médecins se trompaient, était une sensation de vacuité à la région épigastrique. Cette sensation morbide, qui devait évidemment être rapportée à l'affection cardiaque, paraissait au malade avoir son siége dans l'estomac et provenir d'une digestion trop rapide : il fondait son hypothèse sur le besoin qu'il éprouvait alors de manger.

« Bientôt, vers la fin de l'année 1856, les nuits commencèrent à devenir mauvaises, agitées, et sans beaucoup de sommeil.

« Pendant les premiers mois de 1857, la maladie fit des progrès plus rapides ; l'anasarque, peu marquée jusque-là, se montra d'une manière bien manifeste.

« Au commencement d'avril 1857, Béranger était déjà bien changé, bien affaibli, quand il eut la douleur de perdre sa vieille et digne compagne. Il répétait souvent qu'il lui survivrait peu. A partir du 15 mai, les nuits deviennent détestables, elles n'ont cessé d'empirer ; la journée, après midi ou une heure, était relativement bonne et tranquille. Souvent Béranger descendait, faisait encore, en avril et au commencement de mai, une petite promenade au jardin de la maison, et y passait quelques heures à causer avec ses amis; puis, s'arrêtant à chaque étage, il remontait dans sa chambre.

« Le soir se passait encore en d'assez tranquilles causeries.

« Il se couchait vers dix heures, et, à minuit ou une heure, il était réveillé par une agitation et une angoisse extrêmes qui ne lui permettaient pas de reposer jusqu'au matin, et le forçaient à changer continuellement de position.

« Dans les derniers mois, l'agitation et les souffrances de la nuit occasionnaient souvent des troubles cérébraux plus ou moins marqués; le plus habituellement ils consistaient en des hallucinations qui étaient la continuation des rêves de la nuit, et, le matin, le malade restait engourdi et sous le coup des cauchemars de la nuit.

« A mesure que le temps s'écoulait, les souffrances augmentaient et se prolongeaient; elles atteignirent leur maximum d'intensité pendant les jours et les nuits des 26, 27, 28 et 29 juin, où le thermomètre s'éleva au-dessus de 30 degrés. Dès le 27, l'intelligence, à laquelle la maladie avait déjà porté quelques atteintes, parut fortement affectée; il y eut des alternatives d'excitation et d'abattement. Un délire passager survint, délire qui se reproduisit de temps en temps, mais qui ne fut jamais constant.

« Le trouble des facultés intellectuelles consistait en une perte de mémoire des faits et des choses actuels poussée de plus en plus loin. Avec les personnes dont il avait l'habitude et qu'il voyait chaque jour, son esprit paraissait obscur; il parlait tout seul, et semblait continuer, éveillé, un rêve qui l'avait vivement impressionné; lorsqu'au contraire il se trouvait vis-à-vis d'un homme qui lui rappelait les époques antérieures de sa vie, il semblait que le voile qui obscurcissait son intelligence se dissipât peu à peu. Plusieurs fois nous fûmes témoins de ce fait remarquable. Un jour surtout il nous frappa vivement.

« C'était le 1<sup>er</sup> juillet: depuis plusieurs jours l'état était tellement grave, que nous redoutions une fin prochaine. L'intelligence était généralement engourdie ou délirante. Béranger, couché sur le tapis, en proie à une anxiété bien pénible pour ses amis, ne parut pas me connaître; quelques instants après on le releva et on le mit dans son fauteuil, puis on fit entrer M. Thiers.

La conversation fut d'abord insignifiante, mais parfaitement lucide de la part du malade. Bientôt elle prit de part et d'autre un ton plus élevé, et fut digne en un mot des deux interlocuteurs.

« Le délire paraissait être la continuation des rêves ou la conséquence d'idées ou de sujets qui avaient fortement et récemment préoccupé le malade. Aussi peut-on dire qu'il portait presque toujours sur des sujets intéressants, qu'il présentait surtout un caractère élevé, et montrait que Béranger, même au milieu des souffrances de la maladie et du trouble de l'intelligence, conservait les idées qu'il avait développées et défendues toute sa vie.

« Le 6 juillet, nous crûmes devoir, M. Trousseau et moi, prier M. Bouillaud, dont le nom fait justement autorité pour les maladies du cœur, de nous assister de ses conseils.

« En voici le résumé : Pouls encore assez fort, égal, régulier et d'une fréquence moyenne (100 pulsations). Matité précordiale peu étendue. Existence de deux bruits de souffle, celui accompagnant le deuxième temps paraissant plus intense que l'autre et présentant son maximum vers la base de l'organe. Tumeur hépatique dépassant les fausses côtes. Anasarque très-considérable des membres inférieurs et du tronc; ascite. Râles sonores et muqueux dans les deux poumons.

« Le diagnostic fut : hypertrophie du cœur, double insuffisance des valvules aortique et initiale, hypertrophie du foie et anasarque consécutive.

« Il se produisit, du 6 juillet au 13, une amélioration relative.

« Le 13 juillet, le temps, qui s'était rafraîchi les jours précédents, redevint tout à coup très-chaud : aussitôt l'état du malade s'en ressentit; l'oppression et l'agitation augmentèrent rapidement et furent portées au plus haut degré pendant la nuit.

« Le 14 juillet, le râle trachéal commença vers dix heures du matin, s'accompagna d'un coma profond et fit penser que la mort allait arriver en quelques heures. Mais, au milieu de la journée, il se produisit une amélioration inattendue; la connaissance revint le soir et persista plus ou moins jusqu'au dernier moment. Le pouls, du reste, pendant la crise de la matinée, avait faibli, s'était un peu accéléré (120 pulsations), mais avait conservé une certaine ampleur, de la régularité, et n'avait pas offert d'intermittences constantes.

« Le 16 juillet, encore assez tranquille jusqu'à deux heures de l'après-midi, Béranger fut repris, peu de temps après, de la plus vive agitation, et témoigna qu'il éprouvait, du côté du cœur, les plus atroces souffrances. Il se calma enfin et s'éteignit à quatre heures trente-cinq minutes du soir. »

FIN DE LA CORRESPONDANCE DE BÉRANGER

# CATALOGUE
# DES LETTRES DE BÉRANGER
### QUE L'ÉDITEUR A RECUEILLIES
#### Et qui n'ont pas été imprimées dans le corps de LA CORRESPONDANCE

Quelques-unes de ces lettres n'ont été indiquées que par la voie des Catalogues de vente.

MM<sup>lles</sup> A***.

16 juin 1849. — « Je crois vous avoir dit que M. Thayer m'est totalement inconnu. Il compte pour rien les recommandations de son ministre. Personne, m'a-t-on dit, n'ose lui parler en faveur de qui que ce soit. »
— 25 février 1850. — 7 octobre 1850.

30 janvier 1851. — Vœux de nouvelle année. Détails intimes. M. Trélat : « la République l'a presque ruiné. »

La Celle-Saint-Cloud, 15 octobre 1851. Conseils littéraires. Détails intimes. Éloge de la fermeté de leur style.
— 18 décembre 1852.

4 mars 1853. — Sur leur poëme de l'*Acropole*.
— 26 août 1854.

24 novembre 1855. — « Quant aux attaques dont j'ai été salué, je vous assure que je n'en ai éprouvé aucun regret. Cela a même un peu réveillé mon vieil esprit, fort disposé au sommeil. »
— 10 juin 1856.

M. ABBATUCCI.

17 juin 1854. — Il intercède pour M. H. Maignand, qui a commis, sans le vouloir, un délit de presse dans sa publication du journal le *Divan*.

1854. — Il demande qu'on ne réduise pas le prix de la charge de greffier, qui est le seul bien de madame Haran et de ses enfants. (Ce sont les arrière-petits-fils de M. Quenescourt.)

M. Paul Ackermann.

Tours, 7 septembre 1839. — Il le loue d'avoir remis au jour le discours de Joachim du Bellay sur l'excellence de la langue française. Son plan de dictionnaire, à lui. (V. *Ma Biographie*, quatrième édition.)

M. Aller. 27 juillet (1838-40).

30 mai (1839?). — Il a écrit pour lui à M. Passy.

— 4 juin 1839. — 27 mars (1841).

29 juillet 1841. — Il lui envoie une lettre pour M. Hardy et une autre lettre pour M. Passy. A peine est-il connu de M. Duchâtel.

— 19 janvier 1842.

1er mars 1842. — « Je déteste de demander un emploi sans certitude de vacance. »

— 16 avril 1842. — 15 avril 1843.

21 juin 1843. — Demande de renseignements sur un prisonnier du Mont-Saint-Michel, qui l'a prié en vers de le faire gracier.

— 20 juillet 1843. — 10 avril 1844. — Passy, 6 octobre 1844. — 19 novembre 1844. — Paris, 28 novembre 1844.

Paris, 10 septembre 1846. — Il ne se mêle de demander la croix de la Légion d'honneur que pour des militaires.

— Passy, 8 décembre 1847.

3 juillet 1848. — Il a écrit pour lui à Élias Regnault. Faut-il écrire à M. Lignier, ancien commissaire dans l'Aube, pour l'affaire de Clairvaux?

Passy, 28 septembre 1849. — Offre d'avances d'argent.

Passy, 30 septembre 1849. — Annonce de sa nomination d'inspecteur du service de la prison projetée de Mont-Louis. Il a accepté pour lui.

Passy, 26 octobre 1849. — Le fort Louis n'aura pas de prison; la guerre et la marine s'y opposent; mais on ne peut entraver la volonté qu'il a que justice soit rendue à son protégé. Fermeté et patience.

Passy, 10 décembre 1849. — « J'ai non-seulement écrit à M. Desmazures, en votre faveur, avant sa chute, mais j'ai vu quatre fois M. Pellot. »

Passy, 15 décembre 1849. — Il faut écrire à M. Passy « sans lui dire que je vous ai engagé à le faire, parce que je le veux aller voir aussi dans trois ou quatre jours. »

17 février 1850. — « J'insiste toujours sur la réparation qui vous est due. J'espère que Passy mènera cette affaire à bien. »

12 avril 1850. — « Rien ne se fait. J'ai été quatre ou cinq fois chez Passy sans le rencontrer. Nous ne pouvons rien sans lui et je le lui ai écrit il n'y a pas longtemps et vais lui écrire encore.

« Le ministre Barrot n'a pas répondu à la lettre que je lui ai écrite... mais je suis sûr de Passy. »

— 20 avril 1850.

18 juillet 1850. — Patience! ils vont enfin arriver à leur but.

10 janvier 1853. — Prudence et discrétion. Il a vraiment du guignon!

6 avril 1854. — M. Thomas s'est occupé de lui et du règlement de sa pension. Indication de démarches à faire. Offre d'avances d'argent.

20 septembre 1854. — Il le remercie bien de ses offres de services.

M. Antier.

Passy, 5 janvier 1830. — Demande de services pour un ami.

Vendredi 10 décembre 1830. — Il a vu la veille Odilon Barrot.

10 mars 1831. — Voir si M. Laffitte accepte ses rentes pour le cautionnement du Mont-de-Piété.

Arnouville, 10 octobre 1835. —Fontainebleau, rue des Petits-Champs, 21 (1836?).

Saint-Cyr, 18 décembre 1836. — Détails sur son installation.

7 novembre 1837. — Il lui envoie une lettre pour son ministre

— Tours, 18 février 1838. — 17 mai 1838. — 26 juin (1838). — 20 septembre 1838.

15 janvier 1840. — Il lui envoie une lettre pour M. Basbédat, et il écrit à Montandon pour appuyer les démarches.

Tours, 10 avril 1840. — Il voudrait obliger M. d'Épagny, mais on présume trop de son crédit sur Thiers. C'est M. de Rémusat et M. Cavé qu'il faudrait avoir pour cette affaire de l'Odéon. Il va écrire à Barthélemy Saint-Hilaire pour Wilhem. « Malheureusement Cousin ne m'a pas, je crois, en grande considération. »

— 7 avril 1844.

9 septembre (1844?). — « J'ai toujours aimé cette aînée de tes enfants » (Mademoiselle Camille Antier). Éloge de son caractère et de sa conduite.

— 22 novembre 1844.

Lundi, cinq heures (1845). — Sur la mort de sa femme.

— 5 janvier 1848.

Passy, 20 juillet 1848. — Démarches à faire pour être réintégré dans son emploi du Mont-de-Piété.

Lundi. — Lettre relative à ce qui est dit de Manuel dans l'*Histoire des Deux Restaurations* de M. Vaulabelle.

M<sup>lle</sup> CAMILLE ANTIER,

23 novembre 1843. — Sur son séjour à Florence. Ne pas négliger l'histoire, « seul bon roman. »

— 25 janvier 1844. — 20 mai 1844. — 16 janvier 1845.

(1851 ou 1852). — Sur le mariage de son père. Lettre intime. « Avant les pertes que j'ai éprouvées depuis quatre ans, je pensais à te laisser quelque chose pour te mettre à l'abri des premiers besoins. »

M<sup>lle</sup> CLÉMENTINE ANTIER.

Paris, 8 janvier 1852. — Compliments de bonne année.

12 juillet 1852. — Elle a raison de vouloir composer un théâtre moral pour l'enseignement de petites filles.

— 31 janvier 1853. — 19 janvier 1854.

1854. — Lettre intime.

M. ERNEST ANTIER.

1<sup>er</sup> janvier 1841. — Passy, 30 juin 1841. — Sans doute il exagère les ennuis de la vie de soldat. Conseils. Offre d'argent.

M. ARNAUD (de Marseille).

Paris, 28 juillet 1853. — Il le remercie de ses vers que madame Borély lui a donnés, et lui demande pardon de le faire si tard. Ces vers l'ont touché, et il lui en est reconnaissant.

M. Arthur Arnould.

La Celle-Saint-Cloud, 14 octobre 1851. — Lettre intime. Conseils littéraires. Nécessité d'étudier l'histoire.

M. Arrens.

Passy, 18 avril 1847. — Rien ne l'afflige plus que des éloges exagérés, et il a hésité à lui répondre.

M. Avril.

Passy, 16 janvier 1848.

M. Jules B***.

21 juin 1843. — Ce n'est pas de sa faute si on l'a loué à outrance. En tout cas, il a en lui l'esprit de justice et de modération.

M Babinet.

20 mai. — Invitation à dîner. (Lettre communiquée par M Dubrunfaut.)

M. Baget.

Passy, 2 novembre 1842. Il le félicite de ses vers et de la cause qu'il leur fait servir.

13 octobre 1843. — Sur Tyrtée et les Spartiates. Son regret de voir tant de factions diviser le pays.

20 juin (1845?). — L'avenue de Saint-Cloud l'effraye un peu ; il ne se décide pas à s'y établir.

M$^{me}$ Bance.

26 décembre 1844. — Envoi d'argent. « Cela me gêne un peu, car la fin de l'année est une époque de grosses dépenses ; mais je ne veux pas vous laisser dans l'embarras que vous éprouvez. »

19 octobre 1850. — Remercîments pour madame Dufay (née Champion).

M. Barandeguy-Dupont.

Passy, 16 mai 1834. — Il a lu les *Récits du coin du feu*. Compliments.
30 juin 1852. — Conseils et remercîments littéraires.
26 août 1852. — « Décidément la satire semble être votre vocation. »
6 novembre 1852. — Se défier du pompeux qui est un genre trop aisé.
14 décembre 1852. — Conseils littéraires.
28 décembre 1852. — Invitation à le venir voir.
— Janvier 1853. — 25 mai 1854.
16 janvier 1855. — Consolations pour la mort de sa femme.
— 20 mars 1855.

M. Barthélemy Saint-Hilaire.

Passy, 26 août 1834. — Sur les démarches qu'il a fait faire à l'Académie. (Lettre communiquée par M. F. de Lasteyrie.)

M. Battel.

4 mai 1853. — Il fait appel à son obligeance en faveur de M. L. E. Lissorguer.

(Lettre communiquée par M. le baron de Girardot.)

M. Alexandre Baudoin.

1825. — « Il y a dans ma vie une règle invariable, c'est que je n'appartiens pas sur-le-champ au premier venu. En fait de dîner, je ne puis accepter que lorsque je suis prévenu huit jours d'avance. »

M. A. DE BEAUCHESNE.

14 avril 1845. — Remercîments pour un billet des concerts du Conservatoire.

M. DE BEAUVERGER.

22 décembre 1845. C'est par la forme que pèchent ses vers.

M. ROGER DE BEAUVOIR.

Passy, 2 avril 1850. — (Lettre communiquée par M<sup>lle</sup> Caroline Chaulan.) Remercîments littéraires.

M<sup>me</sup> BÉGA.

Péronne, 25 juin 1833. — Que devient Judith? « Donnez-moi de ses nouvelles pour lui éviter la peine d'écrire. »

2 juillet 1834. — Sur la mort de son beau-père. Offre d'argent.

— 30 juillet 1834.

Samedi, 20 septembre 1834. — Il visite la forêt de Fontainebleau. « Que je vais trouver le bois de Boulogne petit et chétif! »

30 septembre 1835. — Il la prie, en venant à Fontainebleau, d'acheter deux livres de tabac à la *Civette*, et trois gilets de coton tricotés, forts et épais.

— 15 octobre (1835?). — 29 novembre 1835. — (1835?). — 24 février 1836.

22 avril (1836). — Sur les funérailles de sa tante. Il a donné à une autre tante le peu d'argenterie qu'elle avait. « Je vais écrire au couvent dont la supérieure vient de m'adresser des remercîments, et fait même une douce résistance au présent que je fais à la sœur Maria de la Croix. »

— 30 avril (1836?). — 8 juin 1836.

3 septembre (1836?). — « M. Appert m'annonce que la reine vient d'accorder un secours de 100 francs pour les Pierrot et pour ma pauvre famille de Fontainebleau. »

— 22 septembre (1836?). — 12 novembre 1836. »

30 janvier 1837. — « Je vous envoie une lettre pour M. Appert. J'aime, au milieu de votre joie, à vous voir penser aux malheureux.

31 mars 1837. — Sur le mariage de sa fille Lilie. Que veut-elle être à Sainte-Périne, et qu'y peut-il faire?

1<sup>er</sup> juin 1837. — Il lui envoie une lettre pour M. Desportes. M. Appert doit donner ce qu'on lui demande, etc., etc.

25 décembre 1837. — M. Appert a renoncé à la distribution des bienfaits de la reine.

12 mars (1838?). — Il écrit à M. Borel de Bretizel pour ses pauvres.

— Tours, 20 avril 1838.

21 août 1839. — Il n'a pu encore servir M. Guillon (l'abbé G. de Mauléon).

Tours, 15 décembre 1839. — Il n'oublie pas tous ses bons soins d'il y a cinq ans.

5 avril 1841. — Il est obligé de déménager sur-le-champ.

— 18 juillet 1845.

31 mars 1851. — Il est malade et ne sait s'il pourra servir de témoin à sa fille Pauline, pour son mariage.

18 juin 1851. — Il est revenu malade de la campagne. Il a parlé pour M. Donnay, son gendre.

Sans date. — Même sujet.
— Pas de date. — Autre, sans date.

M{??} Pauline Béga (plus tard Mme Donnay).

Passy, 15 octobre 1849. — Il vient de faire acheter pour elle les *Lettres de Mme de Sévigné*. « Je ne te les donnerai que volume à volume, car je veux les relire. »

Passy, 19 novembre 1849. — Elle ira au Gymnase dimanche. « Si j'avais le *Dictionnaire de l'Académie* sous la main, je vérifierais la singulière assertion de ton grammairien. Le dictionnaire de Boiste n'en dit rien. En attendant, tu as raison de toujours dire *aux* au pluriel de *bocal* et de *local*. »

Passy, 10 avril 1850. — Lettre intime. Projet d'achat d'un pensionnat de demoiselles.

— 11 octobre 1850.

15 janvier 1851. — Lettre intime. « Ne manque pas de supprimer les frais de noces, si tu veux que j'aie l'honneur d'assister à la cérémonie. »

M. Béjot.

6 juin 1830. — Détails de comptes.

Passy, 30 août 1833. — Argent à donner à diverses personnes.

1835. — « Encore un service à rendre. » Acheter un très-bel exemplaire des *Chansons* pour l'envoyer en Italie à une jeune et jolie personne, très-spirituelle et très-pauvre, qui s'est faite sa trompette à Florence.

Fontenay-sous-Bois, 20 juin 1840. — Judith est arrivée.

— 10 juillet 1840.

Metz, 20 novembre 1840. — Son voyage (pour aller chez M. Manuel) a été heureux. On désire la guerre où il est.

— Fontenay-sous-Bois, (23?) novembre 1840.

21 décembre 1840. — Le voilà installé chez Mme Lacroix.

— Mercredi (1841, janvier?). — Fontenay-sous-Bois, 4 février 1841. — Dimanche, 14 mars 1841.

8 avril 1841. — Il est emménagé (rue Vineuse).

— Dimanche, août 1841. — 17 septembre 1841. — Dimanche soir, 2 décembre 1841.

La Celle-Saint-Cloud, 16 juin 1842. — Mariage de M. Eugène Scribe. « Avec sa femme, dit-il, le bonheur est entré dans sa maison jusque-là si sombre et si triste. »

14 janvier 1842. — Il a bien besoin d'argent.

Arnouville, 11 juillet 1851. — Il ne pourra guère aller d'Arnouville à Sarcelles.

30 décembre 1852. — Sur une assemblée des actionnaires du *National*.

— Paris, 2 avril 1853.

27 juin 1853. — Il a besoin de 5,000 francs pour prêter à M. Onésyme Borgnon, qui va s'établir épicier. « Emprunterons-nous sur nantissement au Crédit Mobilier, ou vendrons-nous nos petites rentes? »

17 août 1855. — Invitation à dîner pour sa fête.

M. Bellecouture.

18 mars 1851. — Remercîments littéraires. Il est vieux et malade; il ne saurait chanter. (Lettre communiquée par M. Vingtrinier, de Rouen.)

M. DE BELLONET.

31 juillet 1852. — La succession de sa bonne (Hyacinthe Chevalier) est liquidée.

M. BENOIT-MOULIN.

2 février 1853. — Compliments sur sa chanson du *Fou*.

— 3 mai 1856.

M. BÉRANGER-RAISON.

27 mai 1841. — Sur sa traduction des *Églogues* de Virgile.

M. BÉRARD.

3 novembre 1836. — Il n'est pas fait pour les voyages. Le cahot d'une voiture lui trouble tout à fait la tête.

12 novembre 1836. — Il désire qu'on conserve le hangar qui est derrière l'habitation de la Grenadière. Ce sera pour les savonnages. Il a 400 francs à dépenser en améliorations.

Mardi soir, 6 décembre 1836. — Son mobilier part le lendemain. Il veut toujours partir le samedi.

11 juillet 1841. — Manuel veut l'établir à Metz. Il a passé quelques jours à Maisons où Laffitte se laisse aller à bien des dépenses. M. Thiers ni Passy ne lui ont dit leur secret sur la politique. Quant aux partis, il y a bien des niais dans ce gâchis.

— Passy, 20 septembre 1842.

Passy, 30 décembre 1843. — Remercîments et gronderies pour un envoi de vin.

$M^{me}$ BÉRARD.

3 novembre 1836. — Tendres remercîments pour ses jolis cadeaux si adroitement donnés.

M AUGUSTE BÉRARD.

6 mai 1844. — (Communiqué par M. de Girardot.)

M. EUSTACHE BÉRAT.

Passy, 6 avril 1849. — Remercîments littéraires.

12 mai 1849. — Remercîments pour des compliments.

20 mai 1855. — Remercîments pour sa table et ses vers.

$1^{er}$ juin (1855?). — Remercîments pour les couplets de M. Vilhorgne, qu'il lui a transmis.

M. FRÉDÉRIC BÉRAT.

1838. — Remercîments littéraires.

M. JOSEPH BERNARD.

1833. — Il lui envoie la lettre sur l'*Italie*, qui sera imprimée en fac-similé pour la nouvelle édition des *Chansons*.

17 août 1835. — Affaire du *Bon-Sens*. Il craint pour Lemaire.

Fontainebleau, mercredi, 17 septembre 1835. — Il est logé, par guet-apens, chez un oncle et une tante (M. et $M^{me}$ Delorme) de M. Perrotin.

6 décembre 1835. — Sur les affaires de M. C.-Lemaire.

Fontainebleau, 4 janvier 1836. — L'article de Fortoul « est bien aimable quoique trop indiscret. Il y a même des inconséquences assez graves. »

23 mars 1836. — Sur les sinécures qu'il y a en France. Détails.

— Fontainebleau. 11 avril 1836. — 9 mai 1836.

12 mai 1836. — Il parlera à Perrotin du *Bon Sens d'un homme de rien.*
— Fontainebleau, 12 novembre 1836.

14 novembre 1836. — Sur le mariage de sa fille Anaïs avec M. Jules Bernard.

— 22 décembre 1836.

30 mai 1837. — Il est heureux à la Grenadière. Quant à la politique, « ils ne savent même pas faire une amnistie qui ait le sens commun. »

Tours, 21 novembre 1838. — Sur M. Lerminier et ses mésaventures.

— 1$^{er}$ mars 1839.

Tours, 13 avril 1839. — « La royauté s'use un peu trop vite. La bourgeoisie est républicaine par les prétentions, si elle ne l'est par les sentiments. » M. Bérard est installé à Bourges.

— 2 juillet 1839. — Le Neufbourg, 26 septembre 1839.

Aniches, 5 août 1840. — Il a passé à Nantes, à Rennes et à Saint-Malo. Il ne croit pas à la guerre. Il est satisfait de l'éloge de M$^{me}$ de Sévigné par M$^{me}$ Tastu.

Novembre 1841. — Il lui envoie une lettre pour M. Beyle.

— 5 janvier 1842.

La Celle-Saint-Cloud, 15 juin 1842. — Éloge des dames Belloc et Montgolfier.

La Celle-Saint-Cloud, 17 juin 1842. — Il invite Lamennais à venir à la Celle un jour ou deux.

18 juillet 1842. — Sur la mort du duc d'Orléans.

— 28 juillet 1842.

15 septembre 1842. — « Dieu préserve la France de jouer jamais le rôle que joue l'Angleterre ! »

— 14 juin 1844. — Versailles, 9 juillet 1845. — 1$^{er}$ juin 1846. — Samedi, 6 juin 1846. — 22 juin 1846. — 14 juillet 1846. — Passy, 15 octobre 1846. — Passy, 3 novembre 1846. — Passy, 16 novembre 1846.

28 mars 1847. — Il a toujours mal aux yeux.

— 10 mai 1847. — 15 juillet 1847. — Passy, 13 septembre 1847. — Passy, 25 septembre 1847.

Passy, 16 janvier 1848. — « Le *National* et la *Réforme* sont à couteaux tirés. A mon sens, le premier a tort pour le fond, et l'autre pour la forme. »

12 janvier 1850. — Justice lui est faite pour sa réclamation relative à son traitement de la bibliothèque Sainte-Geneviève.

M. Charles Bernard.

23 avril 1850. — Il lui recommande M. Voguet, qui est venu à Paris pour sa maladie.

Arnouville, 10 juillet 1851. — Ses forces ont repris. Éloge de ses hôtes (M. et M$^{me}$ Cauchois-Lemaire) et du médecin de Gonesse, M. Costre.

— 12 août (1852?).

7 juin (1854?). — Prière d'aller soigner M. Chintreuil.

20 décembre. — Prière de soigner M. Savinien Lapointe.

19 juin 1855. — Sur son mariage. Il fera ce qu'il pourra pour l'assister à la mairie ; mais il est toujours fort malade.

M. Berriat-Saint-Prix. — Janvier 1859.

M. Thalès Bernard. 29 juin 1844.

M. Ferdinand Berthier.

Fontainebleau, le 29 novembre 1836. — Il ne fait plus de vers et ne saurait s'associer à ses amis pour payer leur dette à l'abbé de l'Épée.

M. H. Berthoud.

25 novembre 1831. — Le ciel ne l'a pas créé pour être académicien ; il accepte toutefois d'être correspondant de la Société d'émulation de Cambrai, à condition qu'il n'y ait point d'obligations attachées au titre. (Lettre communiquée par M. J. P. Lefèvre, de Cambrai.)

M. L. Bertrand. 4 octobre 1841. — 16 octobre 1841.

15 novembre 1841. — Il n'a pas réussi auprès du duc de Liancourt, pour le faire entrer aux Récollets ; mais il ne négligera rien pour cela.
— Passy, 25 juillet 1842. — 8 mai 1843.

15 juin 1843. — Corrections pour les vers qu'il lui envoie.
— Passy, 5 mai 1844. — Passy, 3 janvier 1845. — 8 janvier 1846. — 18 avril 1846. — Passy, 13 octobre 1846. — 19 décembre 1846. — 2 janvier 1847. — Passy, 28 avril 1847. — Passy, 13 janvier 1848.

Passy, 16 juin 1849. — Sur le choléra qui a été rigoureux à Passy.

14 janvier 1851. — Remercîments pour ses « poétiques étrennes. »
— 2 juillet 1851.

8 janvier 1852. — Remercîments.

19 mars 1853. — « Lamartine a été horriblement souffrant depuis un mois de son rhumatisme articulaire aigu. Je n'ai vu personne éprouver de plus grande douleur pendant un si long temps. »

22 septembre 1853. — Il a de grands et continuels maux de tête.

4 février 1854. — « Fondez une académie aux Récollets. »

17 juillet 1854. — « Quant à nos comptes particuliers, ne vous occupez plus de cela : c'est à vous seul de le faire. Personne que vous et moi n'a le droit de s'en mêler. Seulement venez aux échéances ou envoyez ; et, tant qu'il y aura quelques écus à la bourse, je payerai à votre ordre. »
— 11 janvier 1855.

5 février 1855. — Pourquoi n'envoie-t-il pas toucher son petit trimestre ? Faut-il l'envoyer par la poste ?
— 28 septembre 1855.

13 janvier 1856. — Compliments sur ses vers. — Pourquoi depuis six mois n'envoie-t-il pas toucher sa petite rente ?
— 25 février 1856.

M. Biet, médecin en chef de l'hospice Saint-Louis.

1er juin 1837. — Il lui recommande M. Chodkowski.

M. Biollay. Fontainebleau, 19 août 1835. — 31 décembre 1835. — Fontainebleau, 26 juillet 1836.

Fontainebleau, 24 août 1836. — On a saisi à la barrière le cadeau de liqueurs qu'il lui faisait.
— Fontainebleau, 30 août 1836.

Tours, 12 janvier 1837. — Il est heureux d'avoir pu l'aider à marier sa belle-sœur.

Tours, 30 mars 1838. — Il regrette sincèrement M. Declerq qui est mort d'une attaque d'apoplexie. « C'est une grande perte pour moi par les services qu'il rendait à ceux que je lui recommandais et par l'attachement qu'il n'a cessé de me montrer. »

M^me B\*\*\*.

13 septembre 1835. — Il a reçu réponse du président du conseil. Il part le lendemain pour Fontainebleau. « Thiers ne m'a pas répondu. »

Fontainebleau, 28 octobre 1835. — Lettre intime.

Fontainebleau, 30 mai 1836.

15 novembre 1836. — Lettre d'affaires ; offre d'argent.

— 7 décembre 1836. — 21 février 1837.

Tours, 7 avril 1837. — Sur sa vie à la Grenadière.

— Tours, 15 juin 1837. — Tours, 8 juillet 1837. — Tours, 25 décembre 1837. — Tours, 20 avril 1838.

Tours, 24 septembre 1838. — Offre de services. Éloge de M^me Béga.

Tours, 12 décembre 1838.

Tours, 26 janvier 1839. — Recommandation en faveur de son ami Bourdon.

Tours, 5 mai 1839. — Offres de services.

9 mai 1839. — Mêmes affaires. Ses démarches.

Beaumont-le-Roger, 20 septembre 1839. — Il a écrit à M. Labrouste pour son ami Bourdon.

— Aniches (lieu supposé), 16 mai 1840. — Neubourg, 23 août 1841.

Passy, 31 décembre 1841. — Conseils intimes.

M. Blaize.

21 août 1844. — Il le prie de recommander M. Marcel, secrétaire de Laffitte, à M. Thoré. (Communiqué par M. Paul Lacroix.)

M. Charles Blanc.

Passy, 3 novembre 1849. — « M. Pascal (le graveur qui venait d'achever le beau portrait de Cervantes), sacrifiant tout à l'intérêt de l'art, néglige furieusement ses intérêts personnels. Je viens donc vous prier de faire plus pour lui qu'on n'a fait jusqu'à présent. »

M^me Blanchecotte.

Paris, 4 septembre 1850. — Il a lu ses nouveaux vers.

Paris, 21 septembre 1850. — Rendez-vous donné.

— 1^er novembre 1850.

Paris, lundi, 2 décembre 1850. — Il part pour la campagne.

Lundi 1^er janvier 1851, sept heures du matin. — Gronderies sur son humeur mélancolique. « Votre agitation nerveuse pourrait influer sur votre enfant, et je serais tenté de vous plaindre si vous alliez mettre un poëte de plus au monde. »

— 21 janvier 1851.

25 janvier 1851. — Remercîments pour les nouvelles de sa santé qu'elle lui donne et pour ses vers. M. Bretonneau affirme qu'elle n'est pas d'une si mauvaise santé qu'elle le croit.

3 février 1851. — Il apprend avec peine ses nouveaux embarras. Il ne faut pas dédaigner les secours de l'amitié. Ce serait de l'orgueil et non de la fierté. « Le plus bel emploi que l'on puisse faire de son intelligence, c'est d'en faire de la vertu. »

— 7 février 1851. — Il est heureux de ce qu'elle est délivrée si bien.

11 février 1851. — Même sujet. Quand la visiter?
17 février 1851. — Il est malade.
27 février 1851. — Il est toujours malade.
Paris, 2 avril 1851. — Il ne peut pas encore sortir.
4 mai 1851. — « Notre pension va déménager et nous transporter à Beaujon, quartier que j'aime par-dessus tout, mais que j'aurais voulu éviter. »
7 juin 1851. — Billet intime.
Paris, 18 juin 1851. — Il revient de la campagne.
3 juillet 1851. — Il part le lendemain pour la campagne.
25 août 1851. — Affaire de M. Roly, qui est sous la main du fisc « encore moins traitable que la justice et la police. Nous aviserons. »
22 octobre 1851. — Il a à recevoir le lendemain une députation du comité formé pour l'érection d'un tombeau à Hégésippe Moreau.
— Septembre ou octobre 1851. — 27 octobre 1851.
10 mars 1852. — Il tâchera de la faire employer au *Civilisateur* de Lamartine.
— 28 mars 1852.
3 avril 1852. — Offre d'argent.
14 avril 1852. — Ses affaires particulières lui donnent du tracas.
18 mai 1852. — Il a lu son roman et reçu ses vers.
30 juin 1852. — Il est fort gêné en ce moment.
6 juin 1852. — Détails sur M. de Lamartine.
3 septembre 1852. — « Mon voyage en Normandie a été remis au 14. »
— 8 septembre 1852.
Rougeperriers, 20 septembre 1852. — Conseils littéraires sur sa *Nouvelle*. Il la loue d'écrire son journal. Elle se réserve bien du plaisir pour plus tard.
9 décembre 1852. — « Allons, de la hardiesse! Levez les yeux; parlez haut; ayez l'air de n'être plus une vierge des premières amours. »
— 31 décembre 1852. — 4 janvier 1853. — 22 janvier 1853.
8 janvier 1853. — Envoi de l'*Oncle Tom* et des *Contes* de Champfleury.
29 janvier 1853. — « Bourrez votre élève de Lamartine et de Hugo, et même de Musset, si la pruderie de la dame vous le permet. »
18 février 1853. — « Lamartine est pris de son rhumatisme. »
19 février (1853?)
16 mars 1853. — Lamartine a fait sa seconde sortie en voiture.
22 mars 1853. — « Berryer ne veut pas faire de discours » (de réception à l'Académie française).
31 mars 1853. — Compliments sur ses vers.
26 mai 1853. — Il a écrit pour elle à M. Thiéblin.
— 8 juin 1853. — Mardi matin. — 15 juillet 1853. — 17 juillet 1853. - Mardi 25. — 15 août.
20 août 1853. — Elle a eu tort de lui envoyer un peintre. — « De la vie je n'ai laissé faire mon portrait par personne. »
— 23 août 1853. — 30 août 1853. — Septembre. — 13 septembre 1853. — 7 octobre. — 23 octobre. — 4 novembre 1853. — 26 décembre 1853. — 30 décembre 1853. — Sans date. — Sans date. — Vendredi. — Mer-

credi, 11. — Sans date. — 16 mai. — Mardi soir. — Sans date. — Mercredi, 26. — Mercredi, une heure. — 25 janvier 1854.

5 avril 1854. — « Les jambes m'ont manqué. Lamartine m'a ramené chez moi en voiture. »

— 8 juin 1854. — Juin. — 18 juillet 1854. — Sans date. — Sans date.

5 août 1854. — M. Maignand aura remise entière de ses amendes.

— 23 août (1854?). — Mardi, 26 août 1854. — 13 septembre — Mardi, 3 octobre.

10 octobre. — Il ne déménagera pas avant la fin du mois, si l'argent dont il a besoin n'arrive pas.

— Samedi (octobre 1854). — 24 novembre. — 30 novembre 1854. — Lundi. — Mardi soir. — 27 décembre. — Jeudi (1855). — Vendredi soir (janvier 1855?). — Lundi soir. — Jeudi soir (février 1855?).

Sans date. — Il ne peut plus marcher. « Ma dernière course, il y a douze jours, a été pour Lamartine : je m'en suis fort mal trouvé. »

25 février 1855. — La bohème littéraire ne fait pas une bonne société à fréquenter.

Mardi. — Il a vu M. Merruau. Il parlera pour elle quand il le reverra.

Jeudi soir. — Il la remercie de ce qu'elle a fait pour M. A. Arnould et désire qu'elle réussisse pour elle-même.

21 mars (1855). — 14 avril (1855). — Dimanche matin. — 15 mai. Fin mai.

5 juillet 1855. — « On m'emmène ce soir à la campagne bien malgré moi. »

Samedi matin. — Samedi matin. — Samedi matin.

15 août 1855. — Il a écrit à M. Merruau pour faire placer M. Arthur Arnould. Il lui saura gré si, de son côté, elle lui en parle.

28 août. — Même sujet.

Dimanche soir (septembre 1855). — Il lui recommande M. A. Arnould.

28 septembre. — Il n'approuve pas qu'elle publie ses vers.

Jeudi matin. — Il pense que M. A. Arnould sera placé à l'Hôtel de ville. Il voudrait bien qu'elle-même pût avoir un bureau de timbre.

— 18 avril au soir (1856). — 16 mai.

27 mai 1856 (mort du pauvre Génin).

— Dimanche matin (1856). — 19 juin 1856. — 11 août 1856.

M. Bleton.

1er février 1838. — Remercîments. Il ne lui conseille pas de publier ses chansons, et lui parle franchement, parce qu'il a une haute idée de son caractère.

M. Blondel. Passy, 8 mars 1848.

3 mai 1850. — Il n'a plus de crédit, mais il apostillera tout de même sa pétition au Président.

M. Blot-Lequesne.

Passy, 1er juillet 1845. — Remercîments. (Communiqué par M. Decaudaveine.)

M. Ovide Bocquillier.

6 octobre 1850. — Qu'il fasse de son talent une distraction, mais qu'il n'oublie pas que Turenne n'aimait pas Bussy « faiseur de chansons. »

M. A. Boissier.
   29 janvier 1856. — Remercîments pour ses charmants couplets.
M. Paul Boiteau.
   Passy, 11 novembre 1849. — A propos d'une trop longue élégie.
   29 septembre 1850. — Rendez-vous.
   17 octobre 1850. — Conseils et encouragements littéraires. Éloge de l'École normale.
   26 janvier 1851. — Lettre intime. Conseils littéraires.
   17 décembre 1851. — Il faut reprendre courage. Le présent n'est rien, etc. Le ciel de plomb s'éclaircira.
   29 décembre 1851. — Lettre intime. — Sur M. Savinien Lapointe.
   5 septembre 1852. — Invitation à dîner.
   21 décembre 1852. — Lettre intime. Que compte-t-il faire? Mais à coup sûr il s'en tirera. Demande de renseignements.
   10 juillet 1855. — Lettre intime. Démarches à faire pour la place de son père.
   22 juillet 1855. — Il demande de ses nouvelles, et a écrit pour son père à M. Émile Péreire.
   Dimanche matin, 12 août 1855. — M. Émile Péreire lui a fait apprendre la nomination de son père, et il l'a remercié. Invitation à dîner.
   22 février 1856. — Est-ce qu'il a renoncé aux vers pour ne faire que de l'histoire? La prédiction se réalise, etc.
   25 mars 1856. — Lettre intime.
Léon Boitel.
   Passy, 23 mai 1845. — Remercîments pour l'envoi de son édition de Louise Labé. (Communiqué par M. Charavay.)
M. H. Bonhomme. 18 janvier 1844.
M. Victor Bonnet.
   1er janvier 1845. — Invitation à dîner. (Communiqué par M° Moulin.)
M. Bonoldi.
   Remercîment pour la belle musique, chantée par M. Barroilhet, qu'il a faite pour le *Vieux Caporal*.
M. Bonvalet.
   Paris, 18 février 1851. — Envoi d'un autographe.
M. Jules Botot.
   Tours, 28 juillet 1839. — Éloge de M. de Longpré et de Mme Botot.
   Passy, 17 avril 1848. — « Vous avez supposé que je vivrais au milieu de nos gouvernants. Vous êtes dans l'erreur. Je suis encore ermite, et Dieu veuille que cela dure toujours! »
M. Borde. 2 mars 1833.
   19 avril 1833. — Pendules à raccommoder.
M. O. Borgnon. 30 septembre 1856.
M. Bory de Saint-Vincent.
   1er août 1823. — Sur les races humaines.
Mme de Boudonville.
   28 juillet 1831. — Il s'habitue fort à Passy et au bois de Boulogne. Il a envie de se retirer du monde.

23 janvier 1843. — Envoi d'une lettre pour le baron B\*\*\*. « En vérité les rimeurs amateurs sont de terribles gens. Quoi ! parce qu'il leur prend envie de vous apprendre qu'ils se sont souhaité leur fête, il faut que vous vous creusiez la cervelle à chercher quel compliment leur faire ! »

Paris, 25 mars 1851. — Mort de leur ami M\*\*\*

1855. — 1856. — Autre. — Autre. — Autre.

M. Boulanger (juge à Valenciennes).

Saint-Cyr, 22 mai 1837. — Éloge de ses vers. (Voir le joli volume *Fleurs et Jalons*, publié depuis par l'auteur.)

M. Boulay (de la Meurthe). 7 mars 1847.

6 mai 1847. — Il lui recommande le fils de M. Trélat.

16 juin (1848 ?) — Il regrette de ne pouvoir aller dîner chez lui avec le prince de Canino. Le frère de Manuel l'a engagé déjà.

M. Boulay-Paty.

4 février 1853. — Adresse de M$^{me}$ Tastu, à Paris.

— 12 juillet 1855.

M. Boulet.

27 avril 1835. — Remercîments pour l'envoi de la *Revue du Nord*.

Tours, 5 juillet 1838. — Ses *Manuels* lui arrivent trop tard de cinquante ans ; il y aurait appris le grec et le latin.

M. Ch. Braconnier.

31 janvier 1855. — Note sur un exemplaire des *Chansons*.

M. Brazier.

8 juin 1836. — Il a lu son volume et l'en félicite. Verve, gaieté, bonté, il y a trouvé tout l'homme. La chanson de la *Résignation* surtout lui a plu.

M. Bretonneau, 26 décembre 1844. — Passy, 8 mars 1847. — Passy, 14 avril 1847. — 18 août 1847. — Passy, 20 décembre 1847.

10 mars 1848. — Suspension des payements de la maison Gouin. « Écrivez-moi vite un petit mot pour dissiper nos inquiétudes. Ma plus grande, c'est que vous ne perdiez à tout jamais le goût des économies qu'on avait eu tant de peine à vous inculquer. Nous nous portons bien ; la République pas trop mal ; mais l'argent a peur et nos bourses ont la fièvre. »

24 septembre 1848. — Recommandation pour M$^{me}$ Rhoné, fille de M. Bernard de Rennes, qui va le consulter à Tours. Même recommandation pour M$^{me}$ Récamier, qui cherche un oculiste. « J'ai fait connaissance complète avec cette dame auprès du lit de mort de Chateaubriand, et j'ai regretté de ne l'avoir pas mieux connue plus tôt. En voilà une qui a traversé toutes les hautes sociétés depuis 1796, sans y avoir altéré les qualités de son cœur : cœur bienfaisant, attaché, tendre, et sans cesse occupé des autres. » Si elle va à Tours, « prenez ses pauvres yeux en pitié. Il fallait voir cette pauvre aveugle auprès de son ami mourant, qui ne parlait plus depuis deux ou trois mois ! »

Paris, 8 novembre 1848 — Sur la santé de Judith.

Paris, 12 février 1849. — Lettre intime.

1849. — Sa santé va bien. Quant au choléra, on ne s'en occupe pas à Paris, « sauf à la Chambre, où il continue de sévir. J'ai eu bon nez de m'en retirer, en dépit de tous mes amis ; il eût été pourtant assez drôle pour moi d'être emporté en même temps que l'ancien missionnaire Fayet, gaillard qui, dit-on, eût pu être le héros de beaucoup de mes homélies. »

Passy, 20 juillet 1849. — Est-il vrai qu'à Tours il y ait tant de malades? Demande de nouvelles.

15 juillet 1850. — Nouvelles de son installation rue d'Enfer.
— 21 septembre

28 décembre 1850. — Lettre intime. Santé de M<sup>mes</sup> Brissot et Lacoste.

Mardi, 12 juillet 1853. — Consultation.

Mardi, 5 juillet (1854). — Lettre relative à la maladie de M<sup>lle</sup> Émilia Manin.

M. Brissot.

1<sup>er</sup> janvier (1834?). — Il lui recommande M. Bégé.

8 septembre (1839?). — Recommandation pour M<sup>lle</sup> L. Crombach.
— 11 février 1843.

19 août 1843. — Ils iront à Bellevue fêter son anniversaire.

4 février 1846. — Il ne peut décidément aller demeurer dans la maison de M. Lucas de Montigny.

M<sup>me</sup> Brissot.

23 novembre 1830. — Il fera tout ce qu'il pourra.
— 8 décembre 1830. — 11 décembre — 4 février 1831.

20 juillet 1831. — Il apprend avec joie que M. Vivien a placé M. Brissot à un poste où il rendra des services.
— 19 août 1832.

13 octobre 1832. — « Je fais une chanson, mais point celle de *Juillet*, que je ne puis parvenir à aborder, et à laquelle je finirai par renoncer. J'en viens de faire une qui me plaît beaucoup. Je vais en essayer une autre. Je voudrais qu'elle fût bien aussi. » Éloge des poésies de M. Peyrat.
— 13 (ou 18) novembre 1832.

20 novembre 1832 — Sur M. Peyrat.
— Sans date (1832?) — Sans date. — Sans date. — Sans date.

Sans date (fin de 1832). — Il est ennuyé de corrections. « Tout cela touche à la fin; du moins, je l'espère. Le grand jour approche; et c'est avec peine que je vais y toucher. Quel sot métier! Comment un homme de quelque bon sens peut-il se plaire à ce dégoûtant commerce! C'est la dernière fois, bien heureusement. »
— 1832-1833. — 17 janvier 1833.

25 janvier 1833. — Sur la mise en vente de son nouveau recueil.
— 28 février 1833. — Mardi, quatre heures (19 mars?). — Sans date. — 4 avril 1833. — Passy, 10 avril 1833. — 1833 ?

10 heures (1833?). — Recommandation pour « un pauvre malheureux ».
— Passy, 22 août 1833. — 31 août. — 16 septembre. — 26 septembre. — 21 octobre. — 10 novembre. — Péronne, 26 juin 1833. — Sans date. — Sans date. — 22 décembre 1833. — Passy, 1<sup>er</sup> février 1834. — Mercredi soir, février (1834?). — 23 février 1834. — 6 mai 1834. — Samedi, 14 juin 1834.

Passy, mardi, juin 1834. — Il revient d'Arnouville.

Samedi, midi (1834?). — Il lui envoie *Fragoletta*.
— Passy, rue Basse, mercredi (1834?). — Autre. — Autre. — Autre. — Autre (toutes présumées de 1834). — Passy, 2 janvier 1835. — Sans date.

Sans date (1835?). — Il lui envoie « la Recherche de l'Absolu. »
— Sans date.

Fontainebleau, 15 octobre 1835. — « Fortoul ne m'a pas écrit du tout ; il en a perdu l'habitude avec celle de venir me voir. Il faut laisser passer les caprices. »

Fontainebleau, 6 janvier 1836. — On a saisi la *Revue* (des Deux Mondes) non timbrée. Buloz va être ennuyé.

Fontainebleau, 26 février 1836. — Éloge des poésies de M. Félix Clavé. Fortoul n'est pas suffisamment juste pour le poëme de Quinet.

Fontainebleau, 2 juillet 1836. — Fortoul va faire un voyage en Angleterre.

15 septembre 1836. — Voilà M. Delessert préfet. Peut-elle compter sur lui ? Je ne connais ni lui ni aucun de ses frères.

Tours, 28 octobre 1836. — Ne pas se préoccuper des calomnies trop grossières. Il ne connaît pas M. de Gasparin.

26 mai 1837.

Tours, 17 août 1837. — Sur le caractère de M. Fortoul.

— Tours, 4 janvier 1838. — Tours, 6 avril 1838. — 6 mai 1838.

Tours, 8 août 1838. — Sur la *Revue des Deux Mondes*.

Tours, 12 août (1838?). — Il lui envoie une ordonnance de M. Bretonneau.

— 13 juillet 1839. — 19 août 1839. — 29 août 1839. — 25 septembre 1839. — 6 décembre 1839.

3 janvier 1840. — Remercîments pour ses cadeaux d'étrennes.

26 mars 1840. — Le *Versailles* de Fortoul n'a pas plu en cour ; il l'en félicite.

Tours, 16 mai 1840. — Il lit avec soin et plaisir tous les volumes de M. Henri Martin.

6 août 1840. — 27 novembre 1840. — Sans date (après 1840). — Sans date (id.). — Sans date (id.). — Sans date (id.). — 17 novembre.

12 janvier 1841. — Remercîments pour la lanterne magique qu'ils lui ont envoyée et qui l'a bien diverti.

23 juin (1841 ?). 24 août (1841 ?). — Passy, 18 mars 1842. — Lundi (1842 ?).

7 février 1843. — 16 février 1843. — 18 février (1843?). — 3 septembre (1843 ?). — 4 juillet 1845. — 20 juillet 1845. — 20 août 1845. — 13 septembre 1845. — 23 août 1847.

1848. — Envoi d'une lettre pour Arago.

13 octobre 1848. — Invitation à dîner. La dernière, sans doute, puisqu'elle va partir pour la préfecture de Quimper.

Passy, 1ᵉʳ novembre 1848. — Il est heureux de savoir que M. Brissot a réussi dans sa préfecture.

12 juin 1849. — Lettre intime.

Passy, 23 août 1849. — Éloge de la charité de M$^{me}$ Henri Martin.

Passy, 23 novembre 1849. — Éloge de la serviabilité de M. Carlier. Détails sur des pertes d'argent.

11 janvier 1850. Compliments. — Détails d'intimité.

3 avril 1850. — Lettre intime. Détails de succession.

Avril 1850. — Sur la mort de M. Brissot. Regrets et consolations.

18 juin 1850. — Lettre intime. Annonce de son prochain déménagement.

Paris, 3 août 1850. — Lettre intime.

— 8 juillet 1852. — Autre.

M. Broc.

Vendredi, 3 septembre 1852. — Invitation à dîner.

M. Brun.

20 juin 1855. — Remercîments pour l'envoi d'une ode.

19 août 1855. Remercîments pour son kirsch, qui lui a paru excellent, quoiqu'il n'aime pas cette liqueur.

M. Bugnard.

14 août 1855. — Il n'a pu qu'apostiller sa demande au ministre de l'instruction publique, qu'il ne voit pas.

M. Félix Cadet de Gassicourt.

4 octobre 1827. — Il lui recommande M. N***, médecin, qui a grand besoin de se faire une clientèle.

M. Callaud (d'Amiens).

7 mars 1847. — Il l'engage à ne pas poursuivre la mise en vers des *Martyrs* de Chateaubriand.

M. Jules Canonge.

17 octobre 1844. — Remercîments pour l'envoi de sa charmante narration (la *Reine des Fées*).

28 janvier 1847. — Il le remercie de l'envoi de *Lagorre*, nouvelle nîmoise.

Rougeperriers, 20 septembre 1849. — Remercîments pour son volume d'*Izarre* (nouvelle arlésienne). « Espérons qu'un jour on sera plus juste pour les parties des *Mémoires d'Outre-Tombe* qui rappellent les plus belles pages écrites autrefois par ce grand poëte. »

Paris, 30 septembre 1850. — Remercîments pour le volume d'*Arles en France*. Éloges.

M. Carlier.

La Celle-Saint-Cloud, 30 juin 1850. — Recommandation pressante en faveur de M. Dunin, à qui on a retiré son emploi.

9 septembre 1851. — Sollicitation pour la famille Ducasse.

22 novembre 1852. — Il lui rappelle ce qu'il a promis de faire pour M. Pierre Lefranc.

M. J. Carlin.

14 avril 1836. — On ne lui a jamais reproché son silence d'une façon plus aimable. Rien n'est vite épuisé comme un petit genre littéraire.

M. Carnot.

17 juin. — Démarches faites pour M. Arsène Meunier.

M. Carré. Passy, 5 avril 1844.

M. Cassin. — 26 septembre 1831.

M. Castera.

Fontainebleau, 25 novembre 1835. — Il accepte d'être souscripteur de la *Société des Naufrages*. (Lettre communiquée par M. Régnier, de la Comédie-Française.)

M. C.-LEMAIRE.-(1831?). — Ce 10 (1832?)

22 juillet 1833. — Il a écrit à MM. du *Constitutionnel* pour les remercier de ce qu'ils ont dit au sujet de la chanson que les carlistes lui attribuent.

Passy, 24 juin (1834?). — Il lui recommande le *Manuel* d'Eugène Baillet.

(1834?). Il lui recommande M. Naquet.

— Autre.

18 octobre 1834. — Veut-il accepter la direction de la *Revue encyclopédique*? On l'avait offerte à Carrel en 1832; mais il voulait trop peser sur la *Revue*.

Passy, 26 décembre 1834. — Il lui envoie un article antijésuitique d'une personne qui ne veut pas être nommée, pour ne pas perdre sa place. Détails sur les journaux : le *Philanthrope*, le *Réformateur*; Rodde, Trélat, etc.

— 27 décembre 1837.

M$^{me}$ C.-LEMAIRE.

Lundi 21 (avril 1833). — Il lui envoie la *Vallée aux Loups*. La *Revue d'Edimbourg* l'a fort bien traité. « Il a toutefois un joli petit sermon bien anglais sur mes indécences. »

Passy, 21 mai 1833. — Il est malade depuis le jour de l'enterrement d'Andrieux.

Paris, 19 août 1833. — Sur sa naissance. Sa mère est restée trois jours sur le lit de misère. Les duels paraissent terminés. M$^{me}$ Sand lui a envoyé *Lélia*. Il ira la voir.

— Février 1835. — Autre (avant 1836).

Mercredi des Cendres, 20 février 1836. — Il tourne les yeux vers Tours.

Fontainebleau, 19 mars 1836. — Il lui recommande M. Tilleul, si le journal le *Progrès* est lancé.

22 juin 1836. — Lamennais a envie de le voir.

— Septembre 1836.

12 septembre 1836. — On peut être bibliothécaire ou professeur sans aliéner ses opinions. Il a toujours pensé ainsi.

5 novembre 1836. — Il est revenu de Tours le mercredi soir. Détails sur la *Grenadière*. Il a donné à M. Perrotin l'idée de la publication de l'*Histoire de la Révolution de Juillet*.

— 13 novembre (1836). — Fontainebleau, 22 novembre 1836.

13 mars 1837. — Chaix-d'Est-Ange est venu le voir. Détails littéraires : le *Progrès*, la *Minerve*, le *Siècle*. Lamennais, Alexis Dumesnil, Fonfrède. Affaire de Strasbourg. « Je commence à douter que le roi soit l'homme du jugement que je lui concédais. »

Avril ou mai 1837. — Lettre intime. De l'amnistie; du journal le *Monde* (2,200 abonnés), etc.

Tours, 6 août 1837. — Sur la lettre écrite à David (d'Angers) à l'occasion du fronton du Panthéon.

(1838?) — Envoi de pièces pour l'*Histoire de Juillet*; conseils littéraires.

26 février 1840. — Sur M$^{me}$ Lafarge et sa famille. — Il avait écrit à

plusieurs académiciens pour Victor Hugo. Dupin n'a pas tenu bon jusqu'au bout. Qui sera ministre? Thiers les servirait. « Il tranche les questions. »
19 novembre 1854. — (Lettre communiquée par M. Hilaire.)

Février 1855. — Envoi d'une lettre de recommandation. (Lettre communiquée par M. J. P. Lefèvre, de Cambrai.)

M. Alfred Cauwet.

Passy, 17 novembre 1849. — Il ne peut rien pour pousser une pièce au théâtre.

M. Pierre Cauwet.

30 décembre 1850. — Il se plaint à tort. Qu'il prenne patience. On a sa femme. « J'ai été en prison plus longtemps que vous, et ne me désolais pas. » (Lettre communiquée par M° Moulin.)

M. Adolphe Cazalet.

20 février 1851. — Remercîments littéraires.

M. Cazeneuve.

22 décembre 1848. — Il le remercie des soins donnés, avant sa mort, à sa pauvre cousine Félicité Lefrançois.

M. Cellier Dufayel. 15 mars 1843.

M. Chaix-d'Est-Ange.

Il ne peut, à son grand regret, accepter son invitation à dîner. (Lettre communiquée par M. J. Chenu.)

M. Champfleury.

Mai 1854. — Sur les ouvrages de M. Denecourt, relatifs à Fontainebleau.

M. Charton.

Passy, 14 août 1842. — Remercîment pour l'envoi du *Guide dans le choix d'un état.*

17 janvier 1851. — Il lui recommande le filleul de Manuel. (Lettre communiquée par M. Mahérault.)

M<sup>me</sup> Chartier.

Passy, 8 octobre 1845. — Il la félicite de ses *Loisirs d'une Mère.*

M. Chassedoux aîné.

La Force, 4 mai 1829. — Remercîments pour ses vers.

27 juillet 1829. — Il n'oubliera rien pour le tirer de sa position.

M. Chaulieu.

Juin 1856. — Compliments à propos de l'air de M. Émile Gruber et des paroles de M. Leblanc qu'il lui a envoyés.

M. Chautagne.

Octobre 1855. — Remercîment pour l'air qu'il a mis sur les paroles de M. Arsène Houssaye, *Béranger à l'Académie.*

M. Albert Chauveau. Passy, 24 mai 1848.

M. Chavance, maire de Brienne.

13 août 1848. — Remercîment pour une épître. « En dépit des malheurs publics qui affligent votre Muse au cœur tout français, on remarque en

vous une disposition à la sérénité d'esprit qui, selon moi, ajoute à la haute opinion que cette épître me donne de votre caractère. »

M. CHENNEVIÈRE.

5 octobre 1835. — Remercîments pour sa jolie chanson.

M. CHINTREUIL.

17 avril 1845. — Il lui annonce une commande.

— 24 novembre 1845. — 12 décembre 1845. — 15 décembre 1845.

13 février 1846. — Quel est le montant de son compte chez M. Giroux?

— 28 au soir (1846). — 7 mars 1847.

1847? — Billet relatif à M. Bernard (de Rennes).

— 1ᵉʳ juin (1848?).

14 février 1854. — Mᵐᵉ Ary Scheffer lui a écrit. Qu'il aille la voir. On vendra une de ses toiles.

— 29 mars 1854. — 29 mai (?). — 8 juin (1854?). — Samedi. — 24 août 1854. — 31 août.

Mercredi matin (1856). — Il lui annonce qu'il va vendre un de ses tableaux.

20 juin 1856. — Il désire avoir de ses nouvelles, et le prie de lui en donner ou de lui en faire donner par M. Desbrosses.

10 septembre 1856. — Remercîments pour les nouvelles qu'il lui donne. « Je ne sors guère que pour aller m'asseoir sur le boulevard. »

Vendredi (1856?). — Il écrira à M. Fould pour le remercier de ce qu'il a fait pour lui.

M. L. CHODZKO. 16 juillet 1831.

M. C. A. CHOPIN.

Tours, 9 janvier 1840. — Celle de ses pièces qu'il préfère, c'est *Rêves poétiques*. (V. le recueil au *Coin du feu*.)

— 6 janvier 1842.

M. A. CHRISTOPHE.

Passy, 31 mai 1848. — Compliments sur ses vers patriotiques. (Communiqué par M. Dubrunfaut.)

M. CLAMENT-ZUNTZ (inventeur de l'*antitabac*).

Paris, 21 novembre 1830. — Remercîments pour l'envoi de ses œuvres. (Communiqué par M. Laverdet.)

M. COLAS (de Bar-le-Duc).

Paris, 11 mars 1848. — Remercîments d'une offrande à la patrie (comme président de la commission des dons).

Mᵐᵉ COLET.

28 février 1845. — Il la prie de remercier M. de Pongerville pour son souvenir et ses beaux vers. (Communiqué par M. de Pongerville.)

9 avril 1845. — Il lui rapporte les *Baudières* avec des corrections indiquées.

M. COMBES.

Paris, 21 septembre 1846. — Il a lu ses chansons et le loue d'y chercher à être utile.

Comité polonais.
>16 juillet 1831. — Sur les chansons qu'il offre.

M. Commerson.
>28 février 1841. — Il a lu avec plaisir sa pièce patriotique du *Combat des Trente*, et en désire six exemplaires.

M. A. Constant.
>Passy, 6 mars 1845. — « Vous êtes né chansonnier ; et, mieux que cela, vous êtes poëte. »

M. le Directeur du *Corsaire*.
>Passy, 25 janvier 1842. — L'imitation de ses chansons qu'on a donnée au public est charmante et peut faire tort aux originaux. Il remercie le journal. (Communiqué par M. A. Eustache.)

M. Coutant. 20 mai 1846.

M. Crémieux.
>8 octobre 1852. — Demande de conseil pour M. Thelliez. (Lettre communiquée par M. Mayer, commissaire des poudres à Angoulême.)

M<sup>lle</sup> L. Crombach.
>26 décembre 1839. — Éloge de son *Jeune Libéré* et de ses vers.
>15 septembre 1842. — (Communiqué par M. Julien Travers.)

M. Albert Darel.
>Passy, 1<sup>er</sup> août 1848. — Remercîment pour une chanson. « Ne recourir à la publicité que le plus tard possible. Ce conseil est le plus sage qu'on puisse donner à la jeunesse. »

M. Declerq.
>Passy, 5 décembre 1835. — Il recourt encore à lui pour aider des amis, et demande pour M. et M<sup>me</sup> B*** un prêt de 10,000 à 12,000 francs sous sa garantie.

M<sup>me</sup> Declerq.
>Passy, 19 décembre 1849. — « Que parlez-vous d'étrennes pour moi ? » Étonnement de ce qu'elle ne l'a pas oublié. Vœux pour elle et ses enfants, « trop riches peut-être pour n'avoir pas besoin qu'on s'intéresse vivement à eux. »

M. Decrusy.
>(1831?). — Affaire de M. N. François qu'il regarde comme innocent. — 5 février 1832.
>Passy, 20 juillet 1832. — « Vous et M. le garde des sceaux, m'avez promis la grâce de Degraines. »
>27 novembre 1832. — Recommandation pour M. Chantpie. Il en a déjà parlé à M. Barthe. (Affaire d'imprimerie ; 10,000 francs d'amende.)
>Passy, 3 février 1834. — Sollicitation pour C. B. Lefranc.
>Passy, 26 avril 1854. — Il ne connaît pas M. Persil et ne croit pas convenable de lui écrire pour l'affaire de l'imprimerie de Péronne.
>Passy, 30 mai 1848. — Affaire Pascalis.
>Vendredi. — Remercîments pour M. Meilheurat.

27 juin. — « Il s'agit encore de condamnés. Ceux-ci sont des républicains ou croient l'être. »

9 septembre 1848. — Demande pour une pauvre fille détenue à Saint-Lazare « en attendant la déportation. » Il a écrit une longue lettre à M. Marie.

3 novembre 1848. — Relative à MM. G. Aubernon et Henri Pascalis.

Passy, 23 mars 1849. — Pour faire hâter la réintégration de M. Barthez-Delasalle.

— 6 juillet 1852.

M. le D^r ALEX. DELAINE. Passy, 6 août 1847.

M. DEHIN.

Passy, 10 octobre 1849. — Remercîment pour ses chansons wallonnes qu'il s'est appliqué à comprendre. « Entre nous deux il y a un rapport de plus. J'ai passé par plusieurs professions dans mon enfance, et fus quelque temps apprenti d'un pauvre orfèvre de province, chez qui je n'eus jamais que du cuivre à manier. Vous voyez que nous avons autrefois, comme à présent, travaillé la même matière. »

24 juin 1850. — Remercîment pour une cafetière faite au marteau par M. Dehin lui-même.

20 décembre 1850. — Remercîment pour ses vers en wallon et sa lettre biographique.

5 août 1851. — Invitation à le venir voir.

5 novembre 1851. — Remercîments pour un envoi de tabac.

6 janvier 1852. — Remercîments pour un envoi de cadeaux (bracelet électro-magnétique, etc.).

— 11 janvier 1853.

6 avril 1853. — Il souscrira comme on voudra pour la publication des œuvres de Gancet.

— 10 avril 1853.

24 juin 1854. — Sur le lutrin qu'il veut envoyer à l'Exposition universelle de Paris.

31 mars 1855. — Il ne sait guère comment lui faire trouver une bonne place pour son lutrin à l'Exposition universelle.

— Autre.

27 octobre 1855. — « Où et quand ai-je pu vous dire que j'étais en rapport avec l'Empereur ? »

9 janvier 1856. — Son lutrin n'est pas placé. Il lui offre de lui prêter 1,000 francs pour un an.

M. CH. DELAPORTE.

Passy, 8 août 1844. — Félicitations sur son mariage avec M^lle Lefebvre.

26 juin 1851. — Il ne peut guère songer à aller à Péronne. « Toutefois, mon cher Charles, soyez certain que c'est chez le fils de ma bonne filleule Eulalie que j'irais chercher un gîte. »

M. JULES DELAPORTE.

Passy, 4 octobre 1841. — Il le félicite de son mariage. Il offre ses hommages à sa nouvelle cousine.

7 octobre 1852. — Remercîments pour un envoi de vin.

16 octobre. — Nouveau remercîment.

M. Delamotte.

Passy, 11 mai 1848. — Il lui recommande, pour son examen, Mlle Pauline Béga.

M. Pierre Delaune (de Romorantin).

Passy, 12 avril 1833. — Remercîments pour sa lettre. Le temps des chansons est passé.

M. Casimir Delavigne.

3 octobre 1830. — Félicitations sur la nouvelle Messénienne (une *Semaine à Paris*). (Lettre communiquée par M. Boutron.)

M. Émile Delteil.

27 novembre 1844. — Il le remercie de ses couplets. Puisse ce début de tout jeune homme lui porter bonheur!.

M. Demesmay.

Passy, 21 juillet 1847. — Sur ses travaux relatifs à la réduction de l'impôt sur le sel.

M. Demoule, menuisier à Mâcon.

22 août 1854. — Il lui semble plus propre à traiter le genre plaisant que le genre grave.

26 octobre 1854. — Encouragements littéraires. (V. le volume de M. Demoule, intitulé *Mes Copeaux*, in-12, 1854, Vanier.)

M. Henri Desban.

4 mars 1856. — « Je ne suis qu'un pauvre diable, et il suffit de frapper à ma porte pour qu'elle s'ouvre. »

M. Antony Deschamps.

Passy, 27 mai 1843. — Remercîments pour ce qu'il dit de lui dans la *Chronique*.

M. Paul Descubes de Lascaux.

Remercîments pour ses stances poétiques sur le 19 août 1780. (Communiqué par M. E. Cottenet.)

M. le vicomte Desfossez.

Passy, le 23 juillet 1849. — « Quoi! vous malade... »

11 août 1849. — Inscription sur un exemplaire des *Chansons* illustrées : « Offert en souvenir à M. le vicomte Charles des Fossez, qui, le premier, m'a donné à Paris, il y a cinquante-deux ans, des encouragements et des conseils littéraires dont je lui suis resté reconnaissant. »

— 16 juin 1854.

M. Destigny (de Caen).

6 janvier 1839. — Il le remercie pour l'envoi de sa *Némésis incorruptible*.

M. Dida.

24 novembre 1841. — Remercîments pour l'envoi de ses vers. Il le félicite d'avoir été utile à son pays par son travail. (Communiquée par M. Beffroy.)

M. Dida fils.

Passy, 7 décembre 1843. — Remercîments pour l'envoi du beau volume que son père avait bien voulu lui consacrer. Éloge des qualités du cœur et de l'esprit de M. Dida père.

M. Didier. (Cat. Charavay, 1858.)

M. Didot. 24 novembre 1841.

M. Domingie.

5 mai 1830. — Il est chez lui les dimanches et les jeudis de midi à trois heures. (Lettre communiquée par M. Magnin, de l'Institut.)

— 20 août.

Mme Donnay (Pauline Béga).

La Celle-Saint-Cloud, 4 juillet. — Il sera à Ville-d'Avray le dimanche, et le lundi dans sa demeure nouvelle de Beaujon.

1er septembre 1852. — « Tu sais que j'aime qu'on entretienne les relations de famille. »

— 15 décembre 1853.

23 février 1854. — Il tâchera de l'aider dans sa bienfaisance ; mais il la prie d'étudier un peu les personnes que son cœur la porte à secourir.

— Vendredi, 30. — 29 au soir. — Samedi matin. — Samedi. — 1er mai.

M. Félix Dortée. Passy, 20 juillet 1843. — 20 octobre 1844.

Paris, 18 juin 1846. — « Il est vrai qu'en parlant de métempsycose j'ai dit que je voudrais revenir hirondelle. Nous autres, chansonniers, nous n'avons pas d'idées ambitieuses. »

1851 ? — Sur sa retraite, « son coin noir. » (V. les poésies de M. Dortée, Michel Lévy, 1851.)

M. Édouard Doyen.

26 août 1856 — Remercîments pour sa « beaucoup trop flatteuse » chanson du *Dieu de la Chanson*.

Mlle Drouet.

12 octobre 1855. — « Défiez-vous des éloges qu'on ne manquera pas de vous prodiguer, surtout quand on pourra vous voir. »

— 29 janvier 1856. — 30 avril 1856.

M. Dubois-Davesnes.

Tours, 21 mars 1839. — Edm. Blanc a toujours été parfait pour lui ; mais il n'est plus là. Néanmoins qu'il use de son peu de crédit comme il voudra.

Tours, 8 août 1839. — Les dessins de ses filles l'ont bien surpris.

5 octobre 1855. — Sa fille, Malcy, ne se fait pas assez valoir. Il est question de son éventail devant le jury de l'Exposition.

Mlle Fanny Dubois-Davesnes. 20 janvier 1845.

M. Duchesne (aîné).

Après 1815. — Demande du prêt de livres à la Bibliothèque royale.

M. Duclos.

31 octobre 1827. — Il lui recommande (dans l'Aisne) la souscription pour le tombeau de Manuel. (Lettre communiquée par M. Paul Arbaud, d'Aix.)

Mme Dufay (née Champion).

(Octobre 1850 ?). — Remercîments.

M. Dumaine.

5 septembre 1850. — Remercîments pour ses couplets. « Je suis heu-

M. Dumesnil.
>26 août 1852. — Remercîments pour une épître spirituelle et d'une facilité piquante.

M. Dumouchel.
>1833. — Invitation à dîner. Ils sont vieux amis, et il sera heureux de le voir.
>
>25 mai 1845. — Il le prie de lui chercher un petit logement à Versailles.
>
>Ce vendredi. — Remercîments.
>
>15 juin 1845. — Il a vu la maison indiquée à Versailles et s'en arrangera probablement.

M. Duplessis.

M<sup>me</sup> Dunin.
>3 janvier 1840. — Offre d'un pâté.
>
>Ce dimanche, 10 heures. — Remercîments pour service rendu sur sa recommandation. (Lettre communiquée par M. Laverdet.)

M. Dupont (de Bussac).
>Il lui recommande M. Veyrat de l'*Homme rouge* (de Lyon) pour sa *Revue républicaine*. (Lettre communiquée par M. Alexandre Corby.)

M. Dupont (de l'Eure).
>5 août 1840. — Il l'approuve, cette fois, d'avoir refusé un siége à la Cour de cassation. « Bien des gens eussent passé par la porte qu'on vous ouvrait. »

M. Duteyeul.
>28 février 1858. — Remercîments pour une chanson.

M<sup>me</sup> d'Estournelles (sœur de Benjamin Constant).
>10 avril 1840. — Il lui envoie pour sa loterie un exemplaire des *Chansons* « orné de gravures qui lui donnent quelque prix. » (Communiqué par M. Besse.)

M<sup>me</sup> Eulalie (Redouté).
>13 septembre 1837. — Il envoie une lettre pour le général Bro.

M. Eymeri (libraire).
>5 novembre 1815. — Relative au traité qu'il fait pour son recueil *Chansons morales et autres*.

M. F\*\*\*.
>18 février 1851. — Remercîments sincères ; mais « le temps des chansons est passé. La lutte engagée est autrement sérieuse que celle où j'ai brillé depuis 1815. »

M. Fabien.
>Passy, 16 mars 1846. — Il le remercie d'avoir pensé à lui chercher un logement. Il en a arrêté un. La salle à manger n'a qu'une grandeur très-philosophique.

M. R. Fache (sculpteur à Valenciennes).
>Passy, 19 janvier 1847. — Il le félicite de la statuette qu'il a faite de son cousin Lefrançois.

M. Falempin. 10 juin 1837.

M. Ferrone.
>Fontainebleau, 30 avril 1836. — Remercîments pour ses vers. « On

oublie que la plus grande partie des hommes, chez toutes les nations, est encore à cet état d'enfance où le chant est jugé nécessaire à leur progrès. »

M. Paul Ferry.

Passy, 21 octobre 1840. — Remercîments littéraires.

M. Fessin.

La Force, 12 juillet 1829. — Il le remercie de ses vers. L'adresse qu'il lui a donnée l'a dérouté. « Je me rappelais que, sur une contrefaçon de mes chansons, on lisait : *Se vend au Palais de Justice, chez M. le procureur du roi.* » (Cette lettre à M. Fessin, concierge du tribunal de première instance, a été imprimée en fac-simile à la fin d'un article de M. Alkan dans le *Bulletin du Bibliophile.*)

M. Feuillet.

2 septembre 1856. — Il a lu ses vers et l'en remercie.

M. Urbain Feytaud.

1er novembre 1847. — Il s'excuse de ne pas aller au banquet réformiste de Valenciennes.

M. Firmin.

12 juin (1829?). — Il écrit à M. Taylor et au comité de la Comédie-Française pour remercier des entrées qu'on lui a offertes.

Mme Firmin. 16 novembre 1827. — 26 avril. — Sans date. — Sans date. — Sans date (avant 1830?). — Ce lundi. — Sans date (avant 1831).

Péronne, 6 août 1831. — L'arrivée des députés lui a fait prendre ses jambes à son cou.

— Mercredi soir, 10 mars 1833. — Péronne, 1er juillet 1833. — Paris, 19 novembre 1833.

Passy, 2 janvier 1835. — Il a été rendre visite à sa tante (Merlot), la seule visite de cérémonie qu'il fasse au 1er janvier.

— Tours, 26 décembre 1836.

Tours, 23 mai 1837. — Il a eu la visite d'une de ses anciennes camarades, Mlle Demerson.

— Tours, 22 septembre 1837. — Tours, 8 mai 1838.

Tours, 13 février 1839. — « Je suis bien étonné que la *Popularité* ne fasse pas de belles recettes. Comme toutes les gloires s'en vont en lambeaux ! »

— Sans date. — Sans date. — La Celle-Saint-Cloud, 24 octobre. — 20 juillet 1846.

Mme Élisa Fleury.

30 avril 1843. — Sa chanson est une des plus jolies et des plus touchantes qu'il ait jamais lues. C'est à M. Paton qu'il doit de la pouvoir remercier.

M. Forget (Fl.). 19 juillet 1831. — 20 juillet 1831.

M. Forget (Fr. de P.). 5 mai 1835. — 5 octobre 1835.

6 mai 1836. — Querelles de famille.

Tours, 15 janvier 1839. — (Communiqué par M. C. Legentil, juge à Arras.)

M. de Forster. 31 mai 1833.

M. H. Fortoul.

19 juin 1841. — Sur sa situation de chargé de cours à la Faculté des lettres de Toulouse.

Samedi, 25 septembre 1841. — Invitation à dîner avec Reynaud.

Passy, 2 septembre 1842. — Invitation à dîner avec Lebrun et Mérimée.
— 21 septembre 1842. — 29 mars 1846.
18 avril 1854. — Il lui recommande un jeune enfant pour les bourses des lycées de l'État. (Lettre communiquée par M. Callon.)
5 octobre 1854. — Il apprend sa maladie. Lui convient-il qu'on aille le voir ?

M. Edm. Frank. 1<sup>er</sup> avril 1856.

M<sup>me</sup> Frank. 25 septembre 1837. — 20 mars 1843. — 31 mai 1843. — 28 janvier 1844.
Passy, 9 juin 1849. — Éloge de M<sup>lle</sup> Pauline Dupont (de l'Eure).
28 janvier 1850. — Lettre intime.
— 10 septembre 1851.
14 juin 1852. — « Il y aurait de la cruauté, occupé comme l'est Lamartine par ses propres affaires, à le fatiguer de celles des autres. »
2 juin 1853. — « Je n'ai jamais pu trouver emploi ou travail pour des femmes. »
— 24 janvier 1854.

M. François.
Fontainebleau, 9 mai 1836. — Le maréchal Gérard veut le voir : « C'est le meilleur homme du monde. »
— 12 septembre 1840.

M. Jules François (graveur).
Sans date. (Communiqué par M. H. Bonhomme.)
Tours, 4 juin 1839. — Il ne peut l'aider dans le projet qu'il a de graver son portrait, fait par Ary Scheffer. « Je déteste les portraits; je trouve que c'est déjà trop d'un. Scheffer l'a fait graver, un peu malgré moi, par Reynolds, à la manière anglaise. »
Passy, 12 mars 1845. — Il a vu M<sup>me</sup> de Canino et son tableau, qui est déjà gravé par le Florentin Bartolini.

M<sup>me</sup> Ferdinand François.
20 décembre 1853. — Consolations. Marche à suivre.
— Janvier 1854.

M. Gambart.
Péronne, 8 août 1835. — Il ne peut assister à la distribution des prix du collége de Péronne.

M. Garneray. 10 juin 1826.

M. Gautier.
26 février 1836. — 22 septembre 1842. — Mardi au soir (1854).

M<sup>me</sup> Gautier. — Fontainebleau, 14 janvier 1836.
Fontainebleau, 21 septembre 1836. — Entre lui et Laisney il n'y a jamais eu de correspondance suivie.
— Fontainebleau, 3 décembre 1836. — Tours, 8 avril 1837. — 7 octobre 1837.
26 novembre 1837. — On n'a pas pour Laisney, à Saint-Quentin, les soins auxquels il a droit.
— 25 septembre 1838. — Tours, 8 mai 1839.
22 janvier 1840. — Il a chargé Victoire Borgnon de veiller à la garde-robe et au linge de Laisney.
— 25 janvier (1841).
20 juillet 1841. — (Communiqué par M. Julien Travers.)

16 juillet 1851. — Billet pour donner sa nouvelle adresse.

Sans date (1854?). — Sur la mort de son gendre.

M. Genin.

1845? — M. Guessard est un homme d'esprit. Ayant reçu et lu sa brochure, il conçoit qu'elle a dû avoir quelque influence.

30 janvier 1846. — M. Cousin le servira de tout son crédit.

11 mars 1846. — Sur les concurrents pour le prix de l'Académie française (*Lexique de la langue de Molière*) et leurs ouvrages.

— Passy, 20 avril 1847.

15 septembre 1847. — Éloge du caractère loyal de M. Dupaty (de l'Académie française).

Passy, 1er décembre 1847.

8 mai 1848. — On a nommé huit lecteurs, et M. David n'est pas l'un d'eux, lui qui a donné l'idée des lectures publiques faites aux ouvriers.

8 juin 1848. — Il insiste pour que M. Stanislas David soit nommé lecteur public.

23 septembre 1848. — Demande pour M. Thalès-Bernard, son ami, d'une part des 100,000 francs de la subvention littéraire.

Passy, 16 novembre 1848. — Pour appuyer une réclamation de M. Joseph Bernard (de la Bibliothèque Sainte-Geneviève).

29 juin 1849. — Il a, en effet, le troisième volume des *Tragiques grecs*, de M. Patin. Remercîments pour ce qu'il a fait en faveur du père Bougette et de Raynal.

20 janvier 1851. — Excuses. Il est malade.

Pour que M. Savinien Lapointe touche promptement son indemnité.

25 août 1854. — Affaire Jacquinot.

— 30 septembre 1855.

M. le maréchal Gérard.

Sans date. — Recommandation pour M. François. (Communiqué par M. Alex. Corby.)

M. Gerdret.

Février 1856. — Il le félicite vivement de la publication de son recueil de vers : *Mes Insomnies*. « Il est rare qu'un livre soit écrit de cette encre-là. »

M. Gérou.

Passy, 16 mars 1843. — Il a lu avec plaisir ses *Regrets d'un octogénaire*.

Mme Gevaudan.

10 décembre 1838. — Il la supplie de ne lui rien envoyer de coûteux, comme c'est son habitude. Il ne lui demandera que de la bougie. Il a soixante-dix ou quatre-vingts livres de café. On le comble.

M. Gilhard.

La Force, 21 juin 1829. — Remercîments pour ses couplets que lui a remis M. G. la Fayette.

— 16 septembre 1831. — Passy, 29 octobre 1832.

Passy, 8 mars 1834. — « N'exaltez pas trop ma philosophie ; jugez plutôt de la simplicité de mes goûts, de la portée de mes désirs, de l'exigence de mes besoins, que de la force de ma raison et de l'élévation de mon caractère. »

— Passy, 2 juin 1834. — 9 mars 1837. — 26 novembre 1838.

20 octobre 1840. — Quelle affreuse frénésie que les assassinats politiques!

Passy, 2 février 1842. — Il lui recommande le journal l'*État*, de M. Ch. Didier.

Passy, 8 octobre 1844. — Il vient d'avoir une fièvre *ortière* ou *orticaire*, « ne sais bien le nom. »

— 9 novembre 1844.

29 mai 1846. — Invitation à dîner avec Lamennais.

— 11 septembre 1846. — Passy, 7 janvier 1847. — 24 mars 1847.

22 août 1848. — Compliments de condoléance sur la perte d'un ami. Détails sur la situation de M. Antier, qu'il ne sait comment faire replacer. « J'avais plus d'une influence sous le règne défunt. » — « La politique ne projette pas de joyeux rayons sur tout cela. » Il n'a pas envie de vivre plus. « C'est un calcul de raison plutôt qu'un résultat d'ennui qui me donne ce désir, car mon humeur sait résister à bien des choses. Mais on a tort de trop vieillir. La fin de Chateaubriand me l'a prouvé de nouveau. Il a mal pris son temps pour mourir. « C'est un grand événement que cette « mort, disait quelqu'un à M. de Vitrolles, avec qui j'étais au convoi. — « C'est un grand souvenir, » répondit-il spirituellement. Et j'ajoute que le souvenir eût été bien plus grand il y a quelques années. La publication des *Mémoires d'Outre-Tombe* fera sans doute revenir les regards sur cette grande figure.

4 décembre 1848. — Consolations à propos de la perte de M<sup>me</sup> Gilhard-mère. « Je crains bien que le résultat des élections n'ait rien de bien consolant pour votre cœur, vraiment français. Ce sera encore un chagrin qui nous sera commun. » (Béranger redoutait surtout la division des votes en grandes masses égales.

12 septembre 1852. — Sur le mariage de M. Antier.

1853? — Le tableau de M. Culhat de Coreil, à ce que dit M. A. Barbet, n'est pas un Raphaël.

M. GINDRE DE MANCY.

Fontainebleau, 14 janvier (1836). — Il regrette qu'Edm. Blanc n'ait pas répondu à la lettre qu'il a écrite pour M. de Tercy. « Voilà peut-être un des effets de mon éloignement de la capitale. »

2 août 1836. — Il a lu le roman de M<sup>me</sup> d'Estournelles (sœur de Benjamin Constant, morte en février 1860). « A qui voulez-vous que je le recommande? au *Courrier*? Il me semble qu'il vous est facile de trouver aide et protection. Au *National*? Je ne connaissais que Carrel et l'on n'y parle pas littérature, ou très-rarement. Au *Constitutionnel*? Je ne connais plus personne. Aux *Débats*? C'est bien pis, ma foi! »

Tours, 29 mars. — « J'ai plusieurs fois fait entrer des ouvriers à l'Imprimerie impériale, et tous ont eu à souffrir d'être entrés là par une porte autre que celle des chefs de travaux. »

Tours, 2 août 1839. — Il ne tient guère au sabre de Rouget de Lisle. « Tout brave qu'a pu être Rouget de Lisle, ce n'est pas par son sabre qu'il a brillé. Je n'y tiendrais pas plus qu'à la toise que Kléber a maniée quelque temps. Quant au sabre de celui-ci, on devrait le mettre sous verre. »

— 15 octobre (1839?)

10 novembre (1859). — Il souscrira pour 100 fr. pour payer les dettes

de Rouget de Lisle. Il souscrirait aussi volontiers pour l'érection d'un monument funéraire.

28 novembre (1839). — Il n'a pas de manuscrit de Rouget de Lisle.
— 1ᵉʳ février 1840.

26 février 1840. — « L'Académie voudra peut-être bien un jour admettre Hugo. Viennet a eu au moins le bon esprit de se prononcer. »

Passy, 5 août 1841. Éloge de ses vers. — Conseils.
— 5 juin 1843. — Passy, 22 juin 1843.

23 mars 1844. — Sur la cérémonie d'inauguration du tombeau de Rouget de Lisle et de son buste par David, dans le cimetière de Choisy-le-Roi.

24 juin 1850. — Remercîments littéraires.

M. GIRALDON.

20 décembre 1839. — Il cesse d'être obligé de lui livrer un *Napoléon*; mais, si Leroux exécute enfin cette histoire, il veut bien toujours, après l'avoir relue, y mettre son nom.

M. GIRARD. 8 juin 1848. — 20 août 1848. — 6 septembre 1849.

M. GIROUX.

14 décembre 1845. — Il garantit le prix des fournitures faites à M. Chintreuil.

Passy, 14 février 1846. — Il continue à garantir ce que lui doit et devra M. Chintreuil et lui offre un à-compte.

M. HYACINTHE DE GNERN.

7 avril 1843. — Sur le danger des inhumations précipitées.

M. J. L. GONZALLE (ouvrier cordonnier à Reims).

Passy, 14 décembre 1843. — Son volume de poésies abonde en tendres et nobles sentiments, presque toujours exprimés avec le plus grand bonheur. (V. la *Muse Prolétaire*)

M. GUASCO-JOBARD.

Passy, 26 novembre 1847. — Il remercie bien de l'envoi qu'on lui a fait de la brochure la *Résurrection de Napoléon*, à propos de l'érection du monument élevé par le capitaine Noizot en Bourgogne et exécuté par Rude.

M. GUICHARD PRINTEMPS.

4 juillet 1822. — Lettre d'affaires. Il ne veut rien gagner et ne demande qu'à être à couvert de ses avances.

M. GUERNU. 20 mai 1832.

M. JULES GUILLEMIN.

19 janvier 1850. — Remercîments pour trois « jolies chansons ».

26 mai 1853. — Remercîments et félicitations à propos de son volume de poésies (*Élégies, sonnets, chansons*; Châlons-sur-Saône, in-18, 1853).

M. l'abbé GUILLON (de Montléon).

29 mai 1837. — (Communiqué par M. V. Gallois.)

M. GUIZOT.

Passy, 15 février 1844. — Recommandation pour madame Fabreguettes.

Passy, 4 août 1845. — Recommandation pour M. Marcel.

M. GUYARDIN.

20 janvier 1858. — « Combien souvent je repète à Judith que c'est là (à Fontainebleau) que j'irai finir ! » (Communiqué par M. Chambry.)

M. Guyardin (et Mlle).
>2 février 1837. — (Communiqué par M. de la Grèze.)

M. Haag.
>Passy, 20 février 1847.

M. le chevalier Hartmann.
>2 janvier 1838. — Remercîments pour l'envoi de ses œuvres et pour la peine qu'il a prise de traduire en allemand quelques-unes de ses chansons.

Mlle Agathe Heurtaux.
>Passy, 11 octobre 1847.

M. Arsène Houssaye.
>28 janvier 1855. — Il lui recommande M. l'Hermite, qui a une comédie en cinq actes à faire jouer.

M. Humbert (de Vesoul).
>17 avril 1848. — Il le remercie de l'envoi de ses chansons.

Mme Ida Saint-Elme.
>22 juillet 1831. — (Communiqué par M. Xavier.)

M. Jal.
>22 décembre 1832. — Remercîments et renseignements sur les gravures de ses chansons.

M. Jarry de Mancy.
>19 janvier 1840.

M. Jaume Saint-Hilaire.
>Sans date. (Communiqué par M. P. Arbaud.)

M. Jeanron.
>4 avril 1848. — En faveur de M. Chintreuil.

M. André Jourdain.
>1{er} décembre 1837. — Il le félicite de ses chansons.

M. Éliacim Jourdain.
— 27 septembre 1839. — 7 octobre 1840. — Passy, 31 août 1842. — 31 janvier 1845.
>Passy, 7 mars 1848. — Remercîments littéraires.

M. de Jouy.
>1830. — (Catalogue Charavay, n. 39.) — Septembre 1830.
>21 juin 1841. — Sa pièce dément ce qu'il dit de sa vieillesse. Il va partir pour la campagne.

M. Kawonski.
— Paris, 15 février 1848.

M. Ed. Kurzweill.
>16 novembre 1837. — Edm. Blanc lui écrit que le ministre l'autorise à aller à Paris.
— 20 février 1840. — Metz, 27 novembre 1840.

M. G. L***.
>1852. — (Vente Villenave.)

M. René L***.
>25 avril 1849. — Il ne veut pas donner de notes aux biographes. « Traitez-moi comme un défunt. »

M. Lachambeaudie.
>28 septembre 1842. — Lettre imprimée en tête des Fables.

M. Ladvocat (libraire).
    22 mars 1833.

M. Laisney.
    15 décembre 1830. — (Communiqué par M. Th. Mascré).
    12 novembre 1835. — (Communiqué par M. Decaudaveine.)
— Tours, 6 mars 1837. — Tours, 5 janvier 1838. — Tours, 27 septembre 1858.
    Passy, 26 octobre 1840. — (Communiqué par M. le docteur Mabille.)
— Paris, 7 novembre 1840.

M. Laffitte.
    31 mars 1829. — Il lui rappelle qu'il a souscrit pour 100 exemplaires à quinze francs aux œuvres de M. C.-Lemaire et qu'il lui doit 500 francs.
— 19 mai 1829. — Sans date.

MM. J. Laffitte et comp. — Août 1829.

M. de Lamennais. (1845?)

M. F. Tugnot de Lanoye.
    Passy, 10 février 1846. — Il lui recommande un jeune homme.
    Passy, 11 mars 1848. — Il l'approuve de se présenter aux élections.

M. Ch. Laronde.
    Passy, 5 octobre 1847. — Compliments sur ses vers qui lui ont plu.

M$^{me}$ Laségue.
    17 août 1852. — Sur son invitation à dîner.
    20 août 1852. — Même sujet. M. Antier va se remarier.

M. Laudéra.
    1834. — Il le félicite de ses chansons.
— Fontainebleau, 4 septembre 1835.

M$^{me}$ le Bassy d'Hey.
    Passy, 1$^{er}$ juillet 1848. — Relative à une pétition à apostiller pour une place d'inspectrice des écoles de Paris. (Lettre communiquée par M. Hyacinthe Portalis.)

M. Leblanc.
    30 septembre 1854. — Remercîment pour ses jolies chansons.

M. Th. Lebreton.
    25 février 1840. — Remercîment pour l'envoi de sa *Voix du Peuple*.
    1$^{er}$ juillet 1842. — Il le félicite sincèrement de ses deux premiers recueils.

M. Le Conte.
    30 décembre 1850. — Remercîments pour ses vers flatteurs. « Laissons faire au temps. »

M. Le Conte (à Issoudun).
    25 août 1856 — Remercîments pour son gâteau. Il n'a pu qu'y goûter, car il ne cesse d'être malade. Ses vers lui ont fait grand plaisir.

M. Lefevre. 28 juin 1835.

M. Victor Lefevre (de Bruxelles).
    Passy, 2 septembre 1849. — Il le remercie de sa chanson écrite à propos de la lettre de lui au musicien Musard que les journaux ont publiée. « Vous croyez trop à ma bienfaisance et à mon talent. Ni l'un ni l'autre ne font malheureusement de miracles. Le fond manque à tous deux pour cela. Aussi ma pauvre musette ne se hasarde plus à prêcher les hommes. Dans le triste temps que Dieu nous fait, ils ne m'écouteraient pas. La foule est aujourd'hui un désert pour tous les saint Jean. »

M. Alph. Leflaguais. 10 avril 1833. — 16 janvier 1835. — 16 mars 1843. — 8 mai 1847.

M. Lefrançois. 12 août 1828. — 25 novembre (1828?).

15 août 1831. — Il partira de Péronne pour Cambrai le dimanche 21. — 11 août 1835.

1835. — Querelles de famille.

6 octobre 1836. Il a écrit la veille à Forget; affaires de famille.

— Tours, 23 décembre 1836. — 31 mars 1837. — Tours, 23 juillet 1837. — 12 septembre. — Tours, 16 décembre 1837. — Tours, 28 septembre 1838. — Tours, 2 mai 1839. — 4 août 1839. — Tours, 3 janvier 1840. — 8 mars 1840. — 12 mars 1840. — 19 mars 1840. — 22 mars 1840. — 10 août 1840.

8 mars (1841). — M. de Lamartine veut le voir. Il craint d'avoir pris le mauvais moyen pour être oublié. Quant à la guerre, qui fait le malheur des peuples, elle fait souvent le salut des gouvernements.

— 20 décembre 1841. — 26 février 1842. — 28 juin 1842. — Passy, 3 juillet 1842. — 24 septembre 1842. — Passy, 5 juin 1843. — 5 octobre 1843. — 27 novembre 1843. — 6 décembre (1843?). — 10 janvier 1844. — 15 mars 1844.

8 août 1844. — Il vient de passer vingt jours chez Dupont (de l'Eure).
— 17 décembre (1844). — Dimanche, 1844. — Passy, 23 mars 1845. — 30 mai 1845.

11 août 1845. — « Nous avons avec nous la fille de Victoire, qui aime furieusement Paris, et que Judith tient beaucoup à avoir près d'elle. C'est une excellente enfant; mais je crains toujours qu'elle n'ait plus à perdre qu'à gagner à changer ses habitudes de village. »

— La Celle-Saint-Cloud, 29 octobre 1845. — 25 novembre 1845. — 11 mai 1846.

Passy, 19 octobre 1846. — Il corrige les épreuves de la nouvelle édition illustrée.

— Passy, 17 décembre 1846.

4 décembre 1848. — Inquiétudes sur la santé de madame Félicité Lefrançois.

Sans date. — On l'a rassuré.

18 décembre 1848. — Il a annoncé à Henri la perte de sa mère.

16 octobre 1849. — Demande de nouvelles à cause du choléra. Mention de son voyage chez Dupont (de l'Eure). « Je l'ai trouvé rajeuni de dix ans. »

Passy, 26 janvier 1850. — Je me suis enfin aperçu du froid. Détails de famille.

Passy, 1er avril 1850. — Sur un mariage. « Défions-nous toujours des gens qui arrivent à vingt-huit ans sans s'être créé d'occupations. »

3 avril 1851. — Lettre intime.

25 juin 1851. — Nouvelles de sa santé. Il y a eu une crise violente.

17 juillet 1851. — Félicitations de famille.

Paris, 23 octobre 1851. — Lettre de famille.

17 avril 1852. — Remercîments pour un envoi de charbon d'Aniche. — Lettre de famille.

27 mai 1852. — Lettre intime. Démarches qu'il fait pour M. Antoine.
— 16 août 1852.

23 décembre 1852. — Qu'envoyer à Delaporte pour son cadeau de vin de Bordeaux?
— 20 juillet 1853. — 30 octobre 1853.
8 mai 1854. — Il est inquiet et lui demande de ses nouvelles.
— 7 juillet 1854.
26 juillet 1854. — Lettres de famille.
2 août au soir. — Même sujet.
Août 1854. — Même sujet.
8 octobre 1854. — Lettre de famille.
21 novembre 1854. — Lettre de famille.
— Novembre (?) 1854. — Sans date (même temps). — 12 décembre 1854.
16 décembre. — La nouvelle qu'il apprend l'afflige profondément. « Et la mère (madame Félicité Née), comment supporte-t-elle cette perte? Je sais qu'à notre âge on a moins de sensibilité qu'au vôtre; mais celle d'une mère est toujours bien vive. »

M<sup>lle</sup> Louise Lefrançois.
9 août 1835. — Remercîments pour ses bretelles, qu'il ménagera bien.
1<sup>er</sup> janvier 1842. — Envoi d'étrennes à son couvent du Sacré-Cœur.
1<sup>er</sup> janvier 1843. — Envoi de bonbons et d'oranges.

M. Henri Lefrançois. 17 janvier 1847. — 22 novembre 1847.
4 juillet 1848. — Nouvelles de l'insurrection de juin. Leur maison n'a pas souffert.
20 décembre 1848. — « Vous avez raison, votre excellent père est celui qui perd le plus dans l'affreux malheur qui accable votre famille. »
8 janvier 1856. — Lettre de famille.
— 3 mai 1856.

M. Louis Lefrançois.
Il est heureux qu'en se mariant la fille de son ami A. Lefrançois lui ait donné un cousin comme lui. Détails de famille.
10 septembre 1855. — Il appuiera M. Delcourt auprès de MM. Péreire, et fera toutes les démarches nécessaires.
25 septembre 1855. — Lettre de famille.
7 janvier 1856. — Il s'inquiète de n'avoir pas reçu de réponse, pour M. Delcourt, de M. d'Argout, qui est « fort poli. »

M. Augustin Lepage.
— 14 août 1839. Conseils et corrections.
Passy, 21 juin 1841. — Compliments et conseils littéraires.

M. Charles Lepage.
Tours, 30 mars 1837. — Il pourrait, à lui seul, relever la chanson en France.
— Autre (fin de 1837).
La Roche-Corbon, près Tours, 19 janvier 1840. — Il le prie de remercier M. de Pongerville; mais il ne peut pas se présenter comme candidat à l'Académie française.
19 mars 1841. — Il est donc vrai que les journalistes lui ont dit qu'ils ne parleraient de son livre qu'après qu'il leur aurait donné des annonces payantes!
Passy, 27 août 1843. — Il fera 15 francs de pension mensuelle au pauvre chansonnier qu'on lui recommande.

6 janvier 1849. — « *Mon mérite et ma personne* n'ont pour tous courtisans que quelques employés dépouillés ou quelques solliciteurs qui, depuis des années, tentent inutilement d'avoir part au budget. » Toutefois il lui offre ses services pour un emploi.

21 février 1854. — Sur son projet de fonder une administration de l'*épargne à domicile*. « Songez au chemin à faire et aux étages à monter. » Encouragements.

M. LEROUX (graveur).
Samedi. (Communiqué par M. A. Guérin.)
— 25 novembre.

M. LÉON LEROY.
13 février 1824. — Il le félicite de sa chanson que lui a remise leur « brave et bon Sully. »

M. LESIRE.
26 août 1851. — Conseils littéraires.
29 septembre 1856. — Il essayera d'écrire quelques lignes en tête de son volume.

M. LE VAILLANT.
Passy, 17 juin 1848. — Remercîments pour deux chansons relatives aux élections de l'Assemblée constituante.

M. AMÉDÉE DU LEYRIS. Passy, 13 novembre 1834.
Tours, 2 mars 1837. — Compliments littéraires. — Autre.

M. LINÉ. 3 janvier 1840.

M. DE LONGPRÉ.
Tours, 10 mai 1839. — Détails sur les élections à Tours.
Tours, 30 novembre 1839. — Il est heureux d'apprendre que sa filleule se porte bien.

M. LOUBET.
Mai 1854. — Remercîments pour ses couplets.
23 février 1856. — Remercîments pour lui et ses amis qui le consolent des critiques auxquelles il est en butte.

M. V. LUCAS.
7 mars 1846. — (Communiqué par M. H. Bonhomme.)

M. M***.
Sans date (1836-1840). Il lui écrit au nom de Judith. Affaire de notaire. (Communiqué par M. de Girardot.)

M. MAHÉRAULT.
Passy, 16 octobre 1845. — Il lui recommande M. Bernard.

M. MAHOUDEAU.
29 janvier 1850. — Compliments littéraires.

M. H. MAIGNAND.
25 août 1848. — Il ne fera rien pour N***. « Demandez-lui pourquoi je me suis lassé de venir à son secours, moi qui pourtant me lasse peu à rendre service quand cela m'est possible. »

M. CH. MALO. 1$^{er}$ février 1832.

M$^{lle}$ SOPHIE MANÉGLIER. — 1$^{er}$ septembre 1840.
12 novembre 1850. — « Je dois être fier d'avoir si bien deviné votre talent »

M. ALEX. MARIE (à Toulouse). Passy, 9 juillet 1834.

M. MARRE. 1$^{er}$ mai 1848. — 4 mai 1848.

3 janvier 1853. — Remercîments pour sa lettre.
27 avril 1853. — Démarches qu'il a faites pour lui.
11 octobre 1853. — Lettre intime.
— 6 mai 1854.

M. Martin.
21 novembre 1843. — (Communiqué par M. J. Chenu.)

M. L. A. Martin. Passy, 10 mai 1844.

M. Martin (de Strasbourg). Passy, 20 juillet 1847. — 1848?

M. Mauclerc.
Passy, 8 mai 1849. — Remercîments pour l'envoi de ses chansons et de sa pièce de *Rouget de Lisle*.
18 septembre 1850. — Son manuscrit est difficile à retrouver. Le temps des dédicaces se passe.

M. Alf. Meilheurat. 26 février.

MM. les Membres de la Société des Mélomanes de Gand.
Tours, 10 février 1840. — Il accepte le titre de membre correspondant.

MM. les Membres du Club de Chalons-sur-Saône.
Passy, 11 avril 1848. — Il n'ose guère les féliciter d'avoir choisi son nom pour patronner leur club.

M. L. Méquin.
Passy, 28 décembre 1847. — Remercîments pour l'air qu'il a fait sur ses paroles.

M. de Mercey.
2 novembre 1853. — Lettre pressante pour recommander M. Chintreuil.
4 juillet 1854. — Il lui recommande M. Coutel pour les travaux du Louvre.
22 octobre 1854. — Sur la *Vierge* du Titien, que va achever de graver M. Pascal.
22 mai. — Remercîments pour la commande faite à M. Chintreuil.

M. Mercier.
14 juin 1839. — Sans doute il savait d'avance qu'il serait vaincu en luttant avec les vers contre « la magnifique prose » des *Paroles d'un Croyant*. (Communiqué par M. Dentu.)

M. Arsène Meunier.
2 février 1846. — Éloge de son journal l'*Écho des Instituteurs*.
— Autre. — Autre.

M. Michaels fils (de Bruxelles).
11 octobre 1845. — « Les vers tuent la poésie chez nous. C'est la pensée qui fait le poëte. »
Remercîments pour l'envoi de sa tragédie de *Cléopâtre*. Conseils de détail.

M. Clovis Michaux. Fontainebleau, 16 janvier 1836. — Tours, 2 mars 1838.
Passy, 5 mai 1842. — Il le loue de sa traduction d'Horace.
5 juillet 1856. — Il est trop sévère pour les *Contemplations* de Victor Hugo.

M. Félix Milliet.
18 avril 1849. — Remercîments pour une chanson.

M. le Ministre de la guerre.
Passy, 24 mars 1848. — Apostille sur une pétition de M. Delion.

M. le Ministre de l'instruction publique.

(1842?). — Pour lui recommander la méthode Wilhem.

M. LE MINISTRE DE L'INTÉRIEUR.

6 octobre 1856. Apostille sur une pétition de M. Coutant qui demandait un brevet d'imprimerie pour Albert ou Roye (Somme).

M. MIRAT.

10 février 1846. — Il est touché de ce qu'on lui a appris l'amélioration du sort des ouvriers de l'Imprimerie royale.

M. MONTANDON. 31 janvier 1828.

26 avril 1828. — Il lui envoie une lettre de Rouget de Lisle à placer sous les yeux de M. Laffitte. (Communiqué par M. Chambry.)

17 décembre 1828. — Il demande à M. Laffitte une apostille pour M. Garat (de la Banque) en faveur du neveu de M$^{me}$ Dubouzet.

— 29 décembre (1828.)

1828. — Trois lettres.

1828-1829. — Quatre lettres.

— 1829.

13 avril 1829. — Sur Baour-Lormian.

— 1830. — 20 avril 1831.

26 avril 1831. — Il désire avoir une lettre perdue, écrite à M. Mianné-Saint-Firmin. (Communiqué par M. Beffroy.)

— 1831. — 1832. — 18 juin 1832. — Fontainebleau, 13 septembre 1836.

18 septembre (1836). — 15 février 1837. — 9 septembre (1837?). — Tours, 3 novembre 1837. — 4 novembre 1837. — 18 novembre 1837. — Tours, 12 décembre 1837. — Tours, 3 janvier 1838. — Tours, 14 juin 1838.

Tours, 6 septembre 1838. — Il est étonné d'apprendre qu'il suit M. Ehrenberg dans ses chasses aux infusoires. (Communiqué par M. Dubrunfaut.)

— 26 décembre (1838?).

1838. — (Deux lettres).

Tours, 29 mars 1839. — 3 août 1839. — Tours, 6 janvier.

1839-1842. — Quatre lettres.

Lundi, 15 novembre 1841.

1841-1842. — Trois lettres.

— 4 janvier 1842. — 11 février 1842. — 28 février 1842. — Dimanche (1842?). Autre. — Autre. — Autre. — Autre.

M. MONTIGNY.

(1840?) — Il lui recommande la *Méthode de musique* de Wilhem pour le *Miroir*.

M. MONTMAIN.

8 septembre 1856. — Remercîments pour l'envoi de ses vers.

M. ALFRED DE MONTVAILLANT.

26 mai 1854. — Il le remercie des vers qu'il a faits sur Désaugiers et sur lui. Eloge du naturel de Désaugiers.

M. MOREAU (de Napoléon-Vendée).

22 juillet 1849. — « Nous vivons dans un temps où il peut être plus facile de faire des vers que d'en lire... Nous croyons trop ici que les bons vers ne se font qu'à Paris. Les vôtres prouvent le contraire. » (Il s'agit dans cette lettre d'un poëme des *Géorgiques vendéennes*.)

— 15 août 1850. — Lettre littéraire.

Il le remercie de ses vers ; il a lu à M. Manuel les vers consacrés à la gloire de son frère.

M<sup>lle</sup> ÉLISE MOREAU. Passy, 10 avril 1833.

6 juin 1833. — (Communiqué par M. Sainte-Beuve, juge à Paris.)

M. ARSÈNE MORET (de Bruxelles).

25 mars 1853. — Remercîments pour sa « spirituelle » chanson.

M. MOUREAU (du *Constitutionnel*).

3 septembre (1830). — Il lui recommande un ouvrier imprimeur.

M. NOEL MOURET.

Remercîments pour sa jolie chanson.

M. NAQUET.

Fontainebleau, 12 mars 1836.

M<sup>me</sup> NÉE. 11 aout 1842.

M. A. OBERT.

14 avril 1851. — Remercîments pour l'envoi du *Chant du Progrès*.

La Celle-Saint-Cloud, 14 octobre 1851. — Remercîments pour l'envoi de ses fables et pour la dédicace qui lui en est faite.

M. JUSTE OLIVIER.

Passy, 16 août 1847. — Il va lire ses vers.

M. OUDART (secrétaire du duc d'Orléans).

Paris, 1827. — Recommandation au Palais-Royal.

5 août 1830. — En faveur de Rouget de Lisle.

M. HENRI OURADOU.

Paris, 25 août 1851. — Remercîments pour ses couplets « remarquables de verve et de sentiment. »

MM. LES OUVRIERS ÉLECTEURS DE PÉRONNE.

Passy, 1<sup>er</sup> avril 1848. — Il leur recommande le typographe Coutant. « Vous êtes dignes d'apprécier les qualités qui distinguent votre compatriote. Heureux si tous les ouvriers qui vont prendre place à la Constituante ressemblent à cet excellent jeune homme ! »

M. PAGNERRE. 10 novembre 1837.

M. PANCHIONI.

Passy, 22 juillet 1834. — Il le remercie de l'air composé sur *Poniatowsky*.

M. PAPILLON.

23 octobre. — Il ne peut lui prêter que 120 francs, et dans huit jours seulement.

M. PAPION DU CHATEAU. 8 janvier.

30 janvier. — (Communiqué par M. Victor Advielle.)

Dimanche. — (Communiqué par M. Dubrunfaut.)

— 4 février 1832.

M. PASCAL.

2 octobre 1849. — Son « admirable gravure » (le portrait de Cervantes) est arrivée à la perfection.

M. PATRAS (de Versailles). 4 janvier 1848.

M. PAULIN.

8 mai 1838. — Sur l'*Histoire de Napoléon*, par Laurent (de l'Ardèche). (Communiqué par M. de Girardot.)

M. SIMÉON PÉCONTAL.

Tours, 29 septembre 1838. — Son ouvrage est une heureuse inspiration qu'un peu plus de travail eût pu féconder encore. Le style est pur et soigné. (Communiqué par mademoiselle Caroline Chaulan.)

M. PELOUZE.

Saint-Cyr, 28 décembre 1857. — Relative à une notice sur Godwin.

M. AGRICOL PERDIGUIER.

Passy, 18 mars 1856. — Il le remercie de l'envoi de sa Biographie qu'il a lue avec un vif plaisir. Il fait les vœux les plus ardents pour que ce livre soit utile aux classes ouvrières.

M. le baron PÉRIGNON.

27 mai 1853. — Il lui recommande M. Tampucci.

M. PERROTIN.

Sainte-Pélagie, 4 janvier 1829. — Sur les difficultés relatives à la gravure du *Dieu des Bonnes Gens*.

5 décembre 1829. — (Communiqué par M. Robert.)

Passy, 24 juin 1831. — Son propriétaire, M. Pannier, lui demande de l'argent.

Passy, 24 août 1832. — Sur ses rapports de librairie avec M. Guillaumin.

1832? — Sur une lettre de M. Jal.

Lundi soir. — Il intercède en faveur d'un malheureux qui a fait imprimer les *Contrebandiers*.

27 janvier 1833. — Il lui remet trois lettres pour MM. Chateaubriand, Barthe et Mignet.

— 30 janvier 1833. — Sans date. — 24 janvier (1833?) — Passy, 4 février 1833. — Autre (1834?).

(1834?). — Il le prie de souscrire pour lui pour l'amende à laquelle a été condamné le *Charivari*.

— 15 décembre (1833 ou 1834). — Péronne, 10 août 1855. — 1836. — 15 août 1836. — Décembre 1836.

28 décembre 1836. — Leurs 647 kilos de broutilles (son ménage) sont arrivés. — 7 octobre 1837.

Tours, 29 novembre 1837. — Il lui envoie par Reynaud quatorze chansons nouvelles.

— Tours, 21 décembre 1837.

1838. — Il lui envoie une lettre pour M. Paulin.

— 5 juin 1838. — 16 juin 1838. — 10 octobre 1838.

10 janvier 1839. Il demande le *Supplément* de la *Biographie Michaud*.

— 22 février 1839.

Tours, 5 mai 1839. — Il voudrait faire placer un roman de madame Valchère. (Communiqué par M. Antonin Voisin.)

1839. — Si l'histoire de Thiers se fait, leur *Napoléon* n'aura pas grand prix. Il a fait le quart de sa *Biographie*.

— Tours, 25 juin 1839.

18 octobre 1839. — (Communiqué par M. Boisguillot.)

— 1839?

Tours, 15 décembre 1839. — Il n'a plus de rapports avec madame Declerq.

Sans date. — Il veut lire l'article du *Temps* sur V. Hugo. (Communiqué par M° Moulin.)

Il lui recommande la *Flore des environs de Paris* de M. Jaume-Saint-Hilaire : c'est un ami de M. Laffitte.

— 1ᵉʳ février 1840. — Autre. — 31 mars 1840.

Mercredi (1840). — Autre, mercredi soir. — Autre, vendredi. — Il écrit à Pierre Leroux, pour la note sur Manuel qu'il a été étonné de voir dans le *Compagnon du tour de France* de G. Sand.

3 septembre (1840). — Sa chatte n'a plus de lait; le petit chat sera élevé au biberon.

Mercredi, (novembre 1840). — Hugo lui a écrit une lettre charmante, et il lui a répondu. Il demande *Hégésippe Moreau*.

— Lundi soir, 1ᵉʳ décembre (1840). — Mardi 20 (1840?))

1840-41. — Il lui envoie une lettre pour Charlet.

— 1841. — 1841.

22 février 1841. — Il lui envoie une lettre pour Louis Reybaud, à propos du livre de M. Pierre Leroux, *de l'Humanité*. Il veut lire la *Divine Épopée* de Soumet.

— Mercredi soir, 2 avril 1841. — Passy, 24 avril 1841.

Passy, 30 avril 1841. — Il le prie de prendre pour lui six exemplaires des chansons de M. Devevey.

2 août 1841. — Il le prie de prendre pour lui douze exemplaires du recueil de M. Alph. Esquiros.

25 novembre 1841. — Il demande qu'on lui achète les deux volumes parus de Louis Blanc.

6 décembre (1841). — Louis Blanc a mis dans la *Revue du Progrès*, sur C.-Lemaire, un article qui lui fait honneur.

1842. — Sur son parent M. Lettré.

27 juin 1842. — (Sur l'*Histoire de Juillet* de M. C.-Lemaire.)

Passy, 20 juillet 1842. Il lui envoie les chansons faites depuis un an. (*Mes Craintes*, le *Savant*, les *Violettes*, les *Voyages*, la *Musique* (à Wilhem), la *Petite Bouquetière*, la *Pâquerette et l'Étoile*, l'*Apôtre*, la *Fille du Diable*, la *Fée aux Rimes*.)

1ᵉʳ mars 1843.

15 mars 1844. — Il lui envoie encore sept chansons. Il a déjà fait la préface.

(1844?). — Il lui recommande le fils de M. Dunin.

— 6 décembre 1844. — 7 janvier 1845. — 19 mars 1845. — 3 juillet 1845.

18 août 1846. — Il lui envoie huit chansons nouvelles; cela fait quatre-vingt-six.

(1846?). — Sur la correction de ses épreuves.

Autre. — Prière d'envoyer l'édition elzévirienne à M. Janvier, au collège Louis-le-Grand.

6 décembre (1846?). — Il y a lieu de remercier J. Janin pour ce qu'il a écrit dans les *Débats*.

— 10 novembre. — 20 mars (1846?).

13 janvier 1847. — Il écrit à M. Thiers en lui envoyant l'édition illustrée.

20 février 1847. — Corrections.

25 février 1847. — Corrections.

(1847?). — Sur la correction des épreuves de l'édition illustrée, en 2 volumes in-8.

Autre. — Sur une copie nouvelle de ses dernières chansons.

20 septembre 1847. — Il ne se rappelait pas avoir écrit la lettre à Fontanes, qu'on imprime.

14 novembre 1847. — Il lui envoie la copie de son testament et le codicille qui le nomme son exécuteur testamentaire. Recommandations particulières pour M. Antier, si la vente des *Œuvres posthumes* était bonne, et dans le cas où il perdrait son emploi. Autres recommandations. (V. l'appendice de la quatrième édition de *Ma Biographie*.)

8 mars 1848. — Sur l'album de M. Bixio. (Communiqué par M. Dessoliers.)

24 septembre 1848. — Sur les *Chansons posthumes*, alors au nombre de quatre-vingt-trois. (Ces chiffres ont plusieurs fois varié). « Qu'on n'ait point égard à l'ordre des dates. »

11 novembre 1848. Qu'il prie M. Furne de patienter pour ce que lui doit M. M***, son locataire.

Passy, 29 mars 1849. — Prendre à son compte six exemplaires des *Conteurs ouvriers*, par M. Gilhard.

21 juillet 1849. — Envoi de cinq chansons posthumes (*Enfer et Diable*, la *Belle Fille*, le *Petit Enfant*, la *Colombe et le Corbeau*, les *Tambours*) et d'une copie corrigée du *Rêve de nos jeunes filles*.

1er juin 1580. — Volume des chansons à donner à M. Broc.

25 juin 1850. — Note sur les *Chansons posthumes* (alors au nombre de quatre-vingt-sept).

15 octobre 1850. — Sur la publication des *Chansons posthumes* (alors au nombre de 90).

12 juin 1851. — Envoi d'une nouvelle copie des *Chansons posthumes*. Il brûlera ses brouillons, par horreur pour les variantes. Il a supprimé la chanson du *Petit Enfant*. « Je la trouve trop mauvaise, malgré les heureux souvenirs qu'elle me rappelait. »

31 octobre 1856. — Envoi d'une lettre pour M. Sainte-Beuve.

Sur un manuscrit de M. Élias Regnault.

— Sans date. — Sans date. — 26 décembre. — Sans date.
— Sans date.

Sans date. — Il le prie de s'assurer de l'état de la santé de M. Lebrun.

20 janvier. — Il demande des nouvelles de sa fille.
— Sans date.

Mme Perrotin.

2 février 1837. — Il lui conseille d'écrire un roman.

24 mars 1837. — Il désire l'ouvrage de Davis sur la Chine.
— Tours, 29 mars 1837.
— 13 février 1838. — Tours, 12 avril 1838. — 26 août 1838. — 22 décembre 1838. — 17 janvier 1839. — 10 janvier 1840. — 2 janvier 1841.

6 février 1844. — « Si l'éditeur est enrhumé, son poëte l'est aussi. » Il voudrait supprimer toutes les anciennes préfaces.
— 8 janvier 1846. — 2 janvier 1847.

Mlle Marie Perrotin. 20 septembre 1840. — 1er mars 1845.

M. Arthur Peyrot.

8 juillet 1852. — Remercîments pour ses vers.

M. Piard, membre de la Société d'émulation du Jura.

10 novembre 1838. — (Communiqué par M. Thomeux.)

M. Picard. Fontainebleau, 17 juillet 1836. — Fontainebleau, 4 septembre 1836. — 4 avril 1837. — Tours, 15 novembre 1837. Tours, 11 avril 1838. — Tours, 20 mai 1839. — Tours, 18 novembre 1839. — Passy, 15 décembre 1844.

M. Léon Pillet. 25 août 1843.

1$^{er}$ septembre 1843. — (Communiqué par M. Chaudé.)

M. de Pompery. 16 mars 1841.

9 août 1845. — « Dans votre insistance, monsieur, vous oubliez que je ne partage pas vos idées fouriéristes ni vos idées métaphysiques, moi qui pourtant partage tant d'idées de réforme. »

18 août 1847. — Remerciments pour ce qu'il a fait pour M$^{me}$ Valchère.

M. Pons (de l'Hérault).

Sainte-Pélagie, 29 janvier 1822. — Remerciments. « On ajoute de nouvelles poursuites à celles dont je subis l'effet, et on veut encore me faire paraître à la Cour pour avoir imprimé les arrêts de la Cour. Vous verrez qu'après avoir été condamné pour mon propre compte, je le serai pour celui de mes juges. »

— Paris, 25 janvier 1828. — 8 mars 1828. — 22 mars 1828. — 19 janvier 1830.

M$^{me}$ Porcher.

1855. — (Sur son album).

M. le Préfet de police.

24 avril 1849. — Apostille sur une pétition de M. Poitier, « son camarade de prison. »

M. le comte de Rambuteau.

Passy, 19 mai 1847. — Il lui recommande M. Arrens.

M. Raymond.

30 juin 1855. — Remerciments pour l'envoi de son Recueil de chansons.

M. H. Raynal. 6 octobre. — 8 novembre 1831.

Sans date. — Au même. (V. le recueil *Malheur et Poésie*.)

M. le Rédacteur du journal le *Pilote*.

14 février 1823. — Affaire de contrefaçon.

M. Charles Redouly.

18 janvier 1851. — Il lui souhaite le talent de Theveneau, le « poëte-mathématicien. »

M. Élias Regnault.

10 juin 1845. — Sur son *Histoire de Napoléon*. (Communiqué par M. Dentu.)

M. Ch. Renard. Passy, 30 mai 1841.

M. Renaudot. Paris, 15 septembre 1846. — 30 janvier 1847. — 6 mars 1847. — Passy, 30 mai 1847.

Passy, 25 janvier 1849. — Remerciments pour ses chansons. Mais qu'il en fasse moins et écoute là-dessus sa femme. « Quoi qu'en dise maître Proudhon, les femmes ont souvent des idées plus justes que les nôtres, et les chansonniers surtout raisonnent moins bien qu'elles. »

— Rougeperriers, 16 septembre 1849.

Passy, 26 octobre 1849. — Compliments de condoléance pour la folie de sa femme. « Je regrette presque que vous m'en ayez fait part d'une façon si poétique. Les chansons ne vont guère avec la douleur que vous devez éprouver. »

— Paris, 24 juillet 1850. — 2 août 1851. — 2 janvier 1852.

21 octobre 1852. — « A soixante-douze ans on fait encore des connaissances, mais on ne fait plus d'amis. »

29 juillet 1856. — Remercîments pour les soins qu'il a de demander de ses nouvelles.

M. REVELLIÈRE. Paris, 17 août 1814.

Sans date. — Sur le *Recueil du Caveau* (1814).

M. J. REYNAUD.

11 juillet 1839. — « J'ai été très-lié avec les Passy. C'est moi qui forçai Antoine, après les journées de Juillet, d'accepter la préfecture de l'Eure. » Tours, 3 avril 1840. — Sur l'affaire du *Napoléon*.

Paris, 6 avril 1841. — Le second article sur P. Leroux (dans le *National*) est encore plus dur que le premier. Ce n'est pas de sa faute.

M. A. RICHARD.

14 décembre 1842. — Ses vers lui ont plu; il arrivera à dire mieux.

M. RIEMBAULT.

26 avril 1852. — Remercîments pour l'air qu'il a fait sur la chanson de *Jacques*.

M. ROBERT. 15 décembre 1844.

Sans date. — Félicitations à propos de sa nomination au grade de chevalier de la Légion d'honneur.

21 mars. — Il apostille aveuglément pour M^lle Raban. Est-ce la fille du romancier?

30 mars 1850. — Demande de la note d'habits fournis à C***, qu'il soldera de son argent.

16 décembre. — Il se fournit à la *Belle-Jardinière* et devient une pauvre pratique. Il désire cependant un pantalon d'hiver, gris-ardoise foncé.

16 janvier 1855. — Il lui envoie à habiller son ami M. Chintreuil.

M. RODDE.

Passy, 5 décembre 1834. — Il a lu les chansons de M. Bleton; mais il doute que le public les accueille comme l'auteur l'espère sans doute. (Communiqué par M. Bleton, chef de bataillon au 86° de ligne).

M. ROLLAND. Tours, 28 septembre 1838. — 4 septembre 1844.

M. MICHEL ROLY.

10 novembre 1852. — Remercîments pour son « aimable et spirituelle » épître.

M. DE ROOSMALEN.

Fontainebleau, 26 septembre 1836. — Refus d'être membre de la Société d'encouragement pour les Lettres.

M. ROUGET DE LISLE. 19 décembre (1830).

Passy, 19 septembre 1831. — Il a des corrections à lui indiquer.

— 10 février 1833.

Sans date. — Il lui envoie deux lettres et un billet pour M. Fabreguettes.

M. ROULLAND.

Passy, 8 mars 1834. — Il le remercie de l'envoi de ses essais. (Communiqué par M. Joly de Thuisy.)

M. Auguste Roussel.

 3 septembre 1852. — Conseils littéraires.

 20 mars 1855. — Son *Cadet Roussel* lui a plu ; il semble appelé à écrire la comédie. Qu'il craigne le journalisme. « Combien de jeunes écrivains ont été enfouir là d'éclatantes qualités ! »

 10 avril 1855. — Il lui semble, en effet, qu'il réussirait dans la comédie, « à une condition pourtant, c'est de ne pas confondre ce genre avec la satire dialoguée.

M. Joseph Rouyer.

 Passy, 13 mars 1850. — Remercîments littéraires. « J'ai salué à votre âge bien des gloires dont le public a oublié jusqu'au nom. Chez nous autres Français, on fait plus d'un pèlerinage à des saints en chair et en os, dont on n'ira pas visiter la tombe. »

M{me} S\*\*\*, éditeur de musique.

 Il la prie de remercier MM. Victor Jacquart et Jules Couplet pour la chanson la *Vieillesse de la Cantinière*.

M. A. S\*\*\* T.

 Catalogue Laverdet, 1857.

M. de Saint-Albin, secrétaire général du ministre de l'Intérieur.

 Juin 1815. — Il lui rappelle qu'il a dîné plusieurs fois avec lui chez M. Grandjean et lui demande une entrevue pour servir quelqu'un. (Communiqué par M. Philippe de Saint-Albin.)

M. Sauvage-Marlier. La Celle-Saint-Cloud, 27 septembre 1847.

M. Henri Savigny.

 31 juillet 1841. — Éloge de la grâce et de la facilité de ses vers charmants (M. Savigny, fils du chirurgien de la *Méduse*, est mort dans la première jeunesse.)

— Passy, 19 janvier 1842.

Mme E. Scribe. 29 mars (1842?) — 10 avril (1842?) — Passy, 5 septembre 1842.

 3 décembre (1842?) — (Communiqué par M. H. Portalis.)

— Passy, 2 mai 1843. — 24 juillet 1843. — 20 octobre 1843.

 1$^{er}$ septembre 1845. — Il partira le lendemain pour la Celle.

— 5 novembre 1845.

 31 janv'er 1846. — Il a un singulier mal : de la faim et des tremblements. (Premier symptôme de la maladie dont Béranger est mort).

— 9 juillet 1846.

 22 août 1848. — Remercîments pour des compliments sur sa soixante-neuvième année qui commence.

M. de Schonen.

 24 juin 1854. — Il lui recommande son ami Picard, conseiller référendaire de seconde classe.

M. Servaux.

 22 mars 1853. — Remercîments pour le service rendu par son obligeance à Mme Leneveux et à Mme Valchère.

 17 janvier 1855. — Il lui envoie la demande de Mme Leneveux et compte sur son obligeante amitié.

 26 juin 1855. — Il n'est pas indifférent à l'affreuse perte qu'il vient de faire de sa mère. Il ira lui offrir ses consolations.

M. Simonet.

Vendredi, 9 (1853?). — Il le prie de l'excuser auprès de M^me de Massy.

20 mai 1854. — Remercîments pour son envoi de son *Éloge d'André Chénier* (dans le recueil intitulé : la *Pléiade*).

M. Sotiau, typographe à Liége.

Passy, 28 mars 1850. — Sur un petit poëme de l'*Art typographique*. Remercîments et éloges. « Vous oubliez trop le *Pressier*. Sans aucun doute les bons compositeurs font les bonnes éditions, mais point de belles éditions sans d'excellents pressiers. Selon moi, les presses mécaniques ne peuvent rien changer à cela; car si on voulait égaler les Bodoni, les Baskervill, et surtout Pierre Didot, à qui la France doit les chefs-d'œuvre qu'à tort vous attribuez à Firmin, il faudrait revenir à l'ancienne presse. »

M. Stephano Melaye.

12 mars 1854. — Remercîments pour lui et pour la famille de Lamennais.

M. Taillandier. 10 mai 1846.

M. Tampucci.

Passy, 16 janvier 1847. — « Vous me parlez de poésies sociales. Défiez-vous de ces sujets qui, en poésie, n'ont pas toute la sève qu'on leur suppose d'abord. »

27 janvier 1850. — Chagrin qu'il éprouve, en apprenant sa destitution. Que faire? « Je ne vous dirais pas tout cela si j'avais la moindre espérance de vous voir trouver ici du pain pour quatre personnes. Mais les rangs sont si pressés partout, et il y a si peu d'obligeance dans la plupart de ceux qui ont le pouvoir! » Quant aux journaux, « sachez que moi-même n'ai jamais pu, dans un autre temps, y faire entrer des hommes qui depuis ont obtenu de la célébrité : je puis citer entre autres Louis Blanc, que j'ai connu bien jeune. »

— 7 août 1852.

25 mai 1853. — Son volume de poésies n'a pu être admis au concours de l'Académie française, malgré les efforts de M. Lebrun.

29 novembre 1854. Qu'il aille de sa part voir M^me Rhoné (fille de M. Émile Pereire). Il écrit à cette dame pour le recommander.

22 juin 1855. — Remercîments pour ses vers. Mais qu'il craigne les mêmes ennemis.

M. Taschereau.

30 mai 1854. — Il lui recommande M. Dubois pour la Bibliothèque impériale.

M^me Taupin le Comte.

Elle n'a pas besoin de ses conseils littéraires; mais les vers sont la plus mauvaise ressource contre la pauvreté.

26 décembre 1855. — Remercîments pour ses vers flatteurs. « Nous sommes à l'époque des compliments. »

M. Terrier.

1815. — (Catalogue Laverdet, n° 85.)

M^me Thiébaut.

1^er septembre 1849. — Sur l'eau du Jourdain offerte par Chateaubriand pour le baptême du duc de Bordeaux. « Si le bruit eût été faux, il l'eût démenti dans ses *Mémoires*. Il ne m'en a jamais rien dit, et ce n'était pas à moi à le questionner à ce sujet. »

M. T. Thoré. 29 mai 1845.

Passy, 10 novembre 1845. — Recommandation pour M. Chintreuil.

M. Tiroux. 7 septembre 1843.

M. Thomas (payeur central du Trésor).

19 janvier 1844. — Il a horreur des albums; mais M. Lacave-Laplagne a été si bon pour lui, qu'il s'est exécuté sur la demande de sa fille. (Béranger y a mis les beaux vers que l'on a tant cités :

Si le temps pour montrer jusqu'où va son empire, etc.)

Passy, 9 mai 1849. — Instances pour son cousin Lettré. « Parler de si petits intérêts au ministre, ce serait peine perdue, et, d'ailleurs, je n'ai pas encore retrouvé le courage avec lequel j'ai été une fois lui demander à déjeuner. Ce n'est pas l'homme qui me fait peur, mais tous les détours de l'immense caserne que vous habitez. »

11 janvier 1856. — Remercîments pour un nougat et assurance de sa gratitude pour toutes les démarches que M. Thomas (du Trésor) a faites lorsqu'il a eu à l'en prier.

— Paris, 4 mars 1851.

11 janvier 1854. — Excuses. Il ne peut sortir.

M. Charles Thomas.

28 mars (1840). — L'article sur P. Leroux eût pu être plus indulgent. (Communiqué par M. Alfred Potiquet.)

3 mars 1844. — Il le prie de donner pour lui de l'argent à M. Naquet. (Communiqué par M. Decaudaveine.)

M. Émile Thomas.

2 mai 1848. — Il lui recommande un maître maçon sans ouvrage et père de famille. (Communiqué par M$^{me}$ Riot.)

M. Trélat. Fontainebleau, 11 novembre 1836.

6 août 1840. — Il le loue du parti qu'il prend de se présenter aux concours de médecine. « Le premier devoir de l'honnête homme est de rendre utiles à ses semblables les facultés qu'il a reçues du ciel. L'homme capable d'enseigner doit accepter la chaire qu'on lui offre ; l'homme capable de juger doit accepter la magistrature ; le médecin doit même offrir ses soins où il les croit nécessaires. »

— 5 mai 1842.

28 avril 1843. — Il lui recommande M$^{me}$ Savinien Lapointe.

— Lundi, 6 mai 1843. — 8 juin 1843. — 13 octobre 1843.

La Celle-Saint-Cloud, 22 octobre 1847. — C'est M$^{me}$ Scribe, et non lui, qui a donné les 100 francs remis à***.

Passy, 18 novembre 1849. — Lettre relative au fils d'Achille Roche et à une démarche à faire au ministère de l'instruction publique.

17 juillet 1850. — Relative aux secours mensuels qu'il donne à Catherine Davaille.

2 janvier 1851. — Envoi d'argent pour Catherine Davaille.

M. Trousseau.

10 juillet 1846. — Il lui recommande la santé du jeune Dubois. (Communiqué par M. Beffroy.)

— 10 juillet 1846. — Passy, 29 mars 1850.

10 septembre 1856. — Il le prie de venir le voir. — (Billet communiqué par M. Romiguière.)

M. Vaillant de Bucharge.
Passy, 5 septembre 1848.

M<sup>me</sup> Valchère.

Passy, 26 décembre (1834?) — 3 juillet. — Passy, 18 avril 1835.
Fontainebleau, 1<sup>er</sup> octobre 1835. — Depuis l'affaire de Trélat, il ne lui est plus possible de rien demander à Thiers.
Passy, 24 juin 1836, minuit. — Il a demandé à M. Fournel des renseignements pour un jeune médecin de ses amis, qui veut aller tenter fortune en Égypte.

— 7 mars 1839). — Rougeperriers, 22 septembre 1839.
Sur des vers de M. Bouilly.

— 10 décembre 1841. — Passy, 1<sup>er</sup> septembre 1842.
14 mai 1846. — Il va partir pour la campagne.
17 mai 1846. — Il est content de sa *Médée*.

— Paris, 27 juillet 1846. — (1847?). — 1847.
Passy, 15 mai 1847. — A propos du concours de l'Académie sur la *Vapeur*.
27 juin 1847. — Sur sa *Médée*; conseils de détail.

— Passy, 20 août 1847. — 17 octobre 1847. — Paris, 25 novembre 1847.
— Sans date. — Sans date. — 29 novembre (1848?).
2 avril 1850. — Lettre relative à M. Gabriel de Vergny. « Il m'a écrit plusieurs fois. Je ne lui ai répondu qu'une. Il m'intéresse peu. Je ne puis contribuer à lui payer des faux-cols et du savon de toilette, » etc.
25 août 1850. — Lettre relative à M. Gabriel Hugelmann (alors Gabriel de Vergny).
26 octobre 1851. — Sur sa pièce de *Médée*; remarques scéniques.

— 25 juin 1855. — 18 mai.

M. A. de Valois. Passy, 22 juillet 1848.
8 novembre 1850. — Remerciments pour des oiseaux et des vers envoyés de Guatémala. Il ne peut guère l'appuyer auprès de V. Hugo, ne le voyant pas et n'ayant pas d'influence de ce côté.

— 12 octobre 1853. — 24 septembre 1855. — 10 octobre 1855.

M<sup>me</sup> de Valois.

Passy, 28 septembre 1849. — Nouvelles de son fils, chancelier du consulat de de Guatémala, où « le climat est bien meilleur qu'on ne le disait. »
2 avril 1854. — « Je commence à croire que je porte malheur à ceux à qui je m'intéresse. Il y a une éternité que j'ai rompu avec Rothschild. »

— 30 mai 1854.

M. Valreg.
10 janvier 1854. — Éloges et remerciments littéraires. Il loue surtout l'idée de la pièce *Parchemin oublié du Dante*.

M. Émile Van der Burch. Passy, 2 janvier 1833.

M<sup>me</sup> (de Vatry?).

8 février. — « Je ne dîne pas avec des vilains; je dîne chez un ministre. Je dîne chez Sébastiani. Si on avait su cela, hier! Bon Dieu, quelle

avanie! Et de plus je dîne avec Thiers et Mignet. On m'assure que votre frère dirait que je suis du juste-milieu. Ne lui parlez donc pas de mes mauvaises fréquentations. »

M<sup>me</sup> Fanny Vernet.

15 décembre 1855. — Judith a été si malade, qu'il a eu peur. (Lettre communiquée par M. Decaudaveine.)

M<sup>me</sup> Stéphanie Vial.

7 février 1850. — Remercîments pour les « fort jolis couplets » de M. Roland.

M. Videau.

Paris, 21 juillet 1848. — Envoi de cheveux de Chateaubriand, venant de son coiffeur. Envoi de lettres de M<sup>me</sup> Sand, de M<sup>lle</sup> Rachel, de M<sup>me</sup> Valmore. « Vous sentez, monsieur, que ces lettres ne doivent pas sortir de vos mains, et qu'il ne faut pas que le journalisme puisse s'en emparer. »

17 janvier 1851. — Achat de vin de Beaune.

24 avril 1853. — Remercîments. Démarches faites pour un prix de vertu à l'Académie française. « Pingard est excellent. »

— 20 mai 1853.

10 juin 1853. — M. Lion aura un prix Monthyon de 2,000 francs.

M. Vilhorgne. 15 février 1835. — Passy, 15 janvier 1847.

M. de Villars.

Sans date. — Sur Eugène de Pradel.

M. J. Villatte.

12 novembre 1853. — Démarches pour lui faire obtenir un secours.

23 novembre. — Offre d'une avance.

28 novembre. — « C'est M<sup>me</sup> Ducos qui vous avait recommandé. Ayez soin de l'en remercier. »

M. Vimeux.

Passy, 22 avril 1853. — Remercîments pour l'air qu'il a composé.

M. H. Violeau.

7 février 1851. — Réponse à l'envoi des *Soirées de l'Ouvrier*.

19 mai 1856. — Réponse à l'envoi des *Paraboles et Légendes* en vers, et compliments.

M. Prosper Viro.

4 août 1845. — Éloge du poëme un *Touriste en Algérie*. (Communiqué par M. Andrey.)

M. Voguet. — Paris, 19 avril 1848.

13 octobre 1848. — Sur la demande à faire d'un bureau de tabac pour son père.

7 décembre 1849. — « Je ne connais pas le ministre des finances actuel, et n'ai pu faire que des démarches dans les bureaux. »

6 janvier 1850. — Crainte que les démarches faites en sa faveur n'aient pas un résultat favorable.

Passy, 28 mars 1850. — Félicitations sur la nomination, enfin obtenue, de son père à un bureau de tabac.

29 juillet 1850. — Éloge des hôpitaux de Paris. Soins qu'on y donne aux malades.

28 juillet 1851. — Consolations. Éloge du volume *Voix de la Rue*, de M. Savinien Lapointe.

29 août 1852. — Envoi de l'édition en deux volumes de ses chansons. Il ne peut rien pour les condamnés politiques.

— 16 janvier 1853. — 5 juin 1853. — Autre. — Autre.

29 janvier 1854. — M. Savinien Lapointe doit lire une pièce en cinq actes et en vers chez M. de Girardin.

31 mai 1856. — Qu'il se résigne encore et lui écrive le plus souvent possible.

M. WILHEM. Fontainebleau, 9 janvier 1836. — 8 juillet 1837. — 26 février 1841. — 27 février 1841. — 25 juillet 1841.

27 octobre 1841. — « Fortoul prétendait hier, ici, que tu aurais une statue dans la postérité. »

— 21 décembre 1841. — 17 février 1842.

MM. *** (Différentes personnes). 18 février 1832.

11 novembre 1833. — (Catalogue Charavay, n. 39.)

(1834). — Sur la mort d'Arnault.

— Fontainebleau, 19 mars 1836. — Fontainebleau, 19 mars 1836. — 27 avril 1837. — Saint-Cyr, près Tours, 23 octobre 1837.

Passy, 8 février 1847. — Il envoie soixante francs pour les inondés de la Loire. Dans un mois, il enverra encore quelque chose.

25 octobre 1848. — Remercîments à un comité politique. (Lettre publiée en *fac-simile* par M. H. Castille, dans sa Biographie de Béranger.)

Passy, 13 octobre 1849. — Permission de prendre les paroles d'une chanson pour un air de musique.

21 février 1850. — « Mon cher enfant, il n'est pas de métier qu'il ne faille apprendre. Quoique le métier des vers soit le plus inutile de tous, il n'est pas le plus aisé. Vous ne l'avez pas appris. De là les fautes de rime et de mesure que j'ai remarquées dans les strophes flatteuses que vous m'envoyez, et dont je suis très-vivement touché, malgré les fautes, peut-être même par rapport à ces fautes. »

17 avril 1850. — Il a lu ses chansons avec plaisir ; mais ses œuvres ne sont pas sa propriété, et il ne peut disposer du moindre couplet.

3 novembre 1852. — « La *Treille de sincérité* n'est pas de moi. C'est un chef-d'œuvre du bon Désaugiers. »

11 juillet 1855. — Il espère que sa probité triomphera de toutes ces attaques. (Lettre communiquée par M. le docteur Lavalle).

M. ***, délégué des étudiants des écoles.

Passy, 7 janvier 1844. — Il refuse d'aller, à leur tête, à la cérémonie d'inauguration de la fontaine Molière.

MM. ***.

Passy, 13 mai. — (Lettre communiquée par M. de Girardot.)
Sans date. (Peut-être à M. Halphen.) — (Communiqué par M. G. Halphen).
Sans date. — (Catalogue Laverdet, n. 94.)
Sans date. — Deux lettres. (Catalogue Laverdet, n. 65.)
Autre, autre (communiqué par M. L. Curmer).

MM^mes ***.

5 mai (1853?). — (Communiqué par M. le docteur Lavalle.)

Tours, 11 mai 1839. — (Communiqué par M. le docteur Lavalle.)
15 octobre 1840. — Remerciments pour ses vers.
Passy, 26 décembre 1843. — Il souscrit à ses œuvres pour cinq exemplaires.
Passy, 3 mars 1847. — (Lavalle).

M^lle ***.

31 août 1853. — Il lui écrit d'avance. Le capitaine Grémont, s'il vient à Paris, lui fera parvenir sa lettre. Remerciments pour ses envois, et prière de n'en plus faire d'aussi recherchés.

FIN DU CATALOGUE

# TABLE DES MATIÈRES

## DU TOME QUATRIÈME

|     |     |     |
| --- | --- | --- |
| I. A M. Génin | . | 1 |
| II. A M$^{me}$ Valchère | . | 2 |
| III. A M$^{lle}$ Béga. | . | 2 |
| IV. A M. Trélat | . | 4 |
| V. A M$^{lle}$ Pauline Béga. | . | 5 |
| VI. A M. John P. Léonard. | . | 6 |
| VII. A M. Alfred Lédier. | . | 6 |
| VIII. A M$^{lle}$ Béga. | . | 8 |
| IX. A M$^{me}$ Brissot-Thivars. | . | 9 |
| X. A M. Montalant-Bougleux. | . | 10 |
| XI. A M$^{me}$ Brissot-Thivars. | . | 11 |
| XII. A M$^{lle}$ Pauline Béga. | . | 12 |
| XIII. A M$^{me}$ Valchère. | . | 13 |
| XIV. A M. M***. | . | 14 |
| XV. A M$^{lle}$ Pauline Béga. | . | 15 |
| XVI. A M. Jules Bordet | . | 16 |
| XVII. A M$^{lle}$ Béga. | . | 18 |
| XVIII. A M$^{lles}$ A***. | . | 20 |
| XIX. A M. Brissot | . | 21 |
| XX. A M$^{lle}$ Béga. | . | 22 |
| XXI. A M. Pascal. | . | 24 |
| XXII. Au même. | . | 25 |
| XXIII. A M$^{lle}$ Pauline Béga. | . | 26 |
| XXIV. A M. Gilhard | . | 29 |
| XXV. A M. Jottrand. | . | 30 |

## TABLE DES MATIÈRES.

| | | |
|---|---|---|
| XXVI. | A M$^{lle}$ Pauline Béga. | 32 |
| XXVII. | A M. Pierre Delaune | 32 |
| XXVIII. | A M***. | 33 |
| XXIX. | A M$^{lle}$ Pauline Béga. | 34 |
| XXX. | A M. de Valois | 36 |
| XXXI. | A M$^{lle}$ Pauline Béga. | 37 |
| XXXII. | A M$^{me}$ Frank | 39 |
| XXXIII. | A M. Joseph Bernard | 40 |
| XXXIV. | A M$^{me}$ Caroline Valchère. | 42 |
| XXXV. | A M. Antoine Clesse | 42 |
| XXXVI. | A M$^{me}$ Mallard. | 43 |
| XXXVII. | A M$^{lle}$ Pauline Béga. | 45 |
| XXXVIII. | A M$^{me}$ Colet. | 47 |
| XXXIX. | A M$^{lle}$ Pauline Béga. | 50 |
| XL. | A la même. | 51 |
| XLI. | A M. Paviot. | 52 |
| XLII. | A M. Paul Boiteau. | 53 |
| XLIII. | A M. Gilhard | 55 |
| XLIV. | A M. Voguet | 57 |
| XLV. | A M. Alexis Muston. | 59 |
| XLVI. | A M. Aller | 61 |
| XLVII. | A M$^{lle}$ Pauline Béga | 63 |
| XLVIII. | A M. Bretonneau. | 65 |
| XLIX. | Au même. | 66 |
| L. | A M$^{me}$ Brissot-Thivars. | 67 |
| LI. | A M$^{lle}$ Béga. | 68 |
| LII. | A M. Gilhard. | 69 |
| LIII. | A M. Lefrançois. | 71 |
| LIV. | A M. Joseph Ricciardi | 72 |
| LV. | A M. Émile Charpentier. | 73 |
| LVI. | A M$^{lle}$ Béga. | 74 |
| LVII. | A M$^{me}$ Brissot-Thivars. | 75 |
| LVIII. | A M. Renaudot | 76 |
| LIX. | A M$^{me}$ Brissot-Thivars. | 77 |
| LX. | A M. Martin (de Strasbourg). | 79 |
| LXI. | A M. J. Lodieu | 79 |
| LXII. | A M. Jottrand. | 81 |
| LXIII. | A M$^{me}$ B***. | 84 |
| LXIV. | A Mesdemoiselles ***. | 85 |
| LXV. | A M$^{me}$ Valchère | 87 |
| LXVI. | A M Perrotin. | 88 |
| LXVII. | A M. Eugène Noël | 89 |
| LXVIII. | A M$^{me}$ Blanchecotte. | 91 |
| LXIX. | A M. Prunay | 92 |
| LXX. | A M. Alexis Wilhem | 93 |

# TABLE DES MATIÈRES.

LXXI. A M. Villiaumé. . . . . . . . . . . . . . . . . . . 95
LXXII. A M. de la Touche. . . . . . . . . . . . . . . . 97
LXXIII. A M^me B***. . . . . . . . . . . . . . . . . . . . 99
LXXIV. A M. Gilhard . . . . . . . . . . . . . . . . . . 101
LXXV. A M^me Blanchecotte. . . . . . . . . . . . . . 101
LXXVI. A la même. . . . . . . . . . . . . . . . . . . . 103
LXXVII. A M. J. J. Dehin . . . . . . . . . . . . . . . 103
LXXVIII. A M. Édouard Turquety. . . . . . . . . . . 105
LXXIX. A M. Gilhard . . . . . . . . . . . . . . . . . 107
LXXX. A M. Auguste Desportes. . . . . . . . . . . . 108
LXXXI. A Mistress Gore . . . . . . . . . . . . . . . . 109
LXXXII. A M. Carlier. . . . . . . . . . . . . . . . . . 112
LXXXIII. A M. Villiaumé . . . . . . . . . . . . . . . 113
LXXXIV. A M^me Blanchecotte. . . . . . . . . . . . . 114
LXXXV. A M. Decrusy . . . . . . . . . . . . . . . . . 115
LXXXVI. A Mesdemoiselles *** . . . . . . . . . . . . 116
LXXXVII. A M^me Blanchecotte. . . . . . . . . . . . 118
LXXXVIII. A M^me Pauline Roland. . . . . . . . . . 119
LXXXIX. A M. Paul Boiteau . . . . . . . . . . . . . 120
XC. A M^me Blanchecotte. . . . . . . . . . . . . . . 121
XCI. A M. Barandeguy-Dupont . . . . . . . . . . . . 121
XCII. A M. Dehin. . . . . . . . . . . . . . . . . . . . 122
XCIII. A M. Aller . . . . . . . . . . . . . . . . . . . 123
XCIV. A M. Dehin. . . . . . . . . . . . . . . . . . . . 125
XCV. A M^me Claire Brunne . . . . . . . . . . . . . 126
XCVI. A M. A. Godart . . . . . . . . . . . . . . . . 128
XCVII. A M. Dehin. . . . . . . . . . . . . . . . . . . 129
XCVIII. A M. Gilhard . . . . . . . . . . . . . . . . . 130
XCIX. A M. Carlier. . . . . . . . . . . . . . . . . . . 131
C. A M^me Blanchecotte. . . . . . . . . . . . . . . . 132
CI. A M. Morin. . . . . . . . . . . . . . . . . . . . . 133
CII. A M. Boulay (de la Meurthe). . . . . . . . . . . 134
CIII. A Mesdemoiselles *** . . . . . . . . . . . . . . 135
CIV. A M. Louis Viardot. . . . . . . . . . . . . . . . 137
CV. A M^me Blanchecotte. . . . . . . . . . . . . . . 138
CVI. A M. Paul Boiteau . . . . . . . . . . . . . . . . 139
CVII. A M^me Blanchecotte. . . . . . . . . . . . . . 140
CVIII. A M^me Caroline Valchère . . . . . . . . . . . 141
CIX. A M. Génin. . . . . . . . . . . . . . . . . . . . 142
CX. A M. Voguet. . . . . . . . . . . . . . . . . . . . 143
CXI. A M^me Blanchecotte. . . . . . . . . . . . . . . 145
CXII. A M. Achille de Vaulabelle . . . . . . . . . . . 145
CXIII. A M^me Blanchecotte. . . . . . . . . . . . . . 146
CXIV. A M. Paul Boiteau . . . . . . . . . . . . . . . 148
CXV. A M. Perrotin. . . . . . . . . . . . . . . . . . . 149

| | |
|---|---|
| CXVI. A M<sup>me</sup> Blanchecotte. | 151 |
| CXVII. A M. Dehin. | 152 |
| CXVIII. A M. le maire de Béthune. | 153 |
| CXIX. A M<sup>me</sup> Nicaud. | 155 |
| CXX. A M<sup>me</sup> Victor Hugo. | 156 |
| CXXI. A M<sup>me</sup> Blanchecotte. | 157 |
| CXXII. A M. Joseph Bernard. | 158 |
| CXXIII. A M. P***. | 159 |
| CXXIV. A M<sup>me</sup> Eugène Scribe. | 161 |
| CXXV. A Mesdemoiselles ***. | 163 |
| CXXVI. A M. Barandeguy-Dupont. | 165 |
| CXXVII. Au même. | 166 |
| CXXVIII. A M<sup>me</sup> Blanchecotte. | 167 |
| CXXIX. A M<sup>me</sup> Victor Hugo. | 168 |
| CXXX. A M. Victor Hugo. | 170 |
| CXXXI. A M<sup>me</sup> Victor Hugo. | 171 |
| CXXXII. A M. Barandeguy-Dupont | 172 |
| CXXXIII. A M. E. de Beauverger. | 173 |
| CXXXIV. A M. Génin. | 174 |
| CXXXV. A M. V***. | 176 |
| CXXXVI. A M. Alexis Muston. | 177 |
| CXXXVII. A M<sup>me</sup> Victor Hugo. | 179 |
| CXXXVIII. A M<sup>me</sup> Dumont de Monteux. | 181 |
| CXXXIX. A M. Hippolyte Fortoul | 182 |
| CXL. A M. Joseph Bernard. | 183 |
| CXLI. A M. Bertrand. | 185 |
| CXLII. A M. Thiéblin. | 187 |
| CXLIII. A M. Gilhard. | 188 |
| CXLIV. Au même. | 189 |
| CXLV. A M. Émile Pereire. | 190 |
| CXLVI. A M. Arsène Meunier. | 191 |
| CXLVII. A M<sup>me</sup> Cauchois-Lemaire. | 192 |
| CXLVIII. A M. Eugène Noël | 194 |
| CXLIX. A M. Gustave Planche. | 196 |
| CL. A M. Ferdinand François | 197 |
| CLI. A M<sup>me</sup> Blanchecotte. | 198 |
| CLII. A M. de Merccy. | 199 |
| CLIII. A M<sup>me</sup> Victor Hugo. | 201 |
| CLIV. A Mesdemoiselles *** . | 202 |
| CLV. A M. Voguet. | 204 |
| CLVI. A M. Perrotin. | 204 |
| CLVII. A M. Clairville. | 205 |
| CLVIII. A M. ***. | 206 |
| CLIX. A M<sup>me</sup> Victor Hugo | 207 |
| CLX. A M<sup>me</sup> B***. | 209 |

## TABLE DES MATIÈRES.

| | | |
|---|---|---|
| CLXI. A M. Adolphe Cazalet | | 210 |
| CLXII. A M. Videau | | 212 |
| CLXIII. A M^me Donnay | | 213 |
| CLXIV. A M^me B*** | | 213 |
| CLXV. A M^me Blanchecotte | | 216 |
| CLXVI. A M. Alexandre Dumas | | 216 |
| CLXVII. Au même | | 218 |
| CLXVIII. A M^me Cauchois-Lemaire | | 219 |
| CLXIX. A M. Bretonneau | | 220 |
| CLXX. A M. Alexandre Dumas | | 222 |
| CLXXI. A M. Jules Claretie | | 224 |
| CLXXII. A M. Barandeguy-Dupont | | 226 |
| CLXXIII. A M. de Valois | | 227 |
| CLXXIV. A M. Gilhard | | 229 |
| CLXXV. A Mesdemoiselles *** | | 231 |
| CLXXVI. A M. F. Ferrères | | 232 |
| CLXXVII. A M^me Victor Hugo | | 233 |
| CLXXVIII. A M. Albert Chauveau | | 235 |
| CLXXIX. A M. *** | | 236 |
| CLXXX. A M. Collins | | 237 |
| CLXXXI. A M. Paul Boiteau | | 239 |
| CLXXXII. A M. Labrouste | | 239 |
| CLXXXIII. A M. Broc | | 241 |
| CLXXXIV. A M^me de Solms | | 242 |
| CLXXXV. | — | 242 |
| CLXXXVI. | — | 243 |
| CLXXXVII. | — | 244 |
| CLXXXVIII. | — | 244 |
| CLXXXIX. | — | 245 |
| CXC. | — | 245 |
| CXCI. | — | 246 |
| CXCII. | — | 247 |
| CXCIII. | — | 247 |
| CXCIV. | — | 248 |
| CXCV. | — | 248 |
| CXCVI. | — | 250 |
| CXCVII. | — | 250 |
| CXCVIII. | — | 250 |
| CXCIX. | — | 251 |
| CC. | — | 252 |
| CCI. | — | 253 |
| CCII. | — | 253 |
| CCIII. | — | 253 |
| CCIV. | — | 254 |
| CCV. | — | 254 |

| | | | |
|---|---|---|---|
| CCVI. | — | | 255 |
| CCVII. | — | | 255 |
| CCVIII. | — | | 256 |
| CCIX. | — | | 257 |
| CCX. | — | | 258 |
| CCXI. | — | | 260 |
| CCXII. | — | | 260 |
| CCXIII. | — | | 262 |
| CCXIV. | — | | 262 |
| CCXV. | — | | 263 |
| CCXVI. | — | | 264 |
| CCXVII. | — | | 264 |
| CCXVIII. | A M. Eugène Sue | | 266 |
| CCXIX. | Au même. | | 267 |
| CCXX. | A M$^{me}$ Blanchecotte. | | 269 |
| CCXXI. | A M$^{me}$ Élisa Fleury. | | 270 |
| CCXXII. | A M$^{me}$ Blanchecotte. | | 270 |
| CCXXIII. | A M. Dehin. | | 271 |
| CCXXIV. | A M$^{me}$ Ferdinand François. | | 272 |
| CCXXV. | A M. Gilhard | | 275 |
| CCXXVI. | A Mesdemoiselles *** | | 275 |
| CCXXVII. | A M. Antier. | | 277 |
| CCXXVIII. | A M$^{me}$ Blanchecotte. | | 278 |
| CCXXIX. | A M. A. Blaize. | | 278 |
| CCXXX. | A M$^{me}$ Donnay. | | 279 |
| CCXXXI. | A M. A. Blaize | | 280 |
| CCXXXII. | A M$^{me}$ Blanchecotte. | | 280 |
| CCXXXIII. | A M. Antier. | | 283 |
| CCXXXIV. | A M. Dehin. | | 284 |
| CCXXXV. | A M. Berville | | 285 |
| CCXXXVI. | A M. Gustave Planche. | | 286 |
| CCXXXVII. | A M. Lefrançois. | | 287 |
| CCXXXVIII. | A M$^{me}$ Valchère | | 289 |
| CCXXXIX. | A la même. | | 291 |
| CCXL. | A la même. | | 293 |
| CCXLI. | A M. Denecourt | | 294 |
| CCXLII. | A M$^{me}$ Victor Hugo. | | 295 |
| CCXLIII. | A M. de V*** | | 297 |
| CCXLIV. | A M. Gilhard | | 298 |
| CCXLV. | A M. Génin. | | 299 |
| CCXLVI. | A M$^{me}$ Victor Hugo. | | 302 |
| CCXLVII. | A M. Hippolyte Fortoul | | 303 |
| CCXLVIII. | A M. Henri Lefrançois. | | 304 |
| CCXLIX. | Au même. | | 304 |
| CCL. | A M. Alexis Muston. | | 306 |

# TABLE DES MATIÈRES. 423

| | |
|---|---|
| CCLI. A M. Arsène Houssaye | 307 |
| CCLII. A M<sup>lle</sup> Fanny Dubois | 309 |
| CCLIII. A M. Théophile Boufart | 310 |
| CCLIV. A M. Jules Janin | 311 |
| CCLV. A M. Ségalas | 311 |
| CCLVI. A M. Eugène Noël | 312 |
| CCLVII. A M. Labrouste | 313 |
| CCLVIII. A M. Jules Marchesseau | 314 |
| CCLIX. A M. Perrotin | 315 |
| CCLX. A M. de V*** | 315 |
| CCLXI. A M<sup>lle</sup> Ernestine Drouet | 316 |
| CCLXII. A M. Boulay-Paty | 317 |
| CCLXIII. A M. Honoré Bonhomme | 319 |
| CCLXIV. A M. A. Aubry | 320 |
| CCLXV. A M<sup>me</sup> Victor Hugo | 321 |
| CCLXVI. A M<sup>me</sup> Blanchecotte | 322 |
| CCLXVII. A M. Boufart | 323 |
| CCLXVIII. A M. Paul Boiteau | 324 |
| CCLXIX. A M. Perrotin | 325 |
| CCLXX. A M. Dollez | 327 |
| CCLXXI. A M. de Mercey | 328 |
| CCLXXII. A M. Clovis Michaux | 328 |
| CCLXXIII. A M. Dauvin | 330 |
| CCLXXIV. A M<sup>me</sup> Blanchecotte | 331 |
| CCLXXV. A la même | 331 |
| CCLXXVI. A la même | 332 |
| CCLXXVII. A M. John P. Léonard | 332 |
| CCLXXVIII. A M<sup>me</sup> Blanchecotte | 333 |
| CCLXXIX. A M. Hippolyte Fortoul | 333 |
| CCLXXX. A M. Paul Foucher | 334 |
| CCLXXXI. A M<sup>me</sup> Victor Hugo | 335 |
| CCLXXXII. A M. E. de la Bédollière | 337 |
| CCLXXXIII. A M<sup>me</sup> Valchère | 338 |
| CCLXXXIV. A M. *** | 339 |
| CCLXXXV. A M<sup>me</sup> Blanchecotte | 340 |
| CCLXXXVI. A M. *** | 341 |
| CCLXXXVII. A M<sup>lle</sup> Ernestine Drouet | 342 |
| CCLXXXVIII. A M. M*** | 343 |
| CCLXXXIX. A M<sup>me</sup> Blanchecotte | 344 |
| CCXC. A M<sup>me</sup> de Boudonville | 345 |
| CCXCI. A M. de Boudonville | 346 |
| CCXCII. A M<sup>lle</sup> Sophie Béranger | 347 |
| CCXCIII. A M. Gally | 348 |
| CCXCIV. A M. Paul Boiteau | 350 |
| CCXCV. A M. Sainte-Beuve | 351 |

| | |
|---|---:|
| CCXCVI. Au même. | 352 |
| CCXCVII. A M. Villatte. | 352 |
| CCXCVIII. A M. Bourguin. | 353 |
| CCXCIX. A M. Arthur Arnould. | 354 |
| CCC. A M. de Mercey. | 355 |
| CCCI. A M$^{me}$ Blanchecotte. | 355 |
| CCCII. A M. Ch. Bernard. | 356 |
| CCCIII. A M. Prosper Vernet. | 356 |
| CCCIV. A M. Trousseau. | 357 |
| CCCV. A M. Édouard Plouvier. | 357 |
| CCCVI. A M. Trousseau. | 358 |
| CCCVII. A M. Ch. Bernard. | 358 |
| CCCVIII. A M$^{lle}$ Dubois-Davesne. | 359 |
| CCCIX. A M. Ch. Bernard. | 359 |
| CCCX. Au même. | 360 |
| CCCXI. Au même. | 360 |
| CCCXII. Au même. | 360 |
| CCCXIII. Au même. | 360 |
| CCCXIV. Au même. | 361 |
| CCCXV. A M. Trousseau. | 361 |

| | |
|---|---:|
| Lettre de M. de Lamartine à Béranger | 193 |
| Lettre de M. de Lamartine. | 210 |
| Lettre de M. de Lamartine. | 349 |
| Catalogue des Lettres que l'éditeur a recueillies et qui n'ont pas été insérées dans le corps de la *Correspondance* | 367 |

FIN DE LA TABLE DES MATIÈRES DU TOME QUATRIÈME.

Typographie Lahure, rue de Fleurus, 9, à Paris.

www.ingramcontent.com/pod-product-compliance
Lightning Source LLC
Chambersburg PA
CBHW070923230426

43666CB00011B/2292